U0456002

易源易法

易经的渊源与推算体系分析

周德元◎著

团结出版社
UNITY PRESS

©团结出版社，2013 年

图书在版编目（CIP）数据

易源易法：易经的渊源与推算体系分析 / 周德元著 .-- 北京：团结出版社，
2013.12（2025.6 重印）-- ISBN 978-7-5126-2116-9

Ⅰ.①易… Ⅱ.①周… Ⅲ.①《周易》- 研究 Ⅳ.① B221.5

中国版本图书馆 CIP 数据核字 (2013) 第 220978 号

责任编辑：方　莉

出　　版：团结出版社
　　　　　（北京市东城区东皇城根南街 84 号　邮编：100006）
电　　话：（010）65228880　65244790（出版社）
　　　　　（010）65238766　85113874　65133603（发行部）
　　　　　（010）65133603（邮购）
网　　址：http://www.tjpress.com
电子邮箱：zb65244790@vip.163.com
经　　销：全国新华书店
印　　装：三河市东方印刷有限公司

开　　本：185mm×260mm　　16 开
印　　张：19.75　　　　　　字　　数：396 千字
版　　次：2014 年 1 月 第 1 版　　印　　次：2025 年 6 月 第 5 次印刷

书　　号：978-7-5126-2116-9
定　　价：46.00 元

　　　　　（版权所属，盗版必究）

总　序

　　数千年来，中国的神秘文化始终是国人挥之不去却又无法全信的一种奇特的文化现象。至今尚未见到一个关于中国神秘文化的完整而严格的定义。一般而言，广义的"神秘文化"涵盖了许多领域：宗教、降神、招魂、驱邪、符咒、扶乩、谶书、五行学、奇门遁甲、命理学、卜筮、堪舆、相术、解梦、字占（测字）等，甚至传统中医和传统武术之中的一些神秘的东西，也可以纳入神秘文化的范畴。本丛书探讨的只是中国神秘文化中命理学、卜筮、堪舆、相术等部分领域，并没有涉猎神秘文化的所有领域。

　　说神秘文化无法令人全信，是指在神秘文化的诸多领域中，如命理学、卜筮、皮纹学（相学）、堪舆学（风水学）、扶乩、测字等，有些建立了比较完整的理论体系，有些的理论体系则很不完整。理论体系完整的领域，例如在命理学领域中，有"子平术""紫微斗数""铁板神数""邵子神数"等诸多的分支，每个分支都有一套完整的理论和推算规则，都能根据一个人的八字（所谓的"四柱"）或者他的出生年、月、日、时辰推算他的"命"和"运程"。问题在于，无论哪一个分支推算一个人的命运尚未见过百分之百准确的案例，在许多书籍和资料中只列举了算得准确的案例，或者是只列举了一个案例中部分准确的内容。这正是拥护神秘文化的人们所喜闻乐见的。至于那些不准确的案例或者一个案例中不准确的部分则略而不提。而这正是反对神秘文化的人们批判神秘文化的依据。当然，即使是现代科学实验和预测也未必会一次性百分之百的准确（最典型的代表是天气预报无法百分之百准确）。但是，神秘文化只说"过五关斩六将"的辉煌，不说"走麦城"败绩的态度毕竟是有失偏颇和不科学的。而且，为什么能推算出准确的部分的理论依据也没有（或无法）交代清楚，给人一个"知其然，不知其所以然"的结果。导致这种状况的原因是多方面的，一是古代先贤们将许多核心的规则和技巧视为独家秘技，不加以公开，得到真传的弟子极少，给人以神秘感。二是这个领域中门派林立，各有一套规则，没有公认的通行标准可言，却各自都标榜为"正统"之学。对于推断出的结果不相同，甚至矛盾，只能用"仁者见仁，智者见智"来解释甚至搪塞。三是现在的绝大多数从业者一知半解就行走江湖（甚至有些从业者根本没有入门，就出来混饭吃，江湖上称为"吃开口饭"）。这种状况的结果必然是让前来求算之人难以对推算的结果全信。所以人们对神秘文化推算的结果普遍抱有"不可不信，也不可全信"的态度。

至于对神秘文化的"知其然，不知其所以然"的现象，除了上述原因，还有一种观点认为是必然的。广西的名中医李阳波先生认为："世间的学问都是不究竟的，都是知其然的学问，尽管现代科技这样发达，但它仍然是'知其然'这个层次上的东西，只有出世的学问才是究竟的，才能真正做到'知其所以然'。"（参见李阳波先生的弟子刘力红等人整理的《开启中医之门——运气学导论》，中国中医药出版社 2005 年版）李阳波先生是医易兼修的名医，他的话很有道理，值得我们去思考和探索。

笔者出于对传统文化的兴趣和爱好，二十余年来，涉猎了神秘文化的诸多领域：命理学、卜筮、五行学、皮纹学、堪舆学等。总结心得后最大的感慨是：神秘文化作为中国传统文化的一个重要组成部分，博大精深，内涵极其丰富。它是我们应该去理智地传承的一笔宝贵的文化遗产。不能因为神秘文化领域有一些糟粕类的东西或者被一些江湖人一知半解地歪曲而全盘否定它，更不应该简单粗暴地扣以"封建迷信"和"伪科学"的大帽子。《孟子·尽心下》云："贤者以其昭昭使人昭昭，今以其昏昏使人昭昭。"伟大领袖毛泽东和邓小平都讲过"以其昏昏，使人昭昭"是不行的。不少批判神秘文化是"封建迷信"和"伪科学"的人其实对神秘文化不甚了了，却以"唯物主义者""科学家"的身份挥舞着反对"伪科学"的大棒去批判神秘文化，这是典型的"以其昏昏，使人昭昭"。这种做法本身就不是唯物和科学的。记得我国有一位当代著名的大科学家说过，人类在宇宙中还很年轻，许多自然界的现象，仅仅依靠人类现有的科学知识是无法解释的。因此，对于一些目前无法解释的现象，不应该简单地扣上"伪科学""迷信"的大帽子。笔者认为，这位大科学家的说法体现了一个严谨的学者应该持有的学术态度。

现代批判派认为《周易》倡导了神鬼思想。其实这是一种典型的"哈哈镜现象"。一个人本身并不畸形，但是由于哈哈镜本身的畸形，才使得照出来的人的形象发生畸形。如果详细研究《周易》全书中出现过的"神"和"鬼"这两个字，就能发现在《周易》中并没有倡导神鬼思想。例如，《周易》中是有几处出现过"鬼"字，如"高宗伐鬼方""震用伐鬼方""载鬼一车"。这里的"鬼方"是指殷商时代位于西北边疆的方国，不是我们现在理解的那个"鬼"。只是由于春秋战国时代的阴阳家们"舍人事而任鬼神"，这才使《周易》中的阴阳概念因含有了鬼神的色彩而变质。因此不应该给《周易》扣上一顶"倡导神鬼思想"的大帽子。

阴阳家们将《周易》理论神秘化，有主观原因也有客观原因。主观原因是他们希望营造《周易》理论神秘的氛围，让信众们有敬畏之心，这样便于他们获得当时那些帝王和权贵的重用，以此为谋生的职业。客观原因是即使许多阴阳高手能比较准确地预测，但无法说清楚为什么能准确预测的根据，因此只能将之归结为神鬼的旨意。这有点像英国的大科学家牛顿，他在晚年因为无法科学地解释一些自然现象，只能解释为神的旨意。

上述神秘文化的各个领域都可以让人感受其博大精深。例如，卜筮是《易经》的基本概念，也是伏羲最初创立八卦的目的。如果没有八卦，以及从周文王八卦推演得到的六十四卦，《易经》也就无从谈起。"皮之不存，毛将焉附。""象数派"作为易经两大流派之一，侧重于预测学的研究和探索，将六十四卦用于推断事物、人的状态和事件。这是回归到伏羲创立易经的本源。而易经的另一流派"义理派"则属于哲学范畴，从哲学层面来诠释六十四卦的卦辞、三百八十四爻的爻辞。它的研究已离开了伏羲创立易经的初衷，却另有一番天地。它的内容与一般意义上的神秘文化涉猎的内容截然不同。

遗憾的是，在古人留下的神秘文化的众多典籍中对许多关键问题、规则和技巧往往没有明明白白地交代清楚。其原因之一是为了保密，防止自己门派的秘技、秘诀外传。另一个原因是典籍的作者本身对有些关键问题也不甚了了，无法写清楚。神秘文化的各个领域普遍存在这个问题。在命理学、皮纹学、堪舆学等领域中这种现象更为突出。这正是造成其"神秘"的主要原因之一。这对于神秘文化的传播、传承和发展极其不利。进而产生了误导大众的后果，将信众和从业者引入误区。这些误区伴随着神秘文化的形成而出现。时至今日，由于神秘文化数千年来的传承和传播一直受到局限，各种关于神秘文化的书籍鱼龙混杂，再加上相当多的从业者对神秘文化一知半解的歪曲，因此这些误区不仅没有消除，反而更加扩大。

神秘文化是中华民族文化遗产宝库中分量很重的一部分，我们应该理智地学习和传承。笔者撰写"中国神秘文化的辨析和省悟"丛书的目的之一是，将神秘文化部分领域（命理学、易经、卜筮、皮纹学、堪舆学等）的有关知识和规则进行系统的归纳、分类和比较。之二是将神秘文化各个领域中的问题和误区加以辨析。告诉读者既不能盲目地迷信它，甚至走火入魔；也不应该因其神秘而简单地扣上"封建迷信""伪科学"的大帽子棒杀之。如果本书能起到这个作用，则笔者的心愿足矣。

　　笔者撰写这套丛书的宗旨是：力求内容完整和系统，写作立场保持严谨和客观，通过辨析得到真实的省悟。

前　言

关于《易经》和卜筮的出版物市面上已经很多了。大致可以分为两大流派：一派从哲学层面研究《易经》理论，注重六十四卦的卦辞和爻辞的解释和推论，这就是所谓的义理派。另一派则注重《易经》的预测应用研究，这就是所谓的象数派。

改革开放前，《易经》的出版物不多见，而且基本上都是《易经》理论研究类的，其作者和读者多是历史学者和哲学者。当时这类出版物不会也不可能涉及《易经》的预测应用，否则就会被扣上"宣扬封建迷信"的大帽子而遭封杀。在那个时代，《易经》的预测应用是不能公开活动的。此类书籍也不可能正规出版发行，即使有，也属于非法活动和非法出版物，只能潜伏地下。

改革开放以来数十年间，我国的政治环境逐步宽松，各种学术和思想流派日渐活跃。20世纪80年代中期开始出现一些研究《易经》的预测应用的书籍。笔者正是从那时开始涉猎《易经》研究领域的。时至今日，《易经》的预测应用已形成了"百花齐放、百家争鸣"的局面。《易经》理论研究和《易经》预测应用研究的出版物都有大量的出版发行，而且后者已经远远超过前者。这反映了一个社会现象——人们对已被禁锢多年的用《易经》进行预测的好奇和需求被释放了出来。于是有一些从事《易经》理论研究的学者们也开始适应市场需求，在他们的理论书籍中出现了关于用《易经》进行预测的内容，尽管还有点遮遮掩掩、躲躲闪闪。笔者发现有些真正称得上《易经》研究学者的书籍中包含了义理派和象数派的内容，让读者对《易经》的全貌有一个完整的了解。但这一类书籍毕竟是凤毛麟角。占据《易经》书籍主要市场份额的象数派书籍却很少能完整地介绍或探讨《易经》理论，基本上都侧重于预测所需的起卦、断卦。当然，市场需要是写作者的主要驱动力，可以理解。笔者也未必能脱俗。但是，笔者在总序中阐明了撰写"中国神秘文化的辨析和省悟"丛书的宗旨，因此，读者也许能从本书的内容和写法中相对全貌地了解《易经》的两大流派，并理智地看待用《易经》进行预测。这也许正是本书与其他一些关于《易经》预测应用书籍的不同之处。

　　读者阅读本书后不难发现，在义理派和象数派之间，笔者无疑是倾向于象数派的。因此，本书用了较大的篇幅在《易经》预测应用领域。这主要是基于笔者对《易经》的认识和理解。

　　伏羲的时代属于农耕狩猎社会，他创立八卦的目的是为了预测农业的收成以及狩猎的捕获状况。后来周文王从八卦推演出六十四卦，并与其第四子周公（姬旦）一起给六十四卦和三百八十四爻配卦辞和爻辞（也就是《周易》的核心内容）的初衷也都是为了通过卜筮的手段预测农业、狩猎。并且由于各国之间的战争频发，因此扩展到用卜筮预测军事和其他事务。在那个年代根本不存在也没有人去研究后来的义理派的那些"义"和"理"。到了春秋时代，《周易》开始被用来为当时的统治者和贵族们预测人和事。当时《周易》只掌握在朝廷的太卜和职业占卜人手中，尚未普及民间。在《左传》一书中，涉及《周易》的有十九处，其中有十六处是卜筮的内容。到了战国时代，用《周易》卜筮的活动已经走出统治者和贵族独占的狭小范围，传播到了民间。关于这一点已经得到许多文献和考古成果的佐证。《墨子·公孟》曾这样描述战国时代的卜筮之风："且有二生于此，善筮，一行为人筮者，一处而不出者。行为人筮者与处而不出者，其糈孰多？"这里所说的"行为人筮者"，就是行走江湖为他人卜筮者。"处而不出者"，就是在家或坐堂为他人卜筮者。这说明在战国时代与春秋时代不同，卜筮已经成为一种行业。从"阳春白雪"独享秘籍演变为"下里巴人"共享的知识。

　　要特别指出的是，卜筮作为一门预测领域的学问，应该被理性地对待，不能将它绝对化和神秘化。否则只能沦落为江湖术士玄而又玄的迷信。自古至今，即使是那些准确率极高的易学预测高手，能用《周易》对人和事进行预测。但至今尚未见到有人能说清楚为什么《周易》的符号体系和卦辞、爻辞能得到准确的预测结果，基本上只是"知其然不知其所以然"。

　　预测可以有多种途径和方法，如天气预报、地震预报、经济景气指数预测等，卜筮也是其中的一种预测方法，是一种中国古代学者们创立的一种方法。迄今为止，没有一种预测可以得到百分之百准确的结果。预测不是统计，有偏差是正常的。在天气预报、地震预报、经济景气指数预测等领域的预测不准确，没有人会说是"迷信""伪科学"。但是卜筮的预测有不准确的结果就会被扣上"迷信""伪科学"的大帽子，这不公平。

至于义理派，则是后来的学者们对八卦的卦象和卦辞、爻辞的解读而形成的一套理论体系。义理派的"义"是指对卦象、爻象含义的解读和提炼。义理派的"理"是指将卦象、爻象含义的解读和提炼进一步提升成为理论，成为哲学范畴的东西。因此，义理派的源头还是出自卦象和爻象，但义理派研究的那些"义"和"理"并不是八卦和《周易》原有的东西。

上述观点正是让笔者倾向于象数派的主要原因。但是，笔者要强调的是，对于象数派应该加以正确地分析。象数派只是古代传下来的一种预测方法，不可以将它神秘化和绝对化。数千年来，象数派形成了很多分支，例如六爻法、梅花易数等。

我们不应该将这些预测方法神秘化，甚至掺杂鬼神等不科学的东西去误导社会大众。正是因为象数派的神秘化和添加了这些东西，使得卜筮偏离了本质上只是一种预测方法的原貌，授人以柄，被批判者们有了批判它的依据。被批判为"伪科学"、"迷信"。在一定程度上，可以说是"成亦萧何，败亦萧何"。职业卜筮者们既传承延续了卜筮这种预测方法，使这个宝贵的文化遗产没有失传，从这个意义上说，他们功不可没。但也正是由于他们的一些画蛇添足和歪曲原貌的做法，导致了卜筮成为批判"迷信""伪科学"的靶子。从这一点上说，他们应该受到谴责。

也不应该由于卜筮被人为地添加了不科学的东西而全盘否定本来属于预测方法的卜筮。作为一种方法，它不涉及唯物还是唯心的立场，不存在迷信与否的问题。关键在于人们如何正确地理解和使用它。有些批判者带有"不可知论"的烙印，对于他自己不知道的、不懂的、用现代科学知识无法解释的现象和方法一律扣上"迷信"和"伪科学"的大帽子。这种做法本身就不是科学的和唯物的。抓住卜筮领域中那些后来者添加的不是原有的东西而"攻其一点不及其余"的做法，也不是他们所提倡的"唯物论"应有的学术态度。

山东大学著名易学家刘大钧先生是国内公认的研究义理的权威，他的著作等身，他以前的大部分著作都是集中于义理研究的。但近年来，随着卜筮正式成为"预测学"而登堂入室后，引起了刘大钧先生的关注。他在《周易纳甲筮法》（学林出版社，2012年3月版）中提出："《周易》占筮作为《易》学象、数、理、占的四大内容之一，在民间有极强的影响力，因而它已经成为一种在中国存在了几千年的文化现象，确有对其进行研究的必要性。若一味地进行贬抑，则只能起到适得其反的效果。"

随着我国的政治环境逐步宽松，老一辈的哲学家们对《周易》提出了以前不方便表达的观点。

著名哲学家冯友兰先生在1987年说:"我有个建议,研究《周易》,当然以《周易》哲学为主,但《周易》本来就是一部筮书,《周易》的哲学思想有些与筮法有关,因此对筮法也要作调查研究工作。"虽然冯先生依然有"研究《周易》,当然以《周易》哲学为主"的惯性思维,但能由他正式提出对筮法开展研究,实属难能可贵。

著名哲学史学家任继愈先生在1992年说:"《周易》作为一部卜筮之书它的占卜方式很值得注意。我们可以把国内外有关少数民族或原始民族占卜活动的资料拿来,与《周易》的筮法进行比较,一定会比古人发现更多的东西,有助于我们准确地把握《周易》筮法的特点,从而对《周易》研究有所突破。"

易学界的大学者们出于学术研究的传承,以及时代约束和限制的原因,过去对属于象数派的卜筮少有论述(并不等于他们没有研究),但现在也开始公开提倡对卜筮应该加以研究。这是一种可喜的现象。

对于卜筮的争论有一个很有趣的现象:职业卜筮者们对于为什么依靠《周易》的符号体系和理论形成的预测方法能作出相对准确的预测结论,但由于无法说清楚"所以然",于是归结为冥冥之中的神鬼旨意。批判者们也无法理解和解释这个问题,却将它归结为"迷信"和"伪科学"。正方和反方走到了一起。这个问题确实是一个千古之谜。已经有不少学者在探索和研究它。笔者也试图解释,可惜没有完成。但是,笔者认为,伏羲创立八卦的启迪来源于仰观星象、俯察山河,卜筮在断卦时用到的阴阳五行学说和天干地支体系也源自天文学中的星象和太阳黄道理论(这也正是为什么中国传统的农历和现在国际通用的公历会在"立春""清明""夏至""冬至"等时点能相当吻合的原因)。如果从这个角度去思考也许会有一些结果。

目　录

易源易法——易经的渊源与推算体系分析

目录

易源易法──易经的渊源与推算体系分析

第一章　易经的渊源

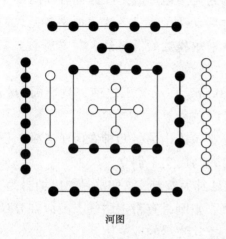

河图

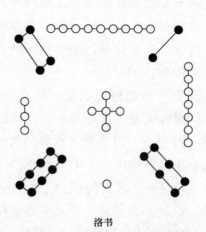

洛书

　　自古以来，世人公认《易经》是"群经之首"，在三部公认的中华文化典籍：《易经》《道德经》《论语》中最早问世，是中华文化的源头。它的形成历经三个时期：上古时代的伏羲从河图、洛书中得到启迪而创立八卦。中古时代的周文王被商纣王囚禁在羑里期间从八卦推演出六十四卦。他的第一大贡献是给六十四卦的每一卦命名。伏羲创立的八卦叫作先天八卦，周文王根据先天八卦坤（地）、艮（山）、坎（水）、巽（风）、震（雷）、离（火）、兑（泽）、乾（天）的卦名和象征，创立圆形天象的规则给六十四卦的每一卦冠以卦名。再给每一卦配以卦辞（解释每一卦的卦象），并确立了六十四卦以乾卦为首卦。因此，《周易》的"周"字不仅仅指周朝的"周"，还有另一层含义，是圆形天象的圆周和周而复始的"周"。近代易学家尚秉和先生在他的《周易尚氏学》中说："按三易之名，皆缘首卦。《连山》以艮为首，上艮下艮，故曰连山；《归藏》以坤为首，万物皆归藏于地，故曰归藏；《周易》以乾为首，乾：元、亨、利、贞，即春、夏、秋、冬，周而复始，无有穷期，故曰周易。"六十四卦的圆形布局充分反映了阴阳消长、周而复始、如环无端的客观规律。因此有一种观点认为，周文王就是根据这一点将推翻商朝后的国号命名为"周"。周文王与第四子周公（姬旦）一起再给六十四卦以及每一卦中的每一爻配以爻辞（共64×6=384爻）。近古时代以孔子为代表人物的一批学者撰写了《彖传（上）》《彖传（下）》《象传（上）》《象传（下）》《系辞（上）》《系辞（下）》《文言》《序卦》《说卦》《杂卦》（所谓的《十翼》）。所以，关于易经的形成，古人云："人更三圣，世历三古"（《汉书·艺文志》）。它由符号体系和语言论述体系两部分组成。符号体系由伏羲创立的八卦和周文王从八卦推演出的六十四卦组成。语言论述体系由周文王第四子周公（姬旦）编纂的六十四卦的卦辞、三百八十四爻的爻辞以及以孔子为代表的一批学者撰写的《十翼》组成。所以南宋的大学者朱熹认为《易经》的形成有四圣：伏羲、周文王、周公、孔子。

《易经》也是世界公认的三大经典（《易经》《圣经》《吠陀经》）之首。现在所说的《易经》往往是指《周易》。因为它完整地形成是在西周春秋时期（现在比较一致的观点认为，《十翼》是由春秋时期以孔子为代表的一批学者完成的）。（要提醒读者注意的是，基于这一观点，本书中提到的《易经》和《周易》实际上是可以互换的。）

现在有一种流行说法是，伏羲创立了八卦，在周文王之前，夏、商两朝也有"易"。夏朝的是《连山易》，商朝的是《归藏易》。

另一种流行的说法是，八卦乃伏羲创立，《连山易》乃神农氏（炎帝）创立，《归藏易》乃轩辕氏（黄帝）创立，《周易》乃周文王创立。

这三种《易》各有特点，《连山易》以艮卦为首卦，《归藏易》以坤卦为首卦，《周易》以乾卦为首卦。由于乾卦象征至尊、阳刚，有帝王之气，所以在春秋时代以后的封建统治者们需要用《周易》作为支撑其统治的理论体系。

从内涵的层面来说，《易经》在哲学层面反映了世间万物的客观变化规律。人类是组成世间万物最主要的一个群体，《易经》能反映人类的客观变化规律，应该是没有疑问的。现在的争议是，《易经》能否反映组成人类群体的单个人的一些客观变化规律？赞成派认为是可以的，批判派认为是不可能的，是迷信的。但是，批判派也没有敢于批判《易经》本身。即使是像杨振宁这样的诺贝尔物理奖获得者也只是认为："《易经》影响了中华文化的思维方式，而这个影响是近代科学没有在中国萌芽的重要原因之一"。（2004年9月3日，北京人民大会堂，在"2004文化高峰论坛"上，杨振宁教授以"《易经》对中华文化的影响"为题，提出观点认为《易经》阻碍了近代科学技术产生于中国）。他的观点对于破解英国著名学者李约瑟的难题："为什么近代科学没有在中国产生？"提出了一家之说，这种说法是否正确则另当别论。但是，他并没有批判《易经》是封建迷信。无论哪个历史时期，即使是批判封建迷信的时代，例如，直到20世纪80年代（甚至在进入21世纪后），一些学者还将道教文化批判为"迷信"，但是始终没有见到哪个批判派敢于否定和批判作为道教源头的《易经》。

这里所说的"《易经》本身"，是指六十四卦的卦辞、爻辞和《十翼》，以及组成《易经》符号体系的八卦和六十四卦两大部分。这两大部分正是《易经》学术领域中的两大流派，即义理派和象数派研究重点的分界。

第二章　易经的流派

——义理派、象数派

　　义理派和象数派正式形成两个不同的学术流派始于汉代。而且从事"义"和"理"研究的义理派自汉代开始一直居于正统学术流派的地位，成为"大道"之学。而从事卜筮应用的象数派却一直散落并植根于民间，被正统学派斥为"江湖小技"，备受冷落。到了清代，以纪晓岚为首的一批学者在编撰《四库全书》时明确提出了"义理派"和"象数派"的名称和划分。

　　《四库全书总目》将易学分为两派六宗：两派指象数派、义理派。六宗指占卜宗、禨（ji）祥宗、造化宗、老庄宗、儒理宗和史事宗。六宗实际上可归属于两派，占卜宗、禨（ji）祥宗、造化宗归属于象数派，老庄宗、儒理宗、史事宗归属于义理派。学术界一般把侧重于用抽象、概括的意义解释《周易》的易学流派称为义理学派。将根据具体卦象解释《周易》的易学流派为象数学派。从整个易学史发展过程看，两派的互相争论甚至攻讦一直没有停止过，而且主要是义理派排斥和攻讦象数派。客观地说，当代学术界对义理派的研究比较深入，也比较公允。但是，由于意识形态原因和"士大夫"们对象数派不屑一顾的偏见，因此对象数派的研究则不够深入，也有失公允。

　　在三种《易》：连山易、归藏易、周易中的连山易和归藏易都属于象数派的范畴。到了《周易》时代，孔子等人注解周易作《易传》，在这个时候也就开始出现了义理派（但是当时还没有形成真正的义理学派）。《周易》是经学，侧重于象数；《易传》是论学，侧重于义理。在春秋战国时期，对《易经》的研究开始出现了不同的学术观点和流派的雏形。

　　孔子之后，西汉的儒学大家董仲舒提出"天人合一"的概念，将《易经》中本来的蕴涵客观简洁的朴素思想，演绎成人们需要煞费苦心修炼方能达到的非凡"境界"，这种将简单的事情复杂化的研究方向模糊和误导了后世的人们对《易经》本质的理解。

第一节　象数派

　　"象数"的提法最早见于《左传·僖公十五年》中云："龟，象也；筮，数也。物生而后有象，象而后有滋，滋而后有数。"象数派就是通过《周易》中的卦象和有关数字来解释《周易》的。因此，象数派的研究偏于"象"和"数"。

《系辞》云："象也者，像此者也。""象"是指八卦和六十四卦的卦象，以及每个卦的象征：乾为天、坤为地、坎为水、离为火、艮为山、兑为泽、震为雷、巽为风。历代学者又将八卦和六十四卦象征的事物逐步扩大到数百种，并将各种象征的事物加以组合和延伸，形成一系列的理论和规则。在组成"象"的各种元素中还有一个组成卦的最基本的元素："爻"。爻又分为阳爻"——"和阴爻"— —"。阴阳是《周易》中一个很重要的概念。《易辞》云："是故，易有太极，是生两仪，两仪生四象，四象生八卦，八卦定吉凶，吉凶生大业。"这里说的"两仪"就是指阴和阳（也有一种观点将"两仪"解释为天地，二者并不矛盾，因为"天"为阳，"地"为阴，是中国传统文化得到公认的一个概念）。无论是义理派还是象数派对这个阴阳概念都很重视。

"数"是指历代学者们在《周易》中引入了一个"数字系统"，并用这个数字系统来解释和推演《周易》。《易辞》云："极其数，遂定天下之象。"这里所说的"数字系统"包括最初用蓍草卜筮时采用的"大衍之数"五十（亦称"蓍数"）、"九宫数"、五行及其对应的数字、八卦对应的数字和方位（进一步分为：先天八卦及其对应的数字和方位，后天八卦及其对应的数字和方位）、六十四卦对应的数字、一年四季和十二个月对应的数字、农历纪日所对应的数字、天干地支及其对应的数字、干支纪年对应的数字、干支纪月对应的数字、干支纪日对应的数字、干支纪时对应的数字，等等。

一、卦象的象征

所谓八卦，是指伏羲创立的乾、兑、离、震、巽、坎、艮、坤共八个卦，它们的卦象是：

乾☰、兑☱、离☲、震☳、巽☴、坎☵、艮☶、坤☷

最初对于八卦的"象"只是描述了八个卦的直接形象，朱熹总结为一首歌诀："乾三连，坤六断，震仰盂，艮覆碗，离中虚，坎中满，兑上缺，巽下断"。历代的学者们给八卦赋予了象征的内容。《说卦传》列举了《周易》中八卦的卦象所象征的内容，大约有几十项。其中，乾象征天，坤象征地，坎象征水，离象征火，艮象征山，兑象征泽，巽象征风，震象征雷，这是八卦最基本的象征。后来，主要是汉代学者进一步发展了卦象所象征的内容，把象征的事物扩大到数百余种。除了沿用原有的象征思路之外，还从总体上给出了卦象所象征人和自然事物的规则。依据这样的规则，就能将卦象的象征无限地延伸到更多的事物。这种象征在易学领域叫作"类象"，将在后面详细介绍。

例如，将卦象与一年中四季气候联系起来，用坎、离、震、兑四个正卦分别象征冬、夏、春、秋四季的气候。又将它们与方位联系起来：坎卦居北方、离卦居南方、震卦居东方、兑卦居西方，故名四正卦。并用每个正卦的六爻共二十四爻对应于一年的二十四个节气。再用其余六十卦分别象征十二个月的气候状况，平均每个月对应五个卦。再进一步结合阴阳理论，就形成了由"卦气""十二消息卦"（即所谓的"十二辟卦"）构成的一套完整的规则。

值得一提的是，有些学者将《易经》与五行概念联系起来，给《易经》赋予物理内涵并神秘化，尝试用五行概念来解释《易经》。例如，齐人邹衍将产生于殷代的五行（金、木、水、火、土）概念加以发挥（注：也有观点认为，"五行"的概念产生的年代要早于殷代，但至今尚无定论），给五行赋予"德"的内涵，提出"五德终始说"，认为世间万物都是由金、木、水、火、土五种基本元素构成。而且，世间万物都可以按照"五"个为一组进行分类，并与五行相对应。例如，颜色分为五色、声音分为五音、味道分为五味、方位分为五方……他建立这套学说是出于服务于帝王的政治需要（例如，齐国、燕国及秦始皇）。由此开始了对于五行的迷信，进一步衍生神鬼控制人类的宗教思想，使《易经》的研究越发走向神秘。

二、卦象相互之间的关系

周文王推演八卦得六十四卦，并证明八卦和六十四卦各个卦象之间相互关联，而且可以相互演变。六十四卦的组成、相互之间的排列和变动的关系，形成了更多的卦象的概念和规则。例如，将一个卦倒过来就是另外一卦（称为综卦），将一个卦中每一爻阴阳互换：阳爻变为阴爻，阴爻变为阳爻（称为错卦）。特别是引入"动爻"（阴爻变阳爻或阳爻变阴爻，这个变化的爻就是"动爻"）的概念之后。一个卦的某一爻（或某几爻）产生变化后，该卦就变成另一卦（称为变卦）。又如，将一个卦的各爻重新组合，也可以产生另一卦（如互卦）。有了诸如本卦、变卦、互卦、错卦、综卦等这些概念和规则，六十四卦就不再是六十四个孤立的卦，它们相互之间存在可以转换、演变的关系。再结合每个卦象征的事物，就能用"卦象"的概念动态地分析、解释人和各种客观事物的状态和变化，并进一步赋予吉凶的内涵。于是，象数派就能用来预测各种人和事物。

三、"数"

众所周知，《易经》的三个要素是"理、象、数"，无论是义理派还是象数派都是围绕着这三个元素进行研究和应用的。所谓"理"，是指《易经》蕴涵的哲理性；所谓"象"，是指《易经》的哲理性依附在卦象的变化上；所谓"数"，是指卦象的变化是基于策数的推演，"策数"是指卜筮术数，是由"大衍之数五十"和"天地之数"两组数决定的。所谓"大衍之数"的出处，在《易·系辞上》云："大衍之数五十，其用四十有九。分而为二以象两，挂一以象三，揲之以四以象四时，归奇于扐以象闰，五岁再闰，故再扐而后挂。天一地二，天三地四，天五地六，天七地八，天九地十。天数五，地数五，五位相得而各有合。天数二十有五，地数三十，凡天地之数五十有五。此所以成变化而行鬼神也。"在古汉语中，"衍"和

"演"是通用的。因此，"大衍之数"是用于推演天地间事物变化之数。而卦象正是"大衍之数"推演天地间事物变化的载体。由大衍之数起出卦象，再根据卦象及卦象之间的变化和转换关系去推演事物的变化。为什么"大衍之数"是五十而不是其他数字？古人有诸多解释，例如京房曰："五十者，谓十日、十二辰、二十八宿也，合五十"。邵雍曰："天数二十有五之倍数，合五十"。朱熹曰："大衍之数五十，盖以河图中宫，天五乘地十而得之"。等等，各有一家之言。近代易学家吉林大学已故教授金景芳先生则认为："大衍之数五十"应为"大衍之数五十有五"，古书中可能少了"有五"二字。根据《易·系辞上》分析，金教授的说法也是有依据的。

八卦是《易经》的基本元素。古人最初起卦就是用蓍草进行的。起卦时采用五十根蓍草就是取"大衍之数"（故亦称"蓍数"五十）。而且，古人根据"河图"、"洛书"的启迪，给八卦赋予了"数"的属性，并分别有先天八卦数和后天八卦数两种。所谓先天八卦数，是指乾卦为一、兑卦为二、离卦为三、震卦为四、巽卦为五、坎卦为六、艮卦为七、坤卦为八。所谓后天八卦数，是指坎卦为一、坤卦为二、震卦为三、巽卦为四、乾卦为六、兑卦为七、艮卦为八、离卦为九。列表如下：

八　　卦	乾☰	兑☱	离☲	震☳	巽☴	坎☵	艮☶	坤☷
先天八卦数	1	2	3	4	5	6	7	8
后天八卦数	6	7	9	3	4	1	8	2

注：后天八卦数中没有5，其依据是"洛书"中"五居中宫"。

象数派在卜筮起卦时采用的是先天八卦数。八卦有了对应的"数"，就可以引申出更多的起卦的方法和断卦的规则。例如产生了很多的起卦方法：根据年、月、日、时辰起卦法、用所见的物数起卦法、用听闻的声音之数起卦法、用姓名起卦法、用字数或字的笔画数起卦法、直接用数字（如电话号码、门牌号码等）起卦法等。这种以"年、月、日、时辰"起卦和"数"起卦的方法是《梅花易数》的创举。起卦快速灵活，不受条件限制。传统的用蓍草起卦以及用金钱摇卦的方法耗时多，过程麻烦，有时受条件限制难以做到。

由于基本卦有8个，所以在起卦时用到的是数字8。用数学的语言说，就是对8求余数。另外一个重要的数字是6（这是因为一个大成卦由八卦中的两个卦叠加组成，因此有六个爻），对占得的卦求动爻时就要用到6。用数学的语言说，就是对6求余数。归纳起来就是"卦以八除，爻以六除"。

特别要提到的是，用蓍草起卦或用金钱摇卦很可能得到不止一个动爻，也可能没有动爻。而用年、月、日、时辰起卦或数字起卦，必然会得到一个动爻，而且只有一个动爻。《易经》有三易属性：变易、简易、不易。邵雍创造的这种方法正符合"简易"的属性，不但极大地方便了起卦，还简化了解卦的复杂性。

当然在象数派领域还有很多涉及"数"的问题，甚至延伸到五行也有"数"、命理学领域也需要用到象数派的"数"。例如，命理学中很重要的几个分支：紫微斗数、铁板神数、邵子神数、河洛理数、太乙神数等，它们的名字就说明，如果没有"数"，也就没有这些分支。这里不一一列举。

由上可见，《易经》与"数"是密不可分的。

《易经》最初出现之时只有八卦和其后增加的六十四卦。在这个时期，只有八卦和六十四卦的符号体系，也就是卦象。当时只是将卦象作为各种客观事物的象征而使卦象有了具体的含义，并没有后来义理派所研究的那些理论。而象数派的"象"从《易经》出现之时早就有了，其后，象数派学者们赋予它所象征事物的概念。因此，象数派的出现和形成远远早于义理派的出现和形成。历史上，象数派的代表人物出现也远远早于义理派的代表人物。套一句现代的话："革命不分先后"，更没有必要因为"长江后浪推前浪"，而前浪一定要死在沙滩上。实际上，义理派所研究和阐述的关于《易经》的"理"的根源就是从卦象衍生而来的。对于这一点，南宋的大学者朱熹认为，创立《易经》的四位圣人伏羲、周文王、周公和孔子都是将《易经》视为卜筮之书的，而当时只有"象"和"数"，根本没有后世的义理派学者们诠释的那些理论，他说："但用其爻而不用其辞，则知古人占不待辞而后见吉凶"（《朱文公易说》卷十八）。因此，他不同意北宋的欧阳修、司马光、二程等人否定象数派的观点。他认为"象"的内涵比那些理论要丰富和深邃得多，"惟其言不尽意，故立象以尽之。故学者于言上会得者浅，于象上会得者深"（《朱文公易说》卷七）。

讨论象数派的形成和发展，有两位不可忽视的重要人物：一位是五代至宋朝年间的易学大家陈抟，另一位是北宋年间的大学者邵雍（尧夫、康节）。

陈抟既是药王孙思邈之后最为有名的道家修道士之一，更是易学、命理学领域里程碑式的人物，他开创了一代易学和命理学。他认为，伏羲在仰观天、俯察地的基础上，"近取诸身，远取诸物"，创立了先天八卦，注重的是"象"，《陈抟易说》中收录了陈抟的说法："羲皇始画八卦，重为六十四，不立文字，使天下人默观其象而已。如其象则吉凶应，违其象则吉凶反。此羲皇不言之教也。《易》道不行，乃有周孔。周孔孤行，《易》道复晦。盖上古卦画明，《易》道行。后世卦画不明，《易》道不行。圣人于是不得已而有辞。学者一著其辞，便谓《易》止于是，而周孔遂自孤行，更不知有卦画微旨。此之谓买椟还珠，由汉以来皆然。《易》道胡为不而不晦也。"这段话充分说明，陈抟主张《易》道的核心是卦画产生的卦象，后来的周文王和孔子配以文字，乃买椟还珠之举。因此他采取的研究态度是："于羲皇心地上驰骋，而不于周孔脚迹下盘桓"。

邵雍是"北宋五子"（邵雍、周敦颐、张载、程颐、程颢）之首。他既是易学家，又是哲学家、儒学家、历史学家、天文学家。在易学领域他传承了陈抟学派。陈抟以先天图授种放，种放传穆修，穆修传李之才，李之才传邵雍。当时北宋的诸多学者属于义理派者居多，并创立了"理学"。尤其是北宋理学的创始人周敦颐结合《周易》和"太极"为"理"生万物的理论提供了依据。因此被后世的义理派尊为"理学宗主"。这一派学者们以本派为正统主流，排斥象数派。而邵雍作为儒学家却博采众长，又师从道学大师陈抟的俗家弟子李之才，得到了陈抟的真传，精通《易经》和"河洛之学"。他不仅在义理派的哲学范畴造诣极深，而且在《易经》的象数领域有开创性的成就，成为一代易学宗师。同为"北宋五子"中"二程"之一的程颢，虽然是义理派的领军人物，对象数派有不小的门户之见，但是对邵雍赞叹道："尧夫，内圣外王之学也。"程颐则称赞他："其心虚明，自能知之。"南宋的大学者朱熹对周敦颐、张载、程颐、程颢等人的学术观点不尽赞同，颇有微词，唯独对邵雍却只有推崇和褒奖："天挺人豪，英迈盖世。架风鞭霆，历览无际。手探月窟，足蹑天根。闲中今古，醉里乾坤。"《宋史》对邵雍的评价极高，说他："高明英迈，迥出千古，而坦夷浑厚，不见圭角，是以清而不激，和而不流，人与交久，益尊信之"。

邵雍留下了许多经典著作，如《伊川击壤集》《观物内外篇》《渔樵问对》等。这里特别要提到的是邵雍的另一部著作《皇极经世》，这是一部融理学和象数的经典著作，它反映出邵雍不仅是象数大家，还是一位理学大家。邵雍也是一个奇特的思想家。他依据他的象数理论能对事物进行预测，准确率极高，但是他并不迷信命理，也不是事事占卜。邵雍不以占卜、推命为生计，故能超然物外。实际上，古代就有遗训，荀子曰："善易者不卜"。孔子曰："君子静则玩其辞，动则玩其占"，"玩索而有得"，说明孔子是以一种玩味的心态去研究《易经》的。现代的知名学者南怀瑾先生认为如果将《易经》学通了，做什么事都能预知结果，做人就没味道了。因此，学习《易经》只要学懂一半就好（南怀瑾著《易经杂说》，P.9，复旦大学出版社2009年版）。这正是当代那些以搞预测为生的易学家们应该得到的启迪之处。现在颇有些搞预测的易学家以预测为谋生或提高自己名望的主要手段。因此，他们必须以占卜、预测为自己的生活主题，并宣扬其得到的预测结果的准确性和绝对性。将本来应该是一门很有学术意义的学问打上了过分的商业烙印。这不禁让人想起孔子对《易经》的评论："《易》之失，贼"。这个"贼"字确实发人深省。有个别号称所谓"泰斗"级的易学者近十余年来连篇累牍出版的一些易学、命理学和风水学书籍。笔者发现，他早期的一两本书确实有其研究应用心得，而且开了国内这一类出版物的先河，值得称道。但后来的几本书却令人为其惋惜。

象数派中一个很重要的学派是以《梅花易数》为代表作的梅花易数派。《梅花易数》这本著作相传是邵雍撰写的，是邵雍创立了梅花易数。所以只要谈及梅花易数，必然会联想到邵雍。而且梅花易数的"梅花"二字就是从著名的"观梅占"而来的。但是，笔者认为不能人云亦云，需要有依据。刘光本和荣益先生在《梅花易数精解》（学林出版社2012年3月版）中专门论证了这个问题。他们从《梅花易数》的内容、称谓以及时序等方面加以分析后认为，《梅花易数》这本书并非邵雍所著，而是后人托邵雍之名的著作。刘大钧先生在为该书作的序中提出，《梅花易数》"或为明人所写，甚至可能为清朝康、乾以后之人托名写成。"笔者比较认同这个观点。

但是，无论原作者是何人，都不影响《梅花易数》这本书在卜筮领域的重要影响和作用。笔者自己的实践也证明梅花易数占问人和事的准确率颇高，值得研究和学习。而且，即使《梅花易数》不是邵雍所著，但是它的理论基础源自邵雍的易学思想。该书中有许多词句就是出自邵雍的《伊川击壤集》中的诗句。例如，梅花易数中的"不动不占、不因事不占"的原则无疑是传承了邵雍的"辄固以其动而推其变"的思想。又如，梅花易数中引入了"体用之说"，这个理论是宋代一批易学家和理学家开始提出并探讨的。学习过梅花易数的人都知道，"体用之说"是梅花易数中极其重要的要素，如果没有"体卦""用卦""变用"等概念，梅花易数将无法成为一门学说。

梅花易数断卦只从卦象入手，不涉及卦辞和爻辞。笔者认为，这恰好是回归到易经的八卦和六十四卦只是一套用来推断和预测人和事的符号体系的本源。而卦辞和爻辞只是后来增加的内容。虽然卦辞和爻辞也被用来断卦，但显然不是断卦的主流。而且正是这些卦辞和爻辞的出现将断卦引向另一个方向，偏离了其本源。并且产生了后来成为易学领域占主导地位的义理派，走向哲学范畴，成为一套历史上各朝代的统治者所需要的理论体系。古代那些统治者们认为自己是天之娇子，是最高明的，他们的话是"金口玉言"，不会有错。如果民间的易学高手们对国运、人事推断的比他们还准确，这是无法接受的。因此可以说，象数派一直受到历史上各朝代统治者的排斥和打击，并不是从1919年"五四"运动以后才开始受到排斥和打击的。

第二节　义理派

谈论义理派，汉代的王弼是必然要提及的重要人物，《四库全书总目·经一·易一》中说："《易》本卜筮之书，故末派寖（同"浸"，笔者注）流於谶纬，王弼乘其极敝而攻之，遂能排击汉儒，自标新学。"他的《周易略例》一个显著特点是："扫象数归义理"。他在《周易略例》中主要是阐述卦象所蕴涵的"理"，而不涉及卦象的变化和卦象之间的关系。他甚至主张，只要将卦象蕴涵的"理"搞明白，卦象本身已无足轻重。提出"得意忘象，得象忘言"。《周易略例》成为汉代以后研究《易经》的经典。他从思辨的哲学角度注释《易经》。把象数之学变成为思辨哲学。以言简意赅的论证代替前人的繁琐注释，以抽象思维和义理分析摒弃象数之学与谶纬迷信。王弼虽然不是从哲学角度研究《易经》的第一人，但他开创了从哲学角度研究《易经》的学派。朱伯昆先生认为：从易学史上看，由于排斥汉易的象数之学，注重义理，创建了义理学派。此派易学又把《周易》经传纳入玄学领域，成为魏晋玄学的一个组成部分。其对宋明易学和宋明理学的形成起了很大影响。在这种风气的影响下，两汉易学则转向以老庄玄学解《易经》的道路。成为易学史上的一大流派。王弼就是这一学派的创始人。（《易学哲学史》卷一，P.275。）

这个学派在宋代达到了学术的高峰，其代表人物是周敦颐、张载、程颐、程颢等，他们将《易经》的"理、象、数"三个研究方向分离甚至对立起来。这实际上脱离了《易经》最初形成时只有"象"没有"理"的历史渊源，"理"的源头就是卦象的客观事实。如果没有八卦和六十四卦的"象"，根本不可能产生后世学者们对于"理"的研究，"皮之不存，毛将焉附"。

历代义理派学者偏重于义理的研究。这些学者也许忽略了一个重要问题：在所有古代的典籍之中，《周易》有一个与其他典籍（如《论语》）不同的特征，那就是《周易》除了与其他典籍一样的文字语言之外，还有一套与文字紧密相关的符号体系。研究其他典籍时只诠释典籍中的文字语言的方法是无可非议的，但同样用这种方法去研究《周易》，却忽略了符号体系，显然是不够完整的，有失偏颇的。而且，义理派在从哲学层面分析研究卦象蕴涵的"理"和"义"时，回避了一个"源头"，那就是他们研究的"理"和"义"均出自《周易》中八卦和六十四卦的符号体系，更离不开八卦与客观世界万事万物之间类象关系。他们研究的"理"和"义"就是从乾象征天、坤象征地、坎象征水、离象征火、艮象征山、兑象征泽、巽象征风、震象征雷等八卦的这些最基本的象征中衍生、推论而来的。他们在研究"理"和"义"时用到的阴阳概念，更是与八卦的阴爻和阳爻分不开的。

可以肯定的一点是，义理派的"义"和"理"都是从象数这个源头衍生出来的。先有象数，后有义理。《周易》最早的核心就是"象"。当时没有任何的"义"和"理"。《系辞传》曰："圣人设卦观象，系辞而明吉凶，刚柔相推而生变化。是故吉凶者，失得之象也；悔吝者，忧虞之象也；变化者，进退之象也；刚柔者，昼夜之象也；……是故君子居则观其象而玩其辞，动则观其变而玩其占。"又曰："是故《易》者象也；象也者像也。"近代易学大师尚秉和先生说："《易》辞皆由象生""说《易》不可离象"。

而且，问题还在于历代学者们根据自己对《周易》卦辞、爻辞的理解加以发挥，宣扬各自的哲理、伦理思想。不少学者将他们自己对《周易》卦辞、爻辞的理解说成是创立《周易》的先贤们的思想。本来应该是"仁者见仁，智者见智"的各自学术观点，却偏要标榜成是先贤们的思想。这正是儒家所谓"正统"思想的烙印。根据《辞海》的解释，所谓"正统"乃"党派、学派等一脉相传的嫡派"。先贤们已经辞世多年，这些学者们各自的思想、论点甚至有相互矛盾之处，真不知谁是"嫡派"？也无从考证到底谁才是"正统"。可以说，这就是"文人相轻"现象在易学领域的反映。这个"文人相轻"的现象在象数派中也存在，更贴切地说，在职业卜筮者群体中反映出来的现象是"同行是冤家"。时至今日，在义理派和象数派中这种"门户之见"的陋习依然存在。

由于没有统一的标准，各人的理解不可能完全相同，因此必然会出现不同学者的解释不一致甚至相互矛盾的情形。

例如，根据阴阳理论，在《周易》中，初爻和第三、第五爻的位置是阳爻的正位，第二、第四和上爻的位置是阴爻的正位。坤卦☷的第五爻是阴爻，它的爻辞是"黄裳，元吉"。对此，王弼给出的解释是，虽然第五爻是阴爻居于最尊贵的阳爻之位，本来应该是不吉利的，但是由于阴爻象征的女子采取柔顺谦卑的态度，所以还是吉利的。另一个学者程颐的说法是，阴爻只有安守本分，居于阴爻之位，才会吉利。而坤卦第五爻却是阴爻占据着阳爻的位置，所以"元吉"的意思是不吉利的。显然这两种解释是相互矛盾的。类似的例子不是个别现象。

为了纠正义理派这种众说纷纭、相互矛盾的状况，值得称道的是南宋的大学者朱熹，他首先承认《周易》原来就是筮书，认为："先见象数，方得说理，不然，事无实证则虚理易差"。他所撰写的《周易本义》将《周易》的象数和义理融合在一起研究，"立于象数而畅论义理"（山东大学林忠军教授语）。这本书的名字表达的意思很明白，认为他对《周易》的注释才是正宗的，是本来的含义，希望以此来统一各家之说。朱熹的理论自成一家，因此，他的学说被后世称为"朱氏易学"是当之无愧的。

客观地说，虽然自古以来两派之中很多学者的学术倾向是排斥打击另一派，但也有不少学者对《周易》的研究重点只是"偏向"一派，并没有达到"偏废"另一派的程度，也没有攻击另一派。有些象数派学者没有彻底舍义理不用，有些义理派学者对象数也有涉猎和研究。两派自古以来就有相互合流、互补的状况。即使在义理派鼎盛时期的宋代也是如此。邵雍和朱熹就是其中的代表人物。

有些朝代的统治者为了证明他出身正统高贵，喜欢标榜历史上的圣人、名人是他家的祖先。例如，唐朝的统治者李氏家族为了提高出身门第，说老子（李耳）是自己这个李氏的先祖。由于得到了皇室的扶持，因此道教在唐代盛行。到了明朝，朱元璋家族也捧出大学者朱熹。因此，以朱熹为主要代表人物的学派也得到了官方的支持和提携。朱熹的《周易本义》被官方确立为官方科举的标准读本，朱熹易学中的理学部分成为的主流学派。而象数派没有这样显赫的背景，就无法登大雅之堂了。在其影响下，明朝以后的学者开始"泾渭分明"，将义理派和象数派对立起来。从本质上看，无论是象数派还是义理派，实际上都是在假借象数阐发义理，即"假象以寓意""假象以明理"，只不过各自假借的"象数"、阐发的"义理"有所不同而已。这种将历史名人往自己脸上贴金的做法现在依然存在。例如，近年来个别比较有名的象数派易学者在成名后，说自己是宋朝象数派某个代表人物的第多少代后裔，无非是想给人一个"血统高贵""学术正统""家学渊源"的感觉。其实适得其反，有点"血统论"的味道，就像近年来流行的一句话："我爸是李刚"。

象数派和义理派相对立，并且义理派占绝对上风的后果是，义理派的学者登堂入室进入官场，各种著作大量堂而皇之地问世。而象数派的从业者沦落为算命的、卜筮的,各种著作少之又少,甚至成为非法出版物。这种现象持续到现代,1992年出版的《周易辞典》对王弼的评价说:"王弼扫荡汉《易》象数使《易》学回到孔子所开辟的义理派的正路,实有大功于《易》学的发展。"这段评语将义理派标榜为"正路",按照这种说法,义理派的发展才是《易》学的发展,而象数派只是旁门左道。看来编纂《周易辞典》的学者们毫无疑问都是属于义理派的。由此也可以看出,即使在现代,义理派对象数派的批判和攻评始终存在。反之,由于象数派历来处于劣势,甚至被许多古今学者视为不入流的旁门左道,因此没有能力对义理派进行太多的攻击和批判。

第三章　卜筮基础知识

第一节　理性看待卜筮

从源头上讲，《易经》就是一本卜筮之书，其本质就是古代先人们用来进行预测，再将预测的结果作为指导行动的准则。周易预测是依据取象比类，以简御繁的方法先采集信息，然后再依据象数体系推衍运筹，揭示出事物的趋势。而且大部分预测的过程往往是先推算已发生的人和事，得到验证后，再预测将要发生的人和事能更让人信服。这就是《易传》云："彰往而知来"。这应该是卜筮领域的一个基本准则。

相比研究《易经》的符号体系和理论体系这件事，人们可能更关心的是象数派用《易经》搞的预测的准确率如何，是否可信。也就是说，人们更关心的是预测的结果，而不是预测的方法和过程。历史上和当代都有人做过此类统计。现代易学者赵向阳（爱新觉罗·固山额真）先生在他的《易数解码》（1998年珠海出版社出版）一书中提供了数据，节录如下：

帛书《易传》中记载了一次师生对话，子贡质问孔子，"夫子亦信其筮乎？子曰，吾百占而七十当。"……到了汉代，易经大师京房受孟喜和焦延寿卦气说影响，创造了"纳甲法"，引入了战国时期邹衍的五行生克理论，一下子将准确率提高到80%以上。今人张延生先生认为"实践证明，先天八卦的准确率在95%以上，后天八卦的准确率在70%～75%"（1989年）。这个统计应该是可靠的，当然这只是对一流高手的统计，因为无法将形形色色的江湖术士预测结果的准确率统计在内。

笔者对于这段话的看法是，孔子的准确率是自己评价的，基于孔子严谨的治学态度和学术地位，应该是可信的。至于京房创立的纳甲法（即后面将介绍的"火珠林法"）的准确率达到80%以上的结论，似乎佐证不足。张延生先生的统计数据应该是可信的。笔者正是在1988年读到冯精志先生介绍张延生的纪实文学《易侠》一书后，受了影响而走入易学领域的。因此多年来一直比较关注张延生，了解张延生所作预测的一些案例。相比20世纪90年代走红的个别易学者的夸耀、张扬、攀附风格，张延生先生不事张扬、专心研究的风格更让笔者心仪。而当今江湖上大部分职业易学者、预测师的学术水平和行事风格实在不敢恭维，这些人充其量算是江湖术士一类。这种现象正好应了一句俗话"满瓶子不响，半瓶子晃荡"。

《易经》凭借"象"和"数"的推理，对人们最重要的启迪之一是"知进守退"。如果预测的结果是将要得到一个好的结果，并不是必然能得到的，还只是预示着在今后某个时间段内将有一个机会。还需要人们"知进"，去努力工作，争取将机会变成现实。如果预测的结果是将要发生一个坏的结果，也并不是必然会发生的，还只是预示着在今后某个时间段内将有可能发生不好之事。人们可以"守退"，去设法化解和回避，也就是一些江湖上的从业人士说的："解"。当然这个"解"又给了从业人士第二次创收的机会（第一次是收"算"的费）。如果一个算命先生推算说你下个月会发财。这是不准确的，甚至有欺骗的成分。因为如果这个算命先生能算得这么精准，他就不用做算命先生了，他自己跑到国外或中国澳门的赌场去赌博，算一次，赢一把，他早就是亿万富翁了。何苦再来行走江湖当算命先生？合理的答案应该是他能算到你下个月财运好或有发财的机遇，但并不是说你一定能发财。你还需要去努力工作和争取，才能真的发财。如果你信了下个月能发财的断语，于是下个月每天在家睡大觉，可能发财吗？不可能！即使是天上掉下个馅饼，你也需要早起，才有可能捡到，否则，会被比你起得早的人抢先捡走的。

我们的先贤们早就给过遗训："君子问命，问祸不问福"。因为如果算出将可能发生祸事，就去设法避祸以保平安，平安就是福。现在有不少人占卦算命时喜欢算何时能发财（当然还有些人是算何时能升官）。这些人应该明白，财富或官位不是靠算命得到的，而是靠实实在在的努力干出来的。

有一个未经考证的传说，朱元璋当上皇帝后，志得意满，认为自己的八字是天子命，因此当皇帝是命中注定的，为此将都城南京更名为"应天府"。但是转念一想，会不会有人与他的八字相同，那又会来与他争夺天下。过去他与张士诚、陈友谅等人争夺天下的战争打得很惨烈，不希望再有人来争夺。于是下令在全国范围内查与他八字相同之人。果然查到一个人，于是将此人抓起来，准备杀掉。但审问之后，此人是养蜜蜂的，养了九箱蜜蜂。皇帝统治九州百姓，此人只是统治九箱蜜蜂。不会与他争夺天下，就释放了此人（另有一种说法是，此人是养猪的）。这个传说喻示一个道理，尽管两个人八字相同，但各自生存环境、机遇和努力的领域不同，得到的结果就不会相同。如果其中一人不努力，那结果更是不会相同。

讨论卜筮，就必然要涉及"卦"的问题。许慎的《说文解字》对"卦"的解释是："卦，筮也"。人们通常说的"占卜"乃"占卦卜筮"的简称。前面已经介绍过，伏羲创立了八卦（也称为八经卦）：

乾☰、兑☱、离☲、震☳、巽☴、坎☵、艮☶、坤☷

周文王将八卦推演出六十四卦，构成了一个完整的符号体系。

六十四卦是由八经卦上下组合而构成的，如下表所示。

	乾☰（天）	兑☱（泽）	离☲（火）	震☳（雷）	巽☴（风）	坎☵（水）	艮☶（山）	坤☷（地）
乾☰（天）	乾为天	天泽履	天火同人	天雷无妄	天风姤	天水讼	天山遁	天地否
兑☱（泽）	泽天夬	兑为泽	泽火革	泽雷随	泽风大过	泽水困	泽山咸	泽地萃
离☲（火）	火天大有	火泽睽	离为火	火雷噬嗑	火风鼎	火水未济	火山旅	火地晋
震☳（雷）	雷天大壮	雷泽归妹	雷火丰	震为雷	雷风恒	雷水解	雷山小过	雷地豫
巽☴（风）	风天小畜	风泽中孚	风火家人	风雷益	巽为风	风水涣	风山渐	风地观
坎☵（水）	水天需	水泽节	水火既济	水雷屯	水风井	坎为水	水山蹇	水地比
艮☶（山）	山天大畜	山泽损	山火贲	山雷颐	山风蛊	山水蒙	艮为山	山地剥
坤☷（地）	地天泰	地泽临	地火明夷	地雷复	地风升	地水师	地山谦	坤为地

第二节　天干地支

卜筮需要起卦，然后再断卦。在起卦和断卦的过程中需要用到传统文化其他领域的一些知识。因此，熟悉并掌握这些知识是卜筮的前期准备。如果没有这些知识，起了卦也只是得到了卦象，无法了解这个卦所蕴涵的启示。

史料记载，天干地支是黄帝为了建立当时农耕社会所需的历法体系而命史官大桡（rao）创立的。按照《五行大义》中的说法，大挠"采五行之情，占斗机所建，始作甲乙以名日，谓之干，作子丑以名月，谓之枝。有事于天则用日，有事于地则用月。阴阳之别，故有枝干名也。"因此，天干地支是与阴阳、五行等概念差不多同时形成的。

天干有十个：甲、乙、丙、丁、戊、己、庚、辛、壬、癸。地支有十二个：子、丑、寅、卯、辰、巳、午、未、申、酉、戌、亥。十个天干是根据五行有阴阳两极变化而得之。十二个地支与一年有十二个月相关联。

天干地支与五行学说的结合，既给天干地支赋予了五行属性，又产生了十天干相互之间以及十二地支相互之间的相生、相克（相冲）、相合以及比和的关系。如果没有给天干地支赋予五行属性，它们只是二十二个汉字而已。关于天干地支的相生和相克关系将在"五行学说"中详细介绍。

天干地支体系本来与《周易》没有直接的关系，但在象数学中需要用到它。与易学的"类象"思维方法相同的是，天干地支也有"类象"的内涵。

一、天干的内涵

天干的"干"犹如树之干，居于上，与"天"有关，故称为天干。

【甲】甲骨文象形字。《说文解字》云："甲，象形。其下有茎，其上犹冒以种壳之形，像艸木之始生。隶变作甲"。《史记·历书》云："甲者，言万物剖符甲而出也"。所以对于即将生育的孕妇有："身怀六甲"之说。

【乙】甲骨文象形字。《说文解字》云："乙，草木冤曲而出也。象形。"《史记·律书》云："甲者，为万物剖符甲而出也；乙者，言万物生轧轧也"。

【丙】"丙"之本义通"炳"。清陈昌治刻本《说文解字》云："万物成，炳然。阴气初起，阳气将亏"。清代段玉裁的《说文解字注》云："丙之言炳也。万物皆炳然箸见"。

【丁】象形字。《康熙字典》云："凡造物必以金木为丁附著之。"清代陈昌治刻本《说文解字》云："夏时万物皆丁实。"段玉裁《说文解字注》云："丁者，言万物之丁壮也。"所以后来有"壮丁""男丁"以形容男性之名词。

【戊】在古汉语中，"戊"通"茂"，读音亦相同，后世才读做"武"音。由"茂"可知，"戊"寓意"万物皆茂盛"（出自《康熙字典》）。

【己】十天干中的"己"，通"纪"的"纪识"之义，指万物至此已有形，可纪识。《说文解字》云："象万物辟藏诎形也。己承戊，象人腹"。

【庚】"庚"有更新、更替之义。意为万物处于收敛有实的状态。《说文解字》云："庚之言更也。万物皆肃然更改。秀实新成。象秋时万物庚庚有实也。庚庚、成实皃（mao，同貌）"。

【辛】"辛"乃象形字，象征刑刀，有痛楚之义。位于"庚"之后，象征万物在成熟后，可以收获了。《说文解字》云："秋时万物成而孰"。收割农作物需用刀具，农作物被割断，故有"辛痛"之说。

【壬】象人裹妊之形。《说文解字》云："壬之为言任也"。《康熙字典》云："言阳气任养万物于下也"。这意味着阴气极致而阳气开始生。

【癸】意为万物开始萌生新芽。《说文解字》云："男之精，女之血，先天得之以成形，后天得之以有生，故曰天癸。"《方书》云："癸者，归也。于时为冬，时万物怀任于下，揆然萌芽。"

二、地支的内涵

地支的"支"犹如树之枝，居于下，与"地"有关，故称为地支。地支又与农历的十二个月和十二生肖相对应。

【子】象形字，同"孳"，孳生之义。按照月支，子为十一月（冬至之后），阳气上升，万物开始孳生。《说文解字》云："十一月，阳气动，万物滋（同孳）。"子又对应于十二生肖中的鼠。

【丑】象形字，象手之形。亦同"纽"，丑月为农历十二月，其时阴气纽结而渐解。《说文解字》云："十二月，万物动，用事。"丑又对应于十二生肖中的牛。

【寅】寅月为正月，正月里阳气上升，乃万物开始生长之时。清代陈昌治刻本

《说文解字》云："正月，阳气动，去黄泉，欲上出。"段玉裁《说文解字注》云："正月阳气欲上出。如水泉欲上行也。"寅又对应于十二生肖中的虎。

【卯】同冒。卯月为二月，万物生长，冒出地面。《说文解字》云："二月，万物冒地而出。象开门之形。故二月为天门。"卯又对应于十二生肖中的兔。

【辰】有"震"之义。辰月为三月，雷电震动，万物皆苏之时。《说文解字》云："震也。三月，阳气动，雷电振，民农时也。物皆生。"辰又对应于十二生肖中的龙。

【巳】乃象形字。巳月为四月，此时万物已长成。《说文解字》云："巳也。四月，阳气已出，阴气已藏，万物见，成文章，故巳为蛇。"所以巳还对应于十二生肖中的蛇。

【午】午月为五月。此时阳极阴生，阴气开始上升，万物已盛大繁茂。午又对应于十二生肖中的马。

【未】一种含义为"味"，滋味。在五行概念中，则是"五行，木老于未。象木重枝叶也"。《说文解字》，又云："木生于亥。壮于卯。死于未。此即暧昧之说也。"未月为六月，此时阴气已长，万物开始衰退。未又对应于十二生肖中的羊。

【申】申月为七月。其时万物已长成，停止生长。《说文解字》云："七月，阴气成，体自申束。"申又对应于十二生肖中的猴。

【酉】酉月为八月。酉，就也。此时万物皆已成熟。段玉裁《说文解字注》云："酉者、万物之老也。"陈昌治刻本《说文解字》云："卯为春门，万物已出。酉为秋门，万物已入。"酉又对应于十二生肖中的鸡。

【戌】戌月为九月。"戌"的含义为"灭"。此时万物即将消失归土。《说文解字》云："九月，阳气微，万物毕成，阳下入地也"。戌又对应于十二生肖中的狗。

【亥】亥月为十月。陈昌治刻本《说文解字》云："荄也。十月，微阳起，接盛阴。"段玉裁《说文解字注》云："亥，核也。收藏万物。核取其好恶真伪也。许云荄也者。荄，根也。阳气根于下也。"亥又对应于十二生肖中的猪。

第三节 六十甲子、干支纪年月日时、二十四节气

一、六十甲子

十个天干分阴阳，有五个阳天干和五个阴天干。甲、丙、戊、庚、壬为阳天干，乙、丁、己、辛、癸为阴天干。十二个地支也分阴阳，有六个阳地支和六个阴地支。子、寅、辰、午、申、戌为阳地支，丑、卯、巳、未、酉、亥为阴地支。用阳天干与阳地支配对组合，阴天干与阴地支配对组合，构成了六十个干支组合，就是通常

所说的六十甲子。这是因为六十个干支组合中的第一个是"甲子",故以"六十甲子"名之。六十甲子在中国传统文化中是非常重要的概念,很多领域都会用到六十甲子。

这里特别要介绍一个有趣现象,前面提到,地支与"地"有关,阴地支和阳地支的区分也与"地"和地支对应的十二生肖有关。《七修类纂》曰:"以地支在下,各取其足爪于阴阳上分之。如子属阳,乃鼠虽前足四爪象阴,但后足五爪象阳故也。丑属阴,乃牛蹄分也。寅属阳,乃虎有五爪。卯属阴,乃兔缺唇且四爪也。辰属阳,乃龙五爪。巳属阴,乃蛇舌分也。午属阳,乃马蹄圆也。未属阴,乃羊蹄分也。申属阳,乃猴五爪也。酉属阴,乃鸡四爪也。戌属阳,乃狗五爪也。亥属阴,乃猪蹄分也。"

六十甲子表

	甲	乙	丙	丁	戊	己	庚	辛	壬	癸
子	甲子		丙子		戊子		庚子		壬子	
丑		乙丑		丁丑		己丑		辛丑		癸丑
寅	甲寅		丙寅		戊寅		庚寅		壬寅	
卯		乙卯		丁卯		己卯		辛卯		癸卯
辰	甲辰		丙辰		戊辰		庚辰		壬辰	
巳		乙巳		丁巳		己巳		辛巳		癸巳
午	甲午		丙午		戊午		庚午		壬午	
未		乙未		丁未		己未		辛未		癸未
申	甲申		丙申		戊申		庚申		壬申	
酉		乙酉		丁酉		己酉		辛酉		癸酉
戌	甲戌		丙戌		戊戌		庚戌		壬戌	
亥		乙亥		丁亥		己亥		辛亥		癸亥

关于六十甲子还有一个很重要的知识叫作"六十甲子纳音"。古人给六十个天干地支赋予了五行属性。这个知识在卜筮、命理学领域都会用到。但是,为什么古人给六十甲子的每两组干支赋予一个特定的五行属性,自古以来始终是一个未解之谜。

六十甲子纳音

五行	干 支	五行	干 支	五行	干 支	五行
金	甲子、乙丑	海中金	壬寅、癸卯	金箔金	庚辰、辛巳	白蜡金
	甲午、乙未	沙中金	壬申、癸酉	剑锋金	庚戌、辛亥	钗钏金
水	丙子、丁丑	涧下水	甲寅、乙卯	大溪水	壬辰、癸巳	长流水
	丙午、丁未	天河水	甲申、乙酉	泉中水	壬戌、癸亥	大海水
火	戊子、己丑	霹雳火	丙寅、丁卯	炉中火	甲辰、乙巳	佛灯火
	戊午、己未	天上火	丙申、丁酉	山下火	甲戌、乙亥	山头火

五行	干支	五行	干支	五行	干支	五行
金	庚子、辛丑	壁上土	戊寅、己卯	城墙土	丙辰、丁巳	沙中土
	庚午、辛未	路旁土	戊申、己酉	大驿土	丙戌、丁亥	屋上土
木	壬子、癸丑	桑松木	庚寅、辛卯	松柏木	戊辰、己巳	大林木
	壬午、癸未	杨柳木	庚申、辛酉	石榴木	戊戌、己亥	平地木

二、干支纪年

所谓干支纪年，就是用天干地支来标记每一个年份。古代没有现在的公历，纪年的方式有两种：干支纪年和每个皇帝的年号。由于皇帝在位的时间有限，下一个皇帝另起新的年号，所以用皇帝的年号纪年没有朝代更迭的连续性。被人们广泛接受的常用纪年方式是干支纪年，也就是用六十甲子纪年。每六十年为一个循环，第一年与第六十一年的干支是相同的。例如，1911 年按照干支纪年是辛亥年，那一年发生推翻清王朝的革命历史上称为"辛亥革命"。六十年后，1971 年又是下一个六十甲子中的辛亥年。在实际应用时，不必具体去推算某一年的干支是什么，只需直接查阅万年历就能知道。

三、干支纪月和二十四节气

所谓干支纪月，就是用天干地支来标记一年的每一个月。每一年十二个月的地支是固定的，其来源在于古代的历法以及前面介绍的地支的含义。农历正月的地支为寅，二月的地支为卯，三月的地支为辰，四月的地支为巳，五月的地支为午，六月的地支为未，七月的地支为申，八月的地支为酉，九月的地支为戌，十月的地支为亥，十一月的地支为子，十二月的地支为丑。在卜筮和命理学中，将每个月所值的地支称为"月建"或"月令"。

特别要注意的是，采用干支纪月时，每一个月的起点不是该月的初一，而是二十四个节气中对应的"节"。二十四个节气是：立春、雨水、惊蛰、春分、清明、谷雨、立夏、小满、芒种、夏至、小暑、大暑、立秋、处暑、白露、秋分、寒露、霜降、立冬、小雪、大雪、冬至、小寒、大寒。其中分为十二个"节"和十二个"气"，合起来称为二十四节气。十二个"节"是：立春、惊蛰、清明、立夏、芒种、小暑、立秋、白露、寒露、立冬、大雪、小寒。十二个"气"是：雨水、春分、谷雨、小满、夏至、大暑、处暑、秋分、霜降、小雪、冬至、大寒。在"四柱推命术"等命理学领域的中也需要采用节气作为每一个月的起点。

十二个月与二十四个节气的对应关系如下：

正月——立春、雨水；　　　　二月——惊蛰、春分；

三月——清明、谷雨；　　　　四月——立夏、小满；

五月——芒种、夏至；　　　　　　六月——小暑、大暑；

七月——立秋、处暑；　　　　　　八月——白露、秋分；

九月——寒露、霜降；　　　　　　十月——立冬、小雪；

十一月——大雪、冬至；　　　　　十二月——小寒、大寒。

推算每一个月的天干需要用到该年的年天干。推算的规则叫作"五虎遁月诀"：

五虎遁月诀

甲己之年丙作首，乙庚之年戊为头。丙辛之岁寻庚土，

丁壬壬寅顺水流。若问戊癸何处起，甲寅之上好追求。

歌诀中的天干是指年天干。为方便使用，列表如下：

按年天干查月干支表

年天干	甲己	乙庚	丙辛	丁壬	戊癸
正月干支	丙寅	戊寅	庚寅	壬寅	甲寅
二月干支	丁卯	己卯	辛卯	癸卯	乙卯
三月干支	戊辰	庚辰	壬辰	甲辰	丙辰
四月干支	己巳	辛巳	癸巳	乙巳	丁巳
五月干支	庚午	壬午	甲午	丙午	戊午
六月干支	辛未	癸未	乙未	丁未	己未
七月干支	壬申	甲申	丙申	戊申	庚申
八月干支	癸酉	乙酉	丁酉	己酉	辛酉
九月干支	甲戌	丙戌	戊戌	庚戌	壬戌
十月干支	乙亥	丁亥	己亥	辛亥	癸亥
十一月干支	丙子	戊子	庚子	壬子	甲子
十二月干支	丁丑	己丑	辛丑	癸丑	乙丑

四、干支纪日

考古学家们发现，在商朝后期的国君帝乙时代的一块甲骨上，刻有完整的六十甲子，很可能是当时的日历。这说明在商朝时已经开始使用干支纪日。用干支纪日与农历用初一、初二……三十的纪日方式很不相同。后者每个月的天数不尽相同，有二十八日或二十九日或三十日。而干支纪日则是按照六十甲子的六十为一个循环，周而复始地纪日。日的干支的推算方法很复杂，本书不做介绍，可以直接从万年历查出每一日的干支。因此，建议读者手头准备一本万年历。

在卜筮和命理学中，将每一天所值的地支称为"日辰"。

五、干支纪时

古代将一天分为十二个时辰，每个时辰对应于现代的两个小时。将一天分为十二个时辰的做法始于西周。在汉代有人将十二个时辰命名为：夜半、鸡鸣、平旦、日出、食时、隅中、日中、日昳（die）、晡时、日入、黄昏、人定。这种方法现在已经无人使用，更常用的方法是直接用十二个地支表示十二个时辰，因此每个时辰的地支已经被确定。

子时 23：00——1：00；　　　　　丑时 1：00——3：00；

寅时 3：00——5：00；　　　　　　卯时 5：00——7：00；

辰时 7：00——9：00；　　　　　　巳时 9：00——11：00；

午时 11：00——13：00；　　　　　未时 13：00——15：00；

申时 15：00——17：00；　　　　　酉时 17：00——19：00；

戌时 19：00——21：00；　　　　　亥时 21：00——23：00。

每个时辰的天干则需要推算。与推算月天干需要用到年天干的方法类似，推算每一个时辰的天干需要用到当天的日天干。推算的规则叫作"五鼠遁时诀"：

五鼠遁时诀

甲己还加甲，乙庚丙作初，丙辛从戊起，

丁壬庚子居，戊癸何方发，壬子是真途。

歌诀中的天干是指日天干。为方便使用，列表如下：

按日干查时干支表

日干	甲己	乙庚	丙辛	丁壬	戊癸
子时干支	甲子	丙子	戊子	庚子	壬子
丑时干支	乙丑	丁丑	己丑	辛未	癸丑
寅时干支	丙寅	戊寅	庚寅	壬寅	甲寅
卯时干支	丁卯	己卯	辛卯	癸卯	乙卯
辰时干支	戊辰	庚辰	壬辰	甲辰	丙辰
巳时干支	己巳	辛巳	癸巳	乙巳	丁巳
午时干支	庚午	壬午	甲午	丙午	戊午
未时干支	辛未	癸未	乙未	丁未	己未
申时干支	壬申	甲申	丙申	戊申	庚申
酉干支时	癸酉	乙酉	丁酉	己酉	辛酉
戌时干支	甲戌	丙戌	戊戌	庚戌	壬戌
亥时干支	乙亥	丁亥	己亥	辛亥	癸亥

第四节　五行学说

在前面的六十甲子纳音表中已经使用了"五行"概念。五行学在中国传统文化中是一个极其重要的领域。几乎中国传统文化所有的领域都离不开五行概念。例如，前面提到的天干地支，如果天干地支没有赋予五行属性以及相生、相克、相乘、相侮等关系，十个天干和十二个地支只是单纯的二十二个汉字，不可能发生相互关系。又如，八纯卦也具有各自的五行属性。再由于一年四季也具有各自的五行属性，于是，通过五行属性这个被赋予的内涵将天干、地支、八卦等本来互不关联的元素有机地联系了起来。因此，传统文化中许多抽象的概念需要五行作为载体，才可能有比较具体的内涵。

在博大精深的传统中医领域，五行属性也是不可或缺的概念。《黄帝内经》把五行学说应用于医学，这对研究并形成中医特有的理论体系，是不可或缺的，对中医的发展起了重要的推动作用。

古人将天地间万物分为金、木、水、火、土五大类。这里的金、木、水、火、土与现代物理和化学中的概念不同。五行中的"五"是指万物分为五类。关于五行中的"行（读作 xing）"，郑玄注曰："行者，顺天行气也"。"行"是指自然的"运行"，是依循着本身固有的某种规则而持续地运动，是一种自然的行为。五行说的提出，最早见于《尚书·洪范》篇："五行：一曰水，二曰火，三曰木，四曰金，五曰土。水曰润下，火曰炎上，木曰曲直，金曰从革，土爱（读作 yuan）稼穑。润下作咸，炎上作苦，曲直作酸，从革作辛，稼穑作甘。"

五行学说不仅将天地间万物加以分类，还阐明了天地间万物之间存在相生、相克等相互作用和转化的关系。五行学说认为，宇宙中万物并非静止、孤立的存在而互不相关的，而是有相互滋生、相互制约的关系，这就是五行的相生、相克原理。故五行的生克关系反映出了事物之间的关联和转化规律。由于五行有了各自的属性，所以大约在战国时期开始出现了五行之间的相生、相克、相乘、相侮等关系之说。

"相生"，即相互滋生和相互助长。相生关系可以再细分为"我生"和"生我"两类。"我生"是指我去生他，表示我为母，被生者为子。"生我"表示对方为母，我为子。例如木生火，木为火之母，火为木之子。木和火之间，木由于生火而处于损耗状态，火由于得到木的生助而处于受益状态。

"相克"，即相互克制和相互约束。相克关系可以再细分为"我克"和"克我"两类。"我克"是指我去克他，我为主克方，他为被克方。"克我"是指我被克，表示我为被克方，克我者为主克一方。主克方处于强势状态，但会因为去克制对方而有少许损耗。被克方处于弱势受伤害状态。例如土克水，土为主克方，强势；水为被克方，弱势并受伤害。

"相乘"，即五行中的某一行对被克的一行克制太过。例如，木过于亢盛，而金又不能正常地克制木时，木就会过度地克土，使土更虚，这就是木乘土。

"相侮"，即五行中的某一行本身太过，使克它的一行无法制约它，反而被它所克制，所以又被称为反克或反侮。例如，在正常情况下水克火，但当水太少或火过盛时，水不但不能克火，反而会被火烧干，即火反克或反侮水。

在五行学说中，五行与天干、地支和方位均有对应关系。

一、五行与天干、方位的关系

甲属阳木，为栋梁之木，位于东方。

乙属阴木，为花果之木，位于东方。

丙属阳火，为太阳之火，位于南方。

丁属阴火，为灯烛之火，位于南方。

戊属阳土，为城墙之土，位于中央。

己属阴土，为田园之土，位于中央。

庚属阳金，为斧钺之金，位于西方。

辛属阴金，为首饰之金，位于西方。

壬属阳水，为江河之水，位于北方。

癸属阴水，为雨露之水，位于北方。

二、五行与地支、方位的关系

子（鼠）属阳水，位于北方。

亥（猪）属阴水，位于北方。

寅（虎）属阳木，位于东方。

卯（兔）属阴木，位于东方。

巳（蛇）属阴火，位于南方。

午（马）属阳火，位于南方。

申（猴）属阳金，位于西方。

酉（鸡）属阴金，位于西方。

辰（龙）、戌（犬）属阳土，位于中央；

丑（牛）、未（羊）属阴土，位于中央。

三、五行相生相克

既然天干地支有了各自的阴阳五行属性，那么它们之间自然就有了相互之间相生、相克（相冲）和相合的关系。这种关系在中国神秘文化中极其重要，如果没有这种关系，无法想象中国神秘文化将是什么情形，许多理论无法成立，甚至没有存在的意义。

五行相生相克图

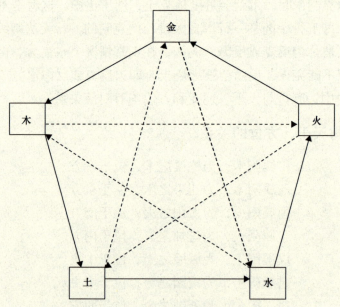

图中实线箭头表示相克关系，虚线箭头表示相生关系。

1. 十天干相生

天干的相生关系是依据阴阳互生的原理来确定的，阴能生阳，阳能生阴，阳不生阳，阴不生阴。例如，甲木生丁火而不生丙火，等等。如下所述：

> 甲木生丁火，乙木生丙火，
> 丙火生己土，丁火生戊土，
> 戊土生辛金，己土生庚金，
> 庚金生癸水，辛金生壬水，
> 壬水生乙木，癸水生甲木。

2. 十天干相克

十天干相克关系的原理是阴阳同性者相见则克，故阳干克阳干，阴干克阴干。

> 甲木克戊土，乙木克己土，
> 丙火克庚金，丁火克辛金，
> 戊土克壬水，己土克癸水，
> 庚金克甲木，辛金克乙木，
> 壬水克丙火，癸水克丁火。

（笔者注：一个很有趣的现象是，上述的"阴阳相生"和"阴阳同性相克"的关系与现代物理学中"同性相斥"和"异性相吸"的规律相吻合。在中国古代出现"阴阳相生"和"阴阳同性相克"的提法时，现代物理尚未产生，更没有"同性相斥"和"异性相吸"的规律。笔者认为，二者的吻合应该不是巧合，而是某种客观规律的体现。）

3. 十天干合化

十天干之间相合又会化出另一种五行属性。

甲己合化土，乙庚合化金，丙辛合化水，丁壬合化木，戊癸合化火。

4. 十二地支相生

亥子水生寅卯木，寅卯木生巳午火，巳午火生辰戌丑未土，辰戌丑未土生申酉金，申酉金生亥子水。

5. 十二地支相克

亥子水克巳午火，巳午火克申酉金，申酉金克寅卯木，寅卯木克辰戌丑未土，辰戌丑未土克亥子水。

6. 十二地支六冲

子午相冲，丑未相冲，寅申相冲，卯酉相冲，辰戌相冲，巳亥相冲。

7. 十二地支六合

子丑相合，寅亥相合，卯戌相合，辰酉相合，巳申相合，午未相合。

8. 十二地支三合局

申子辰合为水局，巳酉丑合为金局，寅午戌合为火局，亥卯未合为木局。

9. 十二地支六害

子未相害，丑午相害，寅巳相害，卯辰相害，戌酉相害，亥申相害。

（笔者注："相害"是与六合关联的一个特殊概念。例如，寅亥六合，但巳与亥相冲，于是寅与巳之间有冲突，成为"相害"的关系。）

10. 十二地支三刑

子刑卯，卯刑子，为无礼之刑。

寅刑巳，巳刑申，申刑寅，为恃势之刑。

丑刑戌，戌刑未，未刑丑，为无恩之刑。

辰、午、酉、亥，为自刑之刑。

（笔者注："三刑"是与十二地支三合局关联的一个特殊概念。《阴符经》云："恩生于害，害生于恩，三刑生于三合，亦如六害生于六合之义。如申子辰三合，加寅卯辰三位，则申刑寅，子刑卯，辰见辰自刑。寅午戌加巳午未，则寅刑巳，午见午自刑，戌刑未。巳酉丑加申酉戌，则巳刑申，酉见酉自刑，丑刑戌。亥卯未加亥子丑，则亥见亥自刑，卯刑子，未刑丑。合中生刑，犹人夫妇相合而反致刑伤，造化人事，其理一而已矣。"在命理学领域也要用到"三刑"的概念。但是在卜筮领域，"三刑"的作用不很明显。）

第五节　旺相休囚死和生旺墓绝

在讨论断卦所用到的"用神"这个概念之前，首先需要引入旺相休囚死和生旺墓绝的概念。所谓"旺相休囚死"是指十个天干、十二个地支，以及八纯卦在一年四季中的状态是不同的。确定它们的状态的依据是春、夏、秋、冬四季具有五行属性。所谓"生旺墓绝"与十二个月有关，是指五行在十二个月中从出生到死亡的十二种状态。（笔者注："旺相休囚死"主要与四季有关，而"生旺墓绝"主要与十二个月有关，二者容易混淆，读者应加以区分。但是二者并不严格区分，例如在《增删卜易》中对十二个月对应地支的状态也采用了"旺相休囚死"。）

在十二地支纪月中，农历一月为寅、二月为卯、三月为辰、四月为巳、五月为午、六月为未、七月为申、八月为酉、九月为戌、十月为亥，十一月为子、十二月为丑。

春、夏、秋、冬四季的界定和属性是：

春季——农历一、二月（即寅、卯月），五行属性为木。

夏季——农历四、五月（即巳、午月），五行属性为火。

秋季——农历七、八月（即申、酉月），五行属性为金。

冬季——农历十、十一月（即亥、子月），五行属性为水。

长夏——农历三、六、九、十二月（即辰、戌、丑、未月，亦称四季月），五行属性为土。

列表如下：

月	一	二	三	四	五	六	七	八	九	十	十一	十二
五行	木	木	木	火	火	土	金	金	土	水	水	土
四季	春季		长夏	夏季		长夏	秋季		长夏	冬季		长夏

前面已经介绍，十二地支和十天干都有各自的五行属性。十天干：甲属阳木，乙属阴木、丙属阳火、丁属阴火、戊属阳土、己属阴土、庚属阳金、辛属阴金、壬属阳水、癸属阴水。

列表如下：

天干	甲	乙	丙	丁	戊	己	庚	辛	壬	癸
阴阳	阳	阴	阳	阴	阳	阴	阳	阴	阳	阴
五行	木	木	火	火	土	土	金	金	水	水

十二地支：子属阳水、丑属阴土、寅属阳木、卯属阴木、辰属阳土、巳属阴火、午属阳火、未属阴土、申属阳金、酉属阴金、戌属阳土、亥属阴水。

列表如下：

地支	子	丑	寅	卯	辰	巳	午	未	申	酉	戌	亥
阴阳	阳	阴	阳	阴	阳	阴	阳	阴	阳	阴	阳	阴
五行	水	土	木	木	土	火	火	土	金	金	土	水

一、旺相休囚死

在卜筮、命理、奇门遁甲学等传统文化领域，有一个经常用到的名词："生旺"。准确的名称是："旺、相、休、囚、死"。在五行学说中，五行有旺、相、休、囚、死五个状态，而且是和四季密切相关的。在春、夏、秋、冬四个季节里，每个季节都有一个五行处于"旺"，一个五行处于"相"，一个五行处于"休"，一个五行处于"囚"，一个五行处于"死"的状态。这是描述五行在四季中状态的一个概念。旺、相、休、囚、死五个状态之间是相互关联的。而且，古人进一步将一个人、事、物的状态分为"旺""相""休""囚""死"五种状态。其依据出自四季的五行属性，判断的关键是以该季节的五行属性为中心，具体含义如下：

【旺】就是当令者为旺，处于旺盛状态。与该季节（或该月）的五行属性相同者为"旺"。

例如，在农历一月，该月的五行属性为木。若占得的卦爻配地支后有寅或卯，寅、卯的五行属性也为木，故该爻为旺。因此，所对应的人或事为旺。

【相】被该季节（或该月）的五行属性生助者为相，处于次旺状态。

例如，在农历一月，该月的五行属性为木。若占得的卦爻配地支后有巳或午，巳、午的五行属性为火，木生火，故该爻为相。因此，所对应的人或事为相。

【休】生助该季节的五行属性者为休，处于生助以后休然无事，亦即退休的状态。

例如，在农历一月，该月的五行属性为木。若占得的卦爻配地支后有亥或子，亥、子的五行属性为水，水生木，故该爻为休。因此，所对应的人或事为休。

【囚】克制该季节的五行属性者为囚，处于衰落被囚的状态。

例如，在农历一月，该月的五行属性为木。若占得的卦爻配地支后有申或酉，申、酉的五行属性为金，金克木，故该爻为囚。因此，所对应的人或事为囚。

【死】被该季节的五行属性克制者为死，处于生气全无的状态。

例如，在农历一月，该月的五行属性为木。若占得的卦爻配地支后有辰、戌、丑、未，它们的五行属性为土，木克土，故对应的爻为死。因此，所对应的人或事为死。

四个季节之中五行的状态简括如下：

　　　　【春】　木旺　　火相　　水休　　金囚　　土死

　　　　【夏】　火旺　　土相　　木休　　水囚　　金死

　　　　【秋】　金旺　　水相　　土休　　火囚　　木死

| 【冬】 | 水旺 | 木相 | 金休 | 土囚 | 火死 |
| 【四季】 | 土旺 | 金相 | 火休 | 木囚 | 水死 |

从五行在四季的状态的角度可以简括如下：

【木】	春旺	冬相	夏休	四季囚	秋死
【火】	夏旺	春相	四季休	秋囚	冬死
【土】	四季旺	夏相	秋休	冬囚	春死
【金】	秋旺	春囚	夏死	四季相	冬休
【水】	冬旺	四季死	春休	夏囚	秋相

这里所谓的"四季"，也叫"四季月"，是指农历三月、六月、九月和十二月这四个月。所谓"季"的出处是古代论排行顺序的"孟、仲、季"中的最后一个，一年十二个月，三个月为一个季节，所以在这三个月里最后一个月被称为季，故四季月也就是三、六、九和十二月。这正是"四季"这个名称的由来，它容易让人将四个季节的"季"混为一谈。四季月对应的地支分别是辰、未、戌、丑，它们的五行属性是土，所以"土旺"。前面曾经提到，"四季月"也称为"长夏"。

以"木"为例说明旺、相、休、囚、死之间的关系：春天是木当令的季节，所以木旺；火是木生出来的，所以火相；水是生木的母亲，春天木已长成旺盛之势，生木之母——"水"已完成生助的使命而退休，所以水休；春木旺盛，金已无力克伐，故而金囚；土是木所克的，现在木既当令，气势强旺，所以被木克的土死。一个人如果春天出生，若八字中以木为主的，则其人当令得时。若八字中以金为主的，则其人被囚不得时。

目前可以见到最早完整论述五行的著作是隋朝萧吉所著的《五行大义》，其中对五行的状态论述如下：

休旺之义，凡有三种：第一，辨五行休旺。第二，论支干休旺。第三，论八卦休旺。

第一，五行休旺者：

春则木旺、火相、水休、金囚、土死。夏则火旺、土相、木休、水囚、金死。六月则土旺、金相、火休、木囚、水死。秋则金旺、水相、土休、火囚、木死。冬则水旺、木相、金休、土囚、火死。

第二，支干休旺者：

春则甲、乙、寅、卯旺；丙、丁、巳、午相；壬、癸、亥、子休；庚、辛、申、酉囚；戊、己、辰、戌、丑、未死。

夏则丙、丁、巳、午旺；戊、己、辰、戌、丑、未相；甲、乙、寅、卯休；壬、癸、亥、子囚；庚、辛、申、酉死。

四季月则戊、己、辰、戌、丑、未旺；庚、辛、申、酉相；丙、丁、巳、午休；甲、乙、寅、卯囚；壬、癸、亥、子死。（笔者注：原文为"六月"，不是"四季月"。）

秋则庚、辛、申、酉旺；壬、癸、亥、子相；戊、己、辰、戌、丑、未休；丙、丁、巳、午囚；甲、乙、寅、卯死。

冬则壬、癸、亥、子旺；甲、乙、寅、卯相；庚、辛、申、酉休；戊、己、辰、戌、丑、未囚；丙、丁、巳、午死。

第三，八卦休旺者：

立春艮旺、震相、巽胎、离没、坤死、兑囚、乾废、坎休。

春分震旺、巽相、离胎、坤没、兑死、乾囚、坎废、艮休。

立夏巽旺、离相、坤胎、兑没、乾死、坎囚、艮废、震休。

夏至离旺、坤相、兑胎、乾没、坎死、艮囚、震废、巽休。

立秋坤旺、兑相、乾胎、坎没、艮死、震囚、巽废、离休。

秋分兑旺、乾相、坎胎、艮没、震死、巽囚、离废、坤休。

立冬乾旺、坎相、艮胎、震没、巽死、离囚、坤废、兑休。

冬至坎旺、艮相、震胎、巽没、离死、坤囚、兑废、乾休。

其卦从八节之气，各四十五日。

凡当旺之时，皆以子为相者，以其子方壮，能助治事也。父母为休者，以其子当旺，气正盛，父母衰老，不能治事。如尧老，委舜以国政也。

所畏为死者，以其身旺，能制杀之，所尅者为囚者。以其子为相，能囚雠敌也。

（笔者注：上面的论述出自萧吉的《五行大义》，其中的"胎""没""废"的概念在后来的卜筮、命理等领域已经不用。）

八卦在四季、十二个月以及不同日干支时中的旺和衰的状态在断卦时非常重要，是经常要用到的知识。八卦的状态称为"卦气"，确定每个卦的卦气旺和衰的依据是八卦的五行属性和五行属性之间的生克关系。实际上，卦气的旺衰就是指每个卦的五行属性与每个季节五行属性之间比和、得到生助或是被克制。

卦气旺衰表

	乾卦	兑卦	离卦	震卦	巽卦	坎卦	艮卦	坤卦
卦气旺	秋季	秋季	夏季	春季	春季	冬季	四季月	四季月
卦气衰	夏季	夏季	冬季	秋季	秋季	四季月	春季	春季

南北朝时代的学者柳世隆对五行的各种状态做过形象的描述：

木，旺时为林园竹树，相时为苇荻艾莱，休时为椽柱船车，囚时为薪樵榛梗，死时为棺椁朽株。

火，旺时为陶冶炎光，相时为灯烛，休时为烟气，囚时为炭烬，死时为灰。

土，旺时为国邑山岳，相时为城社丘陵，休时为田宅，囚时为墙垣，死时为粪壤。

金，旺时为金玉宝器，相时为银铜利刃，休时为铅锡犁锄，囚时为焦器釜镬，死时为沙砾碎铁。

水，旺时为海渎，相时为湖泽陂泉，休时为沟渠，囚时为酒浆，死时为枯池涸井。此立旺时气盛，故为洪大之物，相时气劣，其比渐小，休时气衰，故复转微之，囚时於恶，所以最下。死时弃不用，故是枯杇之类也。

在《增删卜易》中对十二个月对应地支的状态做了更加详细具体的论述，便于实际应用：

正月寅为月建，寅木旺，卯木次之。

二月卯当月建，卯木旺，寅木次之。

正二月木为旺，火为相，其余金水土俱作休囚。

三月辰为月建，辰土旺，丑、未、戌之土次之。金赖土生，金为相，木虽不旺，还有余气。其余俱作休囚。

四月巳为月建，巳火旺，午火次之。

五月午为月建，午火旺，巳火次之。

四五月火为旺，土相，其余俱作休囚。

六月未为月建，未土旺，辰、戌、丑之土次之。土生金，金为相。火虽衰，亦有余气存焉，其余俱作休囚。

七月申为月建，申金旺，酉金次之。

八月酉为月建，酉金旺，申金次之。

七八月金旺，金生水、水为相；其余俱作休囚。

九月戌为月建，戌土旺，丑、辰、未之土次之。土生金，金为相。其余俱作休囚。

十月亥为月建，亥水旺、子水次之。

十一月子为月建，子水旺、亥水次之。

十月十一月水旺，水生木，木为相；其余俱作休囚。

十二月丑为月建，丑土旺，辰、未、戌之土次之。土生金，金为相。水虽衰，犹有余气；其余俱作休囚。

二、生旺墓绝

详细判断五行的状态还需要用到"十二宫"的概念。十二宫是指五行在十二个月中从出生到死亡的十二种状态：胎、养、长生、沐浴、冠带、临官、帝旺、衰、病、死、墓、绝。由于十二个月分别由十二地支表示，所以，五行与十二地支及十二种状态之间存在对应关系。有一首歌诀为：

金长生在巳，旺在酉，墓在丑，绝在寅。

木长生在亥，旺在卯，墓在未，绝在申。

火长生在寅，旺在午，墓在戌，绝在亥。

水土长生在申，旺在子，墓在辰，绝在巳。

这十二种状态不用于区分五行的状态，也用来判断卜筮中测算的人、事、物的状态。

（笔者注：这里说的"旺"，不是"旺、相、休、囚、死"中的"旺"，而是指"帝旺"。）

为便于使用，列表如下，读者可以直接查表。

五行十二长生表

	子	丑	寅	卯	辰	巳	午	未	申	酉	戌	亥
金	死	墓	绝	胎	养	长生	沐浴	冠带	临官	帝旺	衰	病
木	沐浴	冠带	临官	帝旺	衰	病	死	墓	绝	胎	养	长生
水	帝旺	衰	病	死	墓	绝	胎	养	长生	沐浴	冠带	临官
土	帝旺	衰	病	死	墓	绝	胎	养	长生	沐浴	冠带	临官
火	胎	养	长生	沐浴	冠带	临官	帝旺	衰	病	死	墓	绝

由于十二地支还有三合局的关系，因此它们与五行的十二状态之间也有一个三合局对应关系：

水 局			金 局			火 局			木 局		
长生	帝旺	墓	长生	帝旺	墓	长生	帝旺	墓	长生	帝旺	墓
申	子	辰	巳	酉	丑	寅	午	戌	亥	卯	未

此表与上表是一致的。其中：

因为五行在寅、申、巳、亥这四个地支时分别处于长生的状态，（金长生于巳，木长生于亥，水、土长生于申，火长生于寅。）故称为"长生之地"。

因为五行在子、午、卯、酉这四个地支时分别处于帝旺状态，（金帝旺于酉，木帝旺于卯，水、土帝旺于子，火帝旺于午。）故称为"帝旺之地"。

因为五行在辰、戌、丑、未这四个地支时分别处于墓的状态，（金入墓于丑，木入墓于未，水、土入墓于辰，火入墓于戌。）故称为"墓库之地"。

十二宫所指的十二种状态的含义是：

【胎】就是"受胎"。是指事物灭绝以后，又开始孕育新的生命，一般在初级预测中应用不多，但在测怀孕、生小孩时，可以与子孙爻兼而断之，作为参考。胎不主吉凶，只用于取象。

【养】是指"成形"。此前胎已形成，经过孕育，走向成熟准备出生。初级预测中很少用。在六爻断卦法中遇之，以正常的五行生克论之。胎不主吉凶，只用于取象。

【长生】为五行生灭十二状态的起点，含有生长、产生、发生之等含义。若卦中的用神本来属于衰，但遇到长生，则吉，犹枯木逢春、久旱得雨。若某爻对应的五行在某个月处于"长生"状态，则称此爻长生于该月。若某爻对应的五行在某日处于"长生"状态，则称此爻长生于该日。若某爻发动后得到的变爻之五行在该月或该日处于"长生"状态，则称此爻在该月或该日动化长生。

【沐浴】又称为"败"。犹如婴儿出生后接受洗礼，花草树木发芽得雨滋润。在六爻断卦法中遇之，以正常的五行生克之理论之。沐浴不主吉凶，只用于取象。

【冠带】意指在沐浴洗礼之后的穿衣戴帽。人长大后，举行成人仪式，加冠扎带以示长成。在六爻断卦法中遇之，以正常的五行生克论之。冠带不主吉凶，只用于取象。

【临官】犹如人长成后出仕为官，在六爻断卦法中遇之，以正常的五行生克论之。临官不主吉凶，只用于取象。

【帝旺】又简称为"旺"。犹如人处于鼎盛之时，花草树木处于茂盛之期。

【衰】是指人或事物处于衰败的状态，在六爻断卦法中遇之，以正常的五行生克之理论之。衰不主吉凶，只用于取象。

【病】是指人或事物处于生病的状态，即将走向灭亡。在预测一个人患病时，可以用病的含义来判断病症。但吉凶方面，以正常的五行生克之理论之。

【死】是指事物处于死亡、灭亡的状态，毫无生机。预测中最忌处于死地时又单独发动。测病时须参照用神的衰旺状态，尤其当用神逢死地，则凶。金遇子为死地，木遇午为死地，火遇酉为死地，水和土遇卯为死地。凡出现死地，多为凶象。

【墓】也称为"库"或"墓库"。为收藏、封闭、埋藏之意。犹人死后埋于墓中。在预测求财时，财到手犹如入库，故此时逢墓库未必是坏事。在六爻断卦法中应用最多，非常应验。

【绝】又称为"受气"或"胞"。是指卦中爻逢绝地。如金遇寅、木遇申、水遇巳、火遇亥、土遇巳等。用神休囚遇绝地，犹人入险恶、绝境，如果无救助，很难有生还之机。用神有气临绝地，遇生扶，乃为绝处逢生。但若再遇忌神发动，有气也终成凶。例如，土虽绝于巳，仍有生扶之义。只要用神有气，勿以凶看。若休囚空破遇绝地，方不生用神。

"胎"的概念在命理学中很重要，特别是现在有许多妇女生育时采用剖腹产方式。这样出生的人的出生时辰就不是顺其自然的，而是人为选择的，其结果是他的八字不是自然产生的。在命理学领域的有些流派的高手需要考虑"胎元"，即此人形成生命的受胎时间。而这个时间不受是否剖腹产的影响。

第六节　阴阳学说与太极图

阴阳是中华文化特有的概念，在其他国家和民族的文化中是没有的。东亚（如

易源易法——易经的渊源与推算体系分析

日本、韩国）和东南亚（如越南、新加坡）的一些国家也有阴阳理论，那都是从中国传播过去的。因此，阴阳学说当之无愧是中国特有的非物质文化遗产。也许有一天韩国的学者也会像对待中医、端午节一样，抢先将阴阳学说去申报为该国的非物质文化遗产而成为笑料。

《说文解字》对"阴"的注释是："暗也，水之南、山之北也"。《说文系传》曰："山北水南，日所不及"。《说文解字》对"阳"的注释是："高明也。"《说文解字义证》曰："高明也，对阴言也。"阴阳概念源自中国古代的人们对自然界和人类社会各种事物、现象的认识和归纳。古代思想家认为，宇宙间一切事物都是由互相对立又互相依存的两个方面构成的，这两个方面就称为阴阳。例如，天和地、日和月、昼和夜、内和外、上和下、左和右、男和女、高和低、白和黑、水和火、动和静、升和降，等等。

阴阳的概念早在黄帝时代就已产生并应用。《黄帝内经·素问》曰："阴阳者天地之道也，万物之纲纪，在变化之父母，生杀之本始，神明之府也，故治病必求于本。"此后的历代学者将阴阳概念发展成为一门学说。在战国时代，阴阳家成为诸子百家中的重要一家，位列《汉书·艺文志》中列举的：儒、道、阴阳、法、名、墨、纵横、农、杂、小说等十家之中。阴阳学说认为宇宙间任何事物都具有既对立又统一的阴阳两个方面，两者经常不断地运动和相互作用。这种运动和相互作用，是一切事物运动变化的根源。古人把这种不断运动变化，叫作"生化不息"。宇宙间一切事物的生长、发展和消亡，都是事物阴阳两个方面不断运动和相互作用的结果。因此，阴阳学说成为认识和掌握自然界规律的一种不可或缺的思想方法。

阴阳学说的基本内容包括阴阳对立、阴阳互根、阴阳消长和阴阳转化四个方面。

一、阴阳对立和阴阳互根

是指自然界的万物和各种现象都存在着相互对立的阴阳两个方面，如上和下、天和地、动和静、冷和热等。这就是阴阳对立。但是，对立的阴阳双方又是互相依存的，任何一方都不能脱离另一方而单独存在。如上为阳，下为阴，如果没有上，也就无所谓下；热为阳，冷为阴，如果没有冷，也就无所谓热。所以，阳依存于阴，阴依存于阳，每一方都以其相对的另一方的存在为自己存在的条件，这就是阴阳互根（互为对方存在之根）。

二、阴阳消长和阴阳转化

阴阳之间的对立制约、互根互用并不是一成不变的，而是始终处于一种消长变化过程中，阴阳在这种消长变化中达到动态的平衡。这种消长变化是绝对的，而动态平衡则是相对的。比如白天阳盛，人体的生理功能与之适应，以兴奋为主；夜间阴盛，机体的生理功能则以抑制为主。从子夜到中午，阳气渐盛，人体的生理功能逐渐由抑制转向兴奋，即阴消阳长；而从中午到子夜，阳气渐衰，则人体的生理功能由兴奋渐变为抑制，即阳消阴长。阴阳双方在一定的条件下还可以互相转化，即所谓物极必反。阴阳消长是一个量变的过程，而阴阳转化则是质变的过程。阴阳消长是阴阳转化的前提，而阴阳转化则是阴阳消长发展的结果。

可以说，阴阳学说已经深深嵌入在包括中医在内的中国传统文化所有的领域。如果没有阴阳理论，无法想象这些领域会是什么状况（例如，在传统中医领域中，阴阳的概念无处不在）。

五行学也是与阴阳学说密不可分的。五行学说将天地间万物加以分类，而阴阳理论用"阴"和"阳"的概念给万物赋予了与天地相关联的属性。因此人们将二者合并称为"阴阳五行"。因此也有人称之为"阴阳五行学说"。而且，万物给"阴"和"阳"赋予了了具体的"象"。

五行与天干、地支的对应关系在前面的第四节"五行学说"之中已做了详细的介绍。

在《易经》领域中，阴阳也是一个极其重要的概念。可以说，如果没有阴阳概念，易经的理论体系也就不复存在。"易"这个字本身就是阴阳的体现。《说文解字》曰："日月为易，象阴阳也。"因为日为阳，月为阴，日月两个字上下组合即"易"字。

《易经》的基本哲学思想就是"阴阳互补，刚柔相济"。《系辞》曰："一阴一阳之谓道"。朱熹曰："易有太极，是生两仪；太极者，道也；两仪者，阴阳也；阴阳一道，太极无极也。万物之生，负阴而抱阳，莫不有太极，莫不有两仪。氤蕴交感，变化无穷，……《易》所以定吉凶而生大业。故《易》者，阴阳之道也。"

太极图是阴阳学说中一个极其重要的组成部分。"太极"是中国古代产生的一个特殊概念，意为派生万物的本源。最早的描述见于《系辞》第十一章："《易》有太极，是生两仪。两仪生四象。四象生八卦。八卦定吉凶，吉凶生大业。"太极图是由两个黑白鱼形图案组成的，俗称"阴阳鱼"。它形象化地表达了阴阳轮转、相互转化的哲理。太极图是阴阳理论的高度精辟的概括，在太极图中充分体现了前面说的阴阳学说中的四个方面：阴阳对立、阴阳互根、阴阳消长和阴阳转化。太极图的图形相当简洁，但是其内涵却极其丰富。古今中外没有哪个图案有如此深刻的内涵，它可以概括宇宙、生命、物质、能量、运动、结构等内容，可以揭示宇宙、生命、物质的起源。直到今天，我们不得不佩服中国古代的先贤们发明了太极和太极图，给我们留下了极其丰富的遗产，也给我们留下了一个千古难解之谜：何人在何时创立了太极图？

太 极 图

八卦	坤☷	艮☶	坎☵	巽☴	震☳	离☲	兑☱	乾☰
四象	太阴		少阳		少阴		太阳	
两仪	阴				阳			
太极								

太极、两仪、四象、八卦关系图

　　无论是义理派还是象数派，都离不开阴阳概念。因为无论哪一派，都是以八卦为基本研究对象的。而构成八卦最基本的元素是"爻"，爻分阴爻"— —"和阳爻"———"。由八卦组合得到的大成卦有六个爻，从上往下分别为上爻、五爻、四爻、三爻、二爻、初爻。爻所在的位置称为"爻位"。其中初爻、三爻、五爻所在的位置叫阳位，二爻、四爻、上爻所在的位置叫阴位。以义理派为例，宋代义理派的领军人物周敦颐的《太极图说》认为："无极而太极。太极动而生阳，动极而静，静而生阴，静极复动。一动一静，互为其根；分阴分阳，两仪立焉。阳变阴合而生水火木金土，五气顺布，四时行焉。五行一阴阳也，阴阳一太极也，太极本无极也。"他将太极图与阴阳五行联系了起来。虽然他是义理派的代表人物之一，但他的理论（即"义理"）还是来自"象"。

　　太极图、八卦和阴阳学说卦不仅仅是中华文化之根，也广泛地传播到日本、韩国、越南等亚洲国家。例如，韩国国旗——"太极旗"就是受我国太极图和《易经》的启示绘制而成的"四卦太极旗"。其横竖比例为3：2，白底代表土地，中间为太极两仪，四角有黑色四卦。太极的圆代表人民，圆内上下弯鱼形两仪，上红下蓝，分别代表阴和阳，象征宇宙。"太极旗"选择了八经卦中四个卦，乾☰、坤☷、坎☵，离☲，其中：

　　乾卦代表天、春、东、仁；

　　坤卦代表地、夏、西、义；

　　坎卦代表日、秋、南、礼；

离卦代表月、冬、北、智。

"太极旗"的整体意味着一切都在一个无限的范围内永恒运动、均衡和协调，象征东方思想、哲理和神秘。

象数派在用《易经》进行预测时需要综合运用太极图、六十四卦、五行和阴阳学说等诸多知识。其中，阴阳学说是贯穿始终的。

《系辞》中说的"两仪生四象"，两仪是指阴阳，四象是指"老阳（又名太阳）、老阴（又名太阴）、少阳、少阴"。前面介绍过《易经》有一个很重要的"数"的概念，"老阳"和"老阴"都与"数"对应，"老阳"对应于九、"老阴"对应于六。

（笔者注:《易经》中的"四象"与古代星相天文学中的"四象"不同，后者是指:东方的青龙、西方的白虎、北方的玄武、南方的朱雀。）

前文曾经提到先天八卦与后天八卦之说。先天八卦是伏羲创立八卦时提出的，与之相对应的"数"是:乾一、兑二、离三、震四、巽五、坎六、艮七、坤八，俗称先天数。后天八卦是周文王推演出的另外一种排列顺序，与之相对应的"数"是:坎一、坤二、震三、巽四、乾六、兑七、艮八、离九，俗称后天数。

而且，八卦是与方位相对应的，先天八卦与后天八卦对应的方位各不相同。先天八卦中，乾卦居正南、兑卦居东南、离卦居正东、震卦居东北、坤卦居正北、艮卦居西北、坎卦居正西、巽卦居西南。后天八卦中，乾卦居西北、兑卦居正西、离卦居正南、震卦居正东、巽卦居东南、坎卦居正北、艮卦居东北、坤卦居西南。如下表所示。

先天数、先天方位、后天数、后天方位表

八　卦	乾	兑	离	震	巽	坎	艮	坤
先天方位	正南	东南	正东	东北	西南	正西	西北	正北
先 天 数	1	2	3	4	5	6	7	8
后天方位	西北	正西	正南	正东	东南	正北	东北	西南
后 天 数	6	7	9	3	4	1	8	2

在象数派用卜筮进行预测时，断卦的规则是:用先天之数与后天方位。如下图所示，左边为先天八卦及各个卦对应的数，右边为后天八卦。图中的方位与现代地图中"上北下南右东左西"的规则刚好相反，而是上南下北左东右西。

（笔者注:为什么在断卦时要采用先天数和后天方位? 这个问题也是一个谜。迄今为止，尚未见到真正有权威性的论述。）

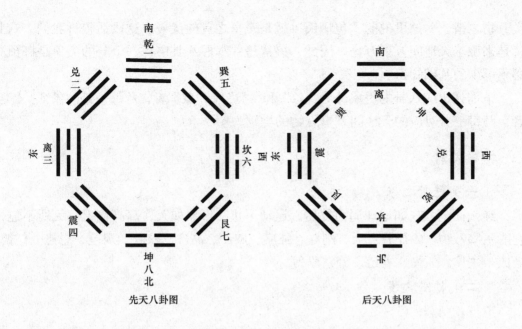

先天八卦图　　　　　　　　　　　　后天八卦图

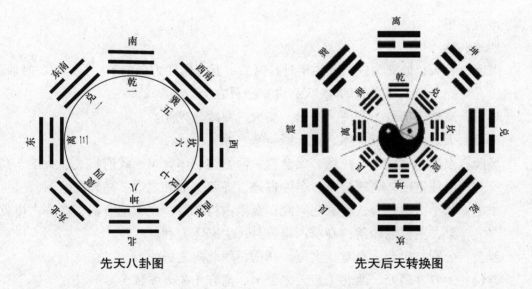

先天八卦图　　　　　　　　　　　　先天后天转换图

第七节　八卦类象

　　象数派之所以能用《易经》来预测客观世界的事件、物体和人，即"上测天、下测地、中测人"，除了《易经》理论体系和符号体系之外，还有一个很重要的基础知识就是八卦的"类象"。所谓"类象"是指八卦对天地间万事万物的归类及象征。《易经·系辞》云："古者包牺氏之王天下，仰则观象于天，俯则观法于地，观鸟兽之文，与地之宜，近取诸身，远取诸物，于是始作八卦，以通神明之德，以类万物之情。"这里说的"包牺氏"就是三皇之首的伏羲。这段话告诉我们，八卦就是来源于天地间万事万物。因此，搞清楚并掌握八卦中每一个卦的类象是搞预测必不可少的基础知识。

下面列出的八卦的类象分为"象"和"类"。"象"者，乃每一卦的象征；"类"者，乃每一卦对应的天地间万事万物的类别。

一、乾卦

（一）乾卦之象

纯阳而刚强，如地球周而复始，运动不止，形象如天，高高在上，无所不包，它能主宰万物。象征着：天、刚健、强盛、威严、高广、核心、规范、恩惠、仁德、老成、主见、傲慢、霸道、经济学等。

（二）乾卦之类

五行：阳金。

天干：庚。

地支：申。

四季：秋。

时间：秋天，地支为戌、亥的年月日时辰，五行属性为金的年、月、日、时辰，立冬至大雪之间的 45 天，九、十月之交。

形态：高档、精致、坚硬、圆形、高大、寒冰、光泽。

天象：天、太阳、晴、冰、雹、霰、寒、凉。

场所：京都、大城市、广场、大会堂、博物馆、体育馆、政府机关、大学、高级住宅区、高速公路、名胜古迹、寺院、形胜之地、高亢之所。

家宅：秋季占得乾卦，主家宅兴隆；夏季占得乾卦，主家宅有祸；冬季占得乾卦，主家宅冷落；春季占得乾卦，主家宅吉利。

屋舍：公厕、楼台、高堂、大厦、驿宿、西北向之居。

方位：上方、高处、西北（后天方位）、南方（先天方位）。

人物：男性、君王、父亲、大人、老人、长者、董事长、主要负责人、公务员、军人、男性社会名人、黑社会老大。

求名：有名、宜随内任、刑官、武职、掌权、天使、驿官、宜向西北之任。

谋望：求谋有成；利于公门之事；宜动中求财；夏占得乾卦，谋望之事不成；冬占得乾卦，多谋少遂。

交易：宜从事金、玉、珍宝等贵重货物交易，易成。宜于公门中得财。秋占得乾卦，可获大利。夏占得乾卦，则损财，不利。冬占得乾卦，无财。

出行：利于出行，宜入京师，利西北之行。但若夏占得乾卦，则不利。

谒见：利见大人或有德行之人，宜见贵官。

官讼：有贵人相助。秋占得乾卦，则胜；夏占得乾卦，则失理。

婚姻：对方乃贵官之眷或有声名之家的人，秋占得乾卦，婚姻宜成，冬夏占得乾卦，则不利婚姻。

生产：不利产育，恐有损胎或生男。夏占得乾卦，不利。产育时宜坐向西北。

性格：刚健勇武、果决、多动少静。

器官：脏腑：头、肺（寅时）、大肠（卯时）、脑、脖子、骨、胸、大肠、右腿、右足、右下腹、男性生殖器、精液、骨瘦之人、颧骨突出、体质寒凉。

病症：头面之疾、胸部疾病、骨病、陈旧性伤病、伤寒、发烧、结肠疾病、阳痿、便秘、硬化症。夏占得乾卦，则不安。

动物：龙、马、象、天鹅、虎、狮子。

食物：木果、小米、米、腊肉、瓜、珍味、豆、鱼干、干贝、干肉、马肉、多骨、肝肺、木果、诸物之首、圆物、辛辣之物。

物品：金玉、珠宝、首饰、金钱、钟表、圆形之物、刚性之物、坚硬之物、冠帽、镜、眼镜、铁板、古董、机器、所有交通工具（火车、飞机、汽车等）、高档用品、枪炮、高大建筑物。

坟墓：宜向西北，宜乾山气脉，宜天穴，宜高。秋占得乾卦，会出贵；夏占得乾卦，则大凶。

姓氏：带金旁者，行位一四九。

五色：金黄、大红色、玄色。

五味：辛、辣。

五声：哭。

五音：哭。

五律：商。

五情：悲。

数字：1、4、9。

二、兑卦

（一）兑卦之象

代表喜悦开心之意，性质偏激好静，至喜反忧。象征着：喜悦、言辞、吵闹、诽谤、议论、口舌是非、吸收、讲演、音乐、娱乐、缺损、脱落、仰视、伪善、狭小、湿润、亲密、性欲、吸引、诱惑、聚集、魅力、经济学等。

（二）兑卦之类

五行：阴金。

天干：辛。

地支：酉。

四季：秋。

易
源
易
法
——
易
经
的
渊
源

与
推
算
体
系
分
析

时间：地支为酉的年、月、日、时，秋分到霜降之间的 45 天，秋八月，地支为酉的年、月、日、时辰，时序为二、四、九月和日。

形态：上虚下实、外虚内实、有声有色、装饰、废旧、破损、凹形、短缺、金属、矮形、向外、向前、向左、仰面。

天象：新月、星星、小雨连绵、潮湿、气压低、露水。

场所：西方、峡谷、沟池、沼泽、湖泊、潮湿地、滑冰场、游乐园、会议室、音乐厅、工会、公关部、茶座、饭店、工地、废墟、旧屋、山口、洞穴、井、路口、门口、垃圾站、娱乐场所，妓院、咖啡馆、美容院、发廊、废品收购站、缺池、废井，山崩破裂之地。

家宅：不安，防口舌。秋占得兑卦，主喜悦之事，夏占得兑卦，主家宅有祸。

屋舍：西向之居，近泽之居，败墙壁宅，门户有损。

方位：西（后天方位）、东南（先天方位）。

人物：少女、讲师、教授、演说家、讲解员、翻译、巫师、占卜者、媒人、传达室人员、演艺界人士（歌唱家、音乐家、相声演员等）、娱乐场所人员、小老婆、第三者、歌妓、娼妓、三陪女、性感者、牙科医生、外科医生、银行职员、副职、金融界人士、宗教人士、巫师。

求名：难成，会因名而有损，利西之任，宜刑官，武职，伶官，翻译。

交易：无利有损，主口舌，有竞争。秋占得兑卦，有财喜；夏占得兑卦，交易求财不利。

出行：不宜远行，防口舌或损失。宜西行，但秋占得兑卦，则有利宜行。

谒见：利向西方行，但谒见时可能有咒诅。

官讼：争讼不已，曲直未决，因讼有损，防刑，秋占为体得理胜讼。

婚姻：利婚少女。秋占得兑卦，有喜，主成婚之吉，夏占得兑卦，不利。

生产：不利产育，恐有损胎或生女。夏占得兑卦，不利。产育时宜坐向西。

性格：喜悦、口舌逸毁、诽谤。

器官、脏腑：口、喉、肺（寅时）、大肠（卯时）、舌、牙齿、咽喉、肺、右胁、右臂膀、肛门、气管、胃，痰、涎、脸颊、女性生殖器。

病症：口腔病、痰症、咳喘、气管病、多痰、涎、食欲差、咽喉之疾、尿路之疾、肛门疾病、胸部疾病、膀胱之疾、皮肤病、妇科疾病、性病、低血压、贫血、外伤、手术、头部受伤、气逆喘疾、饮食不调、金属器外伤、破相。

动物：羊、豹、豺、猿猴、水鸟、兔子、蚯蚓、沼泽中的动物、鸡鸭。

食物：石榴、胡桃、啤酒、酒、年糕、泡泡糖、咖啡、羊肉、泽中之物、宿味、辛辣之物。

物品：饮食用具、带口的器物、刀剑、剪刀、玩具、叉子、金类物品、刀、枪、乐器、破损物品、有缺陷的东西、废旧之物、垃圾箱、邮箱、冷藏车、冷柜、五金类、罐子、钥匙、硬币、耳环、灌木、湿草、排泄物、带口之物、毁折之物。

坟墓：宜西向，须防穴中有水，近泽之墓，或葬废穴，夏占得兑卦则不宜。

姓氏：带口或带金字旁姓氏，行位四、二、九。

五色：白色。

五味：辛、辣。

数字：4、2、9。

三、离卦

（一）离卦之象

外刚内柔，如太阳，火焰向外放射，令万物光明，性质好动热情向上，变化迅猛。象征着：光彩夺目、文明、向上、前进、华丽、鲜艳、火光、明亮、美丽、文饰、美术、文学、文章、影像、流行、扩张、晋升、明察、竞争、表现、焦躁、情绪、虚荣、撒谎、聪明、算计、分别、礼仪、扩散、外强中干、煽动、抗争、轻浮、花言巧语、干枯、空虚、巧立名目等。

（二）离卦之类

五行：阴火。

天干：丙、丁。

地支：巳、午。

四季：夏。

时间：地支为午的年、月、日、时辰，夏至至大暑之间的 45 天。夏五月，时序为三、二、七的月和日。

形态：明亮、闪烁、膨胀、易燃、壳形、中空、网状。

天象：太阳、晴天、热天、酷暑、干旱、虹霓、霞光、闪电。

场所：南方、干亢之地、窖、面南朝阳的场所、阳明之宅、面阳之地、圣地、教堂、华丽的街道，名胜之地、电影院、电视台、画院、美术馆、美容院、图书馆、展览馆、医院、学校、军营、警察局、派出所、法院、检察院、交通指挥、银行、证券所、印刷厂、广告塔、电车站、窑炉场、空房、桥、立交桥、轿子、棚子、冶炼厂、放射室。

家宅：安稳、平善。冬季占得离卦，主家宅不安。若用卦克体卦，则主家宅会有火灾。

屋舍：南舍之居，阳明之宅、明窗、空房。

方位：南（后天方位）、东（先天方位）。

人物：中女、中层人物、白领者、美人、漂亮女孩子、美容师、文人、作家、艺术家、演员、名星、多情者、幻想者、革命家、军人、画家、编辑、侦察员、纪检人员、目疾之人、学者、演员、艺术家、公众人物、财会人员、公检法人员、大腹之人、甲胄之士。

求名：求名得名，宜南方之职，文官之任，宜炉冶亢场之职。

交易：交易可成，宜有文书之交易。宜向南方求财，冬占得离卦，会有失。

出行：可行，宜动向南方，与文书有关之行，冬占不宜行，不宜行舟。

谒见：可见南方人。冬占得离卦，则不顺。秋占得离卦，宜见文书考案才士。

官讼：讼事易散，因文书而动，词讼明辨。

婚姻：婚姻难成，利中女之婚，夏占得离卦，婚姻可成；冬占得离卦则不利。

生产：易生，产女，坐宜向南。冬占得离卦，主有损。

性格：聪明才学，为人虚心，爱美，性急，易发脾气。

器官、脏腑：眼、心脏、小肠、上焦（亥时）、头部、额头、血液、红血球、乳房、上焦、咽喉、视力、小腹部。

病症：眼病（如近视眼、远视眼、青光眼、白内障等）、心脏病、上焦病、幻觉、烧伤、烫伤、放射病、热病、高血压、血液病、乳房疾病、妇科病、囊肿、放射性疾病、发热、炎症、尿路感染、前列腺肥大增生。夏占得离卦，则主中暑或流行病。

动物：野鸡、鸡、孔雀、凤凰、仙鹤、虾、蟹、螺、贝类、鳖、龟、蜥蜴、萤火虫、鸟类、金鱼、热带鱼、有壳动物、硬壳虫。

食物：烧烤物品、火锅、龟、蟹、螺、鳖、蚌、饭菜、干肉、雉肉、煎炒、熟肉、果脯、晒干物、皮厚中空水果。

物品：一切和火有关的物品、电、工程、石油、灯光、创意、酒、计算机、电子产品、照相机、摄影机、录像机、电视机、复印机、照明用具、化妆品业、炒股、字画、连环画、美术品、报纸、刊物、图书、杂志、契约、文书、合同、书信、广告、奖状、旗帜、电报、化妆品、火炉、打火机、火柴、焊枪、霓虹灯、火车、电车、轿车、玻璃门窗、帘子、瓶子类物品、笼子、印章、烟囱、甲骨、干戈、槁衣、干燥之物。

坟墓：南向之墓，阳穴。夏占得离卦，主出文人，冬占得离卦则不利。

姓氏：带立人旁的姓氏，排行三、二、七。

五色：红色、花色、紫色。

五味：苦味。

数字：3、2、7。

四、震卦

（一）震卦之象

万物运动，其勇猛直前，势不可当，在下时犯上。象征着：奋进、积极、果断、勇敢、威武、征战、通利、嘉福、显现、上升、转折点、自立、勤劳、震动、命令、决断、生息、反复、神祷、妄动、躁动、激烈、轻率、惊恐、号鸣、盲从、粗心、过失、狂暴、高声、打击、夸张、功名心重、虚惊、响动、心烦、倔强、性急等。

（二）震卦之类

五行：阳木。

天干：甲。

地支：寅。

四季：春。

时间：地支为卯的年、月、日、时辰，春分至谷雨之间的45天，春二月，时序为四、三、八的月和日。

形态：有声有响、华而不实、外虚内实、上虚下实、上大下小、向外发展、高速、震动、粗糙、移动。

天象：雷雨、雷鸣、地震、火山喷发。

场所：东方、树林、闹市、竹林、山林之地、大途、草木茂盛之所、楼台、庭院、公园、田园菜地、菜市场、战场、机场、剧场、运动场、停车场、舞厅、歌厅、卡拉OK厅、喧哗之地、热闹街道、大道、邮政局、靶场、工厂、电台、电器店、乐器店、花店、游乐场、机场、发射场、车站、旅店、战场、部队、坑。

家宅：家宅中不时有虚惊之事。春冬季占得震卦主吉利，秋季占得震卦则不利。

屋舍：东向之居、山林之处、楼阁。

方位：（后天方位）东方、（先天方位）东北方。

人物：长男、长子、男青年、男性名人、二把手、警察、法官、军人、驾驶员、运动员、飞行员、列车员、指挥员、行政人员、黑社会人员、税务工商人员、外交官、市场管理人员、社会活动家、音乐舞蹈演员、足球爱好者、狂人、壮士、旅客。神经病患者、掮客、骚乱分子、吹牛者。

求名：有名声，宜东方之任，会担任施号发令之职、掌刑狱之官、竹茶木税务官、或负责闹市的市场之职。

谋望：谋望可求，宜动中谋，秋占得震卦则谋望不遂。

交易：山林竹木之财，动处求财可成，利于成交，秋占得震卦则交易难成。

出行：宜行，利东方、利山林之人，秋占得震卦则不宜行，恐有虚惊之事。

谒见：可见到需见之人，宜见山林之人或有声名之人。

官讼：善于应对诉讼，但会有虚惊、变故、甚至出现反复。

婚姻：可联姻于声名之家、得长男之婚，秋占得震卦则不利婚姻。

生产：会有虚惊、胎动不安，头胎必生男，坐宜向东，秋占得震卦则不吉。

性格：率直、怒、虚惊、鼓噪、多动少静。

器官、脏腑：足、胆（子时）、肝（丑时）、头发、腿、脚、神经、筋、左肋、左臂、关节处、脸、声音、头发弯而稀少之人。

病症：精神病、狂躁症肝经之疾、肝硬化、多动症、外伤口、妇科，惊恐不安、神经系统疾病、妇科病、肝火旺、肝病、腿痛、足疾、多动症、外伤、突发性病症、咳嗽、咽喉病。

动物：龙、蛇、昆虫、骆驼、鹿、鹰、壁虎、鲤鱼、兔、善鸣之马与鸟。

食物：蹄筋、肉、鲜肉、山林野味、蔬菜、豆类、蕃鲜物、凉菜、柑橘、海藻、笋、酸梅、果酸、鲤鱼。

物品：木、竹、苇、乐器、鲜花、树木、电话、飞机、车辆、火箭、鞭炮、闹钟、花草繁鲜之物、裙子、内核、会动的玩具、球类、盆、浴缸、剪子、锥子。

坟墓：利于东向、山林中穴，秋占得震卦则不利。

姓氏：带木姓之人，排行为四、八、三。

五色：黑青、绿色。

五味：甘、酸。

数字：4、3、8。

五、巽卦

（一）巽卦之象

如风好动，进退无常。象征着：渗透、忙碌奔波、进退徘徊、调动、不稳、忙碌、覆盖、轻浮、薄情、烦躁、空虚、灵气、幻想、直爽、涣散、交流奔腾、扫荡、有胆量、自由运动、基础不稳、魄力、灵感、细心、责任心强、仁慈善良、多欲、疑惑、说谎等。

（二）巽卦之类

五行：阴木。

天干：乙。

地支：卯。

四季：春。

形态：上实下虚、外实内虚、外刚内柔、向下渗透、基础不稳、轻飘、浮游、浸润、传输、顺风、精巧、细致、长形、直形、薄形、气态、烟状。

天象：刮风、台风、飓风、龙卷风、长条云。

场所：东南方，草木茂盛之地、花果、菜场或菜园、寺院、山林之地、竹林、邮政局、商场、码头、机场、设计院、工艺品厂、道路、过道、管道、长廊，电梯、通风道、港口、索道、草原、竹林、芦苇荡、市场、设计院、指挥部、线路、隘路、跑道、长廊、升降机、传送带。

家宅：安稳利居。春季占得巽卦主吉利，秋季占得巽卦主不安。

屋舍：东南向之居、寺观楼台、山林之居。

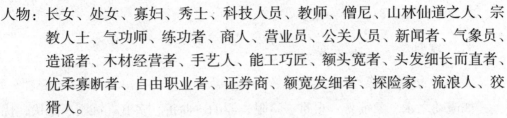

方位：（后天方位）东南、（先天方位）西南。

人物：长女、处女、寡妇、秀士、科技人员、教师、僧尼、山林仙道之人、宗教人士、气功师、练功者、商人、营业员、公关人员、新闻者、气象员、造谣者、木材经营者、手艺人、能工巧匠、额头宽者、头发细长而直者、优柔寡断者、自由职业者、证券商、额宽发细者、探险家、流浪人、狡猾人。

求名：有名声，宜文职，有风宪之力、宜为风宪、宜茶果竹木税货之职、宜东南之任。

谋望：可谋望、有财可成，但若秋占得巽卦，则多谋少遂。

交易：可成、有利三倍，宜山林之利或竹、木、茶货之利，但若秋占得巽卦，则不利、进退不一。

出行：可出行，有出入之利，宜向东南行，但若秋占得巽卦，则不利。

谒见：可见对方，利见山林之人或文人秀士。

官讼：宜和解，恐遭风宪之责。

婚姻：可成，宜长女之婚。但若秋占得巽卦，则不利。

生产：顺产、头胎产女，秋占得巽卦，主损胎，生产时宜向东南坐。

性格：柔和、举棋不定、进退不果、会鼓动。

器官、脏腑：股、胆（子时）、肝（丑时）、肱、左肩、肠胃、肠道、淋巴系统、胆、气管、血管、食道、胆、筋、神经、头发细直少、练功之元气。

病症：伤风感冒、中风、风疾、强直强硬症、胆疾、传染病、淋巴疾病、支气管炎、哮喘、神经炎、忧郁病、血管病、胀气、下肢无力、股肱之疾、坐骨神经痛、肠疾、塞邪气疾、洁僻、抽筋、左肩病、忧郁症、血管病、秃顶、白眼、四肢残疾。

时间：地支为辰、巳的年、月、日、时辰，立夏至芒种之间的45天，春夏之交，时序为二、五、八的月和日。

动物：鸡、鸭、鹅、蝶、蜻蜓、蛇、蚯蚓、带鱼、细长鱼类、鳗鱼、斑马、百禽、虫、蝴蝶、虎、猫。

食物：海带、香椿、鸡肉、面食、蔬果、山上蔬菜、山林之味、酸味之物。

物品：树木、木材、木制品、竹、纤维类物品、丝线、绳子、麻、直长之物、工巧之器、扇、风扇、干燥机、飞机、气球、气垫船、帆、帆船、臼、蚊香、木香、兰花、草药、羽毛、枝叶、腰带、线路、索道、传送带、升降机、报纸、救生圈、床、债券票据、宣传品、座位、板凳、下面有口的器物。

坟墓：宜东方向、山林之穴、多树木。但若秋占得巽卦，则不利。

姓氏：草木旁姓氏，排行为五、三、八。

五色：青色、绿色、蓝色、碧白色。

五味：酸。

数字：5、3、8。

六、坎卦

（一）坎卦之象

如流动之水。象征着：艰难、险阻、漂泊、曲折、多变、沉溺、隐伏、忧虑、忧郁、暗昧、欺诈、疑惑、义气、劳碌、盗贼、阴谋、狡诈、狠毒、城府深、寂静、寒冷、有心病、心志不展、欲望、谋略、魂魄、守信、陷险、伤悲、哭泣、坎坷、心急好动、外柔内刚。

（二）坎卦之类

五行：阳水。

天干：壬、癸。

地支：子、亥。

四季：冬。

形态：轮形、实芯、弯曲、弓形、流动、变化、爬行、中等。

天象：满月、半夜、雪、雨、雷雨、露、霜、水、水灾。

场所：北方、江湖、湖、海、溪涧、沟、渠、井、泉、水库、泉水、卑湿之地、沟渎、池沼、有水之处、茶楼、娱乐场所、水槽、洼地、鱼塘、浴室、酒店、酒吧、冷饮店、水族馆、地下室、车库、水库、血库、冷库、暗室、下水道、洼地、水厂、鱼塘、鱼市、水族馆、消防队、贫民区、妓院、牢狱。

家宅：主家宅不安、暗昧、须防盗匪。

屋舍：向北之居、近水、水阁、江楼、宅中湿地之处。

方位：（后天方位）北方、（先天方位）西方。

人物：中男、思想家、数学家、发明家、心理学家、保安人员、医生、律师、安全员、劳务人员、自来水公司人员、印刷厂人员、舟人、江湖之人、盗贼、小偷、匪徒、逃亡者、诈骗犯、吸毒者、酒鬼、娼妇、轻浮者、船厂工作人员、劳苦者、冒险者、病人、三陪小姐、受害者、亡命徒、黑社会分子。

求名：求名艰难，恐有灾险，宜北方之任，或任管理鱼、盐、河泊、酒、醋等行业之职。

谋望：不宜谋望，难有成就。但若秋冬占得坎卦则可谋望。

交易：不利成交，恐防失陷，有财后须防遗失和被盗。宜水边交易，宜从事鱼、盐、酒类交易，或与姓氏带点水旁人之交易。

出行：不宜远行，宜涉舟，宜北方之行。出行途中须防盗匪，以及险阻、溺水之事。

谒见：难见对方，宜见江湖之人，或有水旁姓氏之人。

官讼：会有阴险之事，因讼失败或失陷。

婚姻：利中男之婚，其余不利成婚。宜北方之婚。不可在辰、戌、丑、未月成婚。

生产：主难产有险。宜生次胎，且生男。若在辰、戌、丑、未月生产，则主有损。生产时宜北向。

性格：险陷卑下，外示以柔，内序以利，漂泊不成，随波逐流。

器官、脏腑：耳、膀胱（申时）、肾（酉时）、泌尿系统、生殖系统、血管、血液、内分泌系统、耳、肛门、脊背、腰、妇女病、子宫。

病症：肾病、膀胱疾病、泌尿系统疾病、心脏病、血液病、出血症、免疫系统疾病、性病、遗精、中毒、病毒性疾病、拉肚子、水肿、消渴症、疲乏过度、肾疾、水泻、糖尿病（消渴症）、耳病、感染、腰背疾病、心脏病。

时间：地支为子的年、月、日、时辰，冬至至大寒之间的45天，冬十一月、时序为一、六的月和日。

动物：猪、鼠、狐狸、水鸟、鱼类、水中动物、水族、美脊之马、劳苦之马、脊椎动物、海带。

食物：油、酒、醋、盐、酱油、饮料、冷食、酒类、汤类、带核之物、带血之物、多骨之物、海味、豆腐、猪肉、冷味、汤、酸味、宿食、鱼、水中之物。

物品：石油、药品、水车、排水设备、轮子、刑具、蒺藜、丛刺、藜、冷藏设备、浮萍、潜水艇、弓箭、计算器、圆形物、录音带、像卷、黑色物品、染料、哑铃、车、带核之物，弓轮、矮柔之物，酒器、水具、桎梏、盐、酒。

坟墓：宜北向之穴、近水傍之墓，入葬不利。

姓氏：带点水旁之姓氏，排行为一、六之人。

五色：紫、黑色。

五味：咸、酸。

数字：1、6。

七、艮卦

（一）艮卦之象

象征着：阻隔、艰难之象。静止、禁止、终止、界限、阻挡、安定、稳当、坚固、坚硬、固守、诚实、慎重、浑厚、顽固、主观、任性、保守、沉着、抑制、困难、独立、保护、孤独、攻击、侵占、障碍、安居、迟滞、官司、憨厚、乖戾等。

（二）艮卦之类

五行：阳土。

天干：戊。

地支：辰、戌、丑、未。

四季：四季月。

形态：向下发展、上硬下软、较高、坐态、弯腰、稳定、反面。

天象：云、雾、山岚、有云无雨、多云间阴、气候变天。

场所：东北方、山、山地、山坡、丘陵、近山城的山径、矿山、采石场、高台、堤坝、小路、边境、城墙、休息室、房屋、大楼、银行、监狱、公安机关、派出所、贮藏室、仓库、停车场、门阙、宗庙、祠堂、坟场、阁寺、丘陵。

家宅：家宅安稳，但诸事有阻，家人不睦。春季占得艮卦主家宅不安。

屋舍：东北方之居，近石之山居，近路之宅。

方位：（后天方位）东北、（先天方位）西北。

人物：少男、少年、儿童、小人、弟弟、闲人、风水师、山中人、房屋买卖人、晚辈、继承人、亲戚、土建人员、宗教人员、官僚、警卫、保镖、交警、守门人、佣人、犯人、保守者、矿工、狱吏、石匠、储蓄所人员、顽固分子、修炼之人、杀猪的。

求名：因有阻隔而无名，宜东北方之任，宜土官山城之职。

交易：交易难成。会有山林田土之交易，春占得艮卦则有失。

出行：不宜远行，有阻，宜近处陆地之行。

谒见：不可见对方，有阻，宜见山林之人。

官讼：贵人阻滞，官讼未解，因牵连甚多而不决。

婚姻：阻隔难成，成亦迟，利少男之婚，宜与乡里婚，春占得艮卦则不利。

生产：难生，有险阻之厄。生产时宜向东北，春占得艮卦则有损。

性格：做事阻隔、守静、反常、进退不决。

器官、脏腑：手、胃（辰时）、脾（巳时）、鼻、颧骨、背、骨、大拇指、手指、拳头、关节、左腿、脚趾、脚背、乳房、结肠、男性生殖器、子宫。

病症：脾胃病、鼻炎、麻木病、手指发炎等疾病、关节疼痛等疾病、虚胀、血液循环不良、痘疹、突起炎症、疑难症、营养不良症、皮肤过敏、肿瘤、结石症、气血不通、舌头病、咽喉病、疮疖、血栓。

时间：冬春之月、五行属性为土的年、月、日、时辰，地支为丑、寅的年、月、日、时辰，立春至惊蛰之间的45天，时序为七、五、十的月和日。

动物：狗、虎、鼠、狼、熊、熊猫、牛等有牙、有角的动物，百兽、黔啄之物、狐，昆虫、爬虫、鸟鹊、家畜等有尾的动物、野味。

食物：硬果、果仁、乳、瓜果、黔喙物、含牛肉的食物、糖果、出自土中食物、诸兽之肉、野味、墓畔竹笋类食物。

物品：土石、岩石、山坡、土堆、坟墓、墙壁、石桥、山门、门、门坎、阶梯、台阶、石碑、土炕、柜台、桌子、座位、床、屏风、伞、鞋、手套、钱袋、珠、挂钩、瓜果、黄色的东西、大楼、金库、箱子、凳子、列车、药、土中之物、寺庙、木生之物、藤生之瓜。

坟墓：东北之穴，山中之穴，近路旁有石，春占得艮卦则不利。

五色：黄色、棕黄色、咖啡色。

五味：甘甜。

数字：5、7、10。

八、坤卦

（一）坤卦之象

有生万物之功，能收万物之藏，平稳发展，动静有序。象征着：柔顺、众多、平稳、包容、滋育、性格内向、本分、守信、诚实、文雅、贞洁、忍耐、谦让、懦弱、依赖、消极、沉默、寡断、迟钝、丑陋、吝啬、隐藏、贮藏、奸邪、刑法、劳苦、祸乱等。

（二）坤卦之类

五行：阴土。

天干：己。

地支：辰、戌、丑、未。

四季：四季月。

形态：柔软、四方、平常、平整、附属、空虚、复杂、包容、隐伏、粉状。

天象：夜、阴云、雾气、露、冰霜、低气压、湿气。

场所：西南方、下方、底层、平原、田野、乡下、平地、田堤、矮房子、土阶、大地、旷野、森林、牧场、郊外、故乡、草地、广场、操场、贮藏室、农贸市场、肉类加工厂、农舍、旧房子、鸡窝、猪圈、古墓。

家宅：家宅安稳，但宅中多阴气。春季占得坤卦主家宅不安。

屋舍：西南方、村店、女舍、矮屋、土阶、仓库。

方位：西南方（后天方位）、北方（先天方位）。

人物：女性、皇后、母亲、祖母、老妇人、后母、农夫、群众、乡人、小人、阴气重者、大腹人、忠厚者、懦弱者、吝啬者、泥瓦匠、房地产商、纺织工、随从、顾问、好好先生、风水师、算命打卦之人、阴阳人、寡妇。

求名：会有名声，宜任西南方或教官、农官守土之职，春占得坤卦则仅得虚职。

易源易法——易经的渊源与推算体系分析

谋望：利求谋，宜邻里间求谋，静中求谋，或谋于妇人，春占得坤卦则谋望少遂。

交易：交易有利、宜田土或土中之物的交易、宜五谷利、贱货、重物、布帛等交易，静中有财。春占得坤卦则交易不利。

出行：可行、宜西南行、宜往乡里行、宜陆地之行，春占得坤卦则不宜出行。

谒见：可见对方，利见乡人，宜见亲朋或阴人，春占得坤卦则不宜见。

官讼：理顺、得众人同情，故讼事会化解。

婚姻：利于婚姻，宜与税产之家、乡村之家、或寡妇之家通婚，春占得坤卦则不利。

生产：易产，生产时宜西南方坐。春占得坤卦主难产，有损或不利于产妇。

性格：吝啬、柔顺、懦弱、小人。

器官、脏腑：腹、胃（辰时）、脾（巳时）、右肩、肌肉、肠子，消化器管、女性生殖器。

病症：腹疾、胃肠疾病、脾胃之疾、浮肿、湿疹、疣、肌肤病症、慢性病、妇科病、中风、气虚、肚子痛、癌症。饮食停滞，从而食不化。

时间：地支为辰、戌、丑、未（五行属土）的年、月、日、时辰，地支为申的年、月、日、时辰，立秋至白露之间的45天，时序为八、五、十的月和日。

动物：牛、牝马、雌性百兽、百禽、地下虫类、猫等夜行动物。

食物：五谷、面粉、杂粮、芋薯、猪肉、牛肉、羊肉、土中之物、野味、动物的腹脏之物、甘味、五谷之味、芋笋之物。

物品：方形的器物、柔物、布帛、丝绵、海绵、盆景、瓷器、报纸、文章、纸张、运输工具、车轮、衣服、妇女用品、水泥、黄沙、砖瓦、浆糊、大车、锅、门、五谷、大米、柄把、书、包、箱子、仓库。

坟墓：宜向西南之穴、平阳之地、近田野、宜低葬，春占得坤卦则不可葬。

姓氏：带土旁姓姓氏之人，排行为八、二、五之人。

五色：黄色、黑色。

五味：甘、甜。

数字：8、2、5。

第四章　起卦的方法

卜筮通过占卦的手段预测未来的活动，是人类认识世界的手段之一。无论古今中外，人类都会对未来进行预测和估计。现在经常见到的各种"计划""规划""可行性研究报告"也是对未来的预测和制定目标。如果没有预测和估计，难以想象人类的社会经济活动将是一种什么样的状况，而气象预报、地震预报等的科学研究将不复存在。可以肯定地说，没有人会将对社会经济活动，以及气象预报、地震预报等科学研究进行预测批判为"封建迷信"和"伪科学"。而且，实际证明这一类预测的准确率很低，更没有见到百分之百准确的案例。

《礼记·曲礼》曰："龟为卜、策为筮。"说明古时卜用龟甲，筮用蓍草。严格地说，占卦和占卜虽然都是为了进行预测，但二者很不相同。《周礼·春官》对"卜"字的解释是"问龟曰卜"。《说文解字》的解释是"灼剥龟也。象炙龟之形。一曰象龟兆之纵横也。"这说明"占卜"的方法是采用火灼龟甲，使得龟甲剥裂形成图形符号。而"占卦"则是利用"卦"来进行预测的。因此，龟甲预测与易经预测是两个不同的领域。占卦和占卜合称为"卜筮"，时至今日，虽然龟甲占卜已经失传，但人们习惯于将占卦也称为"卜筮"。

最早的起卦方法是采用蓍草进行的。汉代有了金钱摇卦之法（据说是京房创立的）。到了宋代，大学者邵雍创造性地将与八经卦对应的"数"用来起卦，这一类方法都可以归为梅花易数起卦法（见《梅花易数》）。于是有了形形色色的起卦方法。以下分别加以介绍。

第一节　蓍草起卦法

蓍草是一种多年生宿根草本植物，是草本植物中生长时间最长的（号称长达千岁），它的茎细长而且很直，高达三尺左右，每株蓍草有很多茎（号称三百茎）。《博物志》云："蓍千岁而三百茎，故知吉凶。"河南省淮阳县的太昊陵是中华人文始祖伏羲定都和长眠之处。据传伏羲就是根据出自河图中白龟背上的图案（即"河图"），采来蓍草"揲蓍画卦"，创下了先天八卦，所以被称为"神蓍"。后来历代帝王在每年春秋二季派官员前来朝拜人文始祖，官员在返京复命时都必须带回一束蓍草作为到过太昊陵的信物。

著草起卦的目的是得到一个大成卦。所谓大成卦是指由八经卦之中某两个卦上下叠加而得到的含有六个爻的卦。其中下面的卦称为"下卦",上面的卦称为"上卦"。

最初的著草起卦法非常复杂。《系辞》云:"大衍之数五十,其用四十有九。分而为二,以象两,挂一以象三,揲之以四,以象四时,归奇于扐,以象闰。五岁再闰,故再扐而后挂。"著草起卦法一定要用到"大衍之数"五十,也就是要用五十根著草。以下是具体的演算步骤:

1."大衍之数五十,其用四十有九":将其中1根著草夹在左手小手指与无名指之间,余下49根著草参与演算。

2."分而为二,以象两"(这里的"两"是指天和地,因此,有人将之解释为"两仪"):将四十九根著草任意分为两组(但著草少的一组不得少于2根),然后用左、右手分持著草。左手一组象征"天",右手一组象征"地"。

3."挂一以象三":夹在左手小手指与无名指之间的一根著草象征"人",于是"天、地、人"三才俱全。

4."揲之以四,以象四时":将右手所持的著草暂时放下、用右手去分取左手中的著草,每次取4根(这里的"四"象征春、夏、秋、冬四季)。不能将左手中的著草完全取尽,一般会剩下1根、2根或3根,如果最后刚好剩下4根,就不要取走,留在左手中。将左手中剩下的著草用左手的中指和无名指夹住。

5."归奇于扐、以象闰":然后再用左手去分取右手中的著草,也是每次取4根,取法与第一次相同,将右手中剩下的著草用左手的食指和中指夹住。这种取著草之法必然有余数(或1、或2、或3、或4)。"奇"是指"余数"。"扐"是指将两次剩下的著草分别夹在中指和无名指之间以及食指与中指之间的动作。这里所说的"闰",其本意是指"积月之余日而成月者也",即历法中的"闰月"。

6."五岁再闰、故再扐而后挂":这个余数用来象征闰月。按照历法,两次闰月相距约32个月,则每5年会有两次闰月。

7.再将夹在左手小指与无名指之间的一根著草与左右手剩下的著草(夹在左手的食指、中指和无名指之间)合起来,可以确定的是,合起来的著草数必然是5根或9根。取出这些著草不再参与后面的演算。至此,完成了著草起卦的第一变。

8.由于开始时有49根著草、在取出上述的著草后,剩下的著草是44根或40根。然后重复上述演算过程:将剩下的著草合并在一起,再任意分为两组(著草少的一组同样不得少于两根),用左右手分持著草。先从右手的著草中取出1根夹在左手的无名指与小指之间,然后用右手分次取左手的著草,每次也是取4根,直至左手的著草余数少于或等于4根为止。将左手剩下的著草夹在左手的中指与无名指之间。再用左手分次取右手的著草,每次也是取4根,直至右手的著草余数少于或等于4根为止。将右手剩下的著草夹在左手的食指与中指之间。这样两次得到的著草余数加上夹在左手的无名指与小指之间的1根,合起来必然是4根或8根。取出这些著草不再参与后面的演算。至此,完成了著草起卦的第二变。

9. 完成上面两次演算或剩下的蓍草必然是 40 根或 36 根或 32 根。接着对这些蓍草重复前面的演算过程，从而完成蓍草起卦的第三变。此时剩下尚未参与演算的蓍草必然是 36 根或 32 根或 28 根或 24 根。用这个数除以 4 的商必然是 9、8、7、6 之一。它们分别有各自对应的卦爻：

$$36 \div 4 = 9，9 \text{ 乃 "老阳" 之数，卦爻为 "———"}$$
$$32 \div 4 = 8，8 \text{ 乃 "少阴" 之数，卦爻为 "— —"}$$
$$28 \div 4 = 7，7 \text{ 乃 "少阳" 之数，卦爻为 "———"}$$
$$24 \div 4 = 6，6 \text{ 乃 "老阴" 之数，卦爻为 "— —"}$$

（注：老阳和少阳对应的都是阳爻 "———"、卦象相同，但对应的数分别是 9 和 7。老阴和少阴对应的都是阳爻 "— —"，卦象相同，但对应的数分别是 6 和 8。这个概念必须明确，因为它与 "动爻" 有关。人们在画卦象时通常在老阳爻旁边用 "○" 标记，在老阴爻旁边用 "×" 标记。）

从老阳对应于 9 和老阴对应于 6 的规则延伸，人们用 "九" 作为阳爻的代表，用 "六" 作为阴爻的代表。前面曾经介绍，一个大成卦的六爻从上往下，分别叫作：上爻、五爻、四爻、三爻、二爻、初爻。对于阳爻，从上往下的称谓是：上九、九五、九四、九三、九二、初九。对于阴爻，从上往下的称谓是：上六、六五、六四、六三、六二、初六。

经过上述的三变产生了一个爻，因此大成卦的六爻需要有 6×3=18 变。这就是《系辞》云："十有八变而成卦。"

在蓍草起卦法中的规则是：老阳爻和老阴爻是动爻，少阳爻和少阴爻不是动爻。即所谓的 "老变少不变"（亦称 "六九变，七八不变"）。由此可知，蓍草起卦法产生的大成卦中有几种可能：没有动爻，或有一个动爻，或有多个动爻。

由于上述方法太繁杂，因此出现了简易的蓍草起卦法，它简化了上述推演程序。后世许多书籍介绍的蓍草起卦多指这种简易的方法。

具体过程如下：左手持 50 根蓍草，先抽掉一根不用（为 "太极"），其余 49 根由左右手随机地分持。然后从右手的蓍草中取出 1 根夹在左手小指与无名指之间，再用右手逐次分取左手中的蓍草，每次取 8 根，直至不够 8 根或刚好取完为止。这样就得到左手中余下的蓍草数与夹在左手小指与无名指之间的一根蓍草相加之和。这个和数只可能是 1～8 之间的数。有两种特例：一是左手的蓍草刚好被取完（即刚好被 8 整除、余数为 0），那么加上夹在左手小指与无名指之间的 1 根蓍草，和数等于 1。二是左手的蓍草还剩下 7 根（除以 8 的余数为 7），无法再分取 8 根，那么加上夹在左手小指与无名指之间的 1 根蓍草，和数等于 8。这个过程得到了一个数，根据先天八卦数，就能得到对应的八经卦中某一个卦，将它作为大成卦中的下卦。再重复上述过程又得到一个经卦，将它作为上卦。上下卦叠加起来就得到本次起卦所产生的大成卦。

将和数作为先天数与八经卦的对应关系是：

第四章　起卦的方法

和数为 1，得乾卦。和数为 2，得兑卦。

和数为 3，得离卦。和数为 4，得震卦。

和数为 5，得巽卦。和数为 6，得坎卦。

和数为 7，得艮卦。和数为 8，得坤卦。

但是，现代的人们已经很少使用蓍草起卦法了，主要是因为，即使是简易之法也比较麻烦，而且蓍草在其他地区很难找到。笔者 20 世纪 80 年代开始学习《易经》，在起卦时找不到蓍草，囿于"细长之物"的概念，首先想到的是筷子，但是五十根筷子很难用一手把持住，左手小指与无名指之间也难以长时间夹住一根筷子。无奈之下用牙签替代，可是牙签太短，操作起来不方便。但毕竟算是用了最正宗的蓍草起卦方法吧。据说日本易学大师高岛吞象（亦名：高岛嘉右卫门）被关在监狱中学习《易经》时，用点油灯的灯捻搓成细长条，作为蓍草的替代品。

第二节　金钱摇卦法

金钱摇卦法是由西汉的易学大家京房发明的。他师从著有《焦氏易林》的大学者焦延寿。在易学发展史上，京房有两项重大贡献：发明了金钱摇卦法和纳甲筮法（此法将在后面关于断卦的章节介绍）。金钱摇卦法方法简便，容易掌握，整个起卦过程只用几分钟。而且占卦的工具使用很常见的铜钱，而不是难以找到的蓍草。因此它是最常用、流传最广的占卜法之一。它的规则是：

取大小厚薄相同的三枚铜钱，（在清代以后，相传使用的铜钱以"乾隆通宝"为最佳。如果没有铜钱，也可以用现在的硬币代替。）钱币带文字的一面为正面，带图案的一面为背面。古法摇金钱卦需要做三件事：净手（洗手），静心（静下心来），祝祷（心中默念——"天何言哉、叩之即应，神之灵验，感而遂通。今有某人某事，不知休咎，惟神惟灵，望垂昭报，若可若否，尚明告之"。）这已经带有神秘的色彩、是否确实需要，则"仁者见仁、智者见智"。古代（甚至现代）有些人在起卦时还会焚香，以示心诚，以求心静。笔者认为占卦（除了摇金钱卦，用其他方法占卦时也需如此）时静下心来确有必要。办任何一件事（不但是占卦）集中精力，心无旁骛是公认的前提。特别要注意的是，摇卦前需要记住当时的时辰。

摇卦时将三枚钱币合在双手之中，默想所需测算之事 1 分钟左右，然后开始摇动双手数秒，接着将三枚钱币随意丢到桌面上，看三枚钱币的正面和背面的组合情况确定得到什么爻。

钱币的两个面中，一面有字（往往是币值的数字），叫作正面（或叫作阴面）；另一面为图案，叫作背面（或叫作阳面）。三枚钱币的正面和背面必然是下列四种组合之一：

三枚皆是正面（有字），为老阴、记为"×"。

三枚皆是背面（图案），为老阳、记为"○"。

一枚正面（有字），两枚背面（图案），为少阴，记为"— —"。

一枚背面（图案），两枚正面（有字），为少阳，记为"———"。

这样每摇一次得到一个爻，第一次得到的是初爻，第二次得到的是二爻，依次从下往上，第六次得到的是上爻。摇六次得到六爻，构成大成卦。与蓍草起卦法中的规则相同的是，在六爻中，少阴爻和少阳爻是静而不动的，老阴爻和老阳爻是动爻，动爻者，该爻若为阴爻，则变为阳爻；该爻若为阳爻，则变为阴爻。在动爻阴阳变化后，又得到一个新卦，叫作该大成卦的变卦或"之卦"。与蓍草起卦法相同的是，摇金钱产生的大成卦中有几种可能：没有动爻，或有一个动爻，或有多个动爻。下面举例说明。

例一，某年某月某日某时（记住摇卦的时辰很重要）摇卦，第一次得少阴，记为"— —"，作为初爻；第二次得老阴，作为二爻，记为"×"；第三次得少阴，作为三爻，记为"— —"；第四次得少阳，作为四爻，记为"———"；第五次得少阴，作为五爻，记为"— —"；第六次得老阳，作为上爻，记为"○"。于是得到大成卦为：

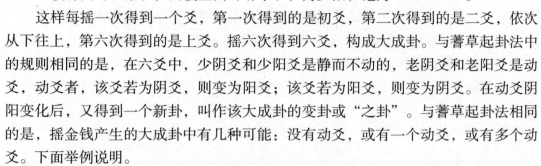

即火地晋卦☲☷。前面介绍过，老阳爻既是阳爻又是动爻。老阴爻既是阴爻又是动爻。所以第二爻是动爻，阴爻变为阳爻；上爻也是动爻，阳爻变为阴爻。则得到的变卦为雷水解卦☳☵。

例二，某年某月某日某时摇卦，第一次得少阳，作为初爻，记为"———"；第二次得少阳，作为二爻，记为"———"；第三次得少阳，作为三爻，记为"———"；第四次得少阳，作为四爻，记为"———"；第五次得少阳，作为五爻，记为"———"；第六次得少阳，作为上爻，记为"———"。于是得到大成卦为：

———

———

———

———

———

———

得到大成卦为乾卦☰。由于摇出的六爻都是少阳爻"——"，皆静而不动，所以本次占卦只得到大成卦，没有变卦。

例三，某年某月某日某时摇卦，第一次得少阳，第二次得少阳，第三次得少阳，第四次得老阴，第五次得老阴，第六次得老阴。大成卦为：地天泰卦☷☰。由于四爻，五爻，上爻皆为老阴，为动爻，所以动爻阴变阳后得到变卦为乾卦☰。

上面介绍的蓍草起卦法和金钱摇卦得到的大成卦的动爻的状况有三种可能：（1）卦中没有动爻，六爻皆静而不动；（2）卦中只有一个动爻；（3）卦中有多个动爻（甚至六爻皆动）。下面将介绍的梅花易数起卦法则不然，得到的大成卦中只会有一个动爻。

第三节　梅花易数起卦法

一、按时间起卦（年月日时起卦）

按时间起卦需要用农历的年、月、日和时辰。

年份用年干支表示，看年干支中的地支，在十二个地支中排列为第几，即取此数为年数。例如，1911年为辛亥年，辛亥年的地支为亥，是十二个地支中第十二个。因此，1911年的年数为12。又如2010年为庚寅年，寅在十二个地支是第三个地支。因此，2010年的年数为3。

月份则看该月为农历几月。正月的月数为1，二月的月数为2，……，农历十二月的月数为12。例如，当时在农历三月，则月数为3，等等。

日子则看该日为农历的第几日。初一的日数为1，初二的日数为2，……，农历三十的日数为30，等等。

时辰则看当时是十二个时辰中哪一个时辰。子时的时数为1，丑时的时数为2，……，亥时的时数为12。等等。

将年数、月数、日数相加之和除以8，所得的余数按照先天数得到对应的经卦作为上卦。如果相加之和刚好被8除尽，则取8，对应的经卦是坤卦。再将年数、月数、日数、时数相加之和除以8，所得的余数按照先天数得到对应的经卦作为下卦。如果相加之和刚好被8除尽，则取8，对应的经卦是坤卦。上下卦叠加得到大成卦。

然后再将年数、月数、日数、时数相加之和除以6，根据所得的余数确定动爻位于第几爻。余数为1，则初爻是动爻；余数为2，则二爻是动爻；余数为3，则三爻是动爻；余数为4，则四爻是动爻；余数为5，则五爻是动爻；被6除尽，则上爻是动爻。

例如，2010年农历五月十二日申时占卦、2010年为庚寅年，寅在地支中位列第三，故年数为3；五月的月数为5；十二日的日数为12；申时的时数为9。年数＋月数＋日数＝3+5+12=20，除以8的余数为4，按照先天数对应的经卦是震卦☳，作为上卦。年数＋月数＋日数＋时数＝3+5+12+9=29，除以8的余数为5，按照先天数对应的经卦是巽卦☴，作为下卦。于是得到大成卦为雷风恒卦䷟。

然后确定动爻的位置，29除以6的余数为5，所以五爻是动爻，第五爻本来是阴爻━ ━，变为阳爻━━━，于是得到的变卦是泽风大过卦䷛。

又例，2010年农历五月十六日未时占卦，2010年为庚寅年，寅在地支中位列第三，故年数为3，五月的月数为5，十六日的日数为16，未时的时数为8。年数＋月数＋日数＝3+5+16=24，被8除尽，按照先天数对应的经卦是坤卦☷，作为上卦。年数＋月数＋日数＋时数＝3+5+16+8=32，也被8除尽，按照先天数对应的经卦也是坤卦☷，作为下卦。于是得到大成卦为坤为地卦䷁。

然后确定动爻的位置，32除以6的余数为2，所以二爻是动爻，第二爻本来是阴爻━ ━，变为阳爻━━━，于是得到的变卦是地水师卦䷆。

二、根据出生年、月、日、时起卦（又名终身卦）

根据一个人的出生年、月、日、时辰起卦所得之卦叫作"终身卦"。这种方法与上一节介绍的"按时间起卦（年月日时起卦）"法都是根据时间起卦。二者的不同之处在于，对年干支的使用。根据一个人的出生年、月、日、时辰起卦使用的是年天干之数，而一般的"按时间起卦（年、月、日、时起卦）"法使用的是年地支之数。对于月、日和时辰的取数二者是相同的，都是采用月地支、日地支、时辰地支。具体方法是：先从年天干对应的数除以8的余数得到一卦作为大成卦的上卦，再将月地支、日地支、时辰地支对应的数相加后除以8的余数得到的一卦作为大成卦的下卦，于是得到的大成卦即为终身卦。

以下举例说明。

某男生于1964年9月5日（阳历）8：20分，换算成农历是甲辰年七月（壬申月）二十九日（丁巳日）辰时（甲辰时）。

甲辰年的年天干为甲，数1（1除以8的余数即为1），得到上卦为乾卦。

壬申月的月地支为申，数9；丁巳日的日地支为巳，数6；甲辰时的时地支为辰，数5。9+6+5=20，除以8的余数为4，得到下卦为震卦。

于是大成卦为天雷无妄卦䷘，即为此人的终身卦。

三、按字的笔画起卦（字画占）

按字的笔画起卦须用正规书写的楷书，草书的笔画混沌不清，无法得卦。传统上用字的笔画起卦是用繁体字的笔画数计算的，因为古代没有简化字。近年来有些易学者认为，用字的笔画起卦，字只是一个载体，因此繁简体均可使用，不必拘泥。这是仁者见仁，智者见智的一家之说。古人不知道在20世纪50年代会出现简体字，当时只有繁体字。而且汉字的繁简体不是一一对应的关系，关于这个问题笔者在另一本拙著《中华姓氏起源与内涵》（广西民族出版社2010年12月版）中已有论述，这里不再赘述。笔者个人的观点是，按字的笔画数起卦时应遵从古法，用繁体字为宜。

按字的笔画数起卦的传统是对1～10个字进行。超过10个字则采用按字数起卦进行（见下一节）。

对1～10个字的笔画数起卦时对字分割的规则：

如果有偶数个字（2、4、6、8、10），则将所有的字平均分割为两组，然后分别求出上下卦。例如有4个字，则用前两个字的笔画数相加之和除以8的余数求得上卦，后两个字的笔画数相加之和除以8的余数求得下卦。再将上下卦叠加就得到大成卦。最后将笔画数总和与当时的"时辰数"（见"按年、月、日、时起卦法"）相加之和除以6，得到的余数是几则第几爻为动爻（余数为1，初爻动；余数为2，二爻动；余数为3，三爻动；余数为4，四爻动；余数为5，5爻动；被6除尽，余数为零，上爻动）。目前市面上有些书中求动爻的方法是直接将笔画数总和除以6，没有加上当时的"时数"。忽略了"时空"的关联性、这是明显的缺失。但是这个规则是在对人或事占卦时需要加上"时辰数"。在姓名学领域中起名的时候、求动爻不必加上"时辰数"。关于姓名起卦，请见笔者另一本拙著《中华姓氏起源与内涵》（广西民族出版社2010年12月版）。

如果有奇数个字（3、5、7、9，请注意：1是特例，故除外），按"前面少一字求上卦，后面多一字求下卦"的规则将所有的字分为两组。例如有五个字，则分为前2后3。用前2个字的笔画数之和求上卦，后3个字的笔画数之和求下卦，再将上下卦叠加就得到大成卦。若是7个字，则分为前3后4，依次类推。求动爻的方法同上。

如果只是1个字，属于特例。对于一个字起卦、《梅花易数》中是这样说的：一字"如草，混沌不明，不可得卦。如楷书，则取其字画。以左为阳画，右为阴画。居左者看几数，取为上卦。居右者看几数，取为下卦。又以一字之阴阳，全画取爻。'彳''丿'此为左者。'一''乁''乀''丶'此为右者"。这一段话的意思是：只有一个字占卦时，如果这个字是草书，由于草书的笔画含混，无法得到卦。所以应该用楷书的字。若这个字是左右结构，则用左边部分的笔画数除以8的余数求出上卦，右边部分的笔画数除以8的余数求出下卦；若这个字是上下结构，则用上边部分的笔画数除以8的余数求出上卦，下边部分的笔画数除以8的余数求出下卦。若这个字是内外结构（例如"田"字），则用外围部分的笔画数除以8的余数求出上卦，里面部分的笔画数除以8的余数求出下卦。无论哪一种结构的字，最后都是用总笔画数加上当时的"时辰数"之和除以6的余数求出动爻。

从一个字到十个字，《梅花易数》中分别给予了特有的说法：一字为"太极"，

易源易法——易经的渊源与推算体系分析

二字为"两仪"，三字为"三才"，四字为"四象"，五字为"五行"，六字为"六爻"，七字为"七政"，八字为"八卦"，九字为"九畴"，十字为"成数"。

四、字数占（按字数起卦）

如果一组字的个数大于等于11，当然也可以采用上一节中说的方法将所有的字分为两组后分别计算两组的笔画数求出上下卦。但由于字数过多，计算起来比较麻烦，因此可以直接用两组的字数起卦。

这种方法的弊病在于只要字数是偶数，分为两组后的字数必然相等，则得到的上下卦肯定相同，因此大成卦必然是"八纯卦"。所谓"八纯卦"是指上下卦相同的卦。在六十四卦中只有八个"八纯卦"：乾为天卦☰、兑为泽卦☱、离为火卦☲、震为雷卦☳、巽为风卦☴、坎为水卦☵、艮为山卦☶、坤为地卦☷。

如果一组字的个数是奇数（3、5、7、9、11、13、15、17、……），由于分组的规则是"前面少一字求上卦、后面多一字求下卦"，因此，根据先天数的排列顺序，上卦的先天数比下卦的先天数少一，因此，只能得到八个卦：天泽履卦☱、泽火革卦☲、火雷噬嗑卦☳、雷风恒卦☴、风水涣卦☵、水山蹇卦☶、山地剥卦☷、地天泰卦☰。具体说明如下：

字的个数为3，则前一组为一个字（先天数1），上卦为乾卦☰，后一组为两个字（先天数2）下卦为兑卦☱，于是，大成卦为天泽履卦☱。

字的个数为5，则前一组为两个字（先天数2），上卦为兑卦☱，后一组为三个字（先天数3），下卦为离卦☲，于是，大成卦为泽火革卦☲。

字的个数为7，则前一组为三个字（先天数3），上卦为离卦☲，后一组为四个字（先天数4），下卦为震卦☳，于是，大成卦为火雷噬嗑卦☳。

字的个数为9，则前一组为四个字（先天数4），上卦为震卦☳，后一组为五个字（先天数5），下卦为巽卦☴，于是，大成卦为雷风恒卦☴。

字的个数为11，则前一组为五个字（先天数5），上卦为巽卦☴，后一组为六个字（先天数6），下卦为坎卦☵，于是大成卦为风水涣卦☵。

字的个数为13，则前一组为六个字（先天数6），上卦为坎卦☵，后一组为七个字（先天数7），下卦为艮卦☶，于是大成卦为风水涣卦☶。

字的个数为15，则前一组为七个字（先天数7），上卦为艮☶，后一组为八个字（先天数8），下卦为坤卦☷，于是，大成卦为山地剥卦☷。

字的个数为17，则前一组为八个字（先天数8），上卦为坤☷，后一组为九个字（先天数1），下卦为乾卦☰，于是，大成卦为地天泰卦☰。

更多的字数以此类推。

也就是说，按照字数，将所有的字分为两组起卦的结果只可能是十六个卦之一。这样局限了得到的卦的数量，对于预测而言是不够的。所以，笔者建议一般情况下，还是以字的笔画数起卦为宜，而且字数不宜过多。

（笔者注：这个结论和建议是笔者多年来研习《易经》后总结而得，此前在各种关于《易经》的书籍中尚未见到。）

五、报数起卦

在实际应用中，这是一种简捷而且准确率较高的方法。让前来测算之人随意报几个数，把所报之数的相加之和除以八的余数作为先天数，然后对照先天数起卦。这就是常言道"数由心生、卦由心起"。

（1）来人报一个数：则用所报之数除以 8 的余数作为上卦，用当时的时辰数除以八的余数作为下卦，再用两数之和除以 6 的余数求动爻。

（2）来人报两个数：则用第一数起上卦，第二数起下卦，再用两数与当时的时辰数之和求动爻。

（3）来人报三个数：则用第一数起上卦，第二、第三数之和起下卦，再用三数之和加上当时的时辰数求动爻。

（4）来人报了四个或四个以上的数：将所报之数分为两组，如果有偶数个数，则等分之。如果有奇数个数，则按照"前一组少一个、后一组多一个"的规则分为两组。用前一组起上卦，后一组起下卦，再用两组数之和加上当时的时辰数求动爻。

（笔者注：虽然这种方法不是目前普遍流传的《梅花易数》书籍和资料中列举过的，但实际证明是简捷可行的方法。报数的方式既可以直接报数，也可以利用当时手头有的书籍、字典或台历等随意翻到第几页来取数。）

六、直接用天地数起卦（纳甲数起卦）

这也是用数字起卦的一种方法，但不是用先天数，而是用天地数。所谓天地数，是指古人给一、二、三、四、五、六、七、八、九、十这十个数赋予了阴阳天地的概念。《周易·系辞》曰："天一地二，天三地四，天五地六，天七地八，天九地十。天数五，地数五，五位相得而各有合。天数二十有五，地数三十，凡天地之数五十有五，此所以成变化而行鬼神也。"

（笔者注：这种方法很少见到有人应用。）

七、用物体大小起卦

如果物体很大，超过一丈，则用其丈数起上卦，尺数起下卦（寸数忽略不计），再加上时数求动爻。如果物体在一丈以内，则用尺数起上卦，寸数起下卦，再加上时辰数求动爻。

现代社会中已经很少采用丈、尺作为长度的计量单位，而是采用与国际计量单位接轨的"米"和"厘米"。因此，可以用"公尺数"起上卦，"厘米数"起下卦，再加上时辰数求动爻。

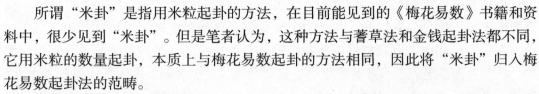

八、米卦（用米粒数起卦）

所谓"米卦"是指用米粒起卦的方法，在目前能见到的《梅花易数》书籍和资料中，很少见到"米卦"。但是笔者认为，这种方法与蓍草法和金钱起卦法都不同，它用米粒的数量起卦，本质上与梅花易数起卦的方法相同，因此将"米卦"归入梅花易数起卦法的范畴。

先准备好一小堆米粒，所谓"一小堆"大约在 100 颗大米以上，也不是数斤大米那么多。米粒要求选用颗粒完整的。然后用手分次随机抓出一撮米。起米卦的方法有三步：

1. 第一次随机抓出一撮米，用米粒数除以 8 后得到的余数根据先天数确定下卦；

2. 第二次随机抓出一撮米，用米粒数除以 8 后得到的余数根据先天数确定上卦，上下卦叠加得到大成卦；

3. 第三次随机抓出一撮米，用米粒数除以 6 后得到的余数根据先天数确定大成卦中的动爻（按照初爻、二爻、三爻、……上爻的顺序）。

（笔者注：在"年月日时起卦法"中，第一次根据年月日之数先得到的是上卦，第二次加上时数后得到的是下卦，而且动爻是年、月、日、时辰之数的总和除以 6 的余数"报数起卦法"中也是如此。而在米卦中先得到的却是下卦，而第二次得到的是上卦，动爻则不是将两次米粒数总和除以 6，而是再抓出一撮米求动爻，不加时辰数。）

九、为他人占卦

从事占卦的人更多的是为他人占卦。由于一个人有很多可以用来起卦的元素，所以在为他人占卦时，起卦的方法有很多种。

1. 根据来人说的话起卦

如来人只说了一句话，则按字数分之而取卦（见前面的"按字数起卦法"），再加上当时的时辰数除以 6 求动爻。

如来人说了两句话，则用第一句话的字数起上卦，第二句话的字数起下卦，再加上当时的时辰数除以 6 求动爻。

如来人说了多句话，则取用第一句话的字数起上卦，最后一句话的字数起下卦，再加上当时的时辰数除以 6 求动爻。

（笔者注：这种方法与前面介绍的"字数占（按字数起卦）"本质上相同，所以也很少见到有人应用。）

2. 根据来人的类型起卦

这种方法要用到八卦类象中人物的类象，根据来人的类别取上卦，根据其当时所在方位（坐位或来的方位）取下卦（或者以来人所问之事取下卦），再加上当时的时辰数除以 6 求动爻。

所谓来人的类别是指：乾卦为老年男性、震卦为中年男性、坎卦为男青年、艮卦为男少年、坤卦为老妇人、巽卦为中年女性、离卦为少妇、兑卦为少女。

在实际应用时，可以根据前面介绍的八卦类象扩大八卦所对应的人物类型。例如，乾卦为男性老人、长辈、董事长、主要负责人、公务员、军人等；兑卦为少女、讲师、教授、演说家、讲解员、媒人、传达室人员、演艺界人士、妾、娼妓等。其他各卦的人物类象可参阅"八卦类象"一节，此处不再重复。

［笔者注：这种方法现在依然有人应用，例如在 2005 年赴陕西楼观台见任法融道长（现任中国道教协会会长），请他为笔者占卦时，任道长就是采用了这种方法。］

3. 根据来人的身体部位起卦

这种方法要用到八卦类象中人的身体器官的类象，根据来人当时身体某个有动作的部位（器官）类型取上卦（例如，来人当时无意识的有摇头、伸腿等动作），再根据来人当时所在方位（座位或来的方位）取下卦，再加上当时的时辰数除以 6 求动爻。

乾卦为头部、鼻子（男性）、右腿、右足；

兑卦为口舌齿、鼻子（女性）、右胁、右臂；

离卦为眼睛、小腹部；

震卦为左手、左臂、左足、左肋；

巽卦为股、肱、左肩；

坎卦为脊背、腰、耳；

艮卦为鼻、颧骨、后背、大拇指；

坤卦为腹部、右肩、嘴唇。

4. 根据来人所持之物起卦

根据来人所持之物起卦的依据乃《系辞下传》中所说的"近取诸身，远取诸物"原则。具体方法之一是：以来人所持各种物品取上卦，以来人问何事取下卦，再用上、下卦的先天数加上当时的时辰数之和除以 6 求动爻。方法之二是：以来人的类别取上卦，以来人所持之物取下卦，再用上、下卦的先天数加上当时的时辰数之和除以 6 求动爻。

这种方法需要用到"八卦类象"中八卦与物品的对应类象。例如，来人手中持有金玉类物品或圆形之物则取为乾卦；又如，来人手中持有土石类物品或方形之物则取为坤卦等。

5. 根据来人服色起卦

根据乾赤、坤黄、震碧绿、巽青、坎黑、离红紫、艮黄、兑白的对应规则，取上衣的颜色为上卦，取裤、裙的颜色为下卦，再将上、下卦先天数加上当时的时辰数之和除以 6 求动爻。

6. 根据来人的方位起卦

根据后天方位：东方为震卦、东南为巽卦、南方为离卦、西南为坤卦、西方为兑卦、西北为乾卦、北方为坎卦、东北为艮卦的对应规则。以来人的方位取上卦，当时的时辰数取下卦，再用上、下卦对应的先天数之和除以 6 求动爻。

7. 根据来人说话的声音起卦

这种方法需要用到古汉语发音的四声，现在基本没有人使用。现代汉语有四种发音：阴平、阳平、上声、去声，古汉语中也有四种发音：平声、上声、去声、入声，平声取数为一，上声取数为二，去声取数为三，入声取数为四。这两类发音是不同的。尤其是古汉语的"入声"，是现代汉语的四声中没有的。倒是在一些方言，例如粤语、吴语、闽南语中还保留了这种发音（笔者在岭南生活了近三十年，对此略有体会）。本书不是研究训诂和音韵的，因此不作介绍。但是，在《梅花易数》中有一个精彩案例供读者共享：

有客问曰，"今日动静如何"。遂将此六字占之。以平分，"今日动"三字为上卦。"今"平声，一数。"日"入声，四数。"动"去声，三数。共八数，得坤为上卦。以"静如何"为下卦。"静"去声，三数。"如"平声，一数。"何"平声，一数。共五数，得巽为下卦。又以八五总为十三数。除二六一十二。零得一数。为地风升，初爻动，变泰卦。互见震兑。遂为客曰，"今日有人相请，客不多，酒不醉，味止鸡黍而已。"至晚果然。

断曰，升者，有升阶之义，互震兑，有东西席之分。卦中兑为口，坤为腹，有口腹之事。故知有人相请。"客不多"者，坤土独立，无同类之卦气也。"酒不醉"，卦中无坎。"味止鸡黍"者，坤为黍稷耳。盖卦无相生之义，故知酒不多，食品不丰也。

十、根据动物起卦

如果见到一群动物是无法起卦的。但如果忽然只见到一只动物，则可以根据动物的类型取上卦，根据该动物所在的方位取下卦。再用上、下卦先天数之和加上当时的时辰数之和除以 6 求动爻。根据动物起卦还有多种方法：根据一只动物的叫声发生的时间和方位起卦；根据动物出生的年月日时辰起卦；根据购买动物之时起卦等。

在《梅花易数》中有这样的案例（见《梅花易数》中的"牛哀鸣占""鸡悲鸣占"）。

十一、根据静物起卦

平时对于江、河、山石、树木、房屋、家具一类的静物是无法起卦的。但可以对有些静物的特定时间起卦。例如，房屋落成之时、树木栽种之时、家具做成或购置之时、忽然见到某件静物的时间等。根据静物的类象取作上卦，《梅花易数》中是这样分类的："凡见物形，可以起卦。如物之圆者，属乾。刚者，属兑。方者，属坤。

柔者，属巽。仰者，属震。覆者，属艮。长者，属巽。中刚外柔者，属坎。内柔外刚者，属离。干燥枯槁者，属离。有文彩者，亦属离。用障碍之势，物之破者，属兑。"根据静物的方位取作下卦，再用上、下卦先天数之和加上当时的时辰数之和除以6求动爻。

十二、为自己起卦

可参照前面介绍的"为他人起卦"的多种方法起卦。也可以根据自己突然随机地听到某种声音起卦。（见下面的"根据声音起卦"）

十三、根据声音起卦

既可以根据自己听到的声音起卦（见上一节中"为自己起卦"），也可以根据来求测之人听到的声音起卦。起卦时，根据听到声音的数量或声音的类型取上卦，根据声音的方位取下卦，再用上下卦先天数之和加上当时的时辰数之和除以6求动爻。

用声音的数量取上卦比较简单，只要将声音数量与先天数对应取卦即可。用声音的类型，例如，用悲喜声、嘹亮声、敲击声、叹息声等对应的卦取作上卦比较复杂，所以现在很少有人使用。

十四、见风起卦

风属巽卦，取为上卦。看风从何方而来，取为下卦。例如，风从南方来，南方属离卦，则得到风火家人卦；风从北方来，北方属坎卦，则得到风水涣卦。然后上下卦的先天数之和再加上当时的时辰数之和除以6求动爻。这样得到的卦只有八种可能：

风雷益卦☴☳（东风）、风火家人卦☴☲（南风）、风泽中孚卦☴☱（西风）、风水涣卦☴☵（北风）、风山渐卦☴☶（东北风）、巽为风卦☴☴（东南风）、风地观卦☴☷（西南风）、风天小畜卦☴☰（西北风）。

至于从这八个卦演变出的变卦，由于十二个时辰的1～12除以六的余数有0、1、2、3、4、5六种可能，所以得到的变卦必是以下二十四个卦之一：

水天需卦☵☰、山雷颐卦☶☳、水雷屯卦☵☳、
山泽损卦☶☱、水泽节卦☵☱、天水讼卦☰☵、
山水蒙卦☶☵、坎为水卦☵☵、天山遯卦☰☶、
艮为山卦☶☶、水山蹇卦☵☶、天地否卦☰☷、
山地剥卦☶☷、水地比卦☵☷、天风姤卦☰☴、
山风蛊卦☶☴、水风井卦☵☴、乾为天卦☰☰、
山火贲卦☶☲、天泽履卦☰☱、天雷无妄卦☰☳、
天火同人卦☰☲、水火既济卦☵☲、山天大畜卦☶☰。

十五、见鸟起卦

见鸟起卦不属于"根据动物起卦"的范围，不以鸟取上卦（如果以鸟取上卦，则上卦定是兑卦），而是根据鸟群的数量或者根据鸟的叫声起卦。

根据鸟的数量起卦比较简单，数出鸟的数量对应先天数取上卦，鸟的方位取下卦，再用上下卦的先天数与当时的时数之和除以 6 求动爻。

根据鸟的叫声起卦又有两种方法。其一是根据鸟的叫声的数量（即叫几声）取上卦，下卦和动爻的求法同上。其二是根据鸟的叫声的性质起卦，如悲鸣声主忧愁，嘹亮声主吉庆等。这种方法在《梅花易数》中有具体的论述，现代很少见到有人实际应用，本书也不赘述。

十六、用后天八卦方位起卦（端法后天起卦）

在前面"阴阳太极与太极图"一节中曾经提到："在象数派用卜筮进行预测时，断卦的规则是：用先天之数与后天方位。"但是以上列举的各种方法都是从"数"入手取上卦，再配以后天方位取下卦。《梅花易数》起卦方法不仅仅是用"数"起卦，也可以用"象"和方位起卦。从本质上说，这就是《梅花易数》的"时空观"（方位即空间、时辰数即时间）。下面介绍的就是用"象"及其所在的后天方位起卦之法。

这种方法的规则是：用被测事物或人所对应的"象"起上卦（八卦万物所属卦象为上卦），用被测事物或人所在的后天八卦方位起下卦，再用上、下卦数加当时的时辰数求动爻。

《梅花易数》中就有这一类的典型卦例。其中一例是，"老人有忧色占"。原文如下：

"己丑日卯时，偶在途行。有老人往巽方，有忧色。问其何以有忧。曰无。怪而占之。以老人属乾为上卦，巽方为下卦，是天风姤卦。又以乾一巽五之数，加卯时四数，总十数，除六，得四为动爻。是为天风姤之九四。易曰：包无鱼，是凶。"

这种方法与上面介绍的第九、第十、第十一、第十二、第十三、第十四等各种方法，都属于"端法后天起卦"的范畴。其本质是《梅花易数》的核心思维：通过耳、目、心"三要"对万事万物的感知"以象取数，以数取象"。也就是"近取诸身，远取诸物"的原理。使用的技巧在于能准确地抓住某人、某事当时最主要和显著的特点与数量，再加上当时的时间数。做到这一点，则万事万物皆可用来起卦并断卦。不只是局限于上述列举的一些方法。

这里举一个灵活起卦的例子加以说明。

某日申时见到一个穿着白色运动服的男少年在跑着踢足球。对于见到的这个现象，可以采用多种方法起卦。

其一，用男少年为艮卦，取作上卦；用脚踢足球为震卦，取作下卦。则大成卦为山雷颐卦▤。上卦先天数为 7，下卦先天数为 4，当时是申时，时辰数为 9，7 + 4 + 9 = 20，除以 6 的余数为 2，二爻动，变卦为山泽损卦▤。如果当时求测某件事能否成功（不一定是指男少年踢球的双方哪一方赢，而是测其他的某件事能否成功），则按照《梅花易数》的"体卦"和"用卦"生克关系（在后面的"断卦"中将会介绍），所测之事不能成功。

其二，用男少年穿的白色运动服的颜色是白色为兑卦，取作上卦，用脚踢足球为震卦，取作下卦。则大成卦为泽雷随卦▤。上卦先天数为 2，下卦先天数为 4，当时是申时，时数为 9，2 + 4 + 9 = 15，除以 6 的余数为 3，三爻动，变卦为泽火革卦▤。如果当时是占问球赛的胜负，则根据《梅花易数》中体用生克关系，可以断为先赢后输。

由这个例子可见，用来起卦的参数可以灵活运用。（笔者在这里使用了"参数"这个术语，因为起卦和断卦的过程与数学上的解题过程很类似，解数学题是需要用到参数的。这与笔者大学本科是学数学的经历有关。）问题在于到底用哪一种参数起的卦来测某件事能得到准确靠谱的结论。这是一个自古以来始终没有统一标准和定论的问题。也许与各人的悟性有关吧。对于这个问题，笔者曾经询问过不止一个知名的易学大师，但得不到一个令人信服的说法，也许是"天机不可泄"，也许是大师也不清楚吧。

笔者在 1991 年夏天曾经有过这样的例子。笔者到一家宾馆去看一位上海来的朋友，到了宾馆后，该朋友告诉笔者，就在笔者到达宾馆前半个小时，他在房间里拿起玻璃杯倒水喝，水还没有倒，玻璃杯突然自行破裂了。朋友问笔者，会有什么事情发生。笔者当时学习易经才几年时间，正在探索。所以用了两种方法起卦。一是用玻璃杯破裂的现象起卦，二是用事件发生的时间直接起卦（当时国家实行"夏时制"，所以时间还需要调整后才能确定时数）。分别得到了两个大成卦，这两个大成卦的结论并不相同。其中用事件发生的时间起卦的结论是关系到该朋友之妻（还远在上海）的状态为吉（有小财到手），朋友马上打了电话验证，结果这个结论是准确的。而用玻璃杯破裂的现象起卦的结论（该朋友的仕途不顺）不准确。时隔几个月，笔者重新玩味这个案例时发现，笔者当时的水平不够，没有考虑到该朋友的属相是龙，当时是酉时，与他的属相相合，因此，玻璃杯破裂并不是不吉之兆。

笔者在 1992 年的另一个例子中也是根据事件发生的时间起卦，得到的结论也是正确的。笔者与一位广州来的朋友用餐，席间，朋友起身上洗手间时，被服务员端来的一盆汤碰洒在衣服上。这是典型的"不动不占"，也就是说，在特定的时刻突发某件事，会有预兆。笔者起卦后，预计朋友返回广州途中有障碍，该朋友当时不信。晚上来电话说，果然在返回广州途中汽车爆胎，由于司机偷懒，车上的备胎前不久已破，却没有及时补胎，因此车上没有好的备胎可换，导致返回广州的途中耽误了几个小时。

多年来笔者在尝试了类似这样"端法后天起卦"的多个例子之后得到一种认识，

一般而言，采用事件发生或求测的时间起卦，然后断卦的准确率比较高。但这是否就是一个公认的规则？却从来没有一本典籍对此下过定论。而且，在《梅花易数》中列举了不少用现象起卦和断卦的典型案例。看来关键在于使用的技巧是否能准确地抓住某人、某事、某物在当时最主要和显著的特点或数量，再加上当时的时间数。如果能做到这一点，那么无论哪一种方法都能得到相当的准确率。如果读者对如何抓住"某人、某事、某物当时最主要和显著的特点"没有把握（这就是有没有所谓的"悟性"），那就直接采用按时间起卦和断卦的方法会简捷些，准确率也比较高。

这种"端法后天起卦"的方法也是现在有些真正有水平的易学高手们广泛使用的。2005年笔者曾前往陕西终南山下的道教圣地楼观台拜访任法融道长（现任中国道教协会会长），因为他是知名的易学高手，故请他为笔者占一卦。他在起卦时既用到了当时的时间，也用到了当时笔者所坐的方位。当然，起卦只是完成了第一步工作，断卦是否准确才能体现出真正的水平。

前面介绍了三种起卦法："蓍草起卦法"（第一节）、"金钱摇卦法"（第二节）和"梅花易数起卦法"（第三节）。在实践中到底采用哪一种方法？这个问题至今没有定论，笔者相信，今后也不会统一到一种方法而摒弃其他方法。

值得一提的是，山西易学者王虎应先生主张采用"金钱摇卦法"，他认为，梅花易数起卦法得到的大成卦只有一个动爻，因此，六十四卦中的每个卦只有六种变化，一共有三百八十四种变化（64×6 = 384），信息量不够多。因此需要从互卦、综卦、错卦等中去寻求变化的信息，增加信息量。而用"金钱摇卦法"得到的大成卦每天就有四千零九十六种变化（64×64 = 4096），再加上来人占问的事件不同，以及性别、年龄的差异，来人问卦时年月日的不同，其变化就更多了，至少有几百万种乃至上千万种变化。

而且，他还认为，梅花易数先定外卦后定内卦，而六爻法的装卦是从初爻开始往上装卦，二者的装卦形式有本质的不同。

笔者认为，"法无定法"，不必拘泥。这是"仁者见仁，智者见智"的问题。远古的先贤创立八卦和易经时代，采用的是"蓍草起卦法"，后来又出现了"金钱摇卦法"。他们并没有限定后人必须用哪一种方法。梅花易数推断人和事无不奇准，笔者的实践也验证了这一点。从古代至当代也有很多六爻断卦法的大师高手。在笔者二十余年的实践中认识到，如果时间充裕、场所合适、工具（三枚钱币）凑手，不妨采用"金钱摇卦法"，尤其是以卜筮为职业的人士较为合适。但是如果场所、工具和时间受限制，尤其是对突发事件的即时推断，则梅花易数更为适用。从普及推广的角度看，梅花易数很容易入门、上手和推广，这对于卜筮的传承和发展是很有利的。六爻断卦法则难以快速、大量的普及推广。因此，笔者多年来主要采用梅花易数起卦法，笔者的实际卦例也证明（后面将会介绍），把梅花易数掌握和用好了，准确率也是颇高的。

第四章 起卦的方法

第四节　《易隐》中独特的起卦法

在上述三类起卦方法之外，还有一种非常特殊的起卦方法。这就是《易隐》中的用"太极丸起卦法"。这是一种秘传的起卦法，传世的著作中很少介绍，只是在宋代的《皇极经世心易发微》等术数典籍中有所记载。此法以一丸而配四象五行八卦河洛之数，并且以数变卦，是一种独特的起卦方法。较之其他两种起卦方法而言，古代的蓍草起卦法繁琐多端，而金钱起卦法又过于简易，因此这种太极丸法颇具特色。

《易隐》以钱代蓍说："焦延寿曰，今人以蓍草难得，用金钱代之。法固简易，非其类矣。求蓍之代者，太极丸其庶几乎。考诸阴阳老少之数则合，质诸成爻成卦之变则符。合二三得五，是五行之数也。计一丸得十五，是河图中宫十五之数，洛书纵横十五之数也。刑同六合，道备三才，甚矣，木丸之似蓍草也。则犹从其类也，金钱简易云乎哉。"

制太极丸法：

（汉焦氏遗法、宋程朱邵子遵之，详载《三儒理数集》）

用霹雳枣木，如无霹雳枣木，则可用香木玉牙，制极圆弹三丸，走盘不定者，方取面务要平匀。如骰子形，但骰面大，而此弹面小，取其圆滚之义也。每面上刻三星，底面刻二星，三面刻三，三面刻二，六面共刻十五星，三丸俱如式制。

第五章　断卦法的流派

前面已经论述，古代的先贤们创立《易经》的初衷是用于预测客观世界的人、事物和事件。如果不用于预测，《易经》中的卦象只是一套没有实际应用价值的符号体系。占卦就只是一种玩符号的游戏，类似于现代的拼图、填字等游戏而已。而且，六十四卦的卦辞和三百八十四爻的爻辞也只能是后来的义理派用来在哲学层面阐述的理论体系而已。因此，《易经》的本源是用于预测的这个结论应该没有疑义。

有了起卦的方法，可以从各种途径，用多种方法得到一个大成卦，以及相对应的变卦和互卦等。但这只是完成了卜筮全过程的第一步。下一步工作是对得到的卦进行判断和分析，也就是所谓的"断卦"，也叫作"解卦"。卜筮的结论就是通过断卦产生的，这正是反映卜筮水平高下（准确率高低）的衡量标准。通过卜筮搞预测，不同于义理派的纯粹的"理"和"义"的理论研究，卜筮属于应用性研究领域，需要产生与客观世界中需要预测的人、事、物相关联的预测结论。因此，断卦是卜筮必不可少的一个阶段。

伏羲创立八卦的时代，没有卦辞、爻辞，更没有梅花易数的理论，只用八卦的"象"解释并预测自然现象和人类的事件，在那个时代，还没有专门的"断卦"之说。在周文王推演六十四卦，并与周公旦一起配了卦辞和爻辞，又在以孔子为代表的一批学者撰写了《十翼》之后，形成了完整的《周易》体系（包括符号体系和卦辞爻辞理论体系）。卦象和理论都大大地丰富了，于是出现了一个新兴的学术研究领域"断卦"。

历史上形成的断卦方法有三种类型：一是"卦辞和爻辞断卦法"；二是"六爻断卦法（火珠林法）"，三是"梅花易数断卦法"。现在仅仅用卦爻辞断卦的方法已经不常见到有人使用，后两种方法成为近代断卦的主要流派。在这两派中有些人只单独用六爻断卦法（火珠林法）或梅花易数断卦法进行断卦。也有些人还会将这两种方法结合卦辞和爻辞进行断卦。笔者更倾向于后者。在古代的易学家中，也有将卦辞、爻辞与其他两种断卦法结合起来进行断卦的。例如，《易隐》将卦辞和爻辞与六爻法结合起来断卦。也有人将卦辞和爻辞与梅花易数断卦法结合起来断卦。

这三种断卦方法中，以用卦辞和爻辞断卦法最早产生，大约在春秋时代。其后是汉代的焦延寿、京房创立了"纳甲筮法"，这就是所谓的"六爻法"或者叫作"火珠林法"。"梅花易数断卦法"则是从《梅花易数》这本书的问世开始正式成为一个流派的。

特别值得一提的是，现代有人认为构成八卦的符号体系，即八卦的"象"和"数"

才是伏羲创立八卦《易经》的根本。有了这些知识，再加上阴阳五行理论足以作为断卦真正的依据。后人用卦辞、爻辞和《十翼》中的《系辞》《彖辞》等断卦，走了弯路，没有必要。这种观点的代表人物之一是广东湛江的易学奇人张兴全。他在《数的起源与实际运用》一文中有一段话很精彩，节录如下供读者参考："数有奇有偶，有阴有阳，乃能变化，变化就是造化，何须假托以爻而玄耶。尤其是周公。'系辞'孔子之'传'更增其累，把天真的造化加以繁琐，重在俗事，动则曰君子与小人，再则曰无咎，忽尔天上，忽尔地下，有时男男女女，有时忧忧戚戚，把人弄的头晕脑胀，有失'易'之真理，灭绝'河图''洛书'的本来面目。不必追求文王、孔丘之词。周文王、孔丘不亦是人乎？我们不亦是人乎？他们能用他们的语言左右'易'之真理，难道我们不能各抒己见吗？"

　　张兴全先生认为最正宗的断卦方法只需根据"象""数""阴阳"。他彻底否定了"用卦辞爻辞断卦法""六爻断卦法"。这种学术上前无古人的勇气让人钦佩。至于他的主张是完全正确，或是部分正确，或是不正确，则"仁者见仁，智者见智"。如果易学领域能真正出现这种百家争鸣、百花齐放的局面，是让人欣慰的。用他自己的话说，他只有高小文化。能在易学领域取得如此成就，足见他的悟性之高。唯一让笔者感到遗憾的是，他也囿于"秘诀""心传口授"的惯例，没有公开他的断卦方法。这不利于他的这门学问发扬光大，更不利于易学象数派的传承。

第六章 用卦辞爻辞断卦法

最早有记载的断卦例子出现于春秋时代。当时依靠六十四卦的卦辞和三百八十四爻的爻辞对于一个卦进行判断和分析。在以孔子为首的学者们编撰了《十翼》之后，又有人在卦辞和爻辞之外，增加了用《十翼》之中的《象辞》《系辞》等内容来断卦和解卦。

在春秋时代有两部很有名的著作：《春秋》和《左传》。它们是中国编年史的鼻祖之作。相传孔子作《春秋》，左丘明为之作传，故曰《左传》，也叫作《左氏春秋》。由于《左传》成书在孔子之后，因此《左传》中在用卦来预言事件的时候采用了《十翼》中的一些说法。据统计，《左传》中记录了春秋时期人们用《周易》占问吉凶的十三个例子。这些例子记录的卜筮之事涵盖范围很广：筮婚嫁、筮子嗣、筮战争、筮时势、筮未来的命运等，而且据说每次卜筮均很灵验。《左传》中占筮的例子都是根据占卜得到的卦的卦象，再结合《系辞》《说卦》《杂卦》《象辞》等典籍中的内容进行断卦。

举几个例子。

例一：有个诸侯国的公卿生了一个儿子，请占卜人为其子占卜一生的命运。

占得的本卦是地火明夷卦☷☲，初爻动。本卦的卦辞为："利艰贞。"初爻的爻辞为："明夷于飞，垂其翼。君子于行，三日不食，有攸往，主人有言。"《象辞》解释说："君子于行，义不食也。"变卦为地山谦卦☷☶，卦辞为："亨，君子有终。"于是占卜人根据动爻的爻辞下断语说，你的这个儿子将会逃难出国，归国后能继承你的位置，带回来一个工于谗言的人，他的名字叫作牛。最后你的儿子会饿死。书中记载，此人的儿子长大后果然逃难出了国，并和一个妇女结合。回国后继承世袭封位，他和那个妇女生的孩子叫作牛，这个孩子心术不正，极善谗言，后来和别人合伙把他的父亲关起来活活饿死。

（笔者注：为什么从地火明夷卦的卦辞和初爻的爻辞能推断出上述结论，而且，确实此人的儿子的名字叫作牛，占卜之人没有交代明白，而《左传》并不是占卜类书籍，因此作者左丘明也没有解释。）

例二：僖公四年初，晋献公欲以骊姬为夫人，卜之，不吉；筮之，吉。公曰："从筮。"

这个例子很特别，提到了僖公用 "卜" 和 "筮" 两种方法进行预测，而且得到的结论相反。说明在春秋时代，用龟甲占卜和用蓍草占卦都被用来进行预测。但是，到底"卜"和"筮"孰准孰不准？在那个时代也没有标准，最终是以统治者的意志而定。

易源易法——易经的渊源与推算体系分析

在春秋时代从事卜筮的人地位比较高，汉代以后才逐步沦落为不能入庙堂的江湖人士。《周易》起初只是一部由周王室内部卜史掌握的卜筮参考，是天子专用的。卜史是周朝王室中的智囊阶层和政治顾问。虽然他们没有掌握实权，但他们的意见往往能起重要的作用。卜史一般都是世袭的，其职业世代相传，地位优越，并相对稳定。他们掌握大量文献资料，能世代累积，绵延不绝。后来，随着《周易》的逐步传播，春秋时代的各个诸侯国的国君也仿效周朝天子设立卜史之职，或延请相对固定的占卜人，为自己进行预测。

前面曾经说过，现在仅仅用卦辞和爻辞断卦的方法已经不常见。但用卦辞和爻辞结合另外两种方法来断卦的方式仍然存在。《易隐·卷首》中专门有"习易先读易说"的主张："故习卜之功，先须读《易》。""刘伯温曰：爻神吉而易辞凶，先吉后凶；爻神凶而易辞吉，先凶后吉"。这里所说的"爻神"是指一个卦中各爻的状态，"易辞"包括了卦辞和爻辞。《易隐》给出的这种断卦方法的大原则是：以爻神为主，以易辞为辅。

而且对于如何取用易辞所指的爻辞，《易隐》中有明确的规则。首先明确规定，只取动爻的爻辞，不用静爻的爻辞。

如果六爻安静，没有动爻，则取该卦的象辞（《十翼》之一）。

如果卦中只有一爻动，就用该动爻的爻辞断之。

如果有两个动爻，由于"阴"主未来，故用动爻为阴爻的爻辞断之。

如果两个动爻都是阴爻或都是阳爻，则用位于上面的动爻的爻辞断之。

如果有三个动爻，则用中间的动爻的爻辞断之。

如果有四个动爻，此时必然还有两个静爻，则以静爻推断，用位于下面的静爻的爻辞断之。

如果有五个动爻，则用唯一的静爻的爻辞断之。

如果六爻全动，或者该卦为乾卦或坤卦时，则用上爻的爻辞断之。

（笔者注：这种规则的依据和出处，在《易隐》中没有交代。使得读者"知其然，不知其所以然"。）

自春秋以来，许多易学者认为用卦辞和爻辞可以断卦。但这种方法所断得的结论往往笼统模糊，需要断卦人要有很高的悟性，甚至依靠灵感成分的居多。细观六十四卦的卦辞和三百八十四条爻辞，每一条卦辞和爻辞，大都是吉凶内容并存的，既可以断为吉，也可以断为凶。这就需要断卦人的灵感和悟性作出判断。如果断卦人的灵感和悟性不足，往往只能以个人意志推断，因此，必然有一定的盲目性。

关于这一点，有一个典型的例子。纪晓岚在应乡举考试前，为预测将来考试的情况，他的老师为他用《易经》占了一卦，得到泽水困卦▤，三爻动。纪晓岚的老师根据三爻的爻辞："困于石，据于蒺藜，入于其宫，不见其妻，凶。"认为此次考试不吉。可能难于上榜。但纪晓岚看了卦爻辞后，却对老师和同学说："自己尚未娶妻，卦辞'不见其妻'，是我的实际状况，我本来就没有妻子，哪有妻可见？不见其妻是正常的，怎么会凶呢？"并且纪晓岚自己根据卦爻辞判断自己会中第一名，第二名可能是姓石的或者姓中有石字旁的，第三名可能是姓米或者姓中有米字旁的。待到榜发，果然纪晓岚中了第一名，而第二名又刚好是一位姓石的，第三位是一位姓米的。可见，纪晓岚在学生时代就具备《易经》的变易思维。比生搬硬套《易经》卦爻辞的老师还高一着。但是，资料没有说明，纪晓岚是如何得到这个推断结果的（尤其是推断出第二、第三名的姓氏）。这个例子也体现了《易经》的神秘性。

这种用卦辞和爻辞断卦的方法不仅在中国得到传承，在那个传承了中国传统文化很多领域的岛国日本也有衣钵传人。19世纪的日本人高岛吞象（又名高岛嘉右卫门）就是一个用这种方法的高手。在日本被尊为"易圣"。他生于1832年，死于1914年。据说他是被关在监狱中无意中发现了一本遗留的《易经》古籍而开始学习的。他的水平很高，曾在预先写下的自己的灵牌上明确预言了自己的归期。他的名著《高岛易断》堪称传世之作，在我国也被出版。此书中收录了他一生中大量的占卦案例（有800个案例之多）。他的易占之法另辟蹊径，既不是梅花易数法，也不是六爻法，而是根据周易卦辞、爻辞、卦象和爻位等最基本的信息来断卦，可谓是目前可以见到的最古老的周易占卜之法。有人评价说高岛的方法是东汉后失传的古法。即便是不懂《周易》之人，也可以用铜钱摇出卦之后，在《高岛易断》中寻找所问之事（如问婚姻、求财、功名等的吉凶）的答案。笔者认为，对易占有兴趣之人不可不读此书。高岛另一个值得称道之处是他的价值观和职业道德。他认为易占不是商业买卖，因此，他为人占卦从来不收取任何报酬。笔者相信，现代的职业算卦人一定不赞同这个做法。

由于高岛的方法既不是梅花易数法，也不是六爻法，而是汉代古法，需要用到卦辞和爻辞。因此，笔者将他的方法归入"用卦辞爻辞断卦法"的一类。这样归类的依据可以从下面介绍的断卦方法中得到证明。前面已经介绍了《易隐》中针对一个卦中不同的动爻数断卦的规则。而在高岛易占中针对不同的动爻数断卦则另有一套规则：

如果在主卦中六爻安静，没有动爻，则直接从主卦的卦辞推断。

如果在主卦中只有一个动爻，则以该动爻的爻辞为主推断。

如果在主卦中有两个动爻，则以主卦的卦辞为主，变卦的卦辞为辅推断。

如果在主卦中有三个动爻，则将主卦的卦辞和变卦的卦辞结合起来推断。

如果在主卦中有四个或五个动爻，则以变卦的卦辞为主，主卦的卦辞为辅推断。

如果主卦的六爻皆动，则直接从变卦的卦辞推断。

下面是《高岛易断》中的一个实例。原文节录如下：

明治二十二年，某贵显占气运。筮得乾之姤（笔者注：主卦为乾卦☰，初爻动，变卦为姤卦☴）。乾卦的卦辞曰："元亨利贞"，爻辞曰："初九，潜龙勿用"。

断曰：乾者纯阳之卦，具有"元亨利贞"四德，刚健笃实，而六位不失其时，升降无常，随时应用。处则为潜龙，出则乘飞龙。静则专，动则直。初九曰："潜龙勿用"，盖以阳居阳，其位伏而在下，虽有龙德，未逢飞跃之会，宜潜藏勿用。……今君占得此卦此爻，夫君当维新之始，以武功有功劳，现升陆军中将之职，且精儒释二典，所谓学究天人，道兼文武，识见之高朗，学问之深奥，可谓当世无比者也。今当退而不用，正龙德潜伏之时，以君才兼文武，仿诸葛卧龙，是有握乾旋坤之略，但恐阳刚独用，未免意气凌人，议论率直，以臻疑谤交集，不容于朝。然此卦所谓"勿用"者，非终不用也。以龙之象，失时则潜，得时即飞。君当韬光匿彩，"遁世无闷"，以待其时之来也。……虽今年之气运未亨，至明年，爻进九二，恰值"见龙在田，利见大人"之时。腾达变化，德泽普施，可拭目俟之。

在这个例子中，高岛用了乾卦的卦辞和动爻（初爻）的爻辞断卦。除此之外，还用到了动爻（初爻）的上一爻，即九二爻，并用九二爻的爻辞预测此人明年能有腾达变化。这是仅仅用卦辞和爻辞断卦的其他例子中不多见的。高岛之法预测的准确率极高，此例收入《高岛易断》之中，可以认为当时高岛推断的结论是准确的。

又例。原文如下：

某友人为推选会社社长，请占会社之盛衰，筮得《观》之《剥》。（笔者注：主卦为风地观卦☴，五爻动，变卦为山地剥卦☶）。

断曰：此卦名《观》，有上下互观之义。下之观上，仰其威仪；上之观下，察其贤否。今占得五爻，曰"观我生"（笔者注：五爻之爻辞为："观我生，君子无咎。"），则是返而观己也，谓我而不善，何能望人之善，我而善，自足化人之不善，故观人不如观我，今足下选充社长，为一社之主，社中诸事，皆由足下一人而出也。足下当先内观于己，社友之从违，咸视足下之向背，即社运之盛衰，亦在足下而已。足下其自审之。

同氏闻之，努力奋励，社员及职工，皆感其风云。

这个例子的特点是，除了应用五爻（动爻）的爻辞外，还衍生出许多为人处事之理。这已经属于易经的"义理"范畴，说明高岛能很好地将象数、爻辞和义理结合在一起断卦。别人称他为易学大师，应该不算过分。至少比目前社会上风头很盛的那些"大师""泰斗"们要高明许多。

当然，高岛的方法毕竟出自东汉古法的传承，并不是日本人创立的，源头来自中国。而在中国也不乏此法高人，上面介绍的深谙易理的清代学者纪晓岚断卦之例就是一个例证，而且比高岛早了一百余年。只是近几十年来使用这种方法的人已是凤毛麟角，难得见到了。

用卦辞和爻辞断卦的依据是《周易》的六十四卦的卦辞和三百八十四爻的爻辞，

也就是通常所谓的《易经》。后来的《象传（上）》和《象传（下）》在此基础上又对六十四卦和三百八十四爻作了进一步的阐述。

附：易经全文

下面录入了《易经》的全文。它分为"上经"和"下经"两部分。"上经"包括三十个卦的卦辞和爻辞，"下经"包括其余三十四卦的卦辞和爻辞。文中的体例是，卦名之后为该卦的卦辞，每爻之后为该爻的爻辞。

《易经》上经

（一）乾▤元亨，利贞。

初九　潜龙勿用。

九二　见龙在田，利见大人。

九三　君子终日乾乾，夕惕若，厉无咎。

九四　或跃在渊，无咎。

九五　飞龙在天，利见大人。

上九　亢龙有悔。

用九　见群龙无首，吉。

（二）坤▤元亨，利牝马之贞。君子有攸往，先迷后得主，利西南得朋，东北丧朋。安贞吉。

初六　履霜，坚冰至。

六二　直方大，不习无不利。

六三　含章可贞。或从王事，无成有终。

六四　括囊，无咎无誉。

六五　黄裳，元吉。

上六　战龙於野，其血玄黄。

用六　利永贞。

（三）屯▤元亨利贞，勿用，有攸往，利建侯。

初九　磐桓，利居贞，利建侯。

六二　屯如邅（zhan）如乘马班如。匪寇婚媾，女子贞不字，十年乃字。

六三　既鹿无虞，惟入于林中，君子几，不如舍，往吝。

六四　乘马班如，求婚媾，往吉，无不利。

九五　屯其膏，小贞吉，大贞凶。

上六　乘马班如，泣血涟如。

易源易法——易经的渊源与推算体系分析

（四）蒙☷ 亨。匪我求童蒙，童蒙求我。初筮告，再三渎，渎则不告。利贞。

初六 发蒙，利用刑人，用说桎梏，以往，吝。

九二 包蒙吉，纳妇吉，子克家。

六三 勿用娶女，见金夫，不有躬，无攸利。

六四 困蒙，吝。

六五 童蒙，吉。

上九 击蒙，不利为寇，利御寇。

（五）需☷ 有孚，光亨，贞吉。利涉大川。

初九 需于郊，利用恒，无咎。

九二 需于沙，小有言，终吉。

九三 需于泥，致寇至。

六四 需于血，出自穴。

九五 需于酒食，贞吉。

上六 入于穴，有不速之客三人来，敬之，终吉。

（六）讼☰ 有孚，窒。惕中吉。终凶。利见大人，不利涉大川。

初六 不永所事，小有言，终吉。

九二 不克讼，归而逋，其邑人三百户，无眚。

六三 食旧德，贞厉，终吉，或从旺事，无成。

九四 不克讼，复即命，渝安贞，吉。

九五 讼元吉。

上九 或锡之鞶（pan）带，终朝三褫之。

（七）师☷ 贞，丈人，吉无咎。

初六 师出以律，否臧凶。

九二 在师中，吉无咎，旺三锡命。

六三 师或舆尸，凶。

六四 师左次，无咎。

六五 田有禽，利执言，无咎。长子帅师，弟子舆尸，贞凶。

上六 大君有命，开国承家，小人勿用。

（八）比☷ 吉，原筮元永贞，无咎。不宁方来，后夫凶。

初六 有孚比之，无咎。有孚盈缶，终来有他，吉。

六二 比之自内，贞吉。

六三 比之匪人。

· 76 ·

六四　外比之，贞吉。

九五　显比，旺用三驱。失前禽。邑人不诫，吉。

上六　比之无首，凶。

（九）小畜亨。密云不雨，自我西郊。

初九　复自道，何其咎，吉。

九二　牵复，吉。

九三　舆说辐，夫妻反目。

六四　有孚，血去惕出，无咎。

九五　有孚挛如，富以其邻。

上九　既雨既处，尚德载，妇贞厉。月几望，君子征凶。

（十）履履虎尾，不咥（die）人，亨。

初九　素履往，无咎。

九二　履道坦坦，幽人贞吉。

六三　眇能视，跛能履，履虎尾，咥人凶。武人为于大君。

九四　履虎尾，愬（su）愬，终吉。

九五　夬履，贞厉。

上九　视履考祥，其旋元吉。

（十一）泰小往大来，吉，亨。

初九　拔茅茹，以其汇，征吉。

九二　包荒，用冯河。不遐遗，朋亡，得尚于中行。

九三　无平不陂，无往不复，艰贞无咎。勿恤其孚，于食有福。

六四　翩翩，不富以其邻，不戒以孚。

六五　帝乙归妹以祉，元吉。

上六　城复于隍，勿用师。自邑告命，贞吝。

（十二）否否之匪人，不利君子贞，大往小来。

初六　拔茅茹，以其汇，贞吉，亨。

六二　包承。小人吉，大人否亨。

六三　包羞。

九四　有命，无咎，畴离祉。

九五　休否，大人吉。其亡其亡，系于苞桑。

上九　倾否，先否后喜。

（十三）同人☰同人于野，亨。利涉大川，利君子贞。

初九　同人于门，无咎。

六二　同人于宗，吝。

九三　伏戎于莽，升其高陵，三岁不兴。

九四　乘其墉，弗克攻，吉。

九五　同人，先号啕而后笑。大师克相遇。

上九　同人于郊，无悔。

（十四）大有☰元亨。

初九　无交害。匪咎，艰则无咎。

九二　大车以载，有攸往，无咎。

九三　公用亨于天子，小人弗克。

九四　匪其彭，无咎。

六五　厥孚交如，威如，吉。

上九　自天佑之，吉无不利。

（十五）谦☷亨，君子有终。

初六　谦谦君子，用涉大川，吉。

六二　鸣谦，贞吉。

九三　劳谦，君子有终，吉。

六四　无不利，撝（hui）谦。

六五　不富以其邻，利用侵伐，无不利。

上六　鸣谦，利用行师，征邑国。

（十六）豫☷利建侯，行师。

初六　鸣豫，凶。

六二　介于石，不终日，贞吉。

六三　盱豫，悔。迟，有悔。

九四　由豫，大有得，勿疑，朋盍（he）簪。

六五　贞疾，恒不死。

上六　冥豫，成有渝，无咎。

（十七）随☱元亨，利贞，无咎。

初九　官有渝，贞吉。出门交有功。

六二　系小子，失丈夫。

六三　系丈夫，失小子。随有求得，利居贞。

九四　随有获，贞凶。有孚在道，以明，何咎。

九五　孚于嘉，吉。

上六　拘系之，乃从维之。旺用亨于西山。

（十八）蛊元亨，利涉大川。先甲三日，后甲三日。

初六　干父之蛊，有子，考无咎，厉，终吉。

九二　干母之蛊，不可贞。

九三　干父之蛊，小有晦，无大咎。

六四　裕父之蛊，往见吝。

六五　干父之蛊，用誉。

上九　不事旺侯，高尚其事。

（十九）临元亨，利贞。至于八月有凶。

初九　咸临，贞吉。

九二　咸临，吉，无不利。

六三　甘临，无攸利。既忧之，无咎。

六四　至临，无咎。

六五　知临，大君之宜，吉。

上六　敦临，吉，无咎。

（二十）观盥而不荐，有孚颙（yong）若。

初六　童观，小人无咎，君子吝。

六二　闚（kui，同窥）窥观，利女贞。

六三　观我生，进退。

六四　观国之光，利用宾于旺。

九五　观我生，君子无咎。

上九　观其生，君子无咎。

（二十一）噬嗑亨，利用狱。

初九　屦（ju，同履）校灭趾，无咎。

六二　噬肤灭鼻，无咎。

六三　噬腊肉，遇毒，小吝，无咎。

九四　噬乾胏（zi），得金矢，利艰贞，吉。

六五　噬乾肉，得黄金，贞厉，无咎。

上九　何校灭耳，凶。

（二十二）贲（bi）☲☶亨，小利有攸往。

初九　贲其趾，舍车而徒。

六二　贲其须。

九三　贲如濡如，永贞吉。

六四　贲如皤如，白马翰如，匪寇婚媾。

六五　贲于丘园，束帛戋（jian）戋，吝，终吉。

上九　白贲，无咎。

（二十三）剥☷☶不利有攸往。

初六　剥床以足，蔑贞，凶。

六二　剥床以辨，蔑贞，凶。

六三　剥之，无咎。

六四　剥床以肤，凶。

六五　贯鱼，以宫人宠，无不利。

上九　硕果不食，君子得舆，小人剥庐。

（二十四）复☷☳亨，出入无疾，朋来无咎。反复其道，七日来复，利有攸往。

初九　不远复，无祗悔，元吉。

六二　休复，吉。

六三　频复，厉，无咎。

六四　中行独复。

六五　敦复，无悔。

上六　迷复，凶，有灾情。用行师，终有大败，以其国君，凶，至于十年，不克征。

（二十五）无妄☰☳元亨，利贞。其匪正有眚，不利有攸往。

初九　无妄，往吉。

六二　不耕获，不菑（zi）畬（yu），则利有攸往。

六三　无妄之灾，或系之牛，行人之得，邑人之灾。

九四　可贞，无咎。

九五　无妄之疾，勿药有喜。

上九　无妄，行有眚，无攸利。

（二十六）大畜☶☰利贞。不家食吉，利涉大川。

初九　有厉，利已。

九二　舆说輹（同辐）。

九三　良马逐，利艰贞。日闲舆卫，利有攸往。

六四　童豕之牿（gu），元吉。

六五　豮（fen）豕之牙，吉。

上九　何天之衢，亨。

（二十七）颐贞吉。观颐，自求口实。

初九　舍尔灵龟，观我朵颐，凶。

六二　颠颐，拂经，于丘颐，征凶。

六三　拂颐，贞凶，十年勿用，无攸利。

六四　颠颐，吉，虎视眈眈，其欲逐逐，无咎。

六五　拂经，居贞吉，不可涉大川。

上九　由颐，厉吉，利涉大川。

（二十八）大过栋桡，利有攸往，亨。

初六　藉用白茅，无咎。

九二　枯杨生稊（ti），老夫得其女妻，无不利。

九三　栋桡，凶。

九四　栋隆，吉。有它吝。

九五　枯杨生华，老妇得其士夫，无咎无誉。

上六　过涉灭顶，凶，无咎。

（二十九）坎习坎，有孚，维心亨，行有尚。

初六　习坎，入于坎窞（dan），凶。

九二　坎有险，求小得。

六三　来之坎坎，险且枕，入于坎窞，勿用。

六四　樽酒，簋贰，用缶，纳约自牖，终无咎。

九五　坎不盈，祗既平，无咎。

上六　用徽纆（mo），寘（zhi）于丛棘，三岁不得，凶。

（三十）离利贞，亨。畜牝牛，吉。

初九　履错然，敬之，无咎。

六二　黄离，元吉。

九三　日昃之离，不鼓缶而歌，则大耋之嗟，凶。

九四　突如其来如，焚如，死如，弃如。

六五　出涕沱若，戚嗟若，吉。

上九　王用出征，有嘉折首，获其匪丑，无咎。

易源易法——易经的渊源与推算体系分析

（三十一）咸▤亨，利贞，取女，吉。

初六　咸其拇。

六二　咸其腓，凶。居吉。

九三　咸其股，执其随，往吝。

九四　贞吉，悔亡。憧憧往来，朋从尔思。

九五　咸其脢（mei），无悔。

上六　咸其辅，颊，舌。

（三十二）恒▤亨，无咎。利贞，利有攸往。

初六　浚恒，贞凶，无攸利。

九二　悔亡。

九三　不恒其德，或承之羞，贞吝。

九四　田无禽。

六五　恒其德，贞，妇人吉，夫子凶。

上六　振恒，凶。

（三十三）遯▤亨小，利贞。

初六　遯尾，厉，勿用有攸往。

六二　执之用黄牛之革，莫之胜说。

九三　系遯，有疾厉，畜臣妾，吉。

九四　好遯，君子吉，小人否。

九五　嘉遯，贞吉。

上九　肥遯，无不利。

（三十四）大壮▤利贞。

初九　壮于趾，征凶，有孚。

九二　贞吉。

九三　小人用壮，君子用罔，贞厉。羝羊触藩，羸（lei）其角。

九四　贞吉，悔亡，藩决不羸，壮于大舆之輹（同辐）。

六五　丧羊于易，无悔。

上六　羝羊触藩，不能退，不能遂，无攸利，艰则吉。

（三十五）晋▤康侯用锡马蕃庶，昼日三接。

初六　晋如，摧如，贞吉。罔孚，裕无咎。

六二　晋如，愁如，贞吉。受兹介福于其旺母。

六三　众允，悔亡。

九四　晋如鼫（shí）鼠，贞厉。

六五　悔亡，失得勿恤，往吉，无不利。

上九　晋其角，维用伐邑，厉吉，无咎，贞吝。

（三十六）明夷☷☲利艰贞。

初九　明夷于飞，垂其翼。君子于行，三日不食。有攸往，主人有言。

六二　明夷，夷于左股，用拯马壮，吉。

九三　明夷于南狩，得其大首，不可疾贞。

六四　入于左腹，获明夷之心，于出门庭。

六五　箕子之明夷，利贞。

上六　不明晦，初登于天，后入于地。

（三十七）家人☲☴利女贞。

初九　闲有家，悔亡。

六二　无攸遂，在中馈，贞吉。

九三　家人嗃（he）嗃，悔厉，吉。妇子嘻嘻，终吝。

六四　富家，大吉。

九五　旺假有家，勿恤，吉。

上九　有孚威如，终吉。

（三十八）睽☲☱小事吉。

初九　悔亡。丧马勿逐，自复，见恶人，无咎。

九二　遇主于巷，无咎。

六三　见舆曳（ye），其牛掣，其人天且劓（yi），无初，有终。

九四　睽孤遇元夫，交孚，厉，无咎。

六五　悔亡。厥宗噬肤，往何咎。

上九　睽孤，见豕负涂，载鬼一车，先张之弧，后说之弧，匪寇婚媾，往遇雨则吉。

（三十九）蹇☵☶利西南，不利东北。利见大人，贞吉。

初六　往蹇，来誉。

六二　旺臣蹇蹇，匪躬之故。

九三　往蹇，来反。

六四　往蹇，来连。

九五　大蹇，朋来。

上六　往蹇，来硕，吉。利见大人。

（四十）解䷧利西南，无所往，其来复，吉。有攸往，夙吉。

初六　无咎。

九二　田获三狐，得黄矢，贞吉。

六三　负且乘，致寇至，贞吝。

九四　解而拇，朋至斯孚。

六五　君子维有解，吉。有孚于小人。

上六　公用射隼于高墉之上，获之，无不利。

（四十一）损䷨有孚，元吉，无咎，可贞，利有攸往。曷之用？二簋可用享。

初九　已事遄往，无咎，酌损之。

九二　利贞，征凶，弗损益之。

六三　三人行，则损一人，一人行，则得其友。

六四　损其疾，使遄有喜，无咎。

六五　或益之十朋之龟，弗克违，元吉。

上九　弗损益之，无咎，贞吉，利有攸往。得臣无家。

（四十二）益䷩利有攸往，利涉大川。

初九　利用为大作，元吉，无咎。

六二　或益之十朋之龟，弗克违，永贞吉。旺用享于帝，吉。

六三　益之用凶事，无咎。有孚中行，告公用圭。

六四　中行，告公从。利用为依迁国。

九五　有孚惠心，勿问元吉。有孚惠我德。

上九　莫益之，或击之，立心勿恒，凶。

（四十三）夬䷪扬于旺庭，孚号有厉。告自邑，不利即戎，利有攸往。

初九　壮于前趾，往不胜，为咎。

九二　惕号，莫夜有戎，勿恤。

九三　壮于頄（kui），有凶。君子夬夬，独行遇雨若濡，有愠，无咎。

九四　臀无肤，其行次且。牵羊悔亡，闻言不信。

九五　苋陆夬夬，中行无咎。

上六　无号，终有凶。

（四十四）姤䷫女壮，勿用取女。

初六　系于金柅（ni），贞吉，有攸往，见凶。羸豕蹢躅（zhi zhu）。

九二　包有鱼，无咎。不利宾。

九三　臀无肤，其行次且，厉，无大咎。

九四　包无鱼，起凶。

九五　以杞包瓜，含章，有陨自天。

上九　姤其角，吝，无咎。

（四十五）萃䷬亨。旺假有庙，利见大人，亨，利贞。用大牲吉，利有攸往。

初六　有孚不终，乃乱乃萃，若号，一握为笑，勿恤，往无咎。

六二　引吉，无咎，孚乃利用禴（yue）。

六三　萃如，嗟如。无攸利。往无咎，小吝。

九四　大吉，无咎。

九五　萃有位，无咎。匪孚，元永贞，悔亡。

上六　赍（zi）咨涕洟（yi），无咎。

（四十六）升䷭元亨，用见大人，勿恤。南征吉。

初六　允升，大吉。

九二　孚乃利用禴，无咎。

九三　升虚邑。

六四　旺用亨于岐山，吉，无咎。

六五　贞吉，升阶。

上六　冥升，利于不息之贞。

（四十七）困䷮亨，贞，大人吉，无咎。有言不信。

初六　臀困于株木，入于幽谷，三岁不觌（di）。

九二　困于酒食，朱绂（fu）方来，利用亨祀。征凶。无咎。

六三　困于石，据于蒺藜。入于其宫，不见其妻，凶。

九四　来徐徐，困于金车，吝，有终。

九五　劓刖（yue），困于赤绂，乃徐有说，利用祭祀。

上六　困于葛藟（lei），于臲卼（nie wu），曰动悔。有悔，征吉。

（四十八）井䷯改邑不改井，无丧无得，往来井井。汔至，亦未繘（ju）井，羸其瓶，凶。

初六　井泥不食，旧井无禽。

九二　井谷射鲋（fu），瓮敝漏。

九三　井渫（xie）不食，为我民恻，可用汲，旺明，并受其福。

六四　井甃（zhou），无咎。

九五　井冽，寒泉食。

上六　井收勿幕，有孚无吉。

（四十九）革䷰巳日乃孚。元亨利贞，悔亡。

初九　巩用黄牛之革。

六二　巳日乃革之，征吉，无咎。

九三　征凶，贞厉，革言三就，有孚。

九四　悔亡，有孚，改命吉。

九五　大人虎变，未占有孚。

上六　君子豹变，小人革面，征凶。居贞吉。

（五十）鼎䷱元吉，亨。

初六　鼎颠趾，利出否，得妾以其子，无咎。

九二　鼎有实，我仇有疾，不我能即，吉。

九三　鼎耳革，其行塞，雉膏不食，方雨亏悔，终吉。

九四　鼎折足，覆公餗（su），其形渥，凶。

六五　鼎黄耳，金铉，利贞。

上九　鼎玉铉，大吉，无不利。

（五十一）震䷲亨。震来虩虩（xi），笑言哑哑。震惊百里，不丧匕鬯（chang）。

初九　震来虩虩，后笑言哑哑，吉。

六二　震来厉，亿丧贝，跻于九陵，勿逐，七日得。

六三　震苏苏，震行无眚（sheng）。

九四　震遂泥。

六五　震往来厉，亿无丧，有事。

上六　震索索，视矍矍，征凶。震不于其躬，于其邻，无咎。婚媾有言。

（五十二）艮䷳艮其背，不获其身，行其庭，不见其人，无咎。

初六　艮其趾，无咎，利永贞。

六二　艮其腓，不拯其随，其心不快。

九三　艮其限，列其夤，厉薰心。

六四　艮其身，无咎。

六五　艮其辅，言有序，悔亡。

上九　敦艮，吉。

（五十三）渐䷴女归，吉，利贞。

初六　鸿渐于干，小子厉，有言，无咎。

六二　鸿渐于磐，饮食衎衎（kàn），吉。

九三　鸿渐于陆，夫征不复，妇孕不育，凶。利御寇。

六四　鸿渐于木，或得其桷（jué），无咎。

九五　鸿渐于陵，妇三岁不孕，终莫之胜，吉。

上九　鸿渐于陆，其羽可用为仪，吉。

（五十四）归妹征凶，无攸利。

初九　归妹以娣，跛能履，征吉。

九二　眇能视，利幽人之贞。

六三　归妹以须，反归以娣。

九四　归妹愆期，迟归有时。

六五　帝乙归妹，其君之袂（mèi）不如其娣之袂良，月几望，吉。

上六　女承筐无实，士刲（kuī）羊无血，无攸利。

（五十五）丰亨，旺假之，勿忧，宜日中。

初九　遇其配主，虽旬无咎，往有尚。

六二　丰其蔀（pǒu），日中见斗，往得疑疾，有孚发若。吉。

九三　丰其沛，日中见沫，折其右肱，无咎。

九四　丰其蔀，日中见斗，遇其夷主，吉。

六五　来章，有庆誉，吉。

上六　丰其屋，蔀其家，闚（kuī，同窥）其户，阒（qù）其无人，三岁不见，凶。

（五十六）旅小亨，旅，贞吉。

初六　旅琐琐，斯其所取灾。

六二　旅即次，怀其资，得童仆贞。

九三　旅焚其次，丧其童仆贞，厉。

九四　旅于处，得其资斧，我心不快。

六五　射雉，一矢亡，终以誉命。

上九　鸟焚其巢，旅人先笑后号啕。丧牛于易，凶。

（五十七）巽小亨，利有攸往，利见大人。

初六　进退，利武人之贞。

九二　巽在床下，用史巫纷若，吉，无咎。

九三　频巽，吝。

六四　悔亡，田获三品。

九五　贞吉，悔亡，无不利。无初有终，先庚三日，后庚三日，吉。

上九　巽在床下，丧其资斧，贞凶。

（五十八）兑☱亨，利贞。

初九　和兑，吉。

九二　孚兑，吉。悔亡。

六三　来兑，凶。

九四　商兑未宁，介疾有喜。

九五　孚于剥，有厉。

上六　引兑。

（五十九）涣☴亨，旺假有庙，利涉大川，利贞。

初六　用拯马壮，吉。

九二　涣奔其机，悔亡。

六三　涣其躬，无悔。

六四　涣其群，元吉。涣有丘，匪夷所思。

九五　涣汗其大号，涣旺居。无咎。

上九　涣其血去，逖出，无咎。

（六十）节☵亨。苦节不可贞。

初九　不出户庭，无咎。

九二　不出门庭，凶。

六三　不节若，则嗟若，无咎。

六四　安节，亨。

九五　甘节，吉，往有尚。

上六　苦节，贞凶，悔亡。

（六十一）中孚☴豚鱼吉。利涉大川，利贞。

初九　虞吉，有它不燕。

九二　鸣鹤在阴，其子和之，我有好爵，吾与尔靡之。

六三　得敌，或鼓或罢，或泣或歌。

六四　月几望，马匹亡，无咎。

九五　有孚挛如，无咎。

上九　翰音登于天，贞凶。

（六十二）小过亨，利贞，可小事，不可大事。飞鸟遗之音。不宜上，宜下。大吉。

初六　飞鸟以凶。

六二　过其祖，遇其妣，不及其君，遇其臣，无咎。

九三　弗过防之，从或戕（qiang）之，凶。

九四　无咎，弗过遇之。往厉必戒，勿用，永贞。

六五　密云不雨，自我西郊，公弋取彼在穴。

上六　弗遇过之，飞鸟离之，凶，是谓灾眚。

（六十三）既济亨，小利贞，初吉，终乱。

初九　曳其轮，濡其尾，无咎。

六二　妇丧其茀茀（fu），勿逐，七日得。

九三　高宗伐鬼方，三年克之，小人勿用。

六四　繻（ru）有衣袽（ru），终日戒。

九五　东邻杀牛，不如西邻之禴（yue）祭，实受其福。

上六　濡其首，厉。

（六十四）未济亨，小狐汔济，濡其尾，无攸利。

初六　濡其尾，吝。

九二　曳其轮，贞吉。

六三　未济，征凶，利涉大川。

九四　贞吉，悔亡。震用伐鬼方，三年有赏于大国。

六五　贞吉，无悔，君子之光，有孚，吉。

上九　有孚于饮酒，无咎。濡其首，有孚失是。

（笔者注：对于上述六十四卦的卦辞和三百八十四爻的爻辞，从周朝以来的三千余年间无数的学者做过数以千计的注释。本书不设任何立场。因此，无法选择某一种注释录于书中。有兴趣的读者可以自己研习。笔者根据多年的经验认为，熟悉卦辞和爻辞，对于断卦一定会有用处。）

第七章　六爻断卦法
（纳甲筮法、火珠林法）

　　六爻断卦法产生于汉代，当时的易学家焦延寿撰写了《焦氏易林》，他的学说以推断灾变为主，将六十四卦分为两组，以与金、木、水、火对应的四卦——兑、震、坎、离为四正卦，其余六十卦按节气与一年的三百六十天相对应，一卦管六日，每爻管一日。有一种观点认为，焦延寿的理论师承了孟喜的"卦气"之说。《焦氏易林》在六十四卦基础上再推演出六十四卦，于是六十四卦变出四千零九十六卦。这样，六十四卦中的一卦变为另一卦称之为"之卦"，然后在"之卦"后配以相应的四言诗卜辞。因此，《易经》共有卦爻辞四百四十八条，而《焦氏易林》有四千零九十六条四言诗卜辞，从而极大地丰富了原来卦爻辞内容。但后来有人认为《焦氏易林》并非焦延寿所著，而是东汉年间的崔篆所著（学者胡适也曾持有这个观点）。但是截至目前为止，学术界的主流依然认为《焦氏易林》是焦延寿所著。

　　焦延寿弟子京房在师承推断灾变为主的基础上，以《周易》为基础，巧妙地把阴阳五行和干支纳入了八卦，根据十二地支与卦宫之间相生相克的关系，配上六亲和六神等内容，创立了六爻预测的原始思路与一套完整的方法。他的这种方法被称为"纳甲筮法"。所谓"纳甲"，是指将以"甲"为首的十个天干：甲、乙、丙、丁、戊、己、庚、辛、壬、癸和十二个地支：子、丑、寅、卯、辰、巳、午、未、申、酉、戌、亥纳入（装入）八卦之中。"纳甲筮法"在当代也是一些真正的易学家们的研究领域，山东大学的刘大钧教授开设了专门讲"纳甲筮法"的卜筮原理与方法的课程。

　　到了唐末宋初（五代时期），相传是在华山修炼的道士陈抟授业之师的麻衣道者继承了京房的卜筮理论，并提出"卦定根源，六亲为主"的观点，采用五行之间的生、克、刑、害、合、墓、旺、空等关系来断卦，使得"纳甲筮法"的理论体系更加复杂和完整。在麻衣道人的《火珠林》一书问世后，这种筮法又称为"火珠林"法。也正是从这时开始，这种方法得到了广泛的传播。由于这种方法为一个大成卦的六个爻配上天干、地支、六亲（所谓六亲，是指：父母、妻财、子孙、兄弟、官鬼，共五个关系，加上占问者本人或被占问者，为六个，故称六亲）（笔者注：《火珠林》的说法是："或问：六亲为主，父母、兄弟、妻财、子孙、官鬼，只有五件，而曰六亲何也？　答曰：卦身当一亲。问曰：如何为卦身？曰：阳世则从子月起，阴世还当午月生，此即卦身也。"）、六神（青龙、朱雀、白虎、螣蛇、玄武、勾陈）等构成了一个完整的断卦体系，所以后来人们直接将之称为"六爻断卦法"。

探其源头，六爻预测可以追溯到两千多年前的汉代京房易。京房为汉代有名的易学家，他以《周易》为基础，巧妙地把阴阳五行和干支纳入了八卦，根据十二地支与卦宫之间相生相克的关系，配上六亲，创立了六爻预测的原始思路与方法，随后又经过各朝各代易学家的发展，成就了今天的六爻预测学。这种预测法是把干支纳入八卦后进行预测的，所以最初把它叫作"纳甲筮法"，但它是从《周易》的爻辞判断法演变而来，因此在此预测术出现当初，判断事物的吉凶时，还参考爻辞进行判断。后来由于受道教及其他预测术的影响，预测师们在判断事情时，又加进了许多神煞，反而使预测术出现了混乱的局面。不过早期的预测方法只是掌握在少数人手里，一般的老百姓并不会用，一直到了宋代，一本署名为"麻衣道人"所著的《火珠林》问世后，才在民间广泛地传播开来。因此古代把这种预测术也称之为"火珠林"法。但《火珠林》中所说的方法和现在的六爻预测术还有很大的差异，还没有月破、暗动之说，五行生灭十二状态（即长生十二宫）的用法也不十分明了。此后到明代以及清代，是六爻预测的高峰时期，也是六爻著作创作的旺盛时期。这段时期的著作有《黄金策》《断易天机》《断易全书》《断易神书》《海底眼》《易冒》《易林补遗》《易隐》《卜筮全书》《增删卜易》《卜筮正宗》《卜筮圆机》《天玄断易》《筮学指要》等。不过书毕竟还是书，有些精华的部分则以口传的形式流传在民间，这也是历来预测学传播的特点。

至于目前流行的六爻断卦法与古传的"火珠林"法之间的差异之处。诸如，古传的"火珠林"法中原来要用到的"长生十二宫"等概念，在现在流行的六爻断卦法中的作用是模糊的，甚至不起作用。因此，很少见到实际应用。

由于这种方法具有一套完备的理论体系，而且比较公开，那些所谓的"真传""秘诀"的成分相对其他神秘文化的领域要少一些，便于人们对它开展学习和研究，或以此为职业，或立门派授徒。因此，它的传播很广，专业从事占卜的人数很多，非专业的爱好和研究人士也很多。在明清两朝是它得到空前发展，达到全盛的高峰时期，出现了大量的专业著作。例如，《火珠林》《通玄赋》《黄金策》《断易天机》《断易全书》《海底眼》《易冒》《易隐》《易林补遗》《卜筮全书》《增删卜易》《卜筮正宗》等。而且在这些书籍之外，后来还出现了很多流传于民间的"真传""秘诀"等所谓的独门绝技。导致了这个领域中门派林立，更增神秘之感。

应该说，这种方法中引入"六神"等神煞的做法与道教的渊源有关。但是，客观地说，这些六神在京房的"纳甲筮法"和麻衣道者的"火珠林"法，以及现在流行的六爻断卦法中未见到很有说服力的实际应用案例。因此，六神的实际作用到底有没有，或者有多大，无法加以佐证并检验。有人认为，在预测地震等天灾时，六神有参与断卦的作用，也有这方面的案例。

在六爻断卦法出现的初期直至明代以前，主流的做法是，依然要使用卦辞和爻辞一起参与断卦。《易隐·卷首》中专门有"习易先读易说"的主张（代表人物是刘伯温等人）："故习卜之功，先须读《易》。"他们断卦的原则是：以爻神为主，以易辞为辅。但由于引入神煞等概念，而且结合卦辞和爻辞需要相当高的悟性。也许就是这些原因，后来的极大多数使用者们基本上不再使用每一个卦的卦辞和爻辞辅助断卦。从此，"六爻断卦法"与卦辞和爻辞算是彻底分手了。

第一节　六爻断卦法需要的预备知识

除了前面"卜筮预备知识"一节中介绍过的天干、地支、六十甲子、阴阳、五行、旺相休囚、生旺墓绝等概念之外，六爻断卦法还用到了一些专用的概念和知识。

一、卦分八宫

前面曾列出了根据大成卦由八卦上下组合的规则而形成的六十四卦的排列表。在六爻断卦法中还有另一种排列方法，是将六十四卦分为八个宫，八宫根据八经卦而命名，分别为乾宫、兑宫、离宫、震宫、巽宫、坎宫、艮宫和坤宫。在每一个宫中有八个大成卦，再根据每个大成卦中爻象的变化顺序将八个卦加以排列。

八宫卦列表

	八纯卦	一世卦	二世卦	三世卦	四世卦	五世卦	游魂卦	归魂卦
乾宫	乾	姤	遯	否	观	剥	晋	大有
兑宫	兑	困	萃	咸	蹇	谦	小过	归妹
离宫	离	旅	鼎	未济	蒙	涣	讼	同人
震宫	震	豫	解	恒	升	井	大过	随
巽宫	巽	小畜	家人	益	无妄	噬嗑	颐	蛊
坎宫	坎	节	屯	既济	革	丰	明夷	师
艮宫	艮	贲	大畜	损	睽	履	中孚	渐
坤宫	坤	复	临	泰	大壮	夬	需	比

说明如下：

① "八纯卦"是由八个卦（亦称为"八经卦"）的某一个卦上下叠加组成。它们是每个宫的第一卦。

② 每个宫中各卦的变化规则是：八纯卦的初爻变（阴爻变为阳爻或阳爻变为阴爻），则为"一世卦"。例如，乾卦的初爻阳变阴，则得到乾宫的一世卦天风姤。接着二爻阳变阴，则得到乾宫的二世卦天山遯。接着三爻阳变阴，则得到乾宫的三世卦天地否。接着四爻阳变阴，则得到乾宫的四世卦风地观。接着五爻阳变阴，则得到乾宫的五世卦山地剥。然后将剥卦的四爻阴变阳，则得到乾宫的游魂卦火地晋。最后将晋卦的下卦的三爻全部阴变阳，则得到乾宫的归魂卦火

天大有 ䷍。其余各宫也依此规则排列而得。

③"游魂卦"和"归魂卦"的命名是依据"阴阳消长"的原理以及上爻不变的规则。例如在乾宫中，从一世卦开始就是阳爻变为阴爻，那么五世卦之后应该上爻变为阴爻。但是，上爻不变（笔者注：上爻不能变的依据是，"上爻为宗庙"，故不能变），且阳不可剥尽，故又复于阳。但未回到内卦，只在外卦游荡（游魂）。至于归魂卦的下卦阴爻全部变为阳爻，则为复归本位（归魂）。

创立六爻断卦法的京房授业于焦延寿，而焦延寿师从孟喜。这种思维源正是出自孟喜的"卦气"之说。《系辞》云："精气为物，游魂为变。""游魂""归魂"的名字由此而来。

二、世应

京房在创立"纳甲筮法"时创立了"世爻"和"应爻"的概念，合称"世应"。它是六爻预测法中特有的概念。世爻是指在占问人、事或物的时候的主体所在之爻。与之相对的就是应爻，世爻和应爻相隔两个爻位。例如，初爻为世爻，则应爻是四爻；二爻为世爻，则应爻是五爻；三爻是世爻，则应爻是上爻；四爻为世爻，则初爻是应爻；五爻为世爻，则二爻是应爻；上爻为世爻，则三爻是应爻。世爻和应爻之间的两个爻叫作"间爻"。

在对一个大成卦断卦时，世爻是全卦的中心，乃一卦之主。无论是为他人占卦还是为自己占卦，在得到大成卦之后，断卦都是围绕着世爻的状态以及它与其他各爻之间的关系展开的。应爻是所测人或事的对方。因此，世应是六爻预测中必不可少的东西，是预测把握事物吉凶的依据之一。可以说，对世应的把握和运用水平的高低决定了断卦的准确率。

1. 确定世爻、应爻的规则

确定世爻和应爻需要根据各卦在八宫卦中排列的位置。在"八宫卦列表"中，所谓的"一世卦""二世卦"等的名称就反映了世爻所在的爻位。世爻一旦定位，应爻也就随之而定。在《易隐》中有一首"安世应法"的歌诀：

> 八卦之首世六当，巳下初爻轮上飏。
> 游魂之卦四爻立，归魂之卦三爻详。

具体解释如下：

每个八纯卦的世爻位于上爻（三爻为应爻），一世卦的世爻位于初爻（应爻位于四爻），二世卦的世爻位于二爻（应爻位于五爻），三世卦的世爻位于三爻（应爻位于上爻），四世卦的世爻位于四爻（应爻位于初爻），五世卦的世爻位于五爻（应爻位于二爻），游魂卦的世爻位于四爻（应爻位于初爻），归魂卦的世爻位于三爻（应爻位于上爻）。（笔者注：细心的读者可以发现，四世卦与游魂卦的世爻、应爻的位置相同，三世卦与归魂卦的世爻、应爻的位置相同。）

列表如下。

八宫卦世应表

		八纯	一世	二世	三世	四世	五世	游魂	归魂
乾宫	卦名	乾	姤	遯	否	观	剥	晋	大有
	世爻	上爻	初爻	二爻	三爻	四爻	五爻	四爻	三爻
	应爻	三爻	四爻	五爻	上爻	初爻	二爻	初爻	上爻
兑宫	卦名	兑	困	萃	咸	蹇	谦	小过	归妹
	世爻	上爻	初爻	二爻	三爻	四爻	五爻	四爻	三爻
	应爻	三爻	四爻	五爻	上爻	初爻	二爻	初爻	上爻
离宫	卦名	离	旅	鼎	未济	蒙	涣	讼	同人
	世爻	上爻	初爻	二爻	三爻	四爻	五爻	四爻	三爻
	应爻	三爻	四爻	五爻	上爻	初爻	二爻	初爻	上爻
震宫	卦名	震	豫	解	恒	升	井	大过	随
	世爻	上爻	初爻	二爻	三爻	四爻	五爻	四爻	三爻
	应爻	三爻	四爻	五爻	上爻	初爻	二爻	初爻	上爻
巽宫	卦名	巽	小畜	家人	益	无妄	噬嗑	颐	蛊
	世爻	上爻	初爻	二爻	三爻	四爻	五爻	四爻	三爻
	应爻	三爻	四爻	五爻	上爻	初爻	二爻	初爻	上爻
坎宫	卦名	坎	节	屯	既济	革	丰	明夷	师
	世爻	上爻	初爻	二爻	三爻	四爻	五爻	四爻	三爻
	应爻	三爻	四爻	五爻	上爻	初爻	二爻	初爻	上爻
艮宫	卦名	艮	贲	大畜	损	睽	履	中孚	渐
	世爻	上爻	初爻	二爻	三爻	四爻	五爻	四爻	三爻
	应爻	三爻	四爻	五爻	上爻	初爻	二爻	初爻	上爻
坤宫	卦名	坤	复	临	泰	大壮	夬	需	比
	世爻	上爻	初爻	二爻	三爻	四爻	五爻	四爻	三爻
	应爻	三爻	四爻	五爻	上爻	初爻	二爻	初爻	上爻

2. 寻宫问世

在占得一个大成卦之后，需要确定它属于哪一宫，以及它的世爻和应爻的位置（即"寻宫问世"）。当然可以查"八卦世应表"。但背出这张表不太容易，如果资料不在手边，无法立即查表。有两种方法可以采用。

方法一：

在占得一个大成卦之后，如果该卦是八纯卦，则世爻必然在上爻，应爻在三爻。如果该卦不是八纯卦，则将该卦的各爻从初爻开始逐个爻往上变，凡阳爻变为阴爻，凡阴爻变为阳爻。如果到某个爻变后，使得卦中上下卦相同，成为一个八纯卦，则该爻就是世爻之位。如果一直变到五爻，但上下卦仍然不相同，由于上爻不能变，则该卦必然是游魂卦或归魂卦。先将第四爻再变一次，如果上下卦相同，则该卦是游魂卦，世爻位于第四爻。如果上下卦还是不相同，就继续往下变第三爻，直到上下卦相同为止，该卦是归魂卦，世爻位于第三爻。这个方法还可以用来确定该卦属于哪一个宫。当上下卦相同，成为某个八纯卦时，说明该卦就是该八纯卦为首的那个宫的。举例说明。

例一，地泽临卦䷒，初爻阳爻变为阴爻，得地水师卦䷆，上、下卦不相同。继续将二爻阳爻变为阴爻，得坤卦䷁。此时上、下卦同为坤卦☷，因此，地泽临卦䷒的世爻位于二爻。由于此时上、下卦都是坤卦☷，所以地泽临卦属于坤宫，而且是坤宫的二世卦。

例二，天泽履卦䷉，初爻阳爻变为阴爻，得天水讼卦䷅，上、下卦不同，继续变，……直到五爻变了之后，上下卦都是艮卦☶，所以，天泽履䷉卦的世爻位于五爻。由于此时上、下卦同为艮卦☶，所以天泽履卦䷉属于艮宫，而且是艮宫的五世卦。

例三，山雷颐卦䷚，初爻变后，得山地剥卦䷖，上、下卦不同。二爻变后得山水蒙卦，上、下卦不同。三爻变后得山风蛊卦䷑，上、下卦不同。四爻变后得火风鼎卦䷱，上、下卦不同。五爻变后得天风姤卦䷫，上、下卦还是不同。接着不是上爻变，而是再变四爻，得巽为风卦䷸，上、下卦同为巽卦☴，因此山雷颐卦䷚的世爻位于第四爻，而且，由于此时上、下卦都是巽卦☴，所以它是巽宫的游魂卦。

例四，天火同人卦䷌，初爻变后，得天山遁卦䷠，上、下卦不同。二爻变后得天风姤卦䷫，上、下卦不同。三爻变后得天水讼卦䷅，上、下卦不同。四爻变后得风水涣卦䷺，上、下卦不同。五爻变后得山水蒙卦䷃，上、下卦还是不同。接着再变四爻，得火水未济卦䷿，上、下卦不同。再变三爻，得火风鼎卦䷱，上、下卦还是不同。再变二爻，得火山旅卦䷷，上、下卦还是不同。再变初爻，得离为火卦䷝，上、下卦同为离卦☲。因此，天火同人卦䷌是归魂卦。而且由于上、下卦都是离卦☲，所以，它是离宫的归魂卦。

方法二：

根据"寻宫问世诀"来推算。

寻宫问世诀

天同二世天变五，地同四世地变初，

本宫六世三世异，人同游魂人变归。

一二三六外卦宫，四五游魂内变更，

归魂内卦是本宫。

解释如下：

首先需引入天爻、人爻、地爻的概念。一个八纯卦由三个爻组成，这三个爻分别为天爻、人爻、地爻，即三爻之中的上面一爻为天爻，中间一爻为人爻，下面一爻为地爻。一个大成卦由六个爻组成（上卦和下卦），天爻、人爻、地爻各有两个。

易源易法——易经的渊源

与推算体系分析

① "天同二世天变五"

"天同二世"的含义是：在一个大成卦中，若上、下卦的天爻相同，而人爻、地爻都不相同的就是二世卦，此时二爻为世爻，五爻为应爻。共有：天山遯、泽地萃、火风鼎、雷水解、风火家人、水雷屯、山天大畜、地泽临。这八个卦都是上、下卦天爻相同，而上、下卦人爻、地爻都不相同。

"天变五"的含义是：在一个大成卦中，若上、下卦的天爻不相同，而人爻和地爻都相同的就是五世卦，此时五爻为世爻，二爻为应爻。共有：天泽履、泽天夬、火雷噬嗑、雷火丰、风水涣、水风井、山地剥、地山谦。这八个卦都是上、下卦天爻不相同，而上、下卦人爻、地爻都相同。

② "地同四世地变初"

"地同四世"的含义是：在一个大成卦中，若上、下卦的地爻相同，而天、人两爻都不相同的就是四世卦，此时四爻为世爻，初爻为应爻。共有：风地观、水山蹇、山水蒙、地风升、天雷无妄、泽火革、火泽睽、雷天大壮。这八个卦都是上、下卦的地爻相同，而上、下卦的人爻、地爻都不相同。

"地变初"的含义是：在一个大成卦中，若上、下卦的地爻不相同，而上、下卦的天爻和人爻都相同的就是一世卦，此时初爻为世爻，四爻为应爻。共有：天风姤、泽水困、火山旅、雷地豫、风天小畜、水泽节、山火贲、地雷复。这八个卦都是上、下卦的地爻不相同，而上、下卦的天爻和人爻都相同。

③ "本宫六世三世异"

"本宫六世"的含义是：每一宫的第一卦（即八纯卦）的世爻一定在上爻（故称为六世），应爻在三爻。共有：乾为天、兑为泽、离为火、震为雷、巽为风、坎为水、艮为山、坤为地。这八个卦的上、下卦的天爻、人爻、地爻都相同。

"三世异"的含义是：在一个大成卦中，若上、下卦的天爻、人爻、地爻都不相同的就是三世卦，此时三爻为世爻，应爻为上爻。共有：天地否、泽山咸、火水未济、雷风恒、风雷益、水火既济、山泽损、地天泰。这八个卦的上、下卦的天爻、人爻、地爻都不相同。

④ "人同游魂人变归"

"人同游魂"的含义是：在一个大成卦中，若上、下卦的人爻相同，而天爻和地爻都不同，则此卦是游魂卦，此时四爻为世爻，初爻为应爻（笔者注：虽然四爻为世爻，但不同于四世卦）。共有：火地晋、雷山小过、天水讼、泽风大过、山雷颐、地火明夷、风泽中孚、水天需。它们都是上、下卦的人爻相同，其余两爻都不同。

⑤ "一二三六外卦宫"

本句口诀的含义是：一世卦、二世卦、三世卦以及六世卦（即八纯卦，因为世爻在上爻，故又称为六世卦）都属于其外卦所在之宫。

⑥"四五游魂内变更"

本句口诀的含义是：将四世卦、五世卦、游魂卦的下卦的三个爻阴阳相变后所得到的卦即为它们所属之宫。

⑦"归魂内卦是本宫"

这句口诀的含义是：每一宫的最后一卦为归魂卦，它的下卦必然是该宫所对应的八经卦（亦即归魂卦必然属于内卦所在之宫）。列举如下：

乾宫的归魂卦是火天大有䷍，其下卦即是乾卦☰。

兑宫的归魂卦是雷泽归妹䷵，其下卦即是兑卦☱。

离宫的归魂卦是天火同人䷌，其下卦即是离卦☲。

震宫的归魂卦是泽雷随䷐，其下卦即是震卦☳。

巽宫的归魂卦是山风蛊䷑，其下卦即是巽卦☴。

坎宫的归魂卦是地水师䷆，其下卦即是坎卦☵。

艮宫的归魂卦是风山渐䷴，其下卦即是艮卦☶。

坤宫的归魂卦是水地比䷇，其下卦即是坤卦☷。

（笔者注：上面介绍给读者的"寻宫问世"的两种方法，只适合专业研究者探讨，在实际应用时比较不方便，一般读者可以直接查表得到世爻和应爻的具体定位。）

此外，还有多种方法和口诀，例如"爻变法安世应寻宫诀"，其余方法本书不一一列举。有兴趣的读者可以自行研究。

爻变法安世应寻宫诀

寻世从初往上轮，阴爻变阳阳变阴。

变至内外相同卦，该爻即为世所临。

若到五爻卦仍异，转从四爻向下行。

若到初爻方为止，归魂世在三爻临。

内外相同勿须变，六爻安世为八纯。

既得内外相同卦，原卦即以此为宫。

若问应爻安何处，世隔两爻即为应。

三、八卦纳甲

前面已经介绍过所谓的"纳甲"，是指在六爻断卦法中需要为一个卦的每一爻配上天干地支（不但要纳入"甲"代表的天干，还需要纳入地支，简称为"纳甲"）。每一爻分别有了天干地支，就能根据各爻的天干地支之间五行生克的关系确定各爻相互之间的相生相克关系。在六爻断卦法中，实际情况是"去干留支"。即只保留地支，不用天干。

（笔者注：十个天干和十二个地支相互之间都有相生相克关系，但在"纳甲筮法"中只用到十二个地支相互之间的生克关系。为什么不采用十个天干相互之间的生克关系？这个问题尚未见到权威性说法。这也可以作为有兴趣的读者进一步研究的课题。而且，在卜筮、命理学等多个领域中往往仅用地支为主，天干尽管位于地支之前（例如，只说"纳甲"却从来没有说"纳子"），却少有应用，这是为什么？这个问题值得我们去探究。）

六十甲子是指十天干与十二地支相互组合产生的六十个干支。在"纳甲"时有顺行和逆行之分。

六十甲子顺行排列表

甲子→乙丑→丙寅→丁卯→戊辰→己巳→庚午→辛未→壬申→癸酉↓
→甲戌→乙亥→丙子→丁丑→戊寅→己卯→庚辰→辛巳→壬午→癸未↓
→甲申→乙酉→丙戌→丁亥→戊子→己丑→庚寅→辛卯→壬辰→癸巳↓
→甲午→乙未→丙申→丁酉→戊戌→己亥→庚子→辛丑→壬寅→癸卯↓
→甲辰→乙巳→丙午→丁未→戊申→己酉→庚戌→辛亥→壬子→癸丑↓
→甲寅→乙卯→丙辰→丁巳→戊午→己未→庚申→辛酉→壬戌→癸亥↓

六十甲子逆行排列表

癸亥→壬戌→辛酉→庚申→己未→戊午→丁巳→丙辰→乙卯→甲寅↓
→癸丑→壬子→辛亥→庚戌→己酉→戊申→丁未→丙午→乙巳→甲辰↓
→癸卯→壬寅→辛丑→庚子→己亥→戊戌→丁酉→丙申→乙未→甲午↓
→癸巳→壬辰→辛卯→庚寅→己丑→戊子→丁亥→丙戌→乙酉→甲申↓
→癸未→壬午→辛巳→庚辰→己卯→戊寅→丁丑→丙子→乙亥→甲戌↓
→癸酉→壬申→辛未→庚午→己巳→戊辰→丁卯→丙寅→乙丑→甲子↓

八卦纳甲有多种口诀，例如，"浑天甲子"：

乾在内卦，子水寅木辰土；乾在外卦，午火申金戌土。
坎在内卦，寅木辰土午火；坎在外卦，申金戌土子水。
艮在内卦，辰土午火申金；艮在外卦，戌土子水寅木。
震在内卦，子水寅木辰土；震在外卦，午火申金戌土。
巽在内卦，丑土亥水酉金；巽在外卦，未土巳火卯木。
离在内卦，卯木丑土亥水；离在外卦，酉金未土巳火。
坤在内卦，未土巳火卯木；坤在外卦，丑土亥水酉金。
兑在内卦，巳火卯木丑土，兑在外卦，亥水酉金未土。

还有一首"纳甲歌"：

乾金甲子外壬午，坎水戊寅外戊申。

震木庚子外庚午，艮土丙辰外丙戌。

坤土乙未外癸丑，巽木辛丑外辛未。

离火己卯外己酉，兑金丁巳外丁亥。

　　它们都给出了纳甲的规则，根据六十甲子的排列顺序，每隔一位取一组干支（笔者注：为什么每取一组干支要隔一位的原因，没有说明出处）。对于乾卦、震卦、坎卦、艮卦按照六十甲子顺行排列的规则取地支（所谓顺行是指：癸亥、甲子、乙丑、丙寅、丁卯、……的顺序）。对于巽卦、离卦、坤卦、兑卦按照六十甲子逆行排列的规则取地支（所谓逆行是指：丁卯、丙寅、乙丑、甲子、癸亥、……的顺序）。（笔者注：为什么乾卦、震卦、坎卦、艮卦按照顺行排列的规则取干支，巽卦、离卦、坤卦、兑卦按照逆行排列的规则取地支的原因，没有说明出处。）如果八卦的某一卦是大成卦的内卦，则分别给初爻、二爻、三爻装上天干地支；如果是外卦，则分别给四爻、五爻、上爻装上天干地支。具体说明如下：

　　乾卦——若是内卦，则初爻装甲子、二爻装丙寅、三爻装戊辰；若是外卦，则四爻装壬午、五爻装甲申、上爻装丙戌。

　　兑卦——若是内卦，则初爻装丁巳、二爻装乙卯、三爻装癸丑；若是外卦，则四爻装丁亥、五爻装乙酉、上爻装癸未。

　　离卦——若是内卦，则初爻装己卯、二爻装丁丑、三爻装乙亥；若是外卦，则四爻装己酉、五爻装丁未、上爻装乙巳。

　　震卦——若是内卦，则初爻装庚子、二爻装壬寅、三爻装甲辰；若是外卦，则四爻装庚午、五爻装壬申、上爻装甲戌。

　　巽卦——若是内卦，则初爻装辛丑、二爻装己亥、三爻装丁酉；若是外卦，则四爻装辛未、五爻装己巳、上爻装丁卯。

　　坎卦——若是内卦，则初爻装戊寅、二爻装庚辰、三爻装壬午；若是外卦，则四爻装戊申、五爻装庚戌、上爻装壬子。

　　艮卦——若是内卦，则初爻装丙辰、二爻装戊午、三爻装庚申；若是外卦，则四爻装丙戌、五爻装戊子、上爻装庚寅。

　　坤卦——若是内卦，则初爻装乙未、二爻装癸巳、三爻装辛卯；若是外卦，则四爻装癸丑、五爻装辛亥、上爻装己酉。

　　图示如下：

乾　卦

位于内卦　　　　　　　　　　位于外卦

三爻——戊辰　　　　　　　　上爻——丙戌

二爻——丙寅　　　　　　　　五爻——甲申

初爻——甲子   四爻——壬午

兑　卦

　　位于内卦　　　　　　　　位于外卦
三爻——癸丑   上爻——癸未
二爻——乙卯   五爻——乙酉
初爻——丁巳   四爻——丁亥

离　卦

　　位于内卦　　　　　　　　位于外卦
三爻——乙亥   上爻——乙巳
二爻——丁丑   五爻——丁未
初爻——己卯   四爻——己酉

震　卦

　　位于内卦　　　　　　　　位于外卦
三爻——甲辰   上爻——甲戌
二爻——壬寅   五爻——壬申
初爻——庚子   四爻——庚午

巽　卦

　　位于内卦　　　　　　　　位于外卦
三爻——丁酉   上爻——丁卯
二爻——己亥   五爻——己巳
初爻——辛丑   四爻——辛未

坎　卦

　　位于内卦　　　　　　　　位于外卦
三爻——壬午   上爻——壬子
二爻——庚辰   五爻——庚戌
初爻——戊寅   四爻——戊申

艮　卦

　　位于内卦　　　　　　　　位于外卦
三爻——庚申   上爻——庚寅
二爻——戊午   五爻——戊子

初爻——丙辰　　　　　　四爻——丙戌

坤　卦

位于内卦　　　　　　　　位于外卦
三爻——辛卯　　　　　　上爻——已酉
二爻——癸巳　　　　　　五爻——辛亥
初爻——乙未　　　　　　四爻——癸丑

　　前面已介绍，在断卦过程中，天干是不参与吉凶判断的，一般只用来提取判断的数字，因此，在实际应用时装卦往往不纳天干只纳地支。

　　例一，天火同人卦☰☲，上卦（外卦）为乾卦，下卦（内卦）为离卦。按照规则纳入天干地支：

————丙戌土（戌的五行属性为土）
————甲申金（申的五行属性为金）
————壬午火（午的五行属性为火）
————己亥水（亥的五行属性为水）
— —丁丑土（丑的五行属性为土）
————己卯木（卯的五行属性为木）

　　例二，泽地萃卦☱☷，上卦（外卦）为卦兑，下卦（内卦）为坤卦，此例只纳地支不纳天干，但配上了地支的五行属性（断卦时需要用到）：

————未土
————酉金
————亥水
————卯木
————巳火
————未土

　　这里特别要提到一位当代易学者赵向阳。他在易学领域研究多年，独树一帜，对古人的经典能做到"传承，却不拘泥"。在他的《易数解码》中（珠海出版社1998年版，P.332）对京房创立的纳甲规则提出了质疑，并给出了他的修订规则。他的这个研究成果得到了当代易学家霍斐然、唐明邦等先生的认可和肯定。赵向阳先生在研究京房易纳甲的规则后，认为在一个大成卦中，乾卦和震卦分别作为内卦和外卦时所纳地支完全相同是有误的。其错误在于将乾卦的内卦和外卦的顺序颠倒了。尤其是因为在实际应用中是"去干留支"的，所以，纳入地支出错，导致断卦的结论不正确。赵向阳先生在《易数解码》中提出了四点"订正理由"。笔者认为是合理的。他根据自己修改后的规则进行六爻断卦，得到了正确结果，验证了他的修改是站得住脚的。

按照他的修改，需要将乾卦作为内卦和外卦时各自的纳甲对调过来（笔者注：其实是将所纳的地支对调）。图示如下。

乾　卦（京房原来的纳甲）

位于内卦	位于外卦
三爻——戊辰	上爻——丙戌
二爻——丙寅	五爻——甲申
初爻——甲子	四爻——壬午

乾　卦（赵向阳修订的纳甲）

位于内卦	位于外卦
三爻——戊戌	上爻——丙辰
二爻——丙申	五爻——甲寅
初爻——甲午	四爻——壬子

（笔者注：建议读者在对一个大成卦纳甲时，如果在上、下卦中有乾卦出现，按照古传规则和赵向阳先生的规则分别纳甲，至于哪一种纳甲规则正确，读者可以在断卦时验证。）

四、六亲

"六亲"的说法在传统文化的不同领域历来众说纷纭，没有标准解释。命理学中是指：祖上、父母、兄弟、姐妹、妻妾、子息。在六爻断卦法中也有"六亲"的概念，是指：父母、兄弟、妻财、子孙、官鬼，加上求测者（或者是自测者）本身的"我"。这个问题另有一种解释，张晓雨先生在他的《周易筮法通解》（山东人民出版社1994年版）中认为："六亲具体讲是：父母、兄弟、妻财、子孙、官鬼。实际是五种，因为父母为双亲，所以称六亲。也有六亲五类一说"。对于他的说法，笔者不敢苟同。如果因为父母为双亲所以五种加一种成为六亲，那么，父母、官鬼、兄弟、子孙等都是两种主体，再加上妻财中的"妻"，原来的五亲就是九种了。笔者还是主张父母、兄弟、妻财、子孙、官鬼，加上"我"，共同组成六亲。

1. 六亲的类像

六亲的类像不仅仅局限于亲属或人际关系，它还延伸至人体器官以及物体的范围，这样可以对人、事、物都可以进行推断。

"父母"：父母、爷爷、奶奶、外祖母、外祖父、姑妈、姑夫、姨父母、舅父母、师长、义父母、岳父母、长辈、老人、天地、土地、坟墓、城池、围墙、房舍、工程、一切交通工具、雨、雪、雨衣、雨伞、衣服、鞋帽、布匹、头巾、口罩、文章、文件、书报、信件、合同、信息、信号、学校、医院、头、面部、胸、背、腹、臀部、病房、被褥、床单、工作单位、衙门等。

"兄弟"：兄弟、姐妹、朋友、同事、阻隔、竞争、破财、破耗、门户、厕所、墙壁、贪财、赌博、抢劫、争斗、手臂、胳膊、腿、脚、牙、胃、肩、膀胱、饮食不纳、消化不良等。

"妻财"：妻子、爱人、女性、恋爱对象、女友、保姆、佣人、随从、雇员、财产、资金、经济、价格、钱币、器物、仓库、粮食、灶、厨房、植物、货物、嫁妆、收入、薪酬、脏物、珠宝首饰、日用品、晴天、毛发、饮食、血液、呼吸、眼泪、屎尿、汗水、乳汁、鼻涕、津液、腰、肛门等。

"子孙"：儿孙、孩子、婴儿、晚辈、侄女、侄儿、外甥、良将、僧道、出家人、教徒、士兵、公安、福神、财源、道路、走廊、动物、日月星辰、饮酒、快乐、娱乐、医生、营养、药品、乳房、五官、小便、咒符、气功师、巫婆、神汉、食道、呼吸道、气管、眼、耳、口、鼻、血管、毛孔、肠、生殖器、骨髓等。

"官鬼"：丈夫（笔者注：对女性而言）、男性、功名、名次、名字、官府、公安、官司、公家、司法部门、上级领导、雷电、雾、烟、鬼神、盗贼、坏人、逃犯、乱党、灾祸、忧愁、官位、工作、升学、职业、主人、疾病、尸体、死者、病灶、病毒、杂念、烦恼等。

2. 六亲之间相互关系

六亲之间的相互关系包括人际关系和相生相克关系。这些关系在断卦时需要用到。

六亲的人际关系是指：生我者父母，我生者子孙，克我者官鬼、我克者妻财、同类者兄弟。

六亲之间相生相克的关系是根据五行之间相生相克的关系引申而来的。

（笔者注：在断卦时如果遇到物体，也可以延伸应用到该物体与占卦人之间的关系。例如，交通工具是承载人的，对"我"有呵护作用，所以属于"父母"的分类。）

（1）六亲相生

子孙生妻财，妻财生官鬼，官鬼生父母，父母生兄弟，兄弟生子孙。

（笔者注：此时的"兄弟"也蕴涵了"我"，所以父母生兄弟和我，"我"生子孙则更易理解。）

（2）六亲相克

子孙克官鬼，官鬼克兄弟，兄弟克妻财，妻财克父母，父母克子孙。

（笔者注：这里所说的"兄弟"也包括"我"。）

在占得大成卦之后，有一个必不可少的"装卦"的程序，其中之一的工作是将六亲装入卦中，也就是给每一爻配上六亲的名称。

给六爻装入六亲是根据该爻所纳地支五行与该卦所在之宫的五行属性之间的生克关系而决定的。在六爻断卦法中，首先要纳甲，即给六爻配上天干地支（见上一节），每爻中所纳天干地支中的地支的五行属性如果与此卦所属之宫的五行属性相同的称之为"我"，作为兄弟爻（因为我和兄弟属于同类比肩的关系，五行属性相同），五行属性生我者作为父母爻，克我者作为官鬼爻，我生者作为子孙爻，我克者作为妻财爻。在实际应用时，通常把兄弟简写成兄，父母简写成父，官鬼简写成官或鬼，子孙简写成子，妻财简写成财。

例如，上节中例一的天火同人卦䷌，各爻配的干支、五行属性和六亲：

```
————— 丙戌土
————— 甲申金
————— 壬午火
————— 乙亥水
——  —— 丁丑土
————— 己卯木
```

天火同人卦乃离宫的归魂卦，故此卦属性为火。于是四爻壬午火定为"兄弟爻"，随之可得上爻丙戌土为子孙爻（兄弟爻火生土），五爻甲申金为妻财爻（兄弟爻火克金），三爻为官鬼爻（水克兄弟爻之火），二爻为子孙爻（兄弟爻火生土），初爻为父母爻（木生兄弟爻之火）。图示如下：

```
————— 子孙 丙戌土
————— 妻财 甲申金
————— 兄弟 壬午火
————— 官鬼 乙亥水
——  —— 子孙 丁丑土
————— 父母 己卯木
```

又如，上节中例二的泽地萃卦䷬，此卦乃兑宫的二世卦，故此卦属金，用上面介绍的规则给六爻配地支、五行和六亲：

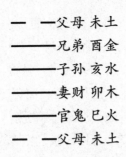

```
━ ━父母 未土
━━━兄弟 酉金
━━━子孙 亥水
━━━妻财 卯木
━━━官鬼 巳火
━ ━父母 未土
```

由于六亲只有五个名称分配给六爻，所以六亲之爻在一个卦中必然会有重复。即一个卦中一定会有两个相同的六亲之爻。有时一个卦中由于五行不全，因此也会出现六亲不全的情形。

在断卦时，根据六亲的含义选择其中一个与需要测的人或事所对应的六亲之爻作为该卦的"用神"（用神的概念将在后面介绍）。所以，六亲是断卦过程中确定用神的依据，而如果没有用神，断卦是无法进行的。

五、六神（六兽）

在六爻断卦法中用到了"六神"的概念。所谓六神，是指古代传说的六种神兽：青龙、朱雀、腾蛇、勾陈、白虎、玄武。在装卦时给每一爻配上六神之一。六神在六爻断卦法中主要是用来对人、事物、事件等的特点及产生原因进行分类和归纳类别，作为用来判断人、事物、事件的一种依据和辅助，它们遇凶爻则凶，遇吉爻则吉，本身没有吉凶的内涵，也不参与吉凶的判断。但一定程度上会影响到预测的深度和准确率。

笔者认为，在自古以来许多实际应用的案例中，六神的作用不很明显。尽管在许多古籍中给出了许多根据六神断卦的规则，在有些六爻高手们断卦的案例中用到了六神，例如在预测地震灾害时，如果腾蛇之爻发动，断为将有地震发生。在断来人测问何事时，也有许多规则用到了六神（详见"六爻断卦"一节）。如果读者对此有兴趣，可以进一步进行研究。此外，六爻断卦法的一部重要著作《黄金策》中有不少涉及六神推断的规则，遗憾的是，《黄金策》中没有具体的卦例，因此无法判断这些规则应验与否的效果。

六神本身具有其特定的含义，也具有五行属性。但六神之间不必看相互之间的生克关系。

（一）六神的属性

1.青龙

青龙属木，阳，居东方。其生旺墓绝的状态是：震旺巽相，春旺卯旺，亥生，未、申墓绝。

青龙象征善良、清高、端庄、喜庆、名利、财帛、聪明、左侧、痛痒等。

在断卦时，可以根据青龙所临之爻作出判断。

（1）测官职：青龙临用神，主其人为文官。

（2）若青龙临官鬼爻，主其人酒色加身，会乐极生悲而致灾。

（3）测天时：青龙临用神，主有雨。

（4）若青龙生助世爻、用神，主其人有升官、发财、结婚、生子等喜庆之事。

（5）若青龙克世爻、用神，主其人会受欺凌。

（6）若青龙所临之爻持世爻，但被克，主其人有酒色之灾；若遇六合、或属沐浴状态、或与妻财爻相合相克，主其人会因嫖娼致灾。

（7）若青龙所临之爻被螣蛇所临之爻克（笔者注：此时二者的相生、相克、相合关系不是依据各自的五行属性而定，而是各爻所临之爻的六亲之间的关系），主其人谋而不忠。

（8）若子孙爻与青龙所临之爻相合。主其人为人清和。

（9）若青龙所临之爻属衰的状态，主其人清净自得。

2. 朱雀

朱雀属火，阴，居南方。其生旺墓绝的状态是：离旺坤相，夏旺午旺，寅生，戌、亥墓绝。

朱雀象征印信、文书、文章、书函、奖状、文件、信息、火灾、能言巧辩、口舌、呻吟、炎症、教育等。

在断卦时，可以根据朱雀所临之爻作出判断。

（1）若朱雀所临之爻持世爻，则其人适合口才职业。

（2）测疾病：若朱雀临用神，主其人易患心脏病、眼部疾病、胸部淤血。

（3）若朱雀临二爻，或所临之爻克世爻或二爻，主火灾。

（4）若朱雀所临之爻属水（由该爻地支的五行属性决定），主其人文字无气，不犯口舌。

（5）若朱雀所临之爻乃父爻，且为动爻，主有文件、书信往来。若朱雀临父爻，该爻地支为辰、戌、丑、未之一，主其人官司缠身。

（6）若朱雀所临之爻乃兄爻，主其人会为官司而吵架；但若官鬼爻值旬空，则无官司。若朱雀临忌神，且克世爻、用神，主其人有官司。

（7）若朱雀所临之爻乃子孙爻，且与应爻相合，主其人为演员。

（8）若朱雀所临之爻被克伤，主其人多被诽谤。

（9）若朱雀临官鬼爻，主其人会因文章、口舌、官讼致灾。

3. 勾陈

勾陈属土，居中央。春、冬季属阳，秋、夏季属阴。其生旺墓绝的状态是：坤、艮旺，乾、兑相，申生，子旺，戌墓，巳绝。勾陈也是中药材雄黄的别称。

勾陈象征官讼、公安、牢狱、埋藏、阴晦、约束力强、迟滞、肿胀、跌扑、癌症等。

在断卦时，可以根据勾陈所临之爻作出判断。

（1）测捕盗：勾陈为警察，玄武为小偷。若勾陈所临之爻动且克玄武所临之爻，主可捉到小偷。

（2）测阴阳宅：若勾陈所临之爻旺，则主平安；若衰，则主不安。

（3）测疾病：若勾陈临用神，主其人脾胃虚弱。

（4）若勾陈所临之爻克世爻，主其人有牢狱之灾或生病、蒙冤。

（5）若勾陈所临之爻乃父爻，主房地产契约文书之事。艮为房产、坤为地产、坎为车船。若勾陈临父爻，此卦为坎卦者，主小车；此卦为坤卦者，主大车；此卦为震卦者，主快车。

（6）若勾陈所临之爻乃官鬼爻，主其人会有跌打损伤，或因家产、公务致灾。若此时再是动爻，则主瘟疫。若此时乃测病，则主肿胀。

（7）若勾陈临日辰或临用神，主其人所办之事当天不成，成事缓慢。

（8）若兄弟爻与勾陈所临之爻相合，主其人愚钝。

4. 螣蛇

螣蛇属火，无正位。孟月（正月）属阳，季月（六月）属阴。其生旺墓绝的状态是：离旺，坤、艮相，寅、卯生，午旺，戌墓，亥绝。

腾蛇象征贪婪、虚浮、吝啬、阴邪、暧昧、圆滑、麻烦、难缠、心乱、惊吓、臃肿、细长之物、卷曲、侧面等。

在断卦时，可以根据螣蛇所临之爻作出判断。

（1）若螣蛇所临之爻持世爻，且为用神，主不吉。

（2）若螣蛇所临之爻乃官鬼爻，且为动爻，主有妖邪之事；且若有气者，主活物；若居五爻或上爻，且动，主飞物；若无气者，主墙上的挂物。

（3）若螣蛇所临之爻乃官鬼爻，且为木性，主为吊死鬼。若克世爻，主为手铐、绳索一类物品。若此时乃测病，主其人神经失常。

（4）若螣蛇所临之爻乃官鬼爻，主其人有酒色、被盗、被骗、遭冷水淋湿致灾等事。若再持世爻，主其人有噩梦。若螣蛇临震卦，主其人有神经病；此时若螣蛇所临之爻旺相发动，主其人疯狂。

（5）若螣蛇所临之爻乃兄弟爻，主会发生阴谋、诈骗、诽谤、恐吓之事。

（6）若螣蛇所临之爻被克制，主其人多智。

（7）若螣蛇所临之爻属火（由该爻地支的五行属性决定），且旺，又克世爻、用神，主火灾；若螣蛇所临之爻属火，又临二爻，亦主火灾。

（8）若螣蛇所临之爻属火，且持世爻，主其人有皮肤病，六亲同论。

（9）若螣蛇所临之爻属水，且为坎卦，主其人有血液病。

5. 白虎

白虎属金，阴，居西方。其生旺墓绝的状态是：兑旺乾相，秋旺，丑墓，春绝。

白虎象征果断、心狠、凶猛、豪爽、凶杀、暴躁、刀枪、哭泣、伤亡、丧事、临产、血灾、血光之灾、骨折、手术等。

在断卦时，可以根据白虎所临之爻作出判断。

（1）测官职：白虎临用神，主其人为武官。

（2）测疾病：最忌白虎所临之爻持世，或此爻动又克世爻或克用神，多主病况严重。

（3）白虎属金，主杀人之刀，白虎临用神，主其人会有连续丧亡之祸。

（4）若白虎所临之爻属水（由该爻地支的五行属性决定），且动而化出丑土（回头克），则占病者，主会有大凶。

（5）若白虎所临之爻属水（由该爻地支的五行属性决定），又持父爻，但值旬空，主其人祖坟透水，或肝腹水、白血病。

（6）若白虎所临之爻属火（由该爻地支的五行属性决定），且生助世爻、用神，主吉。

（7）若白虎所临之爻乃父爻，但被动爻、日、月刑克，主父母之灾，无救孝灾。

（8）若白虎所临之爻乃兄爻，主有小人称霸；若此时带刑克，主有强奸之事；若白虎所临之爻乃兄爻又临世爻，且官鬼爻动，主有官司之事。

（9）若白虎所临之爻乃子孙爻，又值旬空，乃丧子的预兆，六亲同论。

（10）若白虎所临之爻乃妻财爻，且旺而持世，主其人只认钱不认人。

（11）若白虎所临之爻乃官鬼爻，此乃公检法军警的标记。此时须防凶伤、丧事等。

（12）若白虎所临之爻持世爻，又临驿马位，主其人会有调动外出之事。（笔者注：所谓"驿马位"，是指寅、申、巳、亥四个位。在六爻断卦法中是指地支为寅、申、巳、亥的爻。它的依据是："申子辰马在寅，寅午戌马在申，巳酉丑马在亥，亥卯未马在巳。"）

（13）若白虎所临之爻动克世，主其人有血光之灾，外卦动出门有祸、内卦动居家有祸。有救病灾，带刑伤灾，无救死灾。

（14）若白虎所临之爻被青龙所临之爻克，主其人勇而有礼。

（15）若白虎所临之爻动，利生产之事。

6. 玄武

玄武属水，阳，居北方。其生旺墓绝的状态是：坎旺艮相，冬旺。

玄武象征暗昧、偷盗、诈骗、阴谋、狡猾、欺瞒、厕所、邪气、风湿、潮湿、淫邪、轻浮、风流等。

在断卦时，可以根据玄武所临之爻作出判断。

（1）玄武所临之爻宜处于衰的状态。

（2）若玄武所临之爻持世爻，主其人会有破财、暧昧、投机、盗贼等事。

（3）测疾病：若玄武所临之爻乃官鬼爻，主此人肾亏。

（4）若玄武所临之爻乃妻财爻，主其人有投机、偷税走私、诈骗、偷奸等事。

易源易法——易经的渊源与推算体系分析

若妻财爻与玄武所临之爻相合，主其人贪财好色。

（5）玄财化鬼生世，窝藏罪犯，六亲同论。

（6）若玄武所临之爻乃官鬼爻，此乃盗贼的标记。若玄武所临之官鬼爻位于三爻或四爻，主有盗贼临门，尤其要防相冲之日。若玄武所临之官鬼爻动而克世，主必遭盗患。

（7）若玄武所临之官鬼爻暗动，且克世爻、用神，主有小人暗害之事。

（8）若玄武所临之官鬼爻属水（由该爻地支的五行属性决定），且持世爻；或此爻动而克世爻、用神，主其人死于水难，无救。

（9）若玄武爻临父爻，有处于沐浴状态，主其人有私生子之事。

（10）若玄武爻临兄爻，须防备劫骗。而且玄武爻临兄爻再带桃花者，主其人淫邪。

（11）若玄武所临之爻与子孙爻相合，主其人嗜酒多情。

（12）若玄武所临之爻又临忌神，且克世爻，主其人会因盗贼或通奸致灾。

（13）若玄武所临之爻持世，须防破财，逃亡遗失；但若生助世爻，则无害。

（二）六神配六爻的规则

将六神装入卦中是指给每一爻配一个六神，具体的规则是根据预测当日的天干而定（笔者注：这时使用天干，而不用地支，是因为六神乃天上神煞），从初爻自下往上依顺序而配以六爻。六神的循环排列顺序是：青龙、朱雀、勾陈、螣蛇、白虎、玄武。

如果预测当日的天干是甲或乙，由于甲、乙属木，从初爻配与天干五行属性相同的青龙，依次序二爻配朱雀，三爻配勾陈，四爻配螣蛇，五爻配白虎，六爻配玄武。

如果是丙、丁日预测，由于丙、丁属火，则初爻从朱雀起配。

如果是戊日预测，由于戊属阳土，则初爻从勾陈起配。

如果是己日预测，则初爻从螣蛇起配。

（笔者注：螣蛇的起配有其特殊性，己属阴土，而螣蛇属火，但螣蛇又对应于六月，月支为未，未属阴土，故从螣蛇开始起配。）

如果是庚、辛日预测，由于庚、辛属金，则初爻从白虎起配，如果是壬、癸日预测，由于壬、癸属水，则初爻从玄武起配。列表如下：

装六神表

日天干	甲、乙	丙、丁	戊	己	庚、辛	壬、癸
上爻	玄武	青龙	朱雀	勾陈	螣蛇	白虎
五爻	白虎	玄武	青龙	朱雀	勾陈	螣蛇
四爻	螣蛇	白虎	玄武	青龙	朱雀	勾陈
三爻	勾陈	螣蛇	白虎	玄武	青龙	朱雀

日天干	甲、乙	丙、丁	戊	己	庚、辛	壬、癸
二爻	朱雀	勾陈	螣蛇	白虎	玄武	青龙
初爻	青龙	朱雀	勾陈	螣蛇	白虎	玄武

　　至此，一个大成卦在断卦前所需装入的基本内容已经全部作了介绍。此后是"用神""元神"等都是断卦过程中根据其他各种参数（如生旺墓绝和旺相休囚死的各种状态、卦气等）动态地确定的。为了便于使用，下表列出了六十四卦的地支、五行、六亲、世爻和应爻全部内容。

六十四卦纳甲全息表

乾　宫

乾为天☰☰（八纯）
- ——父母丙戌土　世
- ——兄弟甲申金
- ——官鬼壬午火
- ——父母戊辰土　应
- ——妻财丙寅木
- ——子孙甲子水

天风姤☰☴（一世）
- ——父母丙戌土
- ——兄弟甲申金
- ——官鬼壬午火　应
- ——兄弟丁酉金
- ——子孙己亥水
- — —父母辛丑土　世

天山遁☰☶（二世）
- ——父母丙戌土
- ——兄弟甲申金　应
- ——官鬼壬午火
- ——兄弟庚申金
- — —官鬼戊午火　世
- — —父母丙辰土

天地否☰☷（三世）
- ——父母丙戌土　应
- ——兄弟甲申金
- ——官鬼壬午火
- — —妻财辛卯木　世
- — —官鬼癸巳火
- — —父母乙未土

风地观☴☷（四世）
- ——妻财丁卯木
- ——官鬼己巳火
- — —父母辛未土　世
- — —妻财辛卯木
- — —官鬼癸巳火
- — —父母乙未土　应

山地剥☶☷（五世）
- ——妻财庚寅木
- — —子孙戊子水　世
- — —父母丙戌土
- — —妻财辛卯木
- — —官鬼癸巳火　应
- — —父母乙未土

火地晋☲☷（游魂）
- ——官鬼乙巳火
- — —父母丁未土
- ——兄弟己酉金　世
- — —妻财辛卯木
- — —官鬼癸巳火
- — —父母乙未土　应

火天大有☲☰（归魂）
- ——官鬼乙巳火　应
- — —父母丁未土
- ——兄弟己酉金
- ——父母戊辰土　世
- ——妻财丙寅木
- ——子孙甲子水

兑　宫

兑为泽☱☱（八纯）
- — —父母癸未土　世
- ——兄弟乙酉金
- ——子孙丁亥水
- — —父母癸丑土　应
- ——妻财乙卯木
- ——官鬼丁巳火

泽水困☱☵（一世）
- — —父母癸未土
- ——兄弟乙酉金
- ——子孙丁亥水　应
- — —官鬼壬午火
- ——父母庚辰土
- — —妻财戊寅木　世

泽地萃☱☷（二世）
- — —父母癸未土
- ——兄弟乙酉金　应
- ——子孙丁亥水
- — —妻财辛卯木
- — —官鬼癸巳火　世
- — —父母乙未土

泽山咸☱☶（三世）
- — —父母癸未土　应
- ——兄弟乙酉金
- ——子孙丁亥水
- ——兄弟庚申金　世
- — —官鬼戊午火
- — —父母丙辰土

水山蹇☵☶（四世）
- — —子孙壬子水
- ——父母庚戌土

地山谦☷☶（五世）
- — —兄弟己酉金
- — —子孙辛亥水世

雷山小过☳☶（游魂）
- — —父母甲戌土
- ——兄弟壬申金

雷泽归妹☳☱（归魂）
- — —父母甲戌土应
- ——兄弟壬申金

水山蹇（四世）	地山谦（五世）	雷山小过（游魂）	雷泽归妹（归魂）
— —官鬼戊午火	— —官鬼戊午火　应	——官鬼戊午火	——妻财乙卯木
——父母丙辰土　应	——父母丙辰土	——父母丙辰土　应	— —官鬼丁巳火
— —兄弟戊申金　世	— —父母癸丑土	— —官鬼庚午火　世	——官鬼庚午火
— —兄弟庚申金	— —兄弟庚申金	— —兄弟庚申金	— —父母癸丑土　世

离 宫

离为火（八纯）	火山旅（一世）	火风鼎（二世）	火水未济（三世）
——兄弟乙巳火　世	——兄弟乙巳火	——兄弟乙巳火	——兄弟乙巳火　应
— —子孙丁未土	— —子孙丁未土	— —子孙丁未土　应	— —子孙丁未土
——妻财己酉金	——妻财己酉金　应	——妻财己酉金	——妻财己酉金
——官鬼乙亥水　应	——妻财庚申金	——妻财丁酉金	— —兄弟壬午火　世
— —子孙丁丑土	— —兄弟戊午火	——官鬼己亥水　世	——子孙庚辰土
——父母己卯木	— —子孙丙辰土　世	— —子孙辛丑土	— —父母戊寅木

山水蒙（四世）	风水涣（五世）	天水讼（游魂）	天火同人（归魂）
——父母庚寅木	——父母丁卯木	——子孙丙戌土	——子孙丙戌土
— —官鬼戊子水	——兄弟己巳火　世	——妻财甲申金	——妻财甲申金
— —子孙丙戌土　世	— —子孙辛未土	——兄弟壬午火　世	——兄弟壬午火　世
— —兄弟壬午火	— —兄弟壬午火	— —兄弟壬午火	——官鬼乙亥水
——子孙庚辰土	——子孙庚辰土　应	——子孙庚辰土	— —子孙丁丑土
— —父母戊寅木　应	— —父母戊寅木	— —父母戊寅木　应	——父母己卯木　应

震 宫

震为雷（八纯）	雷地豫（一世）	雷水解（二世）	雷风恒（三世）
— —妻财甲戌土　世	— —妻财甲戌土	— —妻财甲戌土	— —妻财甲戌土　应
— —官鬼壬申金	— —官鬼壬申金	— —官鬼壬申金	— —官鬼壬申金
——子孙庚午火	——子孙庚午火　应	——子孙庚午火	——子孙庚午火
— —妻财甲辰土　应	— —兄弟辛卯木	— —子孙壬午火	——官鬼丁酉金　世
— —兄弟壬寅木	— —子孙癸巳火	——妻财庚辰土　世	——父母己亥水
——父母庚子水	— —妻财乙未土　世	— —兄弟戊寅木	— —妻财辛丑土

地风升（四世）	水风井（五世）	泽风大过（游魂）	泽雷随（归魂）
— —官鬼己酉金	— —父母壬子水	— —妻财癸未土	— —妻财癸未土　应
— —父母辛亥水	——妻财庚戌土　世	——官鬼乙酉金	——官鬼乙酉金
— —妻财癸丑土　世	— —官鬼戊申金	——父母丁亥水　世	——父母丁亥水
——官鬼丁酉金	——官鬼丁酉金	——官鬼丁酉金	— —妻财甲辰土　世
——父母己亥水	——父母己亥水　应	——父母己亥水	— —兄弟壬寅木
— —妻财辛丑土　应	— —妻财辛丑土	— —妻财辛丑土　应	——父母庚子水

第七章　六爻断卦法（纳甲筮法、火珠林法）

巽为风䷸（八纯）	风天小畜䷈（一世）	风火家人䷤（二世）	风雷益䷩（三世）
——兄弟丁卯木　世	——兄弟丁卯木	——兄弟丁卯木	——兄弟丁卯木　应
——子孙己巳火	——子孙己巳火	——子孙己巳火　应	——子孙己巳火
— —妻财辛未土	— —妻财辛未土　应	— —妻财辛未土	— —妻财辛未土
——官鬼丁酉金　应	——妻财甲辰土	——父母己亥水	— —妻财庚辰土　世
——父母己亥水	——兄弟甲寅木	— —妻财己丑土　世	— —兄弟庚寅木
— —妻财辛丑土	——父母甲子水　世	——兄弟己卯木	——父母庚子水

天雷无妄䷘（四世）	火雷噬嗑䷔（五世）	山雷颐䷚（游魂）	山风蛊䷑（归魂）
——妻财壬戌土	——子孙己巳火	——兄弟丙寅木	——兄弟丙寅木　应
——官鬼壬申金	— —妻财己未土　世	— —父母丙子水	— —父母丙子水
——子孙壬午火　世	——官鬼己酉金	— —妻财丙戌土　世	— —妻财丙戌土
— —妻财庚辰土	— —妻财庚辰土	— —妻财庚辰土	——官鬼辛酉金　世
— —兄弟庚寅木	— —兄弟庚寅木　应	— —兄弟庚寅木	——父母辛亥水
——父母庚子水　应	——父母庚子水	——父母庚子水　应	— —妻财辛丑土

坎为水䷜（八纯）	水泽节䷻（一世）	水雷屯䷂（二世）	水火既济䷾（三世）
— —兄弟戊子水　世	— —兄弟戊子水	— —兄弟戊子水	— —兄弟戊子水　应
——官鬼戊戌土	——官鬼戊戌土	——官鬼戊戌土　应	——官鬼戊戌土
— —父母戊申金	— —父母戊申金　应	— —父母戊申金	— —父母戊申金
— —妻财戊午火　应	— —官鬼丁丑土	— —官鬼庚辰土	——兄弟己亥水　世
——官鬼戊辰土	——子孙丁卯木	— —子孙庚寅木　世	— —官鬼己丑土
— —子孙戊寅木	——妻财丁巳火　世	——兄弟庚子水	——子孙己卯木

泽火革䷰（四世）	雷火丰䷶（五世）	地火明夷䷣（游魂）	地水师䷆（归魂）
— —官鬼丁未土	— —官鬼庚戌土	— —父母癸酉金	— —父母癸酉金　应
——父母丁酉金	— —父母庚申金　世	— —兄弟癸亥水	— —兄弟癸亥水
——兄弟丁亥水　世	——妻财庚午火	— —官鬼癸丑土　世	— —官鬼癸丑土
——兄弟己亥水	——兄弟己亥水	——兄弟己亥水	— —妻财戊午火　世
— —官鬼己丑土	— —官鬼己丑土　应	— —官鬼己丑土	——官鬼戊辰土
——子孙己卯木　应	——子孙己卯木	——子孙己卯木　应	— —子孙戊寅木

艮为山䷳（八纯）	山火贲䷕（一世）	山天大畜䷙（二世）	山泽损䷨（三世）
——官鬼丙寅木　世	——官鬼丙寅木	——官鬼丙寅木	——官鬼丙寅木　应
— —妻财丙子水	— —妻财丙子水	— —妻财丙子水　应	— —妻财丙子水

易源易法——易经的渊源与推算体系分析

艮为山䷳（八纯）	山火贲䷫（一世）	山天大畜䷙（二世）	山泽损䷨（三世）
— 兄弟丙戌土 —— 子孙庚申金 应 — 父母戊午火 — 兄弟丙辰土	— 兄弟丙戌土 应 — 妻财乙亥水 — 兄弟丁丑土 — 官鬼己卯木 世	— 兄弟丙戌土 —— 兄弟戊辰土 — 官鬼丙寅木 世 —— 妻财甲子水	— 兄弟丙戌土 — 兄弟癸丑土 世 — 官鬼乙卯木 — 父母丁巳火

火泽睽䷥（四世）	天泽履䷉（五世）	风泽中孚䷼（游魂）	风山渐䷴（归魂）
— 父母乙巳火 — 兄弟丁未土 — 子孙己酉金 世 — 兄弟癸丑土 — 官鬼乙卯木 — 父母丁巳火 应	— 兄弟丙戌土 — 子孙甲申金 世 — 父母壬午火 — 兄弟癸丑土 — 官鬼乙卯木 应 — 父母丁巳火	— 官鬼丁卯木 — 父母己巳火 — 兄弟辛未土 世 — 兄弟癸丑土 — 官鬼乙卯木 — 父母丁巳火 应	— 官鬼丁卯木 应 — 父母己巳火 — 兄弟辛未土 — 子孙庚申金 世 — 父母戊午火 — 兄弟丙辰土

坤 宫

坤为地䷁（八纯）	地雷复䷗（一世）	地泽临䷒（二世）	地天泰䷊（三世）
— 子孙己酉金 世 —— 妻财辛亥水 —— 兄弟癸丑土 —— 官鬼辛卯木 应 —— 父母癸巳火 —— 兄弟乙未土	— 子孙己酉金 —— 妻财辛亥水 —— 兄弟癸丑土 应 —— 兄弟甲辰土 —— 官鬼壬寅木 — 妻财庚子水 世	— 子孙己酉金 —— 妻财亥辛水 应 —— 兄弟癸丑土 —— 兄弟癸丑土 — 官鬼乙卯木 世 — 父母丁巳火	— 子孙己酉金 应 —— 妻财辛亥水 —— 兄弟癸丑土 — 兄弟戊辰土 世 — 官鬼丙寅木 — 妻财甲子水

雷大大壮䷡（四世）	泽天夬䷪（五世）	水天需䷄（游魂）	水地比䷇（归魂）
— 兄弟甲戌土 —— 子孙壬申金 —— 父母庚午火 世 — 兄弟戊辰土 — 官鬼丙寅木 — 妻财甲子水 应	—— 兄弟癸未土 — 子孙乙酉金 世 — 妻财丁亥水 — 兄弟戊辰土 — 官鬼丙寅木 应 — 妻财甲子水	—— 妻财壬子水 — 兄弟庚戌土 —— 子孙戊申金 世 — 兄弟戊辰土 — 官鬼丙寅木 —— 妻财甲子水 应	—— 妻财壬子水 应 — 兄弟庚戌土 —— 子孙戊申金 —— 官鬼辛卯木 世 —— 父母癸巳火 —— 兄弟乙未土

六、用神

在神秘文化的多个领域中都使用了"用神"这个名词，但各有不同的定义和内涵。六爻断卦法中的"用神"是指在一个卦中与需要预测对象对应的六亲之爻。例如，预测的是父母之事，则父母爻就是用神；预测的是子孙之事，则子孙爻就是用神；预测的是官司诉讼之事，则官鬼爻就是用神；等等。因此，"用神"是六爻断卦的核心，断卦的过程就是围绕着用神展开的。

正确选择用神在六爻断卦法中十分关键,选取的正确与否决定了断卦的准确率。在六爻断卦法中第一步程序就是选取用神,这是最重要的。用神是展开六爻预测的核心,一切事情的吉凶与发展都围绕着用神来分析推理,用神取错,失之毫厘,谬以千里。为此,在断卦开始前,首先必须问明求测者求测何人、何事,或问明来测者与被测之人的亲缘关系等因素,这样才能做到正确地确定选用哪一个爻作为用神。

[笔者注:初学者容易混淆"用神"和"世爻"。世爻是占得一卦后就确定了的(也就是该卦是几世卦),不会因为测问的人、事、物的不同而变,是静态的。而"用神"则是根据所测问的人、事、物的不同而相应地确定的,是动态的。]

1. 分类取用神规则

(1)凡占祖辈、父母长辈、师长、上司等,均选父母爻为用神。另外,凡占房宅、车船、衣服、雨具等庇护自身的东西,或与文字有关的文章、书信、作品、书籍、契约、合同等,也选父母爻为用神。

(2)凡占仕途、功名、官府、雷霆、丈夫等,均选官鬼爻为用神。另外,凡占鬼神、盗贼、疾病、邪恶等危害自身的东西等,也选官鬼爻为用神。

(3)凡占同辈的兄弟姐妹、关系密切的朋友、姐丈妹夫等,均选兄弟爻为用神。

(4)凡占妻妾、保姆、佣人等,均选妻财爻为用神。另外,凡占货物、金银、钱粮及供我使用的日用品、用具等,也选妻财爻为用神。

(5)凡占子孙、子女、女婿、甥侄、学生等,均选子孙爻为用神。另外,凡占医药、大夫、僧人、六畜、禽兽等,也选子孙为用神。

(6)占自己不熟悉的人、邻居、竞争对手、一般朋友,均选应爻为用神。应爻可视为:所测之事或他人、对方、仇人,以及问卦人所要测的事。

2. 六爻取用神规则

(1)父母爻:测父母为用神,测家宅为堂栋,测兄弟为相生,测妻财为外家,测子孙为杀忌,测婚姻为议书,测自身为祖荫,测求官为调令,测官司为状子,测交易为契约,测行人为行李,测买卖为方向,测求谋为头绪,测出征为将为旗。

(2)妻财爻:测妻妾为用神,测家宅为厨灶,测自身为内助,测买卖为货物(以子孙爻为货物,妻财爻为本钱),测婚姻为嫁妆,测仕官为俸禄,测求财为财利,测父母为杀忌,测仓库为量粮室,测词讼为生发,测盗贼为藏物,测行船为装载,测出征为辎重。

(3)兄弟爻:测兄弟为用神,测家宅为门廊,测自身为比肩,测出行为伴侣,测买卖为不利,测谋事为竞争,测妻妾为杀忌,测子孙为助爻,测求财为劫神,测遗失为阻碍,测开店为掌管。

(4)子孙爻:测子孙为用神,测家宅为廊舍,测自身为平安,测买卖为行市,测婚姻为克夫(若是女性占问),测妻妾为内助,测行人为随从,测疾病为医生,测谋事为结果，测盗贼为捕人，测出征为兵卒，测官讼为和解，测行船为底水。

（5）官鬼爻：测家宅为厅堂，测自身为阻滞，测婚姻为媒妁，测仕官为官职，测疾病为怪病，测词讼为官府，测出行为不吉，测官名为用神，测兄弟为杀忌，测行船为桅杆和舵。

综上所述，在断卦过程中，正确选择用神十分关键。但是，用神的选择会因为占问的人或事的变化而变化，并不是一成不变的。

例如，已婚者测婚姻，男方测女方，以妻财爻为用神；女方测男方，以官鬼爻为用神。未婚者测婚姻，以世爻为求测者自己，应爻为对方、为用神。

又如，测考试升学，考中学和考大学（或考研究生）的用神选择也是不同的。

在占得一卦后，确定用神时，有三种情形：卦中只有一个用神；或卦中有两个用神，叫作"用神两现"；或卦中没有可以取作用神的六亲之爻，叫作"用神不现"。出现第一种情形，正常断卦即可。对于"用神两现""用神不现"等，将在后面论述。

3. 用神两现

所谓"六亲"，实际上出现在一个大成卦中只有"父母爻""妻财爻""兄弟爻""子孙爻""官鬼爻"五种（笔者注：因为蕴涵了与这五种人际关系关联的"我"，故为"六亲"），因此，一个大成卦的六个爻中必然有两个爻所配的六亲是相同的。如果在断卦时将一个卦中的这两个爻对应的六亲取为用神，即为"用神两现"。

例如占问子女，卦中有两个子孙爻；占问父母，卦中有两个父母爻等。卦中遇到用神两现，需要从两个六亲之爻中选择其中的一个作为断卦时用的用神，另一个可以不参与断卦或仅作为断卦时的参考。

在两个用神之中选择一个的规则是：

（1）如果两个爻中有一个发动，则取发动之爻为用神。因为动爻为事物变化的发端，动爻相比静爻更能反映客观世界的情况。

（2）如果两个爻都发动或都没有发动，则取临旬空或月破之爻，如果都不临空破，则取逢冲（被日辰、月建相冲）、或逢合（与日辰、月建相合）之爻。

（3）如果两个爻既不逢冲也不逢合，则取临世爻或临应爻之爻，如果都不临世应，则取离世爻或应爻较近的一个为用神。

（4）如果两个爻的地支完全相同，则需要根据爻位或所临六神来取用神。

（笔者注：上述规则不是铁定不变的，如果卦中两个用神爻一空一破，或一动一空，则可兼而断之，甚至两爻皆可做用神。）

关于在占问不同的人和事时选择用神的规则，将在下面"六爻断卦法的断卦分类规则"一节中详细介绍。

七、元神（原神）

根据五行生克的规则，生助用神的那个爻即为"元神"，有些书籍中将元神称为"原神"。

元神宜旺相，以及有日（日辰）、月（月建）、动爻来生扶之，或者直接临日月（所谓"临日月"是指，元神爻的地支刚好与日地支或月地支相同），或者元神是动爻，且动化回头生，即变出的变爻生助元神爻，或者动化进神。

元神不宜休、囚、空、破，以及动化空（空亡）、绝（见"四季生旺"一节）、化退神。

即使元神旺相生助用神，但需要用神自身有根，若用神休、囚、空、破，则元神再旺也难以生扶它，因为用神犹如无根之枯木，生扶不起。

例如，若占问兄弟之事，得水地比卦☷，装入地支和六亲：

　　　　　　　— —妻财子水
　　　　　　　———兄弟戌土
　　　　　　　— —子孙申金
　　　　　　　— —官鬼卯木
　　　　　　　— —父母巳火
　　　　　　　— —兄弟未土

由于是占问兄弟之事，故选定五爻兄弟戌土为用神，根据"火生土"可知，二爻"父母巳火"为元神。

又如，若占问孩子之事，得泽地萃卦☷，装入地支和六亲：

　　　　　　　— —父母未土
　　　　　　　———兄弟酉金
　　　　　　　———子孙亥水
　　　　　　　— —妻财卯木
　　　　　　　— —官鬼巳火
　　　　　　　— —父母未土

由于是占问孩子之事，故选定四爻子孙亥水为用神，根据"金生水"可知，五爻兄弟酉金为元神。

元神处于下列六种状态时，可以生助用神：

（1）元神临日、月（笔者注：即元神爻的地支与日地支，或月地支相同），或元神得到生助时，则元神旺相有力，可以生助用神。

（2）元神发动，得变爻回头生助元神，即动化回头生，或动化进神（见"进神、退神"一节）时，可以生助用神。

（3）元神得日、月生助，为旺相，或在该日或该月处于"长生"状态（见"生

· 116 ·

旺墓绝"一节），为有气，可以生助用神。

（4）元神和忌神同时发动（即同为动爻），为连续相生（笔者注：虽然忌神克用神，但元神生助用神，且忌神生助元神，故称为"连续相生"），此时元神可以生助用神。

（5）元神与月建相合（元神的地支与月地支为五行六合），则为合旺，可以生助用神。

（6）元神虽然位于空亡，或动而化空，但如果元神旺相时，依然可以生助用神。

元神在以下七种状态时，自身没有力量，无法生助用神：

（1）元神休囚，又不发动，为静爻，则无法生助用神。

（2）元神虽然发动，但休囚无力，又被其他爻克制时，则无法生助用神。

（3）元神休囚，虽然发动，但动化退神（见"进神、退神"一节），则无法生助用神。

（4）元神休囚，虽然发动，但动化"绝"（见"生旺墓绝"一节），或居"绝"地时，则无法生助用神。

（5）元神休囚，且入"墓"（见"生旺墓绝"一节）时，则无法生助用神。

（6）元神遇月破或日破，且为静爻时，则无法生助用神。

（7）元神休囚，虽然发动，但动而化合，或被日辰以及其它动爻合住时，则无法生助用神。

八、忌神

与元神相反，凡卦中克用神者为忌神。忌神是不利于用神的因素，因此，忌神不宜处于旺相的状态，宜处于休囚空破，动而化空、化破、化绝、化退等状态。如果忌神旺相，得日、月、动爻生扶，又发动于卦中，就为大凶。但如果此时卦中有元神同时发动，则凶象可解，这时需要用神自身旺相才能发挥作用，如果用神自身处于休囚状态，则即使元神发动也无法解救凶象。

如上例中，若占问孩子之事，得泽地萃卦☱☷，装入地支和六亲：

```
——  ——父母未土
————兄弟酉金
————子孙亥水
——  ——妻财卯木
——  ——官鬼巳火
——  ——父母未土
```

四爻亥水子孙为用神，五爻酉金兄弟为元神，上爻未土父母和初爻未土父母均为忌神。如果测算时正处于四季月（三月、六月、九月、十二月），土处于旺相状

易源易法——易经的渊源与推算体系分析

态，则对用神十分不利。这时即使五爻酉金兄弟发动，但由于用神四爻亥水子孙处于"死"的状态（见"生旺墓绝"一节），故五爻酉金兄弟发动也不起作用。

忌神处于下列六种状态时，可以克用神：

（1）忌神得日（辰）、月（建）生助时。

（2）忌神临日月（即忌神之爻与日地支或月地支的五行属性相同），或得到日辰或月建相生（生扶）时，则可以克用神。

（3）忌神发动，且动化进神（见"进神、退神"一节），则可以克用神。

（4）忌神为动爻，且所得变爻回头相生时（动化回头生），则可以克用神。

（5）忌神和仇神（见"仇神"一节）同为动爻时，则可以克用神。

（6）日或月为忌神的长生之地时（即忌神于日地支或月地支处于长生状态），则可以克用神。

忌神处于下列七种状态时，自身太弱无法克用神：

（1）忌神处于休囚状态，且为静爻时，则无法克用神。

（2）忌神同时被日、月克制时，则无法克用神。

（3）忌神休囚，又逢月破、空亡时，则无法克用神。

（4）忌神休囚，发动，且动化退神时（见"进神、退神"一节），则无法克用神。

（5）忌神发动，但休囚，且遇绝地，或动而化出之爻遇绝地时，则无法克用神。

（6）忌神休囚，又入墓时，则无法克用神。

（7）忌神和元神同时发动时，则无法克用神（笔者注：此时反而是元神能生助用神。见"元神"）。

九、仇神

在卦中生助忌神者称为仇神，它克制元神。仇神和忌神一样，也是不利于用神的因素之一，因此宜安静不动，休囚空破，不宜旺相发动。除了与忌神同为动爻时能克用神的情形，在六爻断卦法中仇神很少被应用。

十、进神、退神

若一卦之中的动爻变出与自己五行相同的爻，即动爻和变爻的五行相同。这时需要区分相同的五行之间前后进退的关系。进退有喜有忌，视具体情况而定。所谓前后进退关系，是指依十二地支排列顺序，顺向排列者为进神（子、丑、寅、卯、……、亥、子、……），逆向排列者为退神（亥、戌、酉、申、……、子、亥、……）。具体地说：

凡亥化子、寅化卯、巳化午、申化酉、丑化辰、辰化未、未化戌、戌化丑，皆为进神。

凡子化亥、卯化寅、午化巳、酉化申、辰化丑、丑化戌、戌化未、未化辰，皆为退神。

例如，占得本卦为水雷屯卦☷☵，二爻动，变出水泽节卦☵☱。它们纳甲后为：

<table>
<tr><td colspan="2">水雷屯</td><td colspan="2">水泽节</td></tr>
<tr><td>━ ━</td><td>兄弟子水</td><td>━ ━</td><td>兄弟子水</td></tr>
<tr><td>━━━</td><td>官鬼戌土</td><td>━━━</td><td>官鬼戌土</td></tr>
<tr><td>━ ━</td><td>父母申金</td><td>━ ━</td><td>父母申金</td></tr>
<tr><td>━ ━</td><td>官鬼辰土</td><td>━ ━</td><td>官鬼丑土</td></tr>
<tr><td>━ ━</td><td>子孙寅木　×</td><td>━━━</td><td>子孙卯木</td></tr>
<tr><td>━━━</td><td>兄弟子水</td><td>━━━</td><td>妻财巳火</td></tr>
</table>

[笔者注：卦中二爻（阴爻）动，故在它的后面打上"×"标记。如果是阳爻发动，则在它的后面打上"○"的标记，下文中同此例。]

水雷屯卦的二爻"子孙寅木"发动，变出水泽节卦的二爻"子孙卯木"，属于寅化卯，故为进神。由此可以推理，如果水泽节为本卦，也是二爻发动，"子孙卯木"变出"子孙寅木"，则为退神。

凡出现进神，表示事物向前发展，前景光明，如春天之花草树木蓬勃向上。凡出现退神，与进神相反，表示事物从此消退、减弱，如秋天之花草树木，日渐凋零。

一般而言，用神、元神宜化进神；忌神、仇神宜化退神。用神虽弱，若化进，犹如春天嫩木，会渐渐变得壮实，事物慢慢转吉。忌神虽旺，若化退，只要用神有生机，说明事情会有转机，危机和不利的局面只是暂时的，危机过后，仍会转入平静。在具体断卦时需要灵活运用。例如，测丢失物品、家人走失、与朋友发生矛盾分手，若出现用神化退神，乃是去而复返之象（失物回归之意），应以吉论。若出现神化进神，反而是失物和人远离自己之象，应以不吉论。但若用神处于休囚状态，即使忌神化退，也为不吉，这就是所谓的"若得日月生比（生助、比和），有当令不退"之说。

总之，若卦中的动爻旺相发动而化进神，则进神宜乘势而进；若动爻休囚而化进神，则眼下时机未到，需待时而进。此时若动爻或变爻中有一个值旬空、月破，需待此爻填实之时而进。

若动爻化退神，且动爻、变爻皆旺，占近事则旺而不退，占远事则日后必退。若动爻休囚，则及时而退；若动爻、变爻有一个旺，则眼下不退，待休囚之时而退；若动爻、变爻中有一个值旬空、月破，则待此爻填实之时而退。（关于"填实"，见后面"旬空"中的论述。）

十一、飞神、伏神（用神不现）

在占得一卦后，接着是解卦，需要根据所测问之事确定用神所对应的六亲之爻，但由于在六十四卦中有许多卦的六亲之爻是不全的，因此很可能在这些卦中没有与用神对应的六亲之爻。这种现象在六爻断卦法中称为"用神不现"。这时就需找出伏藏起来的用神。《易隐》云:"范畴曰,飞伏者,往来隐显之神也。飞为已往,伏为将来。"《增删卜易》云:"凡卦,用神不现者,即以日月为用神。倘日月非用神,须于本宫首卦寻之。盖本宫之首卦六亲俱备故也。"

六十四卦分属八宫,每一卦都属于某一个宫。该宫的首卦中六亲之爻俱全,而且该宫中其余七卦都是从首卦演变而来。因此,如果占得的卦中没有用神,就可以在该宫的首卦中找对应的六亲。这样得到的首卦中六亲之爻称为"伏神",伏神位于首卦中第几爻,它就伏在本卦的第几爻下(亦称为"用神伏藏")。而本卦中与"伏神"对应的爻称为"飞神"。

(笔者注:所谓"伏神",是指由于本卦中没有与用神对应之爻,在首卦中找到与用神对应之爻,则称为伏藏在本卦爻位相同的某爻之下。而伏神之上的爻即为"飞神"。)

在《增删卜易》中有这样一个例子,占问妻财之事,应取财爻为用神。占得"天风姤"卦,乃乾宫一世卦,卦中没有妻财爻,乃用神不上卦。按照"须于本宫首卦寻之"的规则,乾宫的首卦是"乾为天"卦,妻财寅木爻位于首卦的二爻。按照《增删卜易》所说的"用神不现者,即以日月为用神。"如果是在寅或卯的月、日占卦,即以该月、日为用神。若不是在寅或卯的月、日占卦,则以首卦中的二爻妻财寅木为用神,它是伏藏在本卦的二爻子孙亥水之下,所以称为"伏神",而子孙亥水称为"飞神"。如下所示:

本卦:天风姤
——————父母戌土
——————兄弟申金
——————官鬼午火　　应
——————兄弟酉金
——————子孙亥水　　伏神:妻财寅木　飞神:子孙亥水
—　　——父母丑土　　世

乾宫首卦:乾为天
——————父母戌土　　世
——————兄弟申金
——————官鬼午火
——————父母辰土　　应
——————妻财寅木
——————子孙子水

由于亥水生助寅木,此乃"飞来生伏得长生"。虽然用神不现,但由于伏神"妻财寅木"得到飞神"子孙亥水"的生扶,无用变为有用,因此可作吉断。

(笔者注:《增删卜易》对这个卦例的解说有存疑之处。原文说,"如占妻财,取财爻为用神。此姤卦,系乾宫之卦,以寅卯木爻为妻财,今六爻并无寅卯,即是用神不上卦。如在寅卯月日占者,则以日月为用神,倘非寅卯月日,须在本宫首卦之乾为天卦内寻之。"山东大学易学家刘大钧教授的《周易纳甲筮法》一书也引用了这个卦例,在该书中说:"《姤》卦系乾宫一世卦,乾宫属金,自然以寅卯木爻为妻财用神,……"。但是,为什么乾宫的卦就要以寅卯木爻为妻财?或者为什么乾宫属金，自然以寅卯木爻为妻财用神？两本书中均未解释。

笔者认为，这个问题应该讲清楚。需要分清孰为"因"，孰为"果"。问妻财之事是"因"，但本卦没有妻财爻，所以要从首卦找出"果"——妻财爻。首卦二爻为妻财寅木，所以作为伏藏的用神，即伏神。这是从首卦中找出来的，不是因为乾宫属金而确定的，更不能贸然说什么"乾宫属金，自然以寅卯木爻为妻财用神"。这样在逻辑上把"因"和"果"颠倒了。而且这个卦例与卯木毫无关系，这里突然提出卯木，并且提出"以寅卯木为妻财"，反而容易误导读者。

至于《增删卜易》所说的"用神不现者，即以日月为用神。"笔者认为，既然要从首卦中找出"伏神"，则如果伏神爻的地支与占问之月日的地支相同，自然也就是"以日月为用神。"如果不相同，那么还是要用伏神，而不是因为所谓的"用神不现者，即以日月为用神。"）

《增删卜易》中又有一例，占问子孙之事，占得"天山遁"卦（乾宫二世卦），取子孙爻为用神，而且由于兄弟爻申金生助子孙爻（根据"金生水"确定），故子孙爻必为亥水或子水。但卦中没有子孙爻，若占卦之日是亥或子的月、日，即以该月或日作为用神。若不是亥或子的月、日，则需从首卦中寻找。如下所示：

本卦：天山遁	乾宫首卦：乾为天
▬▬▬ 父母戌土	▬▬▬ 父母戌土 世
▬▬▬ 兄弟申金　应	▬▬▬ 兄弟申金
▬▬▬ 官鬼午火	▬▬▬ 官鬼午火
▬▬▬ 兄弟申金	▬▬▬ 父母辰土 应
▬ ▬ 官鬼午火　世	▬▬▬ 妻财寅木
▬ ▬ 父母辰土　伏神：子孙子水飞神：父母辰土	▬▬▬ 子孙子水

在"乾为天"卦中，子孙子水在初爻，它就是"伏神"。伏于"天山遁"卦的初爻父母辰土之下，该爻就是"飞神"。由于辰土而克子水，此乃"飞来克伏遭克害"，即伏神受制。因此，伏神无用，应作凶断。

（笔者注：此例与上例同样存在将因果颠倒的逻辑混乱。应该承认《增删卜易》的作者野鹤老人是一位易学家，占卜的水平很高，在六爻断卦法的发展史上占有重要地位。但是，我们不能盲从。由于自古以来六爻断卦法的规则没有形成统一的标准，因此，我们对诸多先贤留下的各种知识和规则应该加以辨析，这才是严谨的治学态度。当然这只是笔者的一家之见，希望在这个领域能展开研讨，使得这门学问更加完善和严密。）

又例，占问子孙之事占得风地观卦☴☷，但其六爻所配六亲中没有可以定为用神的子孙爻：

本卦：风地观　　　　　　　　　　　　乾宫首卦：乾为天

——————妻财卯木　　　　　　　　——————父母戌土

——————官鬼巳火　　　　　　　　——————兄弟申金

——————父母未土　　　　　　　　——————官鬼午火

—— ——妻财卯木　　　　　　　　——————父母辰土

—— ——官鬼巳火　　　　　　　　——————妻财寅木

—— ——父母未土　　　　　　　　——————子孙子水

从首卦中寻得子孙爻位于初爻，即子孙子水，而风地观卦的初爻是父母未土，根据上述规则可知：伏神乃首卦中的初爻子孙子水，本卦中初爻父母未土乃飞神：

风地观（乾宫四世卦）　　　　　　　乾为天（乾宫首卦）

——————妻财卯木　　　　　　　　——————父母戌土

——————官鬼巳火　　　　　　　　——————兄弟申金

—— ——父母未土　　　　　　　　——————官鬼午火

—— ——妻财卯木　　　　　　　　——————父母辰土

——————官鬼巳火　　　　　　　　——————妻财寅木

—— ——父母未土伏神：子孙子水飞神：父母未土　　——————子孙子水

伏神与飞神之间的生克关系是判断人或事物吉凶非常重要的依据之一，《火珠林》云：

飞神伏神定趋势，伏克飞神为出暴，飞来克伏反伤身，

伏去生飞名泄气，飞来生伏得长生，爻逢伏克飞无事，

用见飞伤伏不宁，飞伏不和为无助，伏藏出现审来因。

其含义是：飞来生伏（飞神生助伏神）称为得长生，主吉。伏去生飞（伏神生助飞神）称为泄气，不吉。伏克飞（伏神克飞神）称为出暴，以吉论。飞克伏（飞神克伏神）称为伤身最凶。

用神伏藏有吉有凶，如果伏神旺相，又得到日辰、月建、动爻、飞爻生扶，或有日辰、月建、动爻冲克飞神者，或飞神休囚、空破、墓绝者，伏而得出，皆主吉。

飞神还可以用来作为推断事因的参考依据。如果伏神休囚无气，受日、月、动爻、飞神冲克，值月破旬空，没有元神（生用神之六亲）救助者，则凶。此时若是求财，则不得财；若是求官，则官不就；若是测病，则病难愈。

用神伏藏，被飞神压住者，唯月建能冲克飞神，生助伏神而使之有用。

上述论述归纳如下：

若遇以下五种情形，则伏神无用，终不得出：

伏神休囚无气者，不得出。

伏神被日月冲克者，不得出。

伏神被旺相之飞神克害者，不得出。

伏神于占卦之月日墓、绝者，不得出。

伏神值旬空或遇月破者，不得出。

若遇以下六种情形，则伏神皆有用之伏神也，虽然不直接出现，却如同出现一般，能发挥作用：

伏神得占卦之月日生助者。

伏神旺相者。

伏神得飞神生助者。

伏神得动爻生助者。

凡占卦之月日或动爻冲克飞神，使之无法克制伏神者。

凡飞神为空、破、休、囚、墓、绝状态，因此其无法克制伏神者。

《黄金策》曰："空下伏神，易于引拔。此理之谈也，但又不独飞神空亡而伏神得出，但得飞神临破、临绝、休囚、入墓，而伏神皆易出也。何也？伏神在下，飞神在上，飞神既逢破墓衰空，虽有如无，所以伏神易于出现。"

《黄金策》曰："伏居空地，事与心违。予得验者不然，凡用神旺相，而遇旬空，出空之日则出矣。"

例如：卯月壬辰日，占问何日能领取文书？得"山火贲"卦 ䷕

干支：卯月，壬辰日　（旬空：午未）

父母表示文书，故以父母爻为用神，但本卦中不见父母爻，须在艮宫首卦艮为山卦中找，找到二爻父母午火为伏神，伏于二爻兄弟丑土（飞神）之下，能生助飞神，但飞神午火值旬空，故该旬内无力生助飞神，需待出旬后午火填实，能来生助丑土时方可领到文书。后果然于甲午日领得文书。如下所示：

艮宫：山火贲（一世卦）

六神	伏神	【本卦】
白虎		▅▅▅▅▅ 官鬼寅木
腾蛇		▅▅ ▅▅ 妻财子水
勾陈		▅▅ ▅▅ 兄弟戌土　应
朱雀		▅▅▅▅▅ 妻财亥水
青龙	父母午火（伏神）	▅▅ ▅▅ 兄弟丑土（飞神）
玄武		▅▅▅▅▅ 官鬼卯木　世

又例：辰月丁巳日，占问逃跑的仆人，得"水山蹇" ䷦

干支：辰月，丁巳日（旬空：子丑）

占仆人之事，应以妻财爻为用神，但本卦中不见妻财爻，须在兑宫首卦兑为泽

卦找。找到二爻为妻财卯木为伏神，伏于二爻午火（飞神）之下。由于本卦中兄弟申金持世，克制伏神妻财卯木，故仆人终不能逃脱。又由于卯木伏于午火之下，此乃伏去生飞，为泄气，此仆人盗走了财物，可断为甲子日拿获该仆。后果于子日得信，窝赌于铁匠之家，申时擒获，连铁匠送官。夫应子日者，子水冲克午火之飞神，生起卯木之伏神故也。《黄金策》曰："伏无提挈终徒尔，飞不推天亦枉然。"此之谓也。

（笔者注：断甲子日拿获该仆的依据是，占问之日的旬空为子丑，所以应在出空之日拿获，而且子水之日，能生助伏神卯木。这正是上述伏神有用的六种情形之一"伏神得占卦之月日生助者"。）

如下所示：

兑宫：水山蹇（四世卦）

六神	伏神	【本卦】	
青龙		— —子孙子水	
玄武		———父母戌土	
白虎		— —兄弟申金	世
腾蛇		———兄弟申金	
勾陈	妻财丁卯木	— —官鬼午火	
朱雀		— —父母辰土	应

类似的卦例在古代典籍中还有很多，本书不再赘述。

但是，六爻断卦法的各个门派对于伏神和飞神的理解和用法各有一套，不尽相同，无统一的标准，让后人无所适从。当然，最好的托辞是"仁者见仁，智者见智"。但这样无法确定断卦结论是否准确。也许还是一句名言说得对："实践是检验真理的唯一标准"，最后看是否应验。以下例举一些门派的观点。

1. "本卦没有用神，则要通过本宫首卦找伏神，如果伏神被飞神克住，而飞神逢月破，则扶助了伏神使得它变成可用的。"（笔者注：根据上面的论述，这个论点不难理解。）

2. "本卦没有用神，如果有爻临月建，则该爻可以作为用神，不必去寻找伏神。"（笔者注：这个论点也不难理解，但与前一种观点不同。）

3. 如果占得的本卦是八纯卦（即八宫的首卦），卦中的六亲爻必然齐全，用神自然不会伏藏。但在《增删卜易》中又有一种说法（出自《易林补易》），原文如下："用神不现，皆在本宫首卦寻之。古法又有凡得八纯首卦，用神若值空破，又在他宫寻之。比如占得乾为天，内有用神空破衰绝者，往坤宫寻之，谓之'乾坤来往换'《易林补易》。又以归魂卦取亲宫第四卦也。予以为何必如是？用神空破衰绝，祸福已知八九，何不再占一卦合而决之，自有用神。予尝不待用神衰绝，但逢不现，虽有伏神，亦不用之，再占两卦，用神自现。"

李我平曾点评："古法用伏神虽则有验，然伏神之衰旺休囚、刑冲克害、月破旬空，亦有难于把捉者。此言多占两卦，自有用神，真秘法也。"在《增删卜易》中甚至主张："一卦不清再摇一卦，再不清可换人摇卦；今日摇卦卦理不清，还可明日、后日再摇，直至卦中显现出清晰论断结果，再结合前后所摇出卦象，综合论断分析，做出正确的判断。"这种多次摇卦和断卦的方法，后人曾提出疑议和不同看法。

[笔者注：康熙年间的湖南人李我平是野鹤老人占卦应验的总结性手抄本的传人，其同乡李文辉（觉子）得到后（据鼎升先生考证，李文辉时年已六十八岁），再根据自己数十年的心得和占验加以整理和增删后，编撰成《增删卜易》。由于李文辉的占卜经验相当丰富，因此在编撰时加入了许多自己的卦例。在六爻断卦法领域，它是以《黄金策》为基础，再发展的一本极其重要的典籍。]

（笔者注：这个论点除了提出对于八纯卦的特定规则外，又提出，如果用神不现，则不找伏神，可以再占一卦。这一点应该是野鹤老人根据经验而得，但不是标准，只是一家之言。另有观点认为，重复对一事占卦，需要隔日进行。而蒙卦的卦辞云："初筮告，再三渎，渎则不告。"这是告诉我们不宜重复对一事占卦。）

4. 在另一本重要著作《易隐》中，关于飞神、伏神的论述前后不一。《卜筮正宗》等书认为《易隐》中所提到的"八卦阴阳互伏，故乾伏坤，坤伏乾"之说中取对宫伏神而不取本宫伏神的方法是错误的。但在《易隐》一书中附录的实断卦例中却可以看到，《易隐》仍是采取的本宫伏神来断卦，而不是取对宫伏神，确实前后的说法不一致。再者，关于"对宫"也没有一个标准的说法。《易隐》在断卦时又提出真假六亲之说，主张真六亲可用，假六亲不可用。由此产生了真假用神，在断卦时应舍弃主卦假用神，而取本宫真用神。如果是测算家中亲人，只有本宫内卦显示出的用神才是真正有用的。如果本宫内卦没有显示出用神，则取对宫内卦对应的爻作为伏神。如果对宫内卦也没有可取的伏神，《易隐》又提出了独特的飞爻变六亲法。这正是《易隐》的独特的身命占法。

（笔者注：由上可见，六爻断卦法领域中各个门派在对伏神和用神的理解和运用问题上的各抒己见的现象尤为突出。虽然说是"百花齐放，百家争鸣"，但却让人无所适从。）

十二、伏吟、反吟

1. 伏吟

所谓伏吟意为复吟，是指某一种现象重复出现。在六爻断卦法中是指一个大成卦中的每个动爻（也许不止一个动爻）发动后，都会产生相应的变爻，它与动爻的五行属性相同的现象称为"伏吟"。凡逢伏吟，多主诸事沉吟不进，寸功难建。伏吟须逢冲方能解开。（笔者注：当动爻与变爻的五行属性相同时，又带出了"进神和退神的问题"，于是推断吉凶增加了交叉关联的因素。这也正是六爻断卦法的体系过于庞杂的证明之一。）

例如，乾为天变震为雷（二、三、五、上爻皆为动爻），乾卦的二爻为妻财寅木，三爻为父母辰土，五爻为兄弟申金，上爻为父母戌土；震卦的二爻为兄弟寅木，三爻为妻财辰土，五爻官鬼申金，上爻为妻财戌土。两卦中对应之爻的五行属性均相同。

再如天风姤变雷风恒（五、上爻为动爻），姤卦的五爻为兄弟申金，上爻为父母戌土；恒卦的五爻为官鬼申金，上爻为妻财戌土。两卦中对应之爻的五行属性均相同。这种情形称为伏吟，但要注意的是，对应之爻只是五行属性相同，六亲未必相同。

伏吟也多主不吉。表示人的心情不好、郁闷，所办事务多麻烦、停滞不前。但是，在断吉凶时主要还是应以用神的衰旺为主，伏吟之爻只是作为根据用神断卦的辅助参数。

在具体推断吉凶时，还要区分产生伏吟的动爻是否用神之爻或世爻。如果该动变是用神或世爻，则动爻变出伏吟说明该动爻不起作用；如果该动变不是用神或世爻，只是普通动爻而已，则该爻虽然伏吟，却是有用之爻，能依然去生克冲合其他爻，但多主不吉。

朱辰彬先生在《中国摇钱古卜讲义》中分析了《增删卜易》的一个卦例：
五月辛卯日占子痘症，得"大壮之乾"（本卦为雷天大壮，变卦为乾为天）
干支：丑月 辛卯日 （旬空：午未）
坤宫：雷天大壮（六冲）　　乾宫：乾为天（六冲）

六神	【本卦】			【变卦】		
螣蛇	— —	兄弟戌土	× →	———	父母戌土	世
勾陈	— —	子孙申金	× →	———	兄弟申金	
朱雀	———	父母午火	世	———	官鬼午火	
青龙	———	兄弟辰土		———	父母辰土	应
玄武	———	官鬼寅木		———	妻财寅木	
白虎	———	妻财子水	应	———	子孙子水	

《增删卜易》的原注："六冲变六冲，花未发而先谢，又是伏吟之卦，皆为凶兆，子孙虽遇生扶，难保其吉也。"

这个例子中本卦（雷天大壮，坤卦四世卦）和变卦（乾为天，乾宫首卦）都是六冲卦。它们的五爻、上爻都是动爻，而且五爻的申金变出申金，上爻的戌土变出戌土，二者都是伏吟。由于是占问儿子之事，故取本卦的五爻子孙申金为用神，它既是动爻，又是伏吟。但上爻兄弟戌土只是普通的动爻（也是伏吟）。根据前面所述，首先要分清伏吟之爻是否用神或世爻。这个卦例中，子孙申金乃用神，兄弟戌土是普通动爻，但由于生助用神，因此是元神。

朱辰彬先生的分析如下：

由于兄弟戌土只是普通动爻，因此虽然伏吟，却依然发挥动爻的作用，元神戌土依然动而能生助用神子孙申金。但用神子孙申金的动化伏吟，却是趋向衰败的征兆。用神在得到元神生助的同时，又自己趋向衰败。朱辰彬先生认为，元神戌土生助用神申金，只是外来的助力。而用神申金本身处于趋向衰败的状态。因此，外来的生助之力会随着用神最终走向衰败而化之无影。用神自变的趋势决定了整个卦象的吉凶，虽有元神生助一时之吉，却因用神最终衰败而成为凶兆，这是始吉终凶的卦局伏吟之卦。这就是《增删卜易》的原注所说的"子孙虽遇生扶，难保其吉也。"朱辰彬这个推断与野鹤老人的推断一致。

但是，朱先生同时认为，野鹤老人原注中"六冲变六冲，花未发而先谢"的观点有失偏颇。他认为，卦象的六冲或者六合只反映出某件事务的缓急状态或趋势，不能作为判断吉凶趋势的依据。即使是许多典籍中都有所谓的"近病逢六冲即愈，久病逢冲必死"这个论断，那也是有前提的，然后才可正确运用。在此卦中，须在用神不受动爻克伤或自变衰败的前提下才能成立。虽然主卦和变卦都是六冲卦，但因为用神申金自化伏吟，趋向衰败，最终也难逃凶兆。此卦的六冲化六冲，只表示病情的发生和变化都来得急的短期趋势，因此可断为刚发病，就似乎好转，但好转了又马上加重的变化过程，不能只依据"六冲化六冲"就直接推断病情的吉凶。而需要依据用神生克的情形才能推断吉凶。

在对"应期"（应验的时间）的推断上，由于根据用神已作出凶兆的推断，所以对应期的推断是确定凶兆应验的时间。这时，用于推断变化过程的"六冲化六冲"的作用会显现出来。凡六冲化六冲则应验来得快，因此，应期以日为单位论之（不是以月论，也不是以时辰论）。至于应在何日？应该从分析动爻兄弟戌土（元神）和伏吟的动爻子孙申金入手，依据是"逢值逢冲应事"的规则：

（1）因为元神为兄弟戌土，所以，对戌土形成六冲之日（辰戌相冲，辰日），乃可能应验的日期之一。

（2）因为伏吟的动爻为子孙申金，所以，对申金形成六冲之日（寅申相冲，寅日）也是可能应验的日期之一。

根据上述推论，凶兆应验之日应在寅日或辰日之间（包括寅日和辰日）的三日之中。

易学者李洪成先生的《六爻答疑500问》中的观点是："光是说近病、久病不行，实际是个病轻病重的问题，这里更主要的是身体强弱的问题。如果是身体好，抵抗力强，又是刚得的病，病又不重，就不怕冲，冲的是病，才能近病逢冲则愈。如果得的是重病，又病了很长的时间，身体已弱到极点，是靠药在支撑，这就抗不住冲了，一冲就有危险，故有'久病逢冲则死'。离开这些条件，就不能妄用断语。"

（笔者注：从这个卦例的分析可见，我们在运用六爻断卦法时，不能全盘照搬古人留下的古籍中的规则和古训，因为那些规则和古训是古人通过归纳和总结而得的，不是唯一的标准。）

在命理学领域也有"伏吟"的概念。例如在四柱推命术中，有"年柱（出生年份的干支）"、"月柱（出生月份的干支）"、"日柱（出生之日的干支）"、"时柱（出生时辰的干支）"构成的"四柱"，如果四柱之中，某两个"柱"完全相同，亦称为"伏吟"，主要用于推断一个人心情、患病、办理事务。可取象为：心情忧虑、悲伤、痛心、郁闷，病情缠绵难愈或慢性病，办事拖拉、徘徊、多麻烦难以成功等。

2. 反吟

反吟又称为返吟，在六爻断卦法中经常使用，应验率颇高。所谓"反吟"是指一个大成卦与由动爻产生的变卦之间的一种关系。它与伏吟刚好相反，伏吟是指卦象中的动爻与由其产生的变爻的五行属性相同，而反吟则是指动爻和变爻的五行属性相冲、相克，则称为反吟。

在六爻断卦法中，爻与爻相冲有五种情况：

（1）爻遇月冲称为月破。

（2）爻遇日冲称为暗动。

（3）休囚遇日冲，称为日破。

（4）动爻自化回头冲，如逢仇敌。

（5）爻与爻冲，称为相击。

反吟就是其中的"动爻自化回头冲，如逢仇敌"。

动爻的地支与变爻的地支相冲，为反吟，如丑化未，子化午等。出现反吟时不论进神退神。如果用神或原神出现反吟则凶，如果仇神或忌神出现反吟则吉。

反吟有卦变反吟和爻变反吟两种情形，卦变反吟没有爻变反吟应验率高。

卦变反吟者，如乾变坤，坤变乾，离变坎，坎变离，艮变兑、兑变艮，震变巽、地风升变风地观等，先天八卦对冲的方位和后天八卦对冲方位互化就可以形成卦变反吟。

爻变反吟，有内外卦皆变反吟者，也有内反外不反或外反内不反者。具体以地支的形式来表示就是动爻与变爻为对冲关系。

反吟多主占问之事反复，举事艰难，不能一步到位。反吟卦预兆不好的情况下居多，也有最后结果为吉的，但即使如此，办事的过程之中多不顺遂。

在《六爻预测自修宝典》中有一个卦例：

五月辛巳日，某男测从他人手中买房子之事如何？得天风姤卦变天地否卦（即姤之否）。

<table>
<tr><td colspan="2">天风姤</td><td colspan="2">天地否</td></tr>
</table>

```
     天风姤                      天地否
━━━━━━━━ 父母戌土          ━━━━━━━━ 父母戌土 应
━━━━━━━━ 兄弟申金          ━━━━━━━━ 兄弟申金
━━━━━━━━ 官鬼午火  应      ━━━━━━━━ 官鬼午火
━━━━━━━━ 兄弟酉金  ○      ━━  ━━ 妻财卯木 世
━━━━━━━━ 子孙亥水  ○      ━━  ━━ 官鬼巳火
━━  ━━ 父母丑土  世        ━━  ━━ 父母未土
```

推断：因为是测问买房之事，应以父母为用神。世爻为买房者，应爻为卖房者。用神临世，得月建比扶（地支皆为丑），日辰生助用神（火生土），应爻午火又生助世爻（火生土），故此房可以买成。但由于内卦反吟（本卦和变卦的内卦的三个爻的地支都相互六冲）；所以，卖房者在卖房后会反悔。

应验：买房者把钱交给对方后，对方反悔，交了房子钥匙后又要回，连买房钱也迟迟不肯退。己卯年退房，直到庚辰年要了几十次才把买房钱要回，这是因为辰土合住兄弟酉金，妻财卯木不再受酉金所克之故。

（笔者注：这个卦例很典型地说明了反吟的作用。事情反复，举事艰难，不能一步到位。唯一遗憾的是，没有提供是哪一年买房的信息。因此，无法了解"己卯年退房"，"庚辰年退钱"历经了多少年。如果提供了年份的信息，也许更加完整。）

《增删卜易》中也有一例，午月丙辰日，某人占问出外贸易的财运如何？得"恒之豫"：

干支：午月丙辰日　（旬空：子丑）

```
     雷风恒                      雷地豫
━━  ━━ 妻财戌土  应        ━━  ━━ 妻财戌土
━━  ━━ 官鬼申金            ━━  ━━ 官鬼申金
━━━━━━━━ 子孙午火          ━━━━━━━━ 子孙午火 应
━━━━━━━━ 官鬼酉金  世 ○ →  ━━  ━━ 兄弟卯木
━━━━━━━━ 父母亥水  ○ →    ━━━━━━━━ 子孙巳火
━━  ━━ 妻财丑土            ━━  ━━ 妻财未土 世
```

推断：世爻官鬼酉金为动爻，动出的变爻为兄弟卯木，与酉金相冲（"爻动化冲，如逢仇敌。"但"化卯冲世而不克世"），为反吟之卦。由于日辰为辰，与酉相合，将酉金合住，此乃冲中逢合，而且妻财戌土与日辰相冲（为暗动），暗动的财爻生助世爻。故可以断为吉，此次出外贸易虽然会有反复，不顺利，但最终还是会获利。

应验：后来，果然此人为此事去而复返三次，但最终还是在中途发货而获利。

［笔者注：这个卦例另外告诉了我们关于六冲的一个值得注意的问题，对于

地支之间的六冲不能笼统地断为不吉。应该分析相冲的两个地支之间的相克性质。在本例中，虽然酉金动出与之相冲的卯木，但金与木之间是金克木的关系，酉金是世爻，而与它相冲的卯木无法克害酉金，只是与之相冲。反之，如果是卯木动化出酉金，则不仅二者相冲，而且卯木被酉金克害。又如，在五行属性为土的四个地支辰、戌、丑、未之中，虽然辰与戌相冲，丑与未相冲，但它们的五行属性皆为土，因此它们只是相冲，没有相克。笔者认为，应该对地支六冲的关系作进一步的思索和推敲，区分纯粹的"相冲"与"冲克"（即既相冲又相克）是不尽相同的。〕

又例，某男占问巳月戊子日向女方提婚的事能不能成功，占得雷风恒卦变火地晋卦（恒之晋）：

雷风恒		火地晋
— —妻财戌土　应　×→		———官鬼巳火
— —官鬼申金		— —父母未土
———子孙午火		— —兄弟酉金　世
———官鬼酉金　世　○→		— —妻财卯木
— —父母亥水　○→		———官鬼巳火
— —妻财丑土		— —父母未土　应

推断：与上一个卦例相同，内卦都是从巽为风卦变出坤为地卦，因此也是反吟。翻覆更变允而复悔之象。野鹤老人根据卦中有反吟格局，便告知来者："对方心态有如隔墙扔簸箕——反复不定，刚答应你了现在又想反悔"。但由于妻财戌土发动生助世爻，主吉，最终能成。

应验：某男曰："诚如所断，将来成否？"野鹤老人答曰："应爻临财动而生世，八九月间必成。果于酉月成之"。实际情形确实如此，起初，女方有反复，但由于世爻官鬼酉金得到妻财戌土的生助，果然于九月间婚事成功。（笔者注：从理论上说八九月间都有可能成功，因为八月为世爻临月建之月，九月为生助世爻的妻财戌土所临之月。但是，前面说过："反吟有卦变反吟和爻变反吟两种情形，卦变反吟没有爻变反吟应验率高。"上述两个卦例，都只是涉及了所谓爻变反吟的情形，在许多典籍中很少有卦变反吟的卦例。可能卦变反吟应验的卦例少，也许这正是"卦变反吟没有爻变反吟应验率高"的反映。）

十三、太岁、月建、月破、日辰、日破、旬空（空亡）

本节介绍的这些概念在六爻断卦法中十分重要，它们决定着一个卦中每一爻的旺、相、休、囚等状态。其中，日辰、月建对卦爻的影响最为显著。此外，动爻在断卦时的作用也十分重要。如果能将日辰、月建以及动爻对卦爻的作用分析清楚，可以说就基本掌握了六爻断卦法的核心。

1. 太岁

太岁掌一年之权，亦称"年君"或"岁君"，代表天时。它通常用年地支表示。所以，太岁每十二年为一个循环（与十二个地支对应）。最忌太岁冲克世爻，如果占问一个人在某年的运程，若太岁冲克世爻，或者太岁冲克用神，则主其人该年内的运程很差太岁。

太岁所临之爻宜静不宜动。（所谓"太岁所临之爻"是指卦中某爻的地支与表示本年太岁的地支相同，则该爻就是太岁所临之爻。）例如甲申年，卦中地支为申之爻即为临太岁。该爻宜静不宜动。如果此爻发动去冲克用神、元神、世爻，主其人年内会有灾厄不利之事，一年之中多不宁静。如果该爻又被日辰、动爻冲起，则更主其人在年内对应的日或月会有灾患。

在命理学领域，也有太岁的概念。每年的太岁就是当年的地支，同时它与民俗中的十二生肖相对应。这就是常说的：子鼠、丑牛、寅虎、卯兔、辰龙、巳蛇、午马、未羊、申猴、酉鸡、戌狗、亥猪。

所谓太岁冲克世爻，是指太岁所临的地支与世爻的地支相冲。民俗中也有某人冲克太岁之说，是指此人的生肖属相的地支与太岁相冲。笔者在上一节的注释中说过，这样的相冲也需要进行具体分析，要搞清楚相冲未必一定相克。所以只是说相冲不够充分，应该说"冲克"，那就是既冲且克之意，与只冲不克以示区别。无论是人的生肖属相与太岁之间，或者世爻与太岁之间都应如此分析。

《易隐》中有一首"太岁歌"：

太岁神中此独尊，生持万恶不能侵。
若来冲克身和世，灾孽交加御不成。
太岁居阳持世应，并持贵煞配官爻。
更兼得位逢生旺，爵禄荣高神鬼钦。
入岁临官持世身，仕途迁转得高升。
庶人身世逢冲克，狱讼徒流灾难侵。
太岁兄持世与身，财妻两获讼终赢。
如来冲克应遭盗，失产伤财妻命倾。
太岁父母临身世，营谋动作皆如意。
冲克幼丁当损失，六畜田蚕皆不利。
太岁子孙持身世，后嗣荣昌财帛利。
官方不扰病灾消，偃蹇功名难遂意。
太岁妻财持身世，富比陶朱仓禀备。
因妻仕宦荷光荣，克害双亲祸难避。

第七章　六爻断卦法（纳甲筮法、火珠林法）

2. 月建（月令）、月破

"月建"，又称月令，简称节，是古人纪月的一种方法。第三章中已经介绍过，在六爻断卦法中用到了"干支纪月"的规则。十二个月的地支是固定的，农历正月的地支为寅，二月的地支为卯，三月的地支为辰，四月的地支为巳，五月的地支为午，六月的地支为未，七月的地支为申，八月的地支为酉，九月的地支为戌，十月的地支为亥，十一月的地支为子，十二月的地支为丑。每个月以二十四节气中的"节"作为分界（参见第三章第三节）。

每个月的月建是这个月的月地支，也称月令、月将。月建在当月三十日中当权得令，对卦爻的旺衰有着直接影响。五行在四季十二月中呈旺、相、休、囚四种状态的周期性变化。

太岁管一年，月建管一月。《黄金策》云："月建乃万卜之提纲，岂可助纣为虐。"因此在推断一个大成卦时，必须搞清楚卦中的世爻和用神等与月建之间的关系。

如果用神与月建的五行相同（笔者注：这里说的是"五行相同"，而不是说地支相同。因为生克关系来自五行，不同的地支也可能五行属性相同，例如，亥、子都属水，寅、卯都属木，等等），则"为爻遇令星"（令星即月建）。这时用神很强大，本来对用神有刑、冲、克、害等作用的动爻无法加害于用神。这里所说的"令星"，是因为月建在该月内是掌权者，在当月的三十日内当权得令。它既能克制旺强之爻、生扶衰弱之爻，也能克制动爻、变爻，还能扶起伏神，冲制飞神。

如果某爻的地支衰弱，月建能生之、合之、比之、拱之、扶之，使之由衰转旺。如果某爻的地支强旺，月建能冲之、克之、刑之、破之，旺而亦衰。

如果卦中有变爻克制动爻（此乃"动化回头克"），但月建能制服变爻。如果卦中有动爻克制静爻，月建亦能制服动爻。

如果用神伏藏被飞神压住的，月建能冲克飞神，生助伏神，使伏神变为有用。

如果爻值月建则该爻旺相（所谓"爻值月建"，即该爻的地支与月建相同），则该爻即使逢空亡，亦不为空（但在旬内者毕竟为空，需出该旬后才能填实不空）；即使逢伤（如受到其他爻的克制等），也无损害。

如果某爻与月建相合（即该爻的地支与月建六合），则该爻因为与月建相合而有用；如果某爻逢月破（即该爻的地支与月建六冲），则该爻因为逢月破而无用。

以在正月期间占卦为例，正月的月建为寅，则卦中地支为寅的卦爻为临月建（这种情形也称为"月建入卦"），地支为亥的卦爻与月建相合，地支为申的卦爻为逢月破。

凡月建入卦，愈见刚强。如果卦中无用神，即以月建为用神，不必寻伏神。

如果月建入卦且发动又是元神，则为福更大。如果入卦且发动又是忌神，则为祸更凶。

如果月建不入卦，则所断之事应验得缓慢；如果月建入卦，则所断之事应验得快速。（笔者注：这个规则在推断应期时十分有用。）

以占问求财为例，如果卦中没有妻财爻，但根据"妻财爻生助官鬼爻"的规则，若该月的月建生助官鬼爻，则月建就是财，遇到这种情形，可以推断为最终会得到财。（例如，卦中没有妻财爻，官鬼爻的地支为子，而月建为申，则是月建生助之，故断为最终会得到财。）如果卦中有妻财爻，但月建克妻财爻的地支，则所闻求财之事一定艰难，至少要出了该月才有可能得到。

月建入卦能发挥以下扶弱抑强的作用：

（1）生助衰弱的卦爻。月建能对衰弱的卦爻生助或与之相合，从而使之由弱转旺。如果该爻是用神，则月建所临之爻就是元神。

（2）抑制旺强的卦爻。月建能对旺强之爻产生冲克作用，从而使之由旺转弱。如果该爻是用神，则月建所临之爻就是忌神。

（3）制服发动之爻。一个卦中的动爻的作用很大，月建能对之加以制服。例如，动爻能对静爻（不发动之爻）产生冲克作用，但月建却能制服动爻，弱化其对静爻的冲克影响。

（4）扶起伏神，冲克飞神。月建能扶起伏神，使之成为有用；也能冲克飞神，削弱其影响。

即使月建不入卦（即各爻的地支与月地支都不同），也能发挥作用。但由于月建不入卦，所以应验的时间相对入卦时会缓慢些。

（1）在飞神和伏神一节中，曾介绍有一种观点主张，如果卦中无用神，即以月建作为用神，不必寻伏神。（笔者注：仅是一家之言。）

（2）如果卦爻的地支与月建相同，① 某个卦爻的地支与月地支相同，则称为临月建。② 某个卦爻的地支与月地支的五行属性相同，则称为临月扶。（笔者注：例如，卦爻的地支为寅，月建为卯，二者虽然不同，但都属木；又如，卦爻的地支为亥，月建为子，二者虽然不同，但都属水；等等。）这两种情形称为"爻遇令星"（令星即月建），由于用神的作用，因此本来对用神有刑、冲、克、害等作用的动爻无法加害于用神。其中，由于临月建之爻处于旺相的状态，所以即使该爻逢旬空（旬空的概念将在下面介绍），也是逢空不空，逢伤无害。但在该旬内毕竟为空，出了该旬才会兑现。

（3）如果月建生助卦爻，称为临月生。例如，月建为寅（正月），卦爻的地支为巳或午，则由于木生火，所以该爻为临月生。又如，月建为辰（三月），卦爻的地支为申或酉，则由于土生金，所以该爻为临月生，等等。遇到这种情形，卦爻得到月建的生助，本来对用神有刑、冲、克、害等作用的动爻也无法加害于用神。

（4）如果某个卦爻的地支与月地支相冲克，则相冲者称为临月破，相克者称为临月克。凡遇到这两种情形，若是问一个人的运程，则其人该月内的运程很差，出了该月才可能好转。例如占问财运之事，如果月建克制卦中的妻财爻，则当月内很难如愿得财，须过了该月才有可能得到。若是问某件事情的状况，则在该月内的状况很差，出了该月才可能好转。

以下介绍一些具体的规则：

若临月破之爻休囚且不发动，或该爻值旬空又遇绝地、入墓，则月破的作用削弱。凡用神之爻逢之则凶（用神即是月破之爻），忌神之爻逢之则吉（忌神即是月破之爻）。

若临月破之爻旺相且发动，或得到生扶，则该爻仍为有力之爻，依然可以发生作用。此时用神逢之为吉（用神即是月破之爻），忌神逢之则为凶（忌神即是月破之爻）。

临月破之爻，在该月内为"实破"，但时效只有一个月，出了该月则不破。如果今后遇到与月破地支相合的日辰、月建、年的时段，则为"合破"。实破和合破往往是判断事物吉凶应验的依据。近者以日、时辰为应验之时，远者以年、月为应验之时。这是在断卦时确定应期的关键因素。

例如，若在农历四月（月建为巳）测问孩子之事，得泽地萃卦：

— —父母未土
———兄弟酉金
———子孙亥水
— —妻财卯木
— —官鬼巳火
— —父母未土

用神为子孙亥水。此时，由于巳亥相冲，故用神为逢月破。若是在农历二月测问的，则当时不逢月破，但等到农历四月时即为"实破"。

《增删卜易》中有一卦例：未月庚子日，占问求财，得风天小畜卦，无动爻。

未月庚子日（旬空：辰巳）

巽宫：风天小畜
———兄弟卯木
———子孙巳火
— —妻财未土 应
———妻财辰土
———兄弟寅木
———父母子水 世

原断：

"应临月建之财以克世，许之必得。问何日到手？予以次日辛丑冲动未土，必得。后却得于辰土出空之日，此乃舍其不空而用旬空也。"

分析：

此卦有点特殊，六爻安静，没有动爻。因此，关于动爻的一些规则可以不予考虑。当然，如果卦中有地支为丑的爻，来冲妻财未土（用神），但此卦中没有。

对于六爻安静的卦，主要是分析用神、忌神、世爻和应爻的状态，以及它们相互之间的相生相克关系。

既然是占问求财，应该以妻财爻为用神。此卦中妻财爻两现：妻财未土和妻财辰土。占问之日是庚子日，所以辰、巳为旬空。按照常理，月建的影响力很大，应该取不是旬空的妻财未土爻作为用神。野鹤老人却是按照古论："舍其不空而用旬空"，而去取空亡的妻财辰土为用神。他不取妻财未土爻的理由是，庚子日的次日是辛丑日，将会来冲未土（丑未相冲）。所以虽然妻财辰土旬空，依然取它为用神。《增删卜易》的原文中说："后却得于辰土出空之日，此乃舍其不空而用旬空也。"说的是果然在出口之日得财。

笔者认为，原文中第一句断语说："应临月建之财以克世，许之必得。"该月的月建是未，卦中有妻财未土爻。野鹤老人据此得出"许之必得"的断语。但在选取用神时却偏偏不取该爻，而是取旬空的妻财辰土爻。如果仅仅因为占问的次日的日地支（丑）会与不是旬空的妻财爻的未土相冲而不取该爻，那么，如果不是次日的地支来相冲，而是后日，或该旬内其他日的地支来相冲呢？为什么次日的地支会影响用神的取舍，旬内其他日的地支却没有影响？在这一点上，《增删卜易》中这个卦例的论据不足。

朱辰彬先生在他的《增删卜易卦例初解》中引用了这个卦例，他认为应取妻财未土爻为用神，依此判断能否得财的吉凶。而妻财辰土爻的作用是确定应期的依据。

对同一个卦例的推断不同，充分说明在六爻断卦法领域中缺乏标准规则，各抒己见的现象又一次得到证实。

3. 日辰、日破

在六爻断卦法中"日辰"的概念与上面所述的"月建"同样非常重要，它们对于判断事物的吉凶起着不可或缺的作用。这是因为月建与日辰一样，都能生扶拱合冲克刑害用神（或世爻），但月建和日辰又是有分别的，月建主要确定用神的旺、相、休、囚以及是否逢月破，日辰主要确定用神的生、旺、墓、绝、空等。

日辰主宰着六爻每一天的吉凶状态。由于日辰是用天干地支表示的，所以，它按照六十甲子的排列规则循环出现，轮流值日。日辰与月建都可以作用于卦中的任何一爻。月建在当月内起作用，一交节令（即出本月，进入下一个月），便由下一个月建司令。而日辰则主宰占问当日的吉凶状态，不论这一天是在哪一个月份皆可发挥作用，掌控生杀之权，能生克、扶拱、冲起、冲实、暗动、冲散六爻中任何一爻，因此在当日内为六爻之主宰。

日辰诀云："问卦先须问日辰，日辰克用不堪亲，日辰与用相生合，做事何愁不称心。"

若卦中某爻被月建克伤，但得日辰生扶，即为平分秋色，不旺不衰。

不分析日辰与卦中各爻的关系，则卦中的吉凶轻重状况不明。日辰能冲动安静之爻。能制服动爻，能抑制凶神，能削弱旺相之爻，能扶助衰弱之爻，能损害有生合关系的各爻。

总之，如果日辰扶助用神、元神、世爻则吉；如果日辰克制用神、世爻则凶；如果日辰克制忌神则吉，如果日辰扶助忌神、仇神则凶。

或者说，旺相之爻，得日辰生扶者，如锦上添花。衰弱之爻，再被日辰克制者，则如雪上加霜。用神、元神喜日辰生扶，忌神、仇神则喜日辰克之、损之。

日辰既能成事，也能坏事。

例如，若占问文书之事，应该以父母爻为用神，如果卦中有妻财爻发动，由于妻财爻克制父母爻，故可推断文书之事不成。但如果占问之日的日辰克制妻财爻，或冲散妻财爻（笔者注：前面已经介绍，冲和冲克是两种不完全相同的关系），则妻财爻不能去伤害父母，故文书之事可成。这就是日辰成事的例证。

又如，占问子孙之事，卦中的父母爻不发动，而且子孙爻不值旬空，本为吉兆，但如果父母爻被日辰冲起，则父母爻就能克害子孙爻，于是变吉为凶。这就是日辰坏事的例证。

下面是一些关于日辰的具体规则：

若某爻为静爻，其地支与日辰相冲，且不值旬空，则被日辰冲起。如果该爻旺相，称为暗动，会对吉凶产生影响。

若某爻处于休囚状态（与月建有关），被日辰冲之为日破。

若某爻值旬空，且发动，被日辰冲之，则称为被日辰冲实。

若某爻逢六合，日辰可将它冲开，削弱六合的作用。

若某爻逢六冲，但与日辰相合，则可以使此爻合住，削弱六冲的作用。

若某爻处于衰弱状态，日辰能对之产生生、扶、拱、合的作用。

若某爻处于强旺状态，日辰能克之、冲之、刑之、绝之、墓之。

若某爻休囚，却逢日辰冲之，则可以被日辰冲开，改变休囚的状态。

若某爻旺相又发动，且不值旬空，被日辰冲之，则称为冲散，其发动后的作用更加强烈。

在《增删卜易》中有一个卦例：

未月丁卯日，占借贷，得"兑之震"（本卦为"兑为泽"，变卦为"震为雷"）

干支：未月 丁卯日 （旬空：戌亥）

兑宫：兑为泽（六冲）　　　　震宫：震为雷（六冲）

　━　━父母未土　世　　　　　━　━父母戌土　世
　━━━兄弟酉金○→　　　　　━　━兄弟申金
　━━━子孙亥水　　　　　　　━━━官鬼午火
　━　━父母丑土　应　　　　　━　━父母辰土　应
　━━━妻财卯木○→　　　　　━　━妻财寅木
　━━━官鬼巳火　　　　　　　━━━子孙子水

原断：

兑卦属金，变震卦属木，金克木为财，卯木财爻化退，酉金兄动亦化退，幸得财临日辰，旺而不退，明日辰日合住酉爻，必得。

果得于辰日，此乃酉金兄爻得辰日合住，不能克阻其财也。

分析：

占问借贷之事，以妻财爻为用神。本卦的妻财卯木爻发动，变出妻财寅木，乃动化退神。而且另一个动爻兄弟酉金（忌神）动化出兄弟申金，也是动化退神。在第十节"进神、退神"中有"凡出现退神，与进神相反，表示事物从此消退、减弱，如秋天之花草树木，日渐凋零。"而且动爻兄弟酉金克制用神妻财卯木，这种状态对求财不利。但由于用神妻财卯木临日辰，为生旺墓绝中"旺"的状态，所以忌神兄弟酉金对用神的伤害不大。待到第二日为戊辰日，其日辰为辰，与忌神相合，也就是合住了忌神，使之无法阻碍得财。后来果然于辰日得财。

4. 旬空（空亡）

旬空也叫六甲空亡（所以又称为"空亡"）。六甲指的是甲子、甲戌、甲申、甲午、甲辰、甲寅。在六爻断卦法中，采用干支纪日的规则表示日期，即用六十甲子中的干支组合表示每天的日辰（细节见"干支纪日"一节）。由十个天干和十二个地支，组成的六十甲子每六十天重复一次。每十天为一旬，六十甲子共计六旬。分别为：甲子旬、甲寅旬、甲辰旬、甲午旬、甲申旬、甲戌旬。在干支相配时，每个旬内都有两位地支没有天干相配，称之为旬空（或叫作空亡）。按照这个规则，旬空分为六组：子丑、寅卯、辰巳、午未、申酉、戌亥。各个旬中的空亡为甲子旬中戌亥空、甲戌旬中申酉空、甲申旬中午未空、甲午旬中辰巳空、甲辰旬中寅卯空、甲寅旬中子丑空。

确定旬空的方法有两种。

其一，采用"长生掌法"。长生掌法在卜筮和命理学等领域经常出现，也就是通常说的"掐指一算"。其实质是在左手掌的四个手指（食指、中指、无名指、小指）上排列了十二个地支，然后用拇指去点算。本书不作介绍。

其二，有一个快速计算公式：

11－日天干数＋日地支数＝旬空对应的地支数

如果得数大于 12，则减去 12。

例如，欲知庚子日对应的旬空为哪两个地支。"庚"为 7，"子"为 1，11-7+1=5，5 对应的地支是"辰"，故庚子日对应的旬空是辰、巳。

又如，欲知丙辰日对应的旬空为哪两个地支。"丙"为 3，"辰"为 5，11-3+5=13，13>12，13-12=1，1 对应的地支是"子"，故丙辰日对应的旬空是子、丑。

为便于查阅，列表如下：

	第一日	第二日	第三日	第四日	第五日	第六日	第七日	第八日	第九日	第十日	空亡
甲子旬	甲子	乙丑	丙寅	丁卯	戊辰	己巳	庚午	辛未	壬申	癸酉	戌亥
甲戌旬	甲戌	乙亥	丙子	丁丑	戊寅	己卯	庚辰	辛巳	壬午	癸未	申酉
甲申旬	甲申	乙酉	丙戌	丁亥	戊子	己丑	庚寅	辛卯	壬辰	癸巳	午未
甲午旬	甲午	乙未	丙申	丁酉	戊戌	己亥	庚子	辛丑	壬寅	癸卯	辰巳
甲辰旬	甲辰	乙巳	丙午	丁未	戊申	己酉	庚戌	辛亥	壬子	癸丑	寅卯
甲寅旬	甲寅	乙卯	丙辰	丁巳	戊午	己未	庚申	辛酉	壬戌	癸亥	子丑

旬空的概念在六爻断卦法中十分重要，关系到推断人和事务的吉凶与应期，所以对于一个大成卦中的每一爻的地支都需要查清这个地支，搞清楚该爻的地支是否轮值旬空（也就是该爻旬空）。所谓六甲空亡，是有时效的，在本旬内空亡，一旦出了该旬就不再空亡。

《卜筮正宗》云："凡卦中爻遇旬空，乃神机发现于此也。如旺相旬空，或休囚发动，日辰生扶，动爻生扶，动爻变空，伏而旺相，此等旬空到底有用，不过待其出旬值日。有合空、冲起、冲实、填补之法，……如休囚安静，或日辰克，动爻克，伏而被克，静逢月破，值此等旬空者，谓之真空，到底空矣。"

旬空有以下各种情形：

出空和填实——是指用神的地支刚好逢到该旬空亡的地支，但出了此旬，即称为"出空"。推断的关键是看用神是否旺相或被克制。如果用神得到日、月、动爻生助而旺相，则待出空之日即可得遂所求，为吉；反之，如果用神被日、月、动爻克制，则待出空就会遇到不吉之事。而"填实"是指，如果用神虽然没被克制，但也未得到日、月、动爻生助而旺相，于是即使到了出空之日，也无法将出空之日作为应期，须待出空后的月建或日辰来生助用神时，才可为断为应期。填实又称为"实空"。

冲空——是指卦爻遇空亡，但若该爻逢冲，则必动，动则不空。所以该爻虽空却仍有用。

自空——是指用神自落空亡。

化空——是指用神动化出之爻又值旬空。凡出现自空和化空，都是谋望无成之凶象。

真空——是指用神休囚或月破或日破，又值空者，乃真空。

例如，占问疾病，如果卦中的用神爻旬空，则若是所患之病是近病，待实空、冲空之日、月病可愈。古人云："近病逢冲逢空必愈"。若是久病，则逢空、实空、冲空之日、月为凶。但即使是久病，如果卦中的用神爻旬空，短期内也可保无恙。但无论是近病或久病，用神爻旬空导致的"逢空必愈"或"短期内也可保无恙"都只是短期和暂时的。准确地说，近病者由于病情不会很严重，所以痊愈的可能性较大，而久病者往往只是短期内病情会有好转。

若卦中遇元神值旬空又发动，则待冲空、实空之日、月病可愈。若忌神值旬空又发动，则逢忌神实空、冲空之日、月为凶。

若旬空之爻安静不发动，则须区分有用和无用两种情形。凡值空之爻旺相，因为有日、月、动爻的生扶，故为有用。凡值空之爻休囚死绝者，则为无用。所以，用神怕休、囚、空、破，没有生扶。忌神喜休、囚、空、破，静而不动。飞神喜旬空、受克、逢冲（飞神为忌神时）。总之：

凡值旬空之爻发动亦可起作用；

凡旺相之爻即使值空，也有力量参与生克。

凡有日、月、动爻生扶者，即使空亡也有力量。

凡动而化空之爻，若伏而旺相者，皆为有气，不会一空到底。

只有破（月破或日破）而又衰、无气不动、伏而被克之爻遇旬空时，才会没力量。

如果伏神伏于空亡爻下，则伏神没有阻拦，所以易出。一旦遇日辰或动爻来冲合，伏神即为有用。但伏神有用的应期比用神的应期来得迟。

凡用神空亡，则以用神被冲动的日、月断应期。

凡占问身命，均忌世身值空亡，多主其人一生做事无成，多谋少遂，难立家计。

凡用神为吉，若值空亡则反凶；凡用神为凶，若值空则反吉。

在各种典籍中，涉及旬空断卦的卦例很多，主要是用来推断吉凶应验的应期的，这里不再重复。

十四、卦爻的生、旺、墓、绝状态

在"生旺墓绝"一节中介绍了五行从生到死有十二种状态：胎、养、长生、沐浴、冠带、临官、帝旺、衰、病、死、墓、绝。在六爻断卦法的实际应用中只用到了长生、帝旺、墓、绝四种状态，简称生旺墓绝。其余的八种状态基本上不参与断卦。五行的生旺墓绝状态的歌诀前面已经介绍，即：

金长生在巳，旺在酉，墓在丑，绝在寅。

木长生在亥，旺在卯，墓在未，绝在申。

火长生在寅，旺在午，墓在戌，绝在亥。

水土长生在申，旺在子，墓在辰，绝在巳。

需要注意的是，上述规则需要灵活运用。说明如下：

按照五行之间的相生相克关系，这个规则中的木、火、水的生旺墓绝状态很容易根据五行之间相生相克的关系来理解。但金和土的生旺墓绝状态无法简单地根据五行相生相克来解释，会让人费解。古人对此有专门的解释，说明如下：

火与金的关系是火克金，巳火应该克金。但此处却说"金长生在巳"。在六爻断卦法中给出的解释是："金长生在巳"的前提是金爻（地支属金之爻）旺相，或此爻有日、月、动爻生扶，此时再遇巳日占卦，或是卦中动出巳爻，或是金爻动而化出巳火，皆谓长生。但是，倘若金爻休囚无气，再遇巳、午之火多，于是烈火煎金，故此时只论克不论生。

此外，五行属性为金的卦爻虽墓于丑土，但是，若有未土来冲（未土之日、月或地支为未土之爻），由于丑未相冲，或卦中五行属性为土之爻多，因而能生助金，故此时只论生不论墓。

巳火之爻虽长生於寅，倘若日、月、动爻或变出之爻属性为逢申金者，谓之三刑，此时只论刑不论生。

对于水、土之爻生旺墓绝状态同步，六爻断卦法的解释是，此乃土寄生于水。

此外，五行属性为土的卦爻虽绝於巳，但须此爻休囚无气，又逢巳，才能此爻处于绝的状态。若土爻旺相，或得日、月、动爻生扶，再遇巳爻者，巳火反能生土，此时只论生不论绝。

（笔者注：上面的这些解释，例如，为什么地支属金之爻旺相时，即使遇巳火，却论作长生，以及为什么"土寄生于水"？等问题，尚未见到各种典籍中给出让人信服的权威解释，总是给人一种牵强的感觉。这也是笔者倾向于梅花易数的原因之一。）

十五、卦爻之间的关系

在一个大成卦中，除了六爻皆安静不发动的情形之外，必然有一个或多个动爻，其余的是静爻。前面的章节中已经论述了动爻如何产生。在断卦时还需要分析动爻和静爻之间的关系。它们之间的关系主要是"相生"、"相合"、"相冲"和"相克"。卦爻之间的相生、相合、相冲和相克是依据卦爻地支的五行属性之间的关系确定的，而且主要是动爻和静爻之间的关系才会产生作用。如果两个爻都是静爻，即使它们的五行属性有生、克、冲、合之一的某种关系，但由于都是静爻，因此基本没有作用。

这里特别要提醒读者注意的是，有两对概念容易混淆，即："相生"与"相合"、"相冲"与"相克"。

"相生"是指天干地支之间的五行属性相生关系，例如水生木、火生土等。"相合"是指天干地支之间的六合关系，例如子丑相合、寅亥相合等。

"相冲"是指天干地支之间的相冲关系，例如子午相冲、辰戌相冲等。"相克"

是指天干地支之间的五行属性相克关系，例如水克火、金克木等。需要注意的是，两个干支相冲未必一定相克，但相克一定相冲。

但是，在后面将要介绍的分类断卦规则中，经常可以看到"生合""冲克"的说法，"生合"包括了"相生""相合"两种关系，"冲克"包括了"冲"和"克"两种关系。

（笔者注：某个天干只与其他天干存在这些关系，不与地支之间有关联。同样，某个地支只与其他地支存在这些关系，不与天干之间有关联。这是常规的理解，但是命理学领域的"四柱推命术"中，有时要分析天干与地支之间的相克关系。例如，一个人的日柱中的天干和地支之间的关系可以反映出此人与其配偶之间的关系。）

相合的关系具体分为以下几种类型。

1. 相合

天干相合为甲己合化土、乙庚合化金、丙辛合化水、丁壬合化木、戊癸合化火（以下简称"五合"）。天干相合的依据出自"河图"中的"数"。

地支相合分为六合与三合。

六合为子丑相合、寅亥相合、卯戌相合、辰酉相合、巳申相合、午未相合。

三合局为申子辰合化水局、寅午戌合化火局、亥卯未合化木局。

在纳甲法中使用的是地支相合，不用天干相合。在具体分析时还需要用到月日的地支。

（笔者注：为什么只用地支相合，不用天干相合？尚未见到各种典籍中给出权威的解释。）

相合有多种情形需要加以区分：

（1）若月、日的地支与卦中静爻的地支相合，此谓"合起"，使静爻处于旺相的状态。若月、日的地支与卦中动爻的地支相合，此谓"合住"，使得动爻无法发动而不起作用。

（2）一个卦中两爻相合必须两爻皆发动，才起作用。此谓"合好"，若其中一个爻是用神，则使得用神更为旺相有力。若一个爻安静或两个爻都安静，便不成为相合。由于梅花易数占得的卦只有一个动爻，所以这种情形在梅花易数中不适用。

（3）动爻变出之爻（即变爻）能与动爻相合，此谓"化扶"，指动爻得到变爻的扶助。例如，动爻的地支为丑，变爻的地支为子，由于子丑相合，称为化扶；或者动爻的地支为寅，变爻的地支为亥，由于寅亥相合，也是化扶。

（4）若卦中的内外卦之间对应的爻皆合（即初、四爻相合，二、五爻相合，三、上爻相合），此谓"卦逢六合"（此卦乃六合卦），此时无论各爻是否动爻，都能发挥作用。［笔者注：这个规则与第（2）条规则有矛盾。］

（5）若卦中的内外卦对应的爻皆相冲（即初、四爻相冲，二、五爻相冲，三、上爻相冲），此卦乃六冲卦。但若六冲卦变出六合卦，则不论诸爻是否动爻，皆为相合。［笔者注：这个规则也与第（2）条规则有矛盾。］

易源易法——易经的渊源与推算体系分析

（6）若六合卦变出六合卦，则为始终相合。

这六种相合的情况只要出现一种（有时会有多种），就称为"合"。若合，则所测之事能长久，且能有始有终。但是，如果是吉利之事，宜逢合，主所测问之事能成。如果是凶险之事，不宜逢合，主所测问之事难以解脱。

2. 相冲

与相合的情况相同的是，在纳甲法中使用的是地支相冲，不用天干相冲。地支相冲是指"地支六冲"：子午相冲、丑未相冲、寅申相冲、卯酉相冲、辰戌相冲、巳亥相冲。

（笔者注：同样为什么只用地支相冲，不用天干相冲？尚未见到各种典籍中给出权威的解释。）

相冲有多种情形需要加以区分：

（1）月、日能冲爻（即月地支或日地支与该爻的地支相冲）。被月建相冲者，为值月破。被日辰相冲者，若该爻旺相且为静爻，被日辰冲之为暗动；但若该爻休囚，被日辰冲之为日破。

例如，辰月占卦，用神爻的地支为戌，则用神被月建相冲，谓之值月破。又如，申日占卦，用神爻的地支为寅，二者相冲，如果是在寅月占卦，此时用神旺相，则为暗动，若用神爻处于休囚状态，则为日破。

（2）如果一卦中内外卦对应的爻都相冲（即初、四爻相冲，二、五爻相冲，三、上爻相冲），此乃六冲卦。于是用神爻被对应的爻相冲（当然，此时还须看用神或来冲它之爻哪一个旺相，才能判断相冲是否起作用）。

（3）若本卦为六合卦，动爻发动后的变卦为六冲卦者，则与第（2）的情形相同。但是，此时还要看动爻与变爻之间是否有回头克或回头生。

（4）若本卦为六冲卦，变卦也是六冲卦，则与第（2）的情形相同。

（5）动爻能冲用神，但用神不能冲动爻。

（6）动爻也能冲用神之外的其他各爻。例如，动爻的地支为酉，元神的地支为卯，则动爻冲元神。

凡所测问之事遇相冲，刚好与相合的情况相反。如果测问之事为吉利之事，若遇冲，则好事会被冲破，吉利之事变凶。如果测问之事为凶险之事，若遇冲，则凶险之事会被冲散，凶险之事消解。此乃"好事逢冲则破"，"凶事逢冲则散"。

3. 三合

十二个地支之间会构成三合局：申子辰合化水局、寅午戌合化火局、巳酉丑合化金局、亥卯未合化木局。需要补充说明的是，三合局中没有土局。因为，丑、未、辰、戌四个五行属性为土的地支是自成土局的。

形成上述三合局需要满足以下条件。

（1）一个卦中当三个爻具备了三合的地支，而且它们都是动爻时能成为三合局。

（2）一个卦中当三个爻具备了三合的地支，但只有两个爻为动爻，另一爻不动，也能成为三合局，此谓合起不动之爻（即两个动爻合起了静爻）。

（3）若内卦的初、三爻为动爻，则能与它们发动后的变爻构成三合局。例如，初爻为动爻，地支为寅，三爻亦为动爻，地支为午，如果初爻或三爻变出之爻中有一个爻的地支为戌，则寅、午、戌构成三合火局。

（4）若外卦的四爻和上爻为动爻，则能与它们发动后的变爻构成三合局。例如，四爻为动爻，地支为巳，上爻亦为动爻，地支为酉，如果四爻或上爻变出之爻中有一个爻的地支为丑，则巳、酉、丑构成三合金局。

（5）若卦中有两个动爻，它们可以与月地支或日地支构成三合局。如果占卦之月的地支或占卦之日的地支不符合与两个动爻构成三合局的条件，则可以等到符合构成三合局的月或日补成三合局。此谓"虚三待用"。这是纳甲法中预测日期的一个用来确定应期的常用的规则（后面将会介绍）。

（笔者注：在断卦时，三合局预示的结果有吉有凶，需要根据所测问之事加以判断。若测问吉庆之事遇三合局，预示吉庆之事能成，且能长久。若测问官讼或困扰之事遇三合局，预示官讼有碍、困扰难解。若测问功名遇三合局，如果三合成官局，预示官运旺，如果三合成子局，由于子会伤官，预示官运有障碍，等等。

此外，笔者认为，如果对三合局中每个地支的吉凶加以具体分析，会更加深入细微。以下的观点是笔者根据多年卜筮和命理学的实践得到的一点感悟。）

申子辰合化水局：在这三个地支中，申金生助子水，辰土生助申金且克制子水。因此，申金既得到辰土的生助，又去生助子水。在占卜时，一定要参看当时的月支和日支，如果月支或日支为辰，因此利大于弊。在命理学中，要把地支与对应的属相结合分析。属猴之人在龙年（年支为辰）的三月（月支亦为辰），则大吉；但在龙年的十一月（月支为子），则次吉。对于子水逢三合局也应该如此解读。而对于辰土，它既克制子水又生助申金，因此吉的程度不如申金和子水。

寅午戌合化火局：在这三个地支中，寅木生助午火，又克制戌土，为最强势，但因为巳生助了午火，故克制戌土的力量不太强。午火得到寅木的生助，但又要生助戌土，收支平衡，次吉。戌土虽然得到午火的生助，但又被寅木克制，再次之。至于在占卜和命理学中的应用，读者可以参照申子辰的情形进行推断，这里不再赘述。

巳酉丑合化金局：在这三个地支中，巳火克制酉金又生助丑土，自己没有得到生助，吉凶平平。酉金被巳火克制，但得到丑土生助，故有救。丑土得到巳火生助，自己又要生助酉金，故推断吉凶还要看月支和地支（在命理学中的属相），读者可以参照申子辰的情形进行推断，这里不再赘述。

亥卯未合化木局：在这三个地支中，卯木最吉，它既得到亥水的生助，又去克制未土。亥水既要生助卯木，又被未土克制，故最弱。未土被卯木克制，自己又去克制亥水，力有不逮。至于在占卜和命理学中的应用，读者可以参照申子辰的情形进行推断，这里不再赘述。

4. 相刑

十二个地支之间除了相合、相冲、三合等关系外，还有相刑的关系（亦称为三刑）。相刑是指在一个卦中动爻、变爻、月、日之间的相互关系。顾名思义，相刑为相互之间有刑害的关系，多主伤害疾病或牢狱之灾。相刑有以下几种：

（1）无礼之刑：子刑卯、卯刑子。

（2）恃势之刑：巳刑申、申刑寅、寅刑巳。

（3）无恩之刑：丑刑戌、戌刑未、未刑丑。

（4）自刑：辰、午、酉、亥皆为自刑。

（笔者注："相刑"的关系很少见到实际应用。）

5. 动化回头

由于动爻在六爻断卦法中十分重要，因此，对动爻与变爻以及其他各爻之间的关系需要详细分析。变爻是动爻变出的，而且变爻会回过头来对动爻产生作用。

（1）动化回头生：变爻的地支生助动爻的地支（依据的是五行属性）。例如，动爻的地支为巳火，变爻的地支为卯木，卯木能生助巳火。

（2）动化回头克：变爻的地支克制动爻的地支（依据的是十二个地支之间相冲同时又相克的关系）。例如，动爻的地支为巳火，变爻的地支为亥水，亥水会克制巳火（而且巳亥也相冲）。

（3）动化回头冲：变爻的地支与动爻的地支相冲（依据的是十二地支的六冲规则，但不相克）。例如，动爻的地支为戌土，变爻的地支为辰土，戌与辰相冲（但不相克）。

［笔者注："动化回头冲"的依据是十二地支六冲。由于六对相冲的地支之中也有相克的关系，因此，有时动爻与变爻之间可能既是"动化回头冲"，又是"动化回头克"的关系。也就是下面第（7）种情形所述的 "动化回头冲克"的关系。例（2）中的例子，既是巳亥相冲（"动化回头冲"），又是亥水克巳火（"动化回头克"）。它们之间还有一个不同点：在"动化回头冲"之中，由于相冲是互相的，因此，动爻和变爻的地支互换后，依然是动化回头冲。而"动化回头克"依据的是五行属性之间的相克关系，因此没有互换性。仍然以该例说明：若动爻地支为巳火，变爻地支为亥水，既是动化回头冲，又是动化回头克；反之，若动爻地支为亥水，变爻地支为巳火，仍然构成动化回头冲，但不是动化回头克。］

（4）动化回头合：变爻的地支与动爻的地支相合（依据的是十二地支的六合规则）。例如，动爻的地支为巳火，变爻的地支为申金，巳与申相合。

（笔者注：这时动爻和变爻的地支互换，依然是动化回头合。但是动爻和变爻之间只有一个的发动的，这就与"1.相合"中第（2）条规则有矛盾之处。）

（5）动化回头合克：变爻的地支与动爻的地支之间按照五行属性为相克的关系，而按照十二地支的六合规则又是相合关系。例如，动爻的地支为戌土，变爻的地支为卯木。卯木与戌土为相克关系（五行属性木克土），而卯与戌又是相合的关系（十二地支六合规则），所以称为"动化回头合克"。

（6）动化回头合生：变爻的地支与动爻的地支之间按照五行属性为相生的关系，而按照十二地支的六合规则又是相合关系。例如，动爻的地支为寅木，变爻的地支为亥水。寅木与亥水为相生关系（五行属性水生木），而寅与亥又是相合的关系（十二地支六合规则），所以称为"动化回头合生"。

（7）动化回头冲克：变爻的地支与动爻的地支之间按照五行属性为相克的关系，而按照十二地支的六合规则又是相冲关系。例如，动爻的地支为午火，变爻的地支为子水。子水与午火为相克的关系（五行属性），而子与午又是相冲的关系（十二地支的六冲规则）。［见（3）的注释］

这里罗列了动爻与变爻之间多种关系，在六爻断卦法实际应用中，用得最多的是前面四种关系：动化回头生、动化回头克、动化回头冲、动化回头合。后面的三种关系比较复杂，在六爻断卦法中不常采用，但笔者的经验是如果会利用它们，能使断卦更加细致和精准，只是这样断卦更加复杂，使用时颇为不便。

至此，已经介绍了六爻断卦法所要用到的大部分相关知识和规则。熟练掌握这些知识和规则是断卦必需的基础。许多初入门的读者一定会觉得这样断卦太复杂麻烦。类似的现象在命理学领域同样存在。例如，紫微斗数、铁板神数等领域用到的知识和规则体系更为庞杂。这正是为什么梅花易数被更多的业余爱好者采用的原因。笔者曾经试图编写一个软件，替代人工断卦。但是，由于断卦需要有悟性，也就是现代所谓的"人工智能"，因此无法编写这样的软件来实现这个想法。也许是笔者孤陋寡闻，至少到目前为止尚未见到六爻断卦法领域一个真正能替代人工断卦的软件问世。至于网上有些流传的自动断卦方法，它的基础是该作者自身的断卦经验和水平，因此，这样自动断卦的结果是否准确，不敢恭维。就笔者自己的经验，由于六爻断卦法太复杂，尤其是作为一个业余研究者，没有时间去熟记"装卦"所需的各个元素，还得查阅资料。因此，笔者常用的是"梅花易数"的方法，更为快捷简便。

第二节　装卦

占卦的最终目的是断卦，用六爻断卦法断卦的前提是对占得的大成卦进行"装卦"。在掌握了上面的准备知识后，就可以对占得的大成卦进行装卦。所谓装卦，是将六亲、天干、地支、六神、世爻、应爻等装入该大成卦中相应的爻位。

一、装天干地支（纳甲）

六爻装入天干地支的歌诀等细节见"八卦纳甲"一节，读者可以根据歌诀自行装卦。为方便使用，列表如下，读者可以直接在表中查阅后装入卦中。

卦	上下卦	爻	纳甲	卦	上下卦	爻	纳甲
乾	上卦	上爻	丙戌	兑	上卦	上爻	癸未
		五爻	甲申			五爻	乙酉
		四爻	壬午			四爻	丁亥
	下卦	三爻	戊辰		下卦	三爻	癸丑
		二爻	丙寅			二爻	乙卯
		初爻	甲子			初爻	丁巳
离	上卦	上爻	乙巳	震	上卦	上爻	甲戌
		五爻	丁未			五爻	壬申
		四爻	己酉			四爻	庚午
	下卦	三爻	乙亥		下卦	三爻	甲辰
		二爻	丁丑			二爻	壬寅
		初爻	己卯			初爻	庚子
巽	上卦	上爻	丁卯	坎	上卦	上爻	壬子
		五爻	己巳			五爻	庚戌
		四爻	辛未			四爻	戊申
	下卦	三爻	丁酉		下卦	三爻	壬午
		二爻	己亥			二爻	庚辰
		初爻	辛丑			初爻	戊寅
艮	上卦	上爻	庚寅	坤	上卦	上爻	己酉
		五爻	戊子			五爻	辛亥
		四爻	丙戌			四爻	癸丑
	下卦	三爻	庚申		下卦	三爻	辛卯
		二爻	戊午			二爻	癸巳
		初爻	丙辰			初爻	乙未

（笔者注：前面介绍过，按照赵向阳先生的修改，需要将乾卦作为内卦和外卦时各自的纳甲对调过来。读者可以自行验证。）

二、装六亲

给一个大成卦装六亲的基本方法是，首先明确此卦属于哪一宫，这样就知道了其五行属性，将这个属性作为"我"的属性看待。然后根据六亲之间的相互关系："生我者父母，我生者子孙，克我者官鬼、我克者妻财、同类者兄弟"，对于已经纳甲的六爻进行分析。由于每爻已经纳入天干地支，所以明确了每爻的五行属性。于是可以得到：

凡是爻的五行属性与"我"的五行属性相同者，装入"兄弟"。

凡是爻的五行属性生助"我"的五行属性者，装入"父母"。

凡是爻的五行属性克制"我"的五行属性者，装入"官鬼"。

凡是爻的五行属性被"我"的五行属性克制者，装入"妻财"。

凡是爻的五行属性被"我"的五行属性生助者，装入"子孙"。

如果对一个卦属于八个宫中的哪一宫不熟悉，可以采用最快捷简单的办法，直接查阅"六十四卦纳甲全息表"。

例如，占得风雷益卦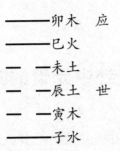，它是巽宫的三世卦，所以其五行属性为木。

```
————卯木  应
————巳火
—  —未土
—  —辰土  世
—  —寅木
————子水
```

根据木的属性，可以确定，卦中二爻寅木和上爻卯木的六亲为"兄弟"（"同类者兄弟"），初爻子水的六亲为"父母"（水生木，"生助我者父母"），三爻和四爻的六亲为"妻财"（木克土，"我克者妻财"），五爻的六亲为"子孙"（木生火，"我生者子孙"）。于是有：

```
————兄弟卯木 应
————子孙巳火
—  —妻财未土
—  —妻财辰土 世
—  —兄弟寅木
————父母子水
```

三、装世爻、应爻

给一个大成卦装入世爻和应爻也有两种方法。

其一，是根据"寻宫问世"中介绍的方法推算。也就是该卦在宫中是几世卦，世爻就在第几爻，但是，要区分四世卦和游魂卦，因为二者的世爻都在第四爻；以及区分三世卦和归魂卦，因为二者的世爻都在第三爻。确定了世爻，应爻就随之而定。

其二，简单快捷的方法是直接查阅"六十四卦纳甲全息表"。

（笔者注：上述三项内容在占得大成卦，并明确所占问之事后即可完成，见前面的"六十四卦纳甲全息表"。但是，下面所说的装六神，还需要根据占卦当日的日天干才能确定。所以无法与上面三项内容在一张表中列出。）

四、装六神

给一个大成卦装入六神，需要根据占问之日天干来确定。可以直接查阅第一节中的"装六神表"。

至此，大成卦所应该装入的所有元素：天干、地支、六亲、世爻、应爻、六神等全部装毕，具备了六爻断卦的基本信息。接下来再辅以月建、日辰、动爻、用神、忌神等概念，就可以进行断卦。

第三节　根据卦中元素的断卦规则分析

六爻断卦相对于其他两种断卦法要复杂得多。上面介绍的许多元素在装卦阶段已经装入，但是在断卦时还需要用到其他一些动态和随机的知识和规则，它们不在装卦时直接装入的。例如，太岁、月建、日辰、旬空、用神、元神、生旺墓绝、旺相休囚、回头生、回头克等。

断卦首先需要确定以下因素：

1. 确定占问之日的太岁、月建、日辰。

2. 根据占问之事确定用神、元神、忌神、仇神等。

3. 分析用神的状态：

（1）如果用神两现，则根据上面介绍的规则选出其中一个作为用神。

（2）如果用神不现，则确定飞神、伏神。

（3）确定用神是否临月破、日破，是否值旬空。

（4）确定用神的旺相休囚、生旺墓绝状态。

（5）确定用神是否为动爻。若是，有无回头生或回头克。若不是，动爻与用神之间的生克关系。

（6）确定用神与元神、忌神、仇神之间的关系状态。

4. 分析卦中动爻的状态：是否有多个动爻，或只有一个动爻，或六爻安静皆不发动。

5. 分析世爻的爻位及其状态。世爻与用神之间的关系。

6. 分析应爻的状态以及与世爻的关系。

建议有兴趣学习六爻断卦法的人士将上述各种元素采用表格的方式表示，将各种元素逐项填入表格中，一目了然，便于接下来的分析推断。

许多卜筮书籍和资料中都提到用神和世爻在六爻断卦中的重要性。并强调说，用神是断卦的核心，同时又说世爻是一个卦的中心。问题在于，有些书籍和资料没有将二者的异同这个问题向读者交代明白。这样导致的结果容易让读者（尤其是初入门者）将二者混淆。笔者多年在初学易经卜筮时就曾经为此困扰。因此，笔者认为有必要对此加以分析说明。

在占得一个大成卦后，世爻和应爻的位置是固定的（详见"六十四卦纳甲全息表"）。而且在一个卦中世爻和应爻都是必然存在且是唯一的。不因占问的目的不同而改变，无论是为自己或为他人占问什么人和事，世爻和应爻的位置却不会发生变化。对于一个大成卦而言，世爻是该卦的中心，它是一卦之主。在具体应用中，若是自占（占自己之事），世爻为自己、为我方。若是测他人他事，世爻为求测人或为所测事物的本身。因此，世爻是由被测的对象（自己或他人他事）决定的，也就是说，由被测对象（自己或他人他事）决定世爻代表什么（笔者注：请注意，决定世爻代表什么，但不是确定世爻位于哪个爻位）。然后，从世爻可以判断其外貌、体态、体质、性情、疾病、健康、人生有无灾难、是否顺利等。如果卦中的其他爻对世爻有利，则吉。如果对世爻不利，则不吉。

在占得一个大成卦后，用神的确定，则需要根据所测问之事确定卦中的哪一爻为用神。对于断卦的过程而言，用神是断卦过程中的核心（注意：不是该卦的核心）。同样的一个卦，用于测问不同的人和事，用神是不同的，是根据测问的人和事动态变化的。用神在一个卦中可能没有出现（即用神不现，此时看伏神），或者只有一个用神之爻，或者会有两个用神之爻（即用神两现）。但世爻和应爻却是不变而且唯一的。显然这一点正是用神与世爻的本质区别。概括地说，"被测对象决定世爻的内涵，求测目的决定用神的定位"。

一、爻位的类象

爻位在六爻断卦体系中起着非常重要的作用，它是判断事物性质、原因、方位、部位等的依据之一。六爻断卦法之所以有别于其他方法的原因之一是这种断卦法给每个爻位赋予了特定的含义，使它成为独特的、以爻位提取信息的唯一方法。例如，爻位在用于占问疾病时，把卦中各爻当成一个人体上的各个部位，然后依据各爻的位置，结合五行、六亲、六神等判断疾病。如果是占问人的长相，也可以仿照测病的方法，加以判断。如果是判断局部，又可以把六个爻位当成一个人体的局部图，等于把局部放大加以判断。如果是判断风水，又可以把卦的六个爻看成是一个环境的分布图。这也是六爻断卦法为什么可以判断得很细的原因之一。下面是六爻断卦法对各个爻位类象的描述。

1. 初爻的类象

人物：民众、市民、小学生、孩子、奴隶、老百姓、职员、雇员、部下、科员等。

人体：脚、香港脚（脚气）、脚后跟、脚脖子、脚趾等。

场所：农村、乡下、幼稚园、水井、地基、沟渠、河流、桥、邻居等。

服饰：鞋、袜子等。

2. 第二爻的类象

人物：科长、股长、处长、公务员、夫妻，胎儿等。

人体：腿、膝、肛门、生殖器，膀胱、大肠、直肠、子宫、肝胆等。

场所：镇子、社区、家、房子、厨房、院子、房间、娘家等。

服饰：裤子、护膝、裤衩等。

3. 第三爻的类象

人物：处长、副厅长、主任、厂长、中学生、兄弟、姐妹等。

人体：腰、肚脐、腹部、臀部、脾胃、肝胆、肾、膀胱、子宫等。

场所：市政府、城市、门、床、卧室、过厅等。

服饰：内裤、裤叉、裙子、腰裙、围裙等。

4. 第四爻的类象

人物：市长、厅长、处长、助理、人事领导、高中生、母亲、叔叔、婶母、舅舅等。

人体：胸、背、乳房、心口、心脏、脾胃、肺、肾、肩膀等。

场所：大门、窗户、厕所、卫生间、大城市、省政府、高校等。

服饰：上衣、内衣、服装、胸饰等。

5. 第五爻的类象

人物：首相、主席、总理、领导、经理、上司、家长、帝王、人口等。

人体：五官、脖子、臂、胸、背、手、肺、咽喉、心脏、气管、食道、胸腔等。

场所：道路、首都、一流大学、中心、旅店等。

服饰：外衣、乳罩、围巾、眼镜、口罩、项饰等。

6. 上爻的类象

人物：退休人员、老人、祖先、神、佛、天使等。

人体：头、头发、面部、脸颊、两鬓、手大脑、脑神经、头髓、头骨、肩膀等。

场所：国外、边境、边疆、远方、宗庙、祠堂、栋梁、墙垣、屋顶、邻居，祖坟等。

服饰：头巾、帽子、盖头、头饰、发卡等。

爻位的类象还有很多，对于初学者来说，能灵活应用以上的爻位就足够了。虽然在此讲述了爻位的用法，但有一点必须记住，六爻断卦体系是围绕用神来判断的，千万不可以舍弃用神而只用爻位来判断，如果是那样，预测就会抓不住要点，偏离正道。根据爻位推断疾病和风水方面应用得非常广，这需要长期的研习、实践才能熟练运用，紧靠书面知识远远不够。

二、关于世爻的推断规则

世爻是一个大成卦的中心，乃一卦之主。无论是为他人占卦还是为自己占卦，断卦的过程都是围绕着世爻的状态以及它与其他各爻之间的关系展开的。应爻是所占问之人或事的对方。因此，世应（世爻和应爻的简称）是推断吉凶的主要依据之一。对世应的把握和运用水平的高低决定了断卦的准确率。

例如，《增删卜易》云："凡得诸合，若世爻失陷者，难以吉断。""但三合其局者，用神旺，则无不为吉，尤要世爻在局为美。若世不在局，亦须局生世爻，始以吉断。倘局克世爻，则以凶推。""古用卦身、世身，余试不验而不用，凡后所遇身字，即是世爻。"

《易隐》的观点是："阴世则从五月起，阳世则从十一月起，俱从初爻上，数至世便知何月卦，即是卦身也。吉凶俱与世爻同断，又须究论进退。假如正月卜卦，月卦属二、三、四月为进度，属十二、十一、十月为退度。进则诸事进益，退则百事退沮也。"

各派对于世爻的重视程度，从这些论述中可见一斑（近年来有人称之为"世爻中心论"）。在六爻断卦法的发展过程中，后来有人提出用神更为重要，有人称之为"用神中心论"。近年来，还有人提出了"卦宫中心论"。笔者认为，卜筮不是一门纯学术研究的学问，是一门预测范畴的应用学问。因此，关键在于其推断结果的准确率，而不是冠以什么名称，大可不必在名称问题上纠结。

（1）六亲诸爻持世

所谓"六亲爻持世"，是指在一个大成卦中，世爻与某个六亲爻落在同一个爻位上。例如，父母爻持世是指父母爻与世爻同在一个爻位。某个六亲爻持世时，世爻就增加了相应六亲的内涵，这个内涵必然影响到推断的规则和结论。各种典籍中都有关于六亲持世的推断规则或口诀。其中许多规则相同或雷同，问题在于有些规则不同，甚至矛盾。这样就让读者无所适从。下面是对部分典籍中的规则的分析。

① 父母爻持世

《海底眼》云："父母持世身忧苦，身带文书及官鬼，夫妻相合不同床，到者终求他姓子。"

《卜筮正宗》云："父母持世主身劳，求嗣妾众也难招。官动财旺宜赴试，求财谋利莫心焦。占身财动无贤妇，又恐区区寿不高。"（笔者注：另一个版本中的第四句是"占身财动无贤妇"。）

《阐奥歌章》云："父母持世及身宫，旺相文书喜信逢；田宅禾苗皆遂意，占胎问病却成凶。"

分析：

《海底眼》中的推断规则都是不吉的，诸如"身忧苦""身带文书及官鬼，夫妻相合不同床，到者终求他姓子"等。

《卜筮正宗》中的推断规则主要是不吉的，诸如："身劳""求嗣妾众也难招""占身财动无贤妇""寿不高"等。但如果官鬼爻发动或者妻财爻旺相，则"宜赴试"。

《阐奥歌章》中的推断规则却主要是吉利的，诸如："旺相文书喜信逢，田宅禾苗皆遂意"仅若占问胎产或病患是不吉的。

父母爻是辛苦劳禄之神，所以父母爻持世主辛劳，求财很费力。

由于父母爻克制子孙爻，即父母爻为子孙爻的忌神，所以如果父母爻持世，则占问子嗣者难得子。（《海底眼》云："到者终求他姓子"。）

由于官鬼爻能生助父母爻（笔者注：这是有前提条件的），而父母爻又象征文书、学术等，所以，如果官鬼爻发动，则利于赴考。

（笔者注：《卜筮正宗》的"官动财旺宜赴试"前半句"官动宜赴试"可以理解，但是，妻财爻是克制主管文书的父母爻的，并不是生助父母爻，如果从妻财爻旺，则利于生助父母爻的官鬼爻去理解，显得有点牵强。）

论断：

根据以上的分析，可以归纳为：若父母爻持世，凡占问升学考试、信件、文书、契约等事为吉，例如，捷报频传、获奖、财来追我等现象。凡占问孩子病患、生育等事为不吉，例如，辛苦、劳碌、心情郁闷等现象。

凡占问自身，无论何事，如果妻财爻持世且发动，不是主其人得财，而是其人之妻克夫，即所谓"占身财动无贤妇。"而且由于妻财爻克制父母爻，所以如果妻财爻发动，则其人难有高寿。

② 子孙爻持世

《海底眼》云："子孙持世事无忧，见鬼后来便了休，同夫此时应就见，营生作事有来由。"

《卜筮正宗》云："子孙持世事无忧，求名切忌坐当头。避乱许安失可得，官讼从今了便休。有生无克诸般吉，有克无生反见愁。"

《阐奥歌章》云："子孙持世为福神，事成忧散谷财盈；占胎问病重重喜，谒贵求官反不亨。"

分析：

《阐奥歌章》认为，"谒贵求官反不亨"。其依据是在六亲各爻之间，按照它们五行属性的生克关系为子孙爻克官鬼爻。所以，子孙爻持世反而不利于拜见贵人和求官等事宜。

《卜筮正宗》认为，"有克无生反见愁"，是指子孙爻持世也须得到生助，没有克害，否则子孙爻持世并不吉利。

子孙爻是福神，是解难之神，子孙爻持世，官司纠纷从此罢休（"官讼从今了便休"）；外出平安，能逢凶化吉，遇难呈祥（"避乱许安"）；失物可以寻回，盗贼可捕获（"失可得"）。

关于子孙爻持世的推断规则，各家的观点基本一致："子孙持世事无忧"或"为福神"。但在细微之处则各有千秋。如果把各派独有的且互相不矛盾的规则归纳整理出来，将对六爻断卦法的发展大有裨益。例如：由于子孙爻为福神，所以如果子孙爻旺相而且没有被克制，则诸事皆吉。

由于父母爻克制子孙爻，所以凡子孙爻持世时，父母爻不宜发动，或日、月临父母爻（此时父母爻旺相）。

由于子孙爻克制官鬼爻，所以对于求官不利。

论断：

根据以上的分析，可以归纳为：若子孙爻持世，凡占问官司、买卖、出行、烦恼、出差、纠纷、避乱、寻找失物等事为吉。凡占问谋望求官、仕途官运、升学、考试、官职、女子婚姻、丈夫疾病等事为不吉，甚至有灾。如果是女性占问婚姻，则有克夫之嫌；未婚者占问婚姻，难成；已婚者占问婚姻，丈夫有灾。

③ 妻财爻持世

《海底眼》云："妻财持世益财荣，问卜求财定称心，更得子孙临应上，官鬼从他断不成。"

《卜筮正宗》云："财爻持世益财荣，兄若交重不可逢。更遇子孙明暗动，利身克父丧文风。求官问讼宜财托，动变兄官万事凶。"

《阐奥歌章》云："阴为妻妾阳为财，持世持身总称怀；商贾田蚕收百倍，若占病产鬼为胎。"

分析：

妻财爻持世利于占问求财和求谋工作、职务等事。

由于兄弟爻克制妻财爻，是破财之神，所以妻财爻持世时，兄弟爻不宜发动。

由于子孙爻生助妻财爻，是妻财爻的元神，所以妻财爻持世时，喜欢见到子孙爻发动。但《卜筮正宗》认为须要子孙爻"有生无克"，才是吉兆，否则"有克无生反见愁"。

由于妻财爻克制父母爻，"克父丧文风"，所以妻财爻持世时，不利于父母、学业、文章。

如果妻财爻持世发动，变爻为兄弟爻，此乃"动化回头克"，则不论占问何事皆为凶，轻则破财伤身，重则有身亡之灾。

由于妻财爻能生助官鬼爻，所以，如果占问官讼之事，则有"求官问讼宜财托"之说。

论断：

根据以上的分析，可以归纳为：若妻财爻持世，凡占问买卖、求财、谋望、男子婚姻、财运、失物、官讼等诸事，为财运亨通、失物可觅等之吉象。凡占问父母、长辈、买房、买地、学业、文书等诸事，为契约不成，与父母缘分薄等不吉之象。尤其忌讳的是妻财爻发动化出兄弟爻，则是"动化回头克"，大凶。

④ 兄弟爻持世

《海底眼》云："兄弟持世克妻财，忧官未了事迟来，值旺正面忧口舌，身强必定损其财。"

《卜筮正宗》云："兄弟持世莫求财，官兴须虑祸将来。朱雀并临防口舌，交重必定损妻财。父母相生身有寿，化官化鬼有奇灾。"

《阐奥歌章》云："阳为兄弟阴姊妹，所问所求皆退悔；又使凶神同位临，到头不遂空劳费。"

分析：

凡兄弟爻持世，占问之事多主不利（"所问所求皆退悔"），多主损财、兴讼、口舌、空劳等。

由于兄弟爻克制妻财爻，所以兄弟爻持世最不利求财，测婚损妻，测财损财。如果再临朱雀，且兄弟爻发动，则必有口舌之灾。

由于官鬼爻克制兄弟爻，所以如果官鬼旺相克制持世的兄弟爻，则须要提防灾祸、官非等事。

由于父母爻生助兄弟爻，所以如果父母爻旺相，则占问寿元之事为吉。

如果兄弟爻持世发动，变爻为官鬼爻，此乃"动化回头克"，其人必有灾祸。

论断：

根据以上的分析，可以归纳为：若兄弟爻持世，除了此时父母爻旺相，则占问寿元、买房、获奖、文书、信件等诸事为吉象之外，占问其余诸事皆不吉，诸如求财、官讼、口舌、婚姻等诸事为不吉之象。尤其是如果兄弟爻持世发动，化出官鬼爻者，主其人必有奇灾。

⑤官鬼爻持世

《海底眼》云："官鬼持世事难安，占身不病也遭官，财物时时忧失脱，骨肉分离会合难。"

《卜筮正宗》云："鬼爻持世事难安，占身不病也遭官。财物时时忧失脱，功名最喜世当权。"

《阐奥歌章》云："官鬼持世必得官，文书印信两相看；占婚问病俱凶兆，破宅伤财身不安。"

分析：

《阐奥歌章》认为，官鬼爻持世的吉兆是占问求官之事者得官。而且由于官鬼爻生助父母爻，所以占问文书之事者亦有利。此外，占问婚姻、病患、家宅、财运等皆为凶兆。

但是，《海底眼》和《卜筮正宗》都认为："占身不病也遭官"。这里的"遭官"显然与"得官"含义相反。

笔者认为，首先还是要分析官鬼爻是否旺相以及是否得到生助，这才是推断官鬼爻持世的吉凶的第一要素。

论断：

根据以上的分析，可以归纳为：若官鬼爻持世，如果该爻旺相，则凡占问求官、升迁、工作调动、考试升学等诸事皆为吉；但若该爻衰，很可能反而会遭官。

男子占问婚姻主要看妻财爻，由于女子占问婚姻与男子不同，主要看官鬼爻

（笔者注：这个规则与古代男尊女卑的夫权理念有关。在现代这个规则是否有效，还需要验证），因此，如果官鬼爻持世并旺相，则凡是女子占问女子婚姻之事为吉。

除了占问上述诸事，凡占问其他人和事，则官鬼爻持世均为不吉，诸如财运、家宅、病患、情绪、男子婚姻、兄弟状况等。

（2）世爻与应爻

世爻是"我"，即占卦人自己或委托占问之人。应爻是对方，或者所占问的人、事和物。

《增删卜易》云："凡占问彼此之事，则欲他扶助我者，喜应爻生合世爻；我欲代他而谋事者，宜世爻生应，非占彼此者不用。"如果世爻与应爻之间是相生的关系（双方的地支有生助关系），则吉。具体地说，若是世爻生助应爻，则"我"于对方有助；若是应爻生助世爻，则对方于我方"有助"。如果世爻与应爻之间是相克的关系，则凶。其中，若是世爻克制应爻，"我"于对方不利；若是应爻克制世爻，对方于"我"不利。

如果世爻和应爻比和（"比和"是指世爻和应爻的地支的五行属性相同），则主所占问之人和事平和、中庸，不凶。因此谋望之事可行。

如果世爻值旬空，则占问之人自己的谋望会有阻碍，甚至是不真实的荒唐之事。如果应爻值旬空，则是对方谋望之事不真实，荒唐。如果世爻和应爻皆值旬空，则双方都是如此。

（3）关于间爻的推断规则

世爻和间爻之间的两个爻称为"间爻"，根据间爻的状态，也有一些口诀和规则。有一首"世应间爻诀"：

"世应当中两间爻，发动所求多阻隔，假饶有无事分明，又见切切方始得。"

"世应当中两间爻，忌神发动莫相交。元神与用当中动，事到酝酿始得梢。"

其主要含义是，间爻不宜发动，若发动则所占之事动见阻隔：

如果发动的间爻持兄弟爻，则多主其人与兄弟、同事或朋友之间有口舌是非。

如果发动的间爻持官鬼爻，则多主其人的人际关系会有麻烦纠纷。

若是占问婚姻，有间爻发动，则多主会有变故，且很可能是中间人（媒人、介绍人）引发的。

若是占问家宅之事，有间爻发动，则多主邻里之间会有纠纷。

（4）世爻与太岁、月建、日辰

①太岁：亦称为"年君""岁君"，掌一年之权，代表天时。若是占问运气，最忌太岁冲克世爻（所谓"太岁冲克世爻"是指年地支与世爻的地支有冲克）。

②月建：亦称为"月令"，掌一月之权，用该月的月地支表示。月建决定了世爻在该月旺相休囚的状态。如果世爻的地支与月建五行属性相同，则世爻旺相。

③日辰：又称为日建，日辰用该日的日地支表示。古人云："不论久远到底有权。"日辰乃卦中六爻的主宰，能生助、克克、扶拱、冲起、冲实、暗动、冲散卦

中任何一爻。

（5）世爻与动爻

此时，世爻发动。

①回头生：回头生者，乃变爻地支生动爻地支。例动爻巳火，化出卯木，则木生火是谓化回头生。

②回头克：回头克者，乃变爻地支生动爻地支。例动爻巳火，化出子木，则水克火是谓化回头克。

③回头冲：回头冲者，乃变爻地支与动爻地支呈六冲状态。例动爻地支是子水，化出午火，则午火冲子水，是谓化回头冲。

④回头合：回头合者，乃变爻地支与动爻地支呈六合状态，例动爻地支是午火，化出未土，则午火合未土，是谓化回头合。

⑤回头合克：即依回头合与回头克混合而成，例动爻地支为子水，化出丑土，则丑土即合且克子水，是谓化回头合克。

⑥回头合生：即依回头合与回头生混合而成，例动爻地支是未土，化出午火，则变爻地支午火，即合且生未土，是谓化回头合生。

⑦回头冲克：即依回头冲与回头克混合而成，例动爻地支是寅木，化出申金，则变爻支神申金，即冲且克寅木，是谓化回头冲克。

（6）世爻与六神

虽然在六爻断卦法的实际应用中，用六神推断的卦例不多，但是为了这套体系的完整性，本书依然将世爻与六神有关的推断规则应该介绍给读者。

①世爻与青龙：

1）若青龙所临之爻生助世爻，主其人有升官、发财、结婚、生子等喜庆之事。

2）若青龙所临之爻克制世爻，主其人会受欺凌。

3）若青龙临持世的官鬼爻，主其人酒色加身，会乐极生悲而致灾。

4）若青龙所临之爻持世，但被其他爻克制，主其人有酒色之灾；若遇六合、或属沐浴状态、或与妻财爻相合相克，主其人会因嫖娼致灾。

5）若青龙所临之世爻属衰的状态，主其人清净自得。

②世爻与朱雀：

1）若朱雀所临之爻持世，则其人适合口才职业。

2）若朱雀临第二爻，或所临之爻克世爻或第二爻，主会有火灾发生。

3）若朱雀所临之爻属水，主其人文字平平无力，但不犯口舌。

4）若朱雀临持世的父母爻，如果该爻又是动爻，主其人会有文件、书信往来之事发生。如果该爻的地支为辰、戌、丑、未之一，则主其人会有官司缠身。

5）若朱雀临持世的兄弟爻，主其人会因为官司而吵架；但若此时官鬼爻值旬空，则不会有官司。若朱雀所临之爻是忌神，而且克制世爻，则主其人会有官司。

6）若朱雀临持世的子孙爻，且与应爻相合，主其人为演员。

7）若朱雀临持世的官鬼爻，主其人会因为文章、口舌、官讼而招灾。

8）若朱雀所临之世爻被其他爻或月、日克制，主其人会被他人诽谤。

③世爻与勾陈：

1）若勾陈所临之爻克制世爻，主其人有牢狱之灾或生病、蒙冤。

2）若勾陈临持世的父母爻，主其人会遇到房地产契约文书之事。其中：如果该大成卦是坎卦，则所遇之事与小型车辆有关；如果该大成卦是坤卦，则所遇之事与大型车辆有关；如果该大成卦是震卦，则所遇之事与快车有关。

3）若勾陈临持世的官鬼爻，主其人会有跌打损伤，或因家产、公务致灾。如果该爻又是动爻，则主瘟疫。如果占问病患之事，则主肿胀。而且，如果该爻同时是用神，则主其人脾胃虚弱。

4）由于勾陈的类象为警察，玄武的类象为小偷，所以，如果勾陈所临之世爻为动爻，且克制玄武所临之爻，则主其人会抓获小偷。

5）如果占问阴阳宅之事，若勾陈所临之世爻旺相，则主平安；若该爻衰，则主不安。

6）若勾陈所临的世爻又临日辰或用神，主其人所办之事进展缓慢，当天办不成。

7）若勾陈所临之世爻与兄弟爻相合，主其人愚钝。

④世爻与腾蛇：

1）若腾蛇所临之世爻，又为用神，则不吉。

2）若腾蛇临持世的官鬼爻为动爻，主有妖邪之事；且若该爻有气（旺相），主妖邪之事与活物有关；若该爻居第五爻或上爻，且发动，主妖邪之事与飞物有关；若该爻无气（休囚），主妖邪之事与墙上的挂物有关。

3）若腾蛇临持世的官鬼爻的五行属性为木，主会有与吊死鬼有关之事。

4）若腾蛇所临之爻克制世爻，主与手铐、绳索一类物品之事有关。若此时是占问病患之事，主其人会神经失常。

5）若腾蛇临持世的官鬼爻，主其人有酒色、被盗、被骗、遭冷水淋湿致灾等事，且其人会有噩梦。如果该大成卦是震卦，则其人有神经病，而且若该爻既旺相又发动，则主其人会疯狂。

6）若腾蛇临持世的兄弟爻，主会发生阴谋、诈骗、诽谤、恐吓之事。

7）若腾蛇所临之世爻被克制，主其人多智。

8）若腾蛇所临之爻的五行属性属火，且旺，又克世爻，则无论该爻位于哪一个爻位均主有火灾发生。

9）若腾蛇所临世爻的五行属性属火，主其人有皮肤病。如果持其他六亲爻，则对应的六亲亦会有皮肤病。

10）若腾蛇所临之世爻的五行属性属水，且该大成卦是坎卦，则主其人有血液病。

第七章　六爻断卦法（纳甲筮法、火珠林法）

⑤ 世爻与白虎：

1）凡占问病患之事，最忌白虎所临之爻持世，或此爻发动又克制世爻或克制用神，多主其人的病况严重。

2）由于白虎属金，主杀人之刀，因此，如果白虎临世爻，该爻同时又是用神，则主其人会有连续丧亡之祸。

3）若白虎所临之世爻的五行属性属水，且发动而化出丑土（回头克），则如果占问病患，主其人会有大凶。

4）若白虎所临之世爻的五行属性属水，该爻又是父母爻，但值旬空，主其人祖坟透水，或肝腹水、白血病。

5）若白虎所临之爻的五行属性属火，且生助世爻，主吉。

6）若白虎所临之世爻为父母爻，但被动爻、日、月刑克，主父母有灾。

7）若白虎临之世爻为兄弟爻，主有小人称霸；若此时带刑克，主有强奸之事；如果再有官鬼爻发动，主有官司之事。

8）若白虎临之世爻为子孙爻，又值旬空，乃丧子的预兆，六亲同论。

9）若白虎临之世爻为妻财爻，且旺相，主其人只认钱不认人。

10）若白虎临之世爻为官鬼爻，此乃公检法军警的标记。此时须防凶伤、丧事等。

11）若白虎临之世爻为又临驿马位，主其人会有调动外出之事。（笔者注：所谓"驿马位"是指寅、申、巳、亥四个位。在六爻断卦法中是指地支为寅、申、巳、亥的爻。它的依据是："申子辰马在寅，寅午戌马在申，巳酉丑马在亥，亥卯未马在巳。"）

12）若白虎所临之爻为动爻，克制世爻，主其人有血光之灾。如果动爻在外卦，主出门有灾祸；动爻在内卦，主居家有灾祸。有病灾。

13）若白虎所临之世爻被青龙所临之爻克，主其人勇而有礼。

14）若白虎所临之世爻发动，如果占问产育之事者，吉。

⑥ 世爻与玄武：

1）玄武所临之世爻宜处于衰的状态。如果旺相，反而不吉。

2）若玄武临世爻，主其人会有破财、暧昧、投机、盗贼等事。

3）若玄武所临之世爻为官鬼爻，如果占问测疾病，主此人肾亏。

4）若玄武所临之世爻为妻财爻，主其人有投机、偷税走私、诈骗、偷奸等事。若该爻与玄武所临之爻相合，主其人贪财好色。

5）若玄武临妻财爻发动，化出官鬼爻生助世爻，主其人会窝藏罪犯。

6）若玄武所临之世爻为官鬼爻，此乃盗贼的标记。若该爻位于第三爻第或四爻，主有盗贼临门，尤其要防相冲之日（笔者注：是指与该爻的地支相冲之日）。若玄武所临之官鬼爻动而克世，主必遭盗患。

7）若玄武所临之世爻为官鬼爻，暗动（笔者注："暗动"是指该爻安静，但旺相，又与日辰相冲），且克制世爻或用神，主会有小人暗中陷害之事。

8）若玄武临官鬼爻，其五行属性属水，如果又持世爻，或者该爻发动而克制世爻、用神，主其人会死于水难，且无救。

9）若玄武所临之世爻为父母爻，又处于沐浴状态，主其人有私生子之事。

10）若玄武所临之世爻为兄弟爻，主其人须防被劫骗。如果该爻再带桃花者，主其人淫邪。

11）若玄武所临之世爻与子孙爻相合，主其人嗜酒多情。

12）若玄武所临之爻又临忌神，且克制世爻，主其人会因盗贼或通奸致灾。

13）若玄武所临之爻持世，须防发生破财、逃亡、遗失等事；但若该爻生助世爻，则无害。

三、关于动爻的推断规则

所谓动爻，是指在一个大成卦中从阴爻变为阳爻，或者从阳爻变为阴爻之爻。动爻变化之前的卦称为本卦，变化之后得到的卦称为变卦。动爻在一个卦中有三种情形：

在断卦的过程中，动爻的作用很大，《黄金策》的"总断千金赋"云："动静阴阳，反复迁变。"《通玄赋》云："易爻不妄成，神爻岂乱发？"因此，在断卦时需要根据动爻的性质进行推断。

此外，在动爻和变爻之间，论先后当以动者为先，变者为后。在两个动爻之间则以旺者为先，衰者为后，或推断为旺多衰少。

六爻断卦法采用摇卦法所得到的卦可能会出现下述三种情形之一，而梅花易数采用的各种方法所得到的卦中有并且只有一个动爻。

（一）六爻均为静爻，不变，称为六爻安静

《断易天机》云："卦遇六爻安静，须看用与日辰，日辰克用及冲刑，其事宜当谨慎。更把世应推究，忌神切莫加临，世应临用及元辰，做事断然昌盛。"

但是，即使六爻安静的卦，如果卦中某个爻旺相，又与日辰相冲，则这个爻称为暗动，它也具有动爻的特点。

（二）卦中有多个动爻，称为"乱动"

《断易天机》云："六爻乱动事难明，须向亲宫看用神，用若休囚遭克害，莫将前诀费精神。宜用爻动吉。"

（三）卦中有一个动爻，称为"独发"

1. 独发

《断易天机》中有一套出自《火珠林》的推断一爻独发的规则：

父母爻独发："父母独发，重迭艰辛；若乘旺相，文书可成。"

子孙爻独发："子孙独发，为退为散；若乘旺相，亦可求财。"

妻财爻独发："妻财独发,损书伤父;若乘旺相,婚姻可成。"

兄弟爻独发："兄弟独发,为诈为虚;若乘旺相,财破嗟吁。""兄弟为劫财之神,大宜隐伏。动发主虚诈不实之事,凶不凶、吉不吉。若旺相,主口舌忧疑破财,如出现发动,更看变得何如,大怕化鬼爻,凶。"

官鬼爻独发："官鬼独发,为欺为盗;若临吉神,功名可望。""大忌日破。出现独发,先看财官,次分乱动,六亲杂例(日辰休囚不可用)。日辰旺相能透出用爻,能克用爻。"

上述规则比较直白,相信读者能直接解读,本书不再赘述。

2.六亲爻发动

(1)父母爻发动

《断易天机》云:

父母当头克子孙(父能克子),病人无药主沉昏(子能医药),
婚姻子息应难得(子变父克),买卖劳心利不存(父生娘难)。
观望行人书信动(父为书信),讼官下状理先分(父为状词),
士人科举登金榜(父为文章),失物逃亡要诉论。

《火珠林》云:"父母独发,重迭艰辛;若乘旺相,文书可成。"父母为重迭之神(笔者注:所谓"重迭之神",是指在六亲中,只有父母爻类象了父母和祖父母两重含义),大忌出现发动。若趱补名缺,求书札、取契,得旺相动发可成;若坐休囚,不可凭准矣。

(2)子孙爻发动

《断易天机》云:

子孙发动伤官鬼(子能克鬼),占病求医身便痊(鬼制病安),
行人买卖身康健(子为福德),婚姻喜笑是姻缘(旺动伤夫)。
产妇当生子易养(子为用神),词讼空论事不全(官被子克),
谒贵求官休进用(主用被伤),守旧当占可自然。

《火珠林》云:"子孙独发,为退为散;若乘旺相,亦可求财。"这是因为子孙为伤官之神,如果发动,利于了结官讼之事。如果其旺相,则利于求财。

(3)妻财爻发动

《断易天机》云:

妻财发用克文书(财能克文),应举求官总是虚(文书受伤),
买卖交易财利吉(用神出现),婚姻如意乐无虞(财为妻主)。
行人在外身欲动(财动生回),产妇求神易娩除(财动生鬼),
失物静安家里觅(财静可寻)。病者伤脾并胃虚(财为饮食)。

(4)兄弟爻发动

《断易天机》云:

兄弟同人克了财(同谓同类),病人占者恐悲哀(兄动反复),

应举雷同文不一（兄主文杂），若是常占尚破财（兄动克财）。

见官虚词应累众（兄动虚诈）出路行人身未来（兄动有阻），

货物经商消折本（以财为主），求妻买婢事难谐（同上断之）。

《火珠林》云："兄弟独发，为诈为虚；若乘旺相，财破嗟吁。"这是因为兄弟为劫财之神，如果发动，则主会有虚诈不实之事，凶者不凶，吉者不吉。如果其旺相，主有口舌、忧疑、破财等事发生。还要看其发动后的变爻，如果变爻是官鬼爻，则为动化回头克，大凶。

（5）官鬼爻发动

《断易天机》云：

官鬼从来克兄弟（鬼动克兄），婚姻未就生疑滞（鬼动狐疑），

病困门庭祸祟来（病占忌鬼），更改动谋皆不行（鬼动阻隔）。

出外逃亡定见灾（出行不宜），词讼伤身累有因（鬼克），

买卖财轻赌博轮（妻财皮池），失物难寻暗昧侵（鬼主暗昧）。

3. 六亲爻动化

（1）父母爻动化

"六亲变化歌"云："父母化父母，进神文书许，化子进人丁，化鬼身遂举，化财宅长忧，兄弟得进取。"

又有：

父化父兮文不实（变动变改），举事艰难事非一（父主艰辛），

父化子兮宜退散（化子凶散）。

（2）子孙爻动化

"六亲变化歌"云："子孙化子孙，人财两称情，化父田蚕败，化财加倍荣，化鬼忧病产，化兄谓相生。"

又有：

子化子兮阴小凶（谓之化去），举讼兴官理不同（官长反复），

子化官兮防祸患（子忌化官），占疾忧疑总不中（医药受克）。

子化父兮防产妇（父能克子），无中生有头绪多（同上），

子化兄兮事不圆（化兄虚诈），脱诈人情疑莫方（同上）。

子化财兮好望财（子能生财），交加争竞鬼相干（鬼父两全）。

官化子兮忧自除（官遭子伤），若占小口必灾危（子为鬼化）。

官化兄兮朋友诈（鬼兄诳诈），安托人心不似初（同上）。

官化财兮财自得（财能生官），赌博抽拈总不如（件件不宜）。

官中无鬼难谋事（无鬼不成），官员不见事空虚（见官无主）。

（3）妻财爻动化

"六亲变化歌"云："妻财化妻财，钱龙入宅来，化鬼忧戚戚，化子笑哈哈，化父宜家宅，化兄当破财。"

又有：

财化财兮妇主灾（谓之化去），财化官兮徒走失（财生官泄），
财化文书用可谐（先难后易），财化兄兮财少成（兄能克财）。
相知脱赚勿交亲（因友侵耗），财化子兮官事散（子能克官），
托用人情不一心（托人不宜）。

（4）兄弟爻动化

"六亲变化歌"云："兄弟化兄弟，凡占无所利，化父妾奴惊，化财财未遂，化官身遭灾，化子却如意。"

又有：

兄化兄兮家不足（兄能克财），兄化财兮财反复（先难后易），
兄化官兮休下状（事元十象），占病难医哭泣临（鬼能克子）。
兄化文书和改求（先阻后顺），心情后喜主先忧（同上），
兄化子兮忧可散（子能克鬼），若望行人信有期（子为福德）。

（5）官鬼爻动化

"六亲变化歌"云："官鬼化官鬼，官禄求财速，化财占病凶，化父文书遂，化子必伤官，化兄家不和。"

又有：

官化官兮病未安（谓之化去），见贵求官事尽难（有名无实），
官化文书官未顺（官超文难），纵能忧病还为吉（病凶亦吉）。
父化同人多口舌（化兄是非），同求婉转须重叠（纵成重更），
父化财兮交易利（先难后易），家长不宁求事拙（化财克父）。
父化官兮家惧失（化鬼不宜），求官必得近高职（官父两月），
卦无父母事无头（父为统体），更在休囚空费力（父衰后劳）。

4. 六神发动

六神发动是指六神所临之爻为动爻。

（1）青龙发动

"六神歌断"云：

青龙发动万物通（青龙属木），进财旺禄福无穷（无不亨通），
临凶遇杀都无碍（能化凶杀），惟忌临金与落空（龙受金克）。

（2）朱雀发动

"六神歌断"云：

朱雀交重文印旺（朱雀属火），杀神相并谩劳功（并凶无文），
是非口舌皆因此（多主口舌），持水临空却利公（临太空吉）。

（3）勾陈发动

"六神歌断"云：

勾陈发动忧田主（勾陈属土），累岁迍邅为杀逢（勾主牵连），

持木落空方脱洒（持木空吉），维饶安静也迷蒙（不动亦否）。

（4）螣蛇发动

"六神歌断"云：

螣蛇发动忧索绊（蛇属土），怪梦阴魔暗里攻（多主怪异），

持木落空方始吉（值木空吉），交重旺相必然凶（旺相变凶）。

（5）白虎发动

"六神歌断"云：

白虎交重惊怪事（白虎属金），求官临鬼反丰隆（虎官利名），

持金世杀妨人口（世金虎凶），遇火如空却不同（临火空吉）。

（6）玄武发动

"六神歌断"云：

玄武动摇多暗昧（玄武属水），若临旺相贼交攻（秋冬尤凶），

土爻相并邪无犯（值土空吉），带杀依然咎在躬（临杀为咎）。

第四节　六爻断卦法的断卦分类规则

至此，已完整介绍了六爻断卦法的预备知识，再结合断卦的规则，就可以根据来人的身份以及测问之人和事（包括事物和事务），推断出具体的断卦结论以及"应期"（即断卦结论应验的日期）。

一个大成卦的基本元素是六个爻，无论测问何事都是围绕着六爻的各种状态展开的。这些状态包括：六爻对应的天干地支以及相应的五行属性、六爻对应的地支是否值旬空、六爻对应的六亲、六爻是否发动、六爻的阴阳属性、六爻对应的六神、六爻与世爻和应爻的关系、世爻和应爻之间的关系，等等。前面已经列举了前人关于这方面的许多古籍。当代的易学者像赵向阳、李计忠、邵伟华等人根据各自的实践，总结了不少新的断卦经验和规则，并出版了许多著作。

六爻断卦法中有很多预测具体的人和事的规则，各个门派诸论纷纭，各执一词。对此现象，正面的观点认为，"法无定法"，看各人各派的悟性。但质疑的观点认为，以测天气为例，在六爻断卦法主要的典籍中关于测天气的规则不下数百条。既然都是用六爻断卦法，为什么会出现不同的结论，甚至相互矛盾？无法用"天极玄妙"一言蔽之。这正是笔者需要对这种方法加以辨析的主要驱动力。六爻断卦法没有摆脱"神秘文化"的神秘色彩，给人以"玄"的感觉，其结果阻碍了这门学问的发扬光大。

笔者写本书的主要目的就是对各种门派各自的规则加以辨析。笔者认为，"尽信书不如无书"。古人留下的许多书籍给我们留下了很好的遗产，但其中难免泥沙俱下、鱼龙混杂，值得我们去学习和传承的只是其中的正确和精华的部分。如果全

盘照搬，不加以辨析，不同门派的书籍给出的规则互不相同，导致断卦的结论也互不相同，会让你无所适从。

值得称道的是有些当代易学家做了实实在在的研究和总结，他们的书中真正提出了自己的见解和研究成果，例如赵向阳先生就是其中突出的代表。

但是不可否认的是，个别当代易学家的书中也存在古籍中的问题，前后矛盾或相互矛盾。本书的宗旨是"辨析"，因此要提请读者留意的是，下文的断卦规则将会根据笔者的认识和经验对古籍留下的有些规则（不是也不可能是全部规则）加以辨析，希望能对读者正确学习和掌握六爻断卦法有所裨益。

易学家朱辰彬先生主张，在断卦时首先应明确大成卦是采用哪一种方法占得的。他认为，六爻断卦法只适用于采用蓍草法或金钱摇卦法占得的大成卦，不适用于通过时间、报数、物象等方法占得的大成卦。同样，梅花易数的断卦法只适用于采用时间、报数、物象等方法占得的大成卦，也不适用于采用摇钱币占得的大成卦。当然这也只是一家之言，在易学界对不同方法占得的卦交叉运用这两种方法的人士不在少数。

另一位易学家王虎应先生更是主张采用传统的摇卦法来起卦，他认为："梅花易数，先定外卦后定内卦，而六爻则从初，爻开始往上装卦，二者有本质的区别。虽然有些卦用梅花易数的方法提取，用六爻的方法去断有时也有应验，但毕竟因动爻的变化受到限制，而使其信息量也减少了许多，很难出现诸如伏吟、反吟、三合等课式，使吉凶和应期的准确性也受到了影响，因此最好使用摇卦的形式来取卦。"

客观而论，六爻断卦法和梅花易数法之间的差别很大，六爻断卦法重点在于分析动爻、世爻、应爻，还引入了用神、忌神、六神等诸多的概念，整套理论庞杂，占卦和断卦所需的时间比较长，更适合于专业人士。而梅花易数占卦和断卦相对而言比较快捷简便，其断卦的重心是分析卦象，引入了体卦、用卦、互卦等概念，梅花易数占得的大成卦必有并只有一个动爻。

笔者认为，六爻断卦法的核心是对爻的分析，梅花易数断卦的核心是对整体卦象的分析。但是笔者并不认同六爻断卦法只适用于蓍草法或金钱摇卦法占得的大成卦，梅花易数只适用于用其他方法占得的大成卦的观点。笔者更不主张起卦只用摇卦法，而摒弃梅花易数的起卦方法。在易学发展史上，梅花易数是不可或缺的一门学问和重要流派，值得传承和研究。

一、断卦术语一览

在一个大成卦的六爻之间根据五行属性的相生相克的关系衍生出了一系列概念，有了这些概念，六爻之间才会发生许多关联。因此，首先应该了解这些概念以及对应的术语。而且其中有些术语在梅花易数中也会用到。

1. 生：相生，金生水、水生木之类。
2. 扶：先帮后为扶，如卯为用神，寅日测，寅能扶卯。

3. 拱：后帮先为拱，如寅为用神，卯日测，卯能拱寅。

4. 合：合有三合、六合。

（1）三合成局：申子辰合成水局、寅午戌合成火局、亥卯未合成木局，巳酉丑合成金局。构成三合局需要以下前提，否则不构成三合局。

① 卦中三爻都发动可成合局。

② 卦中有两爻发动，一爻不动，也可成局，谓之合起不动之爻。两爻发动包括一爻明动，另一爻暗动（即被日辰冲）。

③ 内卦初、三爻发动后与化出变爻之间可以成局。

④ 外卦四、上爻发动后与化出的变爻之间可以成局。

⑤ 卦内有两个动爻，可和月、日之一合成局，但若与测卦之月、日合不成局，则待后来的月、日补凑仍可合成局。

（2）二合（六合）：即十二地支之间的六合关系。但是，凡遇六合，须防被刑冲克害。如寅亥两爻本相和合，若卦中戌土发动，戌土克了亥水，虽合而无用。

① 合起：若月、日与卦中的静爻相合，谓之合起。静爻被合起，有旺相之意。

② 合住：若月、日与卦中动爻相合，谓之合住，使动爻不能发动，因而不起作用。

③ 合好：即爻与爻合：必须是两爻皆发动，仅有一爻发动，则不能成合。两爻俱静更不成合。两爻俱动而成合，谓之合好，使用神更为旺相有力。（不适用梅花易数。）

④ 化扶：动爻化出之爻，与动爻相合。如卦中地支为丑之爻发动，化出地支为子水之爻，子丑相合，此乃化扶，为动爻得到化出之爻的扶助。

5. 克：每爻都有相应的地支，而地支之间按照五行属性有相克的关系。

6. 害：指每爻对应的地支之间的相害关系，如子未相害、丑午相害……

7. 刑：指每爻对应的地支之间的相刑关系。

8. 冲：是指十二地支之间的子午相冲、丑未相冲、寅申相冲、卯酉相冲、辰戌相冲、巳亥相冲，冲为散，与相合恰好相反。凡占问凶事，宜见冲，多主凶事消亡；凡占问吉事，不宜冲，否则吉事不成，变凶。

（1）冲起：六爻中值空、安静之爻，被日辰冲，为冲起。

（2）冲实：六爻中值空、发动之爻，被日辰冲，为冲实。

（3）冲散：六爻中发动不空之爻，逢日辰冲动为冲散，无吉凶可言。

（4）暗动：六爻中安静、旺相、不空之爻，被日辰冲，为暗动，需察其吉凶。

（5）月破：某爻被月建冲，为月破，但即使该日为破，待填实之日或逢合之日即不为破；且该月虽破，出月后即不破。但是，若该爻安静不发动，又无日辰、动爻生助，且值旬空、休囚无气，反遭月建、日辰、动爻克害者，此乃"真破"，最终无用。

（6）日破：某爻本身休囚又遇日冲为日破。

9. 克、合、刑、冲的原则：旺爻能克衰爻，衰爻不能克旺爻，旺爻合得起衰爻，衰爻合不起旺爻。动爻能刑静爻，静爻不能刑动爻。动爻冲得起静爻，静爻冲不起动爻。日辰能害卦爻，卦爻不能害日辰等，以此类推。两爻俱静以旺为先，有动以动为急。

三刑、三合，都必须三者皆见，而且两动一静，静爻刑、合不起动爻，一动也刑、合不起两静，缺一位不能成刑、成合。

10. 值空：又称为"落空亡"，即某爻的地支刚好是占问之值旬空的两个地支之一。

11. 伤：即用神（又称为"主象"或"用爻"）或世爻被卦中其他动爻刑、冲、克、害。

12. 救：是指卦中的动爻或日辰等来克制伤害用神之爻，谓之"有救"。

13. 并：日辰与卦中爻相同为"并"。例如，若是子日占问，卦中用神的地支为子，则为并。（此时亦视作该爻与日辰比和，因为二者的五行属性相同。）如果该爻衰弱，因得到日辰并之，则作旺论。但卦中只有一个地支为子的爻时才可以与日辰的子并，如果卦中有两个子爻，而不能成并。（但不影响比和）

14. 令星：即月建的五行，若用神爻的五行属性与月建的相同，则称为爻遇令星，此时本来能刑冲克害用神的动爻无法克害用神。

15. 物：指能刑冲克害用神之动爻。

16. 制：指用神休囚，又被日辰月建克制，称为被"制"。此时即使有动爻来扶、拱、合用神，也无济于事。

17. 凶星、恶曜：指来刑、冲、克、害用神或世爻之爻。但若该爻无气或孤立无助，则无法伤害用神。惟怕得到日辰来扶并凶星或恶曜，此时如果用神或世爻休囚、无助，则最终难免受其害。如果凶星或恶曜再值月建，则更为可怕。对此，有所谓"避"之说，是指若用神值空，则即使被刑冲克害，亦不为害，谓之避。但只是旬内避之，出旬后不避。

18. 交重：卦爻发动后有"交"和"重"两种情况，一是卦爻由阴变阳，称为遇"交"；二是卦爻由阳变阴，称为遇"重"。"交"主未来，"重"主过去。

19. 太岁：又称"年君""岁君"，掌一年之权，代表天时。如测运气时，最忌太岁冲克世爻。

20. 月令：即月建，掌一月之权，专论旺相休囚，代表地利。

21. 日辰：又称为日建，它不只是掌一日之权，而是长久掌权，能生、克、扶、拱、冲起、冲实、暗动、冲散六爻中任何一爻，为六爻之主宰。

22. 旺：用神值月令、日辰或动爻生助，则为旺。

23. 衰：用神失月令（即不值月建），或受日辰、动爻克制，则为衰。

24. 中和：用神虽值月建，但被日辰克制，或虽被月建克制，但得到日辰生助，皆称为中和。

二、何知章

《奇门遁甲》中有"学了奇门遁，来人不需问"的说法。在卜筮领域的六爻断卦和梅花易数都有这个功能。实际上这是卜筮领域的"射覆"（关于"射覆"，后面将专门论述）的延伸应用。射覆是占问被掩蔽的未知之物，而这里是推断来人占问何人、何事。

在易学著名的典籍《滴天髓》中有一个很重要的内容："何知章"，它包含六十句口诀。这六十句口诀涵盖了推断与一个人有关的各种人和事的状况。在六爻断卦法中具有举足轻重的地位和影响。这些口诀是根据一个大成卦中的六爻、六亲、六神、旬空等状态进行推断的。

"何知章"全文

何知人家父母疾，白虎临爻兼刑克。

何知人家父母殃，财爻发动煞神伤。

何知人家有子孙，青龙福德爻中论。

何知人家无子孙，六爻不见福神临。

何知人家子孙疾，父母爻动来相克。

何知人家子孙灾，白虎当临福德来。

何知人家小儿死，子孙空亡加白虎。

何知人家兄弟亡，用落空亡白虎伤。

何知人家妻有灾，虎临兄弟动伤财。

何知人家妻有孕，青龙财临添喜神。

何知人家有妻妾，内外两财旺相决。

何知人家损妻房，财爻带鬼落空亡。

何知人家讼事多，雀虎持世鬼来扶。

何知人家讼事休，空亡官鬼又休囚。

何知人家旺六丁，六亲有气吉神临。

何知人家进人口，青龙得位临财守。

何知人家大富豪，财爻旺相又居库。

何知人家田地增，勾陈入地子孙临。

何知人家进产业，青龙福德在门庭。

何知人家富贵昌，财临旺相青龙上。

何知人家进外财，外卦龙临财福来。

何知人家喜事临，青龙福德在门庭。

何知人家多贫贱，财爻带耗休囚见。

何知人家无依倚，卦中福德落空亡。

何知人家锅破漏，玄武入水鬼就来。

何知人家灶破损，玄武带鬼二爻捆。

何知人家屋宇新，父入青龙旺相真。

何知人家屋宇败，父入白虎休囚坏。

何知人家墓有风，白虎空亡巽巳攻。

何知人家墓有水，白虎空亡临亥子。

何知人家无香火，卦中六爻不见火。

何知人家无风水，卦中六爻不见水。

何知人家两灶户，卦中比有两重火。

何知人家不供佛，金鬼爻落空亡决。

何知两姓共居住，两鬼旺相卦中堆。

何知人家有两姓，两重父母卦中临。

何知人家鸡乱窜，腾蛇入酉不须疑。

何知人家犬乱吠，腾蛇入戌又逢鬼。

何知人家见口舌，朱雀持世鬼来掇。

何知人家口舌到，卦中朱雀带木笑。

何知人家多争执，朱雀兄弟推世应。

何知人家小人生，玄武官鬼动临身。

何知人家是贼徒，玄武临财鬼来扶。

何知人家出贼徒，玄武临财鬼来扶。

何知人家灾祸至，鬼临动爻来克世。

何知人家痘疹病，腾蛇爻被火烧定。

何知人家病要死，用神无救又入墓。

何知人家多梦寐，腾蛇带鬼来持世。

何知人家人投水，玄武临水杀临鬼。

何知人家有吊颈，腾蛇木鬼世爻临。

何知人家孝服来，钥重白虎临鬼排。

何知人家见失脱，玄武临鬼应爻发。

何知人家失衣裳，勾陈玄武入财乡。

何知人家损六畜，白虎带鬼临所属。

何知人家失了牛，五爻丑鬼落空愁。

何知人家失了鸡，初爻临鬼玄武欺。

何知人家无牛猪，丑亥空亡两位排。

何知人家无鸡犬，酉戌二爻空亡倦。

何知人家人不来，应爻俱落空亡排。

何知人家家不宁，六爻俱动乱纷纷。

仙人造出何知章，留于后人作饭囊。

　　　　祸福吉凶俱有验，时师句句细推详。

　　虽然在六爻断卦法中《六神》的使用并不多见，但在"何知章"中，多处用到了《六神》（六兽）。读者如果对此有兴趣，可以在这个问题上下工夫研究一番。

　　古代和当代的易学大师级人物在测问来人所问何事方面都有很成功的应用案例。陕西的作家冠玄先生在他的纪实文学《中国当代预测家》（农村读物出版社，1993 年版）中介绍了一位当代的易学大师陈效武，他能提前算出当日将有几个人来找他占卦，每人来测问何事，而且推断得奇准（据该书所说）。这是需要非常高的水平才能做到的。可惜的是，陈效武大师的这门技法没有人完整地传承下来。可以肯定的是，何知章中的规则必然是他的主要依据之一，但一定还需要其他一些未公开的方法和使用之人的悟性。笔者曾经试过使用何知章推算来人测问何事，准确率不尽如人意。根据笔者的经验，如果完全按照古法来刻板地推算，准确率不高，这一点与"射覆"的情形相同。这正是卜筮领域需要深入研究和探讨的一个课题。在本书后面"射覆"一节中将介绍山西的易学者王虎应先生在这个领域的独到之处。

三、六爻断卦法的分类推断口诀和规则分析

　　古人关于六爻断卦法的书籍传世很多，诸如：《黄金策》《断易通玄赋》《增删卜易》《卜筮正宗》《滴天髓》《易隐》《易冒》《海底眼》《断易天机》等。每本书中都有根据占问之事分类断卦的许多口诀和规则。仔细阅读这些书籍后不难发现，有许多规则是相同的，但也有不少规则不仅不相同，甚至有矛盾之处。由于这一门学问没有公认的标准规则（古代没有国家标准之说）。因此，无法简单地判断孰是孰非。根据笔者的经验，应该在实践中加以验证，"尽信书不如无书"。在有些书籍中，对其他人的规则有评论甚至批判。笔者认为，这种学术讨论和分析是好事，赞成这种做法。因此，本书也会对一些古传的规则加以评论，供读者阅读和应用时参考。

　　有人认为，在古传的六爻断卦法许多的书籍中，《黄金策》是最重要的一部书。其之后的一些书籍，诸如《断易通玄赋》《增删卜易》《卜筮正宗》等都或多或少地引用了《黄金策》中的许多规则，再加以引申和发挥。笔者是赞成这个观点的。因此，在下面的分类断卦规则中，笔者以《黄金策》中的规则为主线条，辅以其他书籍中对《黄金策》补充和增加的一些规则。并根据笔者的经验和认识，对出处不同的规则之间的异同加以辨析，供读者参考。笔者要声明的是，由于笔者在卜筮领域主要研习的是梅花易数，所以，以下关于六爻断卦法的各种规则涉及的卦例大部分不是笔者自己的，而是引用自各种书籍和资料。笔者自己的卦例主要是梅花易数的，将在梅花易数一章中介绍。

在六爻断卦法领域有一个研究方向未被引起十分重视。即"天地人"三才的概念。它将一个大成卦中的六爻分为天、地、人三部分，以上爻和五爻为天，四爻和三爻为人，二爻和初爻为地。又将大成卦中的上下卦中三个爻再分为天、人、地。即上卦的上爻为天、五爻为人、四爻为地；下卦的三爻为天、二爻为人、初爻为地。然后根据"天时、地利、人和"的概念进行分析推断。

"天时、地利、人和"的概念是春秋时代的儒家提出的。例如，孟子的"天时不如地利，地利不如人和"（《孟子·公孙丑章句上》），荀子的"农夫朴力而寡能，则上不失天时，下不失地利，中得人和而百事不废。"（《荀子·王霸篇》）将这个概念应用于六爻断卦法的论述不多，下面是笔者见到的一些资料中的规则，以便读者在学习六爻断卦法时增加一种分析的方法。

若上爻或五爻发动（包括二者皆发动），此乃得天时之动；若动爻克制世爻，意味着所遇到的困难和阻碍来自天时不利，因此须待时而动。若动爻生助世爻，说明此时对所占问之事很有利。

若青龙临上爻或五爻，表示天时有利，如果该爻发动且生合世爻，主我方能得天时之助；如果生合应爻，主对方能得天时之助。如果青龙临忌神且发动，主占问之事多有麻烦。

根据天时、人和、地利所临之爻在该月的旺衰，则可推断天时、人和、地利之中哪一个在该月旺相或衰相，即哪一个在该月有利或不利。

若上爻或五爻在占问之日值旬空，主此时天时尚未适合；若四爻或三爻值旬空，主找不到人帮忙，或缺少人才，或人事关系有问题；若二爻或初爻值旬空，主地点、场所或风水等方面有问题。无论是哪一种，均须等到出空时再来定夺。

若上爻或五爻处于墓库的状态，有如遇到"天网"，则只利于占问与捕捉或追逃等事，占问其他诸事皆不利。

若四爻或三爻处于墓库的状态，主在处理人事方面一筹莫展，缺乏有用之人。

若二爻或初爻处于墓库的状态，主在地利方面只利于收藏、购进、设仓库等事宜，否则会招惹是非。

若用神临天时所在之爻，且旺相又得到生助，则所占问之事成功的时机已到，但若此时有位于地利之爻来克制，则主虽得天时之助，还需要择地而行。同理，若用神位于人和所在之爻，且旺相又得到生助，也可以如此推断，只需将天时之助变为有人帮助。

如果占问求财之事，妻财爻位于天时的爻位，且发动，则乃"天助我也"，求财成功的时机已到，当然还需看此时妻财爻是否旺相以及是否得到生助。

若妻财爻位于人和的爻位，且发动，则占问的求财之事与人际关系有关，决定于人为的因素。当然也需看此时妻财爻是否旺相以及是否得到生助。

若妻财爻位于地利的爻位，且发动，则意味着此时的地点、场所非常有利。例如，如果妻财爻的地支是子，属水，则可在此地开海鲜馆、大酒店等。

1. 占问天时

天时的本义是指天道运行的规律，例如，"天时不如地利，地利不如人和"所说的"天时"。还有一层含义是指自然界的气候与环境变化状况（例如天气、自然灾害等）。在卜筮领域主要是指后者，古人在这方面的断语很多。仔细分析这些断语不难发现，无论哪一派的断语，它们的根本依据都离不开卦爻的五行属性和相互之间的生克关系以及月建、日辰、动爻的作用。

古人还将许多推断国运的断语和规则归入大的"天时"范畴。这一类问题过于敏感，本书不作讨论，只涉及天气和自然灾害等方面。

推断天时可以从多个角度进行分析，例如，从卦象、卦爻的干支、卦爻的动静、六亲、世应、六神等。虽然六爻断卦法的各派有很多不尽相同的推断天时规则和断语，但在根据日辰与其他元素一起进行分析推断这一点上是共同的。正如《黄金策》云："日辰主一日之阴晴"。

《黄金策》认为推断天时的核心是对父母爻和妻财爻的分析。"天道杳冥，岂可度思旱涝？易爻微妙，自能验彼之阴晴，当究父财，勿凭水火。"也就是说，预测天气阴晴，须以父母爻和妻财爻为主，不能根据水火二爻推断。其依据是，父母爻四时主雨，妻财爻四时主晴，其他子孙爻、官鬼爻、兄弟爻都应随四季变化而变，并看五行而定。这是与其他一些门派（如《阐奥歌章》和《天玄赋》等）的主要不同之处。

（1）根据卦象推断

① 根据八经卦推断

乾卦、离卦主晴，坎卦、兑卦主雨，震卦主雷电，巽卦主风，坤卦、艮卦主阴。

② 根据六十四卦直接推断

占得乾为天卦、离为火卦、火山旅卦、火地晋卦、火天大有卦或天火同人卦，主晴朗。

占得坤为地卦、坎为水卦或兑为泽卦，主阴雨。

占得震为雷卦或巽为风卦，主飞沙走石，晦暗蔽日。

占得艮为山卦，主久雨或久晴均即止。

占得风天小畜或雷山小过卦，主密云不雨。

占得水火既济卦或火水未济卦，主乍雨乍晴。

占得泽雷随卦或地泽临卦，主即雨。

占得水雷屯卦或雷水解卦，主雷雨。

占得地火明夷卦，主阴晦。

占得地天泰卦、水天需卦或水地比卦，主天色昏暗。

占得火雷噬嗑卦，主雷电。

占得地风升卦或风地观卦，主有风。

占得风泽中孚卦或泽风大过卦，主雨雪。

占得山水蒙卦、泽山咸卦或水山蹇卦，主有雨。

占得风水涣卦，主风后有雨。

占得水风井卦，主雨后有风。

占得泽地萃卦，主细雨。

占得天地否卦，主无雨。

占得天水讼卦或雷天大壮卦，主有雨，待寅、午之日转晴。

（笔者注：这里仅列出了三十八个卦，明显不完整。如果占得其余二十六个卦如何判断，需要易学者们补充完善。）

③根据卦象推断

若占得的大成卦为六冲卦，主虽有云但会散开（冲开）。

若占得的大成卦为六合卦，主目前虽无雨，但待非六合之日会有雨。

若占得的大成卦为纯阳卦，主无雨，即使有云，也会散开，不下雨。

若占得的大成卦为纯阴卦化出纯阳卦，主虽有雨意，也难有雨，最多是小雨。

若外卦为乾卦或离卦，再有属性为火之爻或朱雀爻发动者，主久晴。

若外卦为坎卦或兑卦，再有属性为水之爻或玄武爻发动者，主久雨。

若外卦为艮卦或坤卦，再有兄弟爻或白虎爻发动者，主烟雾腾空。

若外卦为巽卦，再有兄弟爻或白虎爻发动者，主狂风。

若外卦为震卦，再有官鬼爻或白虎爻发动者，主疾雷伤人；如在冬季，无雷，则主大风怒号。

若外卦为震卦，动化坎卦（四爻、五爻发动），主雷雨交加。

若外卦为离卦，动化乾卦（五爻发动），主天气晴朗。

若外卦为坎卦，动化坤卦（五爻发动）或艮卦（五爻、上爻发动），主烟雾朦胧。

在推断时首先要看内卦各爻的干支之间有无相合关系，再结合外卦推断（即所谓的"外卦定体"）。

凡内卦之爻发动，主白天的天气，而且应验迅速；凡外卦之爻发动，主夜晚的天气，而且应验较缓。

（2）根据卦的阴阳属性推断

按照古人"阴阳和而后雨泽降"的观点：

凡测天气占得阴阳参半之卦，必然有雨，同时必须兼看妻财爻和父母爻。

如果占得纯阳卦，若六爻安静，主占雨不雨，占晴必晴。若有动爻变出父母爻，主雨。

如果占得纯阴卦，若六爻安静，主占晴不晴，占雨必雨。若有动爻变出妻财爻，主晴。

（3）根据卦爻干支的五行属性和动静推断

第三章第二节"天干地支"中关于天干地支论述，天干的"干"犹如树之干，居于上，与"天"有关，故称为天干。地支的"支"犹如树之枝，居于下，与"地"有关，故称为地支。而推断天时与天气有关，所以，各个门派都有根据天干推断的断语。而其他人和事物的推断，比较少有根据天干的推断规则。

① 根据卦中各爻天干推断

在前面介绍天干地支时曾经提到："天干的'干'犹如树之干，居于上，与'天'有关，故称为天干。"《火珠林》云："仰观天象者，干"。因此，虽然在六爻断卦法中用天干断卦比较少，但测天气时却要用到天干。

若动爻的天干为甲、己，变爻天干的五行属性为土，则阴天，但无雨。

若动爻的天干为丁、壬，变爻天干的五行属性为木，则将转晴。

若动爻的天干为乙、庚，变爻天干的五行属性为金，则将有雨。

若动爻的天干为丙、辛，变爻天干的五行属性为水，则必有雨。

若动爻的天干为戊、癸，变爻天干的五行属性为火，则主晴。

《海底眼》中还有一个很特别的断语："卦中无水必有雨，六爻无火不光明。"

（笔者注：它们的推断依据是十天干的化合和五行之间的生克关系："甲己合化土，乙庚合化金，丙辛合化水，丁壬合化木，戊癸合化火。"由于土克水，因此，变爻的五行属性为土者，主无雨；由于木生火，因此，变爻的五行属性为木者，将转晴（现在未晴）；……其余依次类推。）

根据卦中动爻的天干推断：

若天干为庚、辛之爻发动，主雨后天晴，或次日便晴（又一说法："庚辛之干动，主雷电。"读者可以自行验证）。

若天干为壬、癸之爻发动，主连雨难晴，有风之日雨方止。

若天干为甲、乙之爻发动，主有雨（又一说法："甲乙之干动，有风。"读者可以自行验证）。

若天干为丙、丁之爻发动，主晴朗。

若天干为戊、己之爻发动，主阴晦。

根据天干相合与卦象推断：

先看大成卦的内卦中各爻天干与当日的日干之间的相合：

甲己合化土，主阴晦之天。

丁壬合化木，主刮风。

乙庚合化金，主有微雨。

丙辛合化水，主阴雨之天。

戊癸合化火，主天气晴朗。

其次看"互换干合"，《火珠林》云："若问天时，须详内外。互换干合，方明定体。"这是《火珠林》提出的一种独有的规则，其依据是各宫对应的天气：

乾宫——日、月、星；坤宫——沙、石、雾；震宫——雷、霆、电；巽宫——风；离宫——晴；坎宫——雨；艮宫——阴；兑宫——甘泽。

再看五行对应的天气：

金——当下无雨，但将有雨（金生水）；木——当下不是晴天，将转晴（木生火）；水——有雨；火——晴天；土——阴天，但无雨。

如果内卦和外卦中各爻的天干均与当日的日干不合，则需要换成日干来推断。例如，己未日占得大有卦，而大有卦不属于主晴的离宫，此乃"日干无所落"，于是需根据甲己合化土，故断为当日阴晦。

②根据卦中各爻地支及其五行属性推断

若地支为辰、丑之爻发动，主有雨。

若地支为未、戌之爻发动，主晴。

在测问天时阴晴状况时，五行属性为水和火之爻乃一卦之主宰。这就是古语云："若问阴晴全凭水火"。

（笔者注：以下所说的爻的五行属性都是依据该爻地支的属性，而不是天干。）

若水之爻发动，或者水之爻安静逢冲，皆主雨。

若水之爻旺相且发动者，主骤雨；衰者，主小雨。

若水之爻旺相，火之爻衰者，主有雨。

若水之爻发动且克世爻，主有骤雨；若生助世爻，主小雨。

若水之爻发动，但遇日破或被另一动爻刑克者，主虽有雨，但雨量不大。

若水之爻和土之爻皆发动，由于土克水，主虽有雨，但不大。

若水之爻安静，而卦中土之爻发动，主无雨，仅有雨意。

若水之爻动化水之爻，在冬季时，则主有冰雪。

若水之爻动化火之爻，主先雨后晴，或长虹截雨。

若逢久雨，水之爻发动者，主转晴；若逢久晴，火之爻发动者，主有雨。

若卦中无水之爻，或虽有水之爻，但值空、处于墓、绝、胎等状态者，皆主无雨。

（笔者注：在六十四卦中，没有水之爻的卦共有十六个：天山遁、天地否、风地观、火地晋、雷山小过、雷泽归妹、火山旅、火水未济、风水涣、天水讼、雷地豫、雷水解、火泽睽、天泽履、风泽中孚、风山渐。）

若卦中水、火之爻皆值空，或水之爻安静而土之爻发动，主阴天。（笔者注：对于这条规则，大部分古书中还有"水、火之爻俱无，主阴天"之说。实际上，在六十四卦的所有卦中只有三种情况：只有水之爻、只有火之爻或水火之爻全有，没有一个卦会是水、火之爻全无的。这验证了一句名言："尽信书，不如无书"。对古书上的东西不能人云亦云，需要分析和验证。）

若卦中水、火之爻皆发动，主虽然晴朗，但不长久，乃风调雨顺之象。若水之爻居外卦，火之爻居内卦，主朝晴暮雨。若水之爻居内卦，火之爻居外卦，主朝雨暮晴。

（笔者注：在六十四卦中，水、火之爻俱全的卦共有三十二个：乾为天、天风姤、山地剥、火天大有、兑为泽、泽水困、泽地萃、泽山咸、水山蹇、地山谦、离为火、火风鼎、山水蒙、天火同人、震为雷、雷风恒、巽为风、风天小畜、风火家人、风雷益、天雷无妄、火雷噬嗑、坎为水、水泽节、雷火丰、地水师、艮为山、山泽损、坤为地、地泽临、雷天大壮、水地比。）

若火之爻发动，主晴。若火之爻旺相发动，主快晴；衰而发动，主缓晴。若再克世爻，必遭重旱。

若火之爻逢冲，或水之爻衰，且火之爻旺相者，主晴朗。

若火之爻发动，但遇日破或被另一动爻刑克者，主虽然晴朗，但不长久。

若火之爻动化水之爻，主先晴后雨。

若卦中无火之爻，或虽有火之爻，但值空、处于墓、绝、胎等状态者，皆主雨。

（笔者注：在六十四卦中，没有火之爻的卦共有十六个：地风升、水风井、泽风大过、泽雷随、山雷颐、山风蛊、水雷屯、水火既济、泽火革、地火明夷、山火贲、山天大畜、地雷复、地天泰、泽天夬、水天需。）

若木之爻发动，主刮风天。

若木之爻值空又发动，主无风而晴（因为木朽则空，易焚）。

若土之爻发动，主天阴。但若土之爻值空又发动，则不主阴天，而是有雨（因为土崩金现）。

若金之爻发动，主有雨（因为金生水）。

若金之爻值空又发动，主风雨交加（因为金空则鸣）。

子为云，又为江湖水神；丑为雨师；寅、未为风伯；卯为雷震；辰为云雾；巳为长虹；午为电母；未为风；申为水母；酉、戌为天阴；亥为雨水又为天河水。然后看卦中各爻的地支哪一爻旺相且发动，则依此推断。（《磨镜药》）

例如，若卦中寅与酉对应之爻皆发动者，主风雨骤至。

笔者在研习使用的过程中发现，以上各种判断规则，由于没有统一的标准，各种古籍中说法不一，因此需要我们加以辨析和矫正。如果完全照搬使用，会出现相互矛盾的断语。举例如下：

《火珠林》云："仰观天象者，干；俯察地理者，支。先看内卦有合无合，次看外卦定体。甲己化土，阴云；丁壬化木，生风；乙庚化金，作雨；丙辛化水，必雨；戊癸化火，主晴。内外无合，次明定体。定体者，看外卦取，独发论变。乾日月星，坤沙石雾，震雷霆电，巽风、离晴、坎雨、艮阴、兑甘泽。""每日之事，十干要精；壬癸动雨，丙丁管晴。"

（笔者注：细心的读者不难发现，《海底眼》和《火珠林》的断语有所不同。例如，对于"甲己合化土"，《海底眼》的断语是"无雨"，《火珠林》的断语是"阴云"；又如"丁壬合化木"，《海底眼》的断语是"将晴"，《火珠林》的断语是"生风";……这证明了六爻断卦法没有断卦的统一标准。)

《天玄赋》中也有类似的断语:"六爻无水必无雨,六爻无火不开晴"。意即,若六爻中没有地支属性为水的爻,反而是"必有雨"。而后一句则不难理解,若卦中没有地支属性为火的爻,则不会是晴天。

(4)根据卦中六亲爻推断

在《黄金策》中对六亲爻与天气之间对应关系有详细的描述。例如,"妻财发动,八方咸仰晴光;父母兴隆,四海尽沾雨泽""子孙管九天之日月""若论风云,全凭兄弟""要知雷电,但看官爻"。即父母爻主雨,妻财爻主晴,子孙爻主太阳,兄弟爻主风云,官鬼爻主雷电。故测雨以父母爻为用神,测晴以财爻为用神。(笔者注:还有一种说法是"测晴以子孙爻为用神"。读者可自行验证。)

凡占问天气,卦中唯有子孙爻临月建为吉,其余六亲爻皆不宜临月建。若父母爻临月建,必主久雨,如果再动化水爻,则涝。若妻财爻临月建,必主久晴,如果再动化火爻,则旱。

①父母爻

父母爻发动主雨水。若是旺相发动,主大雨;衰而发动,主小雨。(《增删卜易》云:"予以父母为浓云重雾,父动伤子,掩其日月也,所以父爻发动,云雾迷天,日月掩藏而雨矣。")

若父母爻值日或处于长生、帝旺之日,主有雨。待父母爻处于绝之日或值空之日,则雨止。即使父母爻安静,但旺相,亦为有雨之象。

若父母爻休囚、不动,不会有雨;若父母爻值空,虽不作有雨论,但是待冲空之日或填实之日会有雨。

凡天旱测雨,须以父母爻为用神,此时喜官鬼爻旺相发动,且克兄弟爻或克妻财爻或妻财爻墓绝之日才有雨。

若父母爻安静逢冲,天气有变化。

若父母爻衰,但妻财爻旺,主晴多雨少。

若父母爻旺,但妻财爻衰,主雨多晴少。

若父母爻动化妻财爻,主先有雨后出太阳。

若父母爻动化子孙爻,主雨后有彩虹。

若父母爻动化父母爻,主阴雨连绵。

若父母爻动化兄弟爻,或兄弟爻动化父母爻,或它们皆发动,都主风雨交加。

若父母爻动化官鬼爻,主雨后有雷。

若父母爻动化空、墓、绝、胎,主雨后放晴。

若父母爻与日辰、动爻相合,而被官鬼爻冲开者,见雷则雨。

若卦中有三合局,且三合为父母局时(笔者注:所谓"三合为父母局",是指如果父母爻地支的五行属性为水,卦中有申子辰三合水局,或父母爻地支的五行属性为木,卦中有亥卯未三合木局,等等),主有雨;其他三合主出现彩霞。

卦中无父母爻，需待值日（即待到该宫首卦中父母爻的地支对应之日）才会有雨。

若连日阴雨求晴，宜父母爻临月建，且子孙爻与妻财爻皆发动。

若父母爻旺相，子孙爻衰，主有雨。

若子孙爻旺相，父母爻衰，主晴朗。

若父母爻、子孙爻、兄弟爻皆发动，主不晴，且多风。

若父母爻、妻财爻、官鬼爻皆发动，主雷雨。

父母爻发动主雨，但若被日辰合住，虽动尤静，须待日辰冲爻之日方见雨，待冲妻财爻之日可见晴。

长生为诸事萌发之始，若占问之日父母爻的状态为长生，则主连日有雨，直至父母爻的状态为墓绝之日，雨才停。

②妻财爻

妻财爻发动主阴晴不定的多云天气。

对于妻财爻和子孙爻发动的推断，《增删卜易》对《黄金策》中的断语提出异议，原文如下："子孙为日月星斗，动则万里晴光。……《黄金策》以财动者，八方咸仰晴光，非也。子孙发动，万里无云，子孙为财之元神，财动虽晴，倘若子孙休囚空破，或现而不动者，必不能大晴，常有浮云薄雾。"

（笔者注：这是一个各派断语不一致的典型例子。）

若妻财爻动化官鬼爻，或官鬼爻动化妻财爻，或妻财爻、官鬼爻皆发动，主阴晴不定、雾霾，或先阴后晴，或先晴后阴之象。若卦中无子孙爻，而且妻财爻生助官鬼爻，则必不晴。

若妻财爻动化子孙爻，主晴。但若子孙爻休囚、值空、逢破，或若妻财爻不发动，必主不是大晴天。

若妻财爻发动变出乾卦，又遇月建、日辰、动爻生扶合助者必主天旱。

若妻财爻被刑冲克破，则无法预计何时为晴天。

凡久雨测晴，以妻财爻为用神，此时喜见子孙爻旺相发动或相生。但若父母爻遇之，主阴雨连绵。若官鬼爻逢之，主阴雨不散，须至墓绝之日方能转晴。

若妻财爻、父母爻皆发动，必然半晴半雨。

若妻财爻与日辰、动爻相合，而被兄弟爻冲开者，则见风之日转晴。

长生为事萌发之始，若占问之日妻财爻的状态为长生，则求雨无门，直至妻财爻的状态为墓绝之日，才会有雨。

③子孙爻

若子孙爻发动主万里无云。（见妻财爻的分析）

若子孙爻持世，不是空、墓、绝、胎等状态，又无刑、害、克、破者，即使安静也主晴朗。

若子孙爻动化子孙爻或兄弟爻，主久晴。

若子孙爻动化父母爻，主晴转雨。

若子孙爻与父母爻皆发动，主不晴，且多风。

若子孙爻持世又发动，则克官鬼爻，但若官鬼爻亦发动，主有雨但无雷声。

若应爻临子孙爻，且发动者，必大晴。

若子孙爻临水之爻（地支的属性为水之爻），又发动，主闪电、彩虹现。

若子孙爻或妻财爻值空，主不晴。

若子孙爻值日，主当日晴；若值月，主当月晴。

（笔者注：后一个断语值得商榷。）

④ 兄弟爻

兄弟爻发动主风云。（《增删卜易》云："兄弟发动，虽主风云，乃风轻云淡之景，非晴非雨之天，故每见兄动而日月于云中穿走，乍隐乍现也。"）

兄弟爻动化子孙爻或妻财爻，主云中见日（多云但有日）。

兄弟爻发动，虽主风云，乃非晴非雨之天（多为阴天）。

兄弟爻持世，动则克妻财爻，此时即使妻财爻旺相，亦非晴朗天气。

兄弟爻动化父母爻者，主风雨无常。

兄弟爻处于长生状态者，狂风蔽日。

长生为事萌发之始，若占问之日兄弟爻的状态为长生，则连日刮大风，直至兄弟爻的状态为墓绝之日，风才会停息。

⑤ 官鬼爻

官鬼爻发动主电闪雷鸣、冰雹。（《增删卜易》云："官鬼，乃父母之元神，动则生父，故主雷霆雾电。或应黑云，或应雷电，不拘春夏秋冬，不可执以为雷，浓云黑雾者亦是。"）

若占得的大成卦卦属震宫，且卦中官鬼爻发动，主有雷；若再有官鬼爻旺相化进神，主有闪电。

若官鬼爻临火之爻（地支的属性为火之爻），又发动者，主烟雾起。

若官鬼爻临土之爻，又发动者，主黄沙漫天（沙尘暴）。

长生为事萌发之始，若占问之日官鬼爻的状态为长生，则主阴云不散，直至官鬼爻的状态为墓绝之日，阴云方能散开。

（笔者注：六爻断卦法缺乏统一标准在此又是一个例证，《黄金策》云："妻财发动，八方咸仰晴光。"《增删卜易》云："占雨官父动，占晴官财动"和"妻财天气晴明"，等断语都是推断为天晴。但是，《海底眼》的断语是"财动乍晴阴不足"，推断为阴晴不定，多云。这些矛盾断语会让人无所适从。）

在《火珠林》中有一个卦例的分析给出了一个解答：

占问天时，得水火既济卦，断为阴晴不定。这是因为本卦中子孙亥水持世，没有主晴的妻财午火爻，按照伏神的规则，妻财午火伏在子孙亥水下。因此，如果占问之日水旺，则断为有雨，如果占问之日火旺，则断为天晴。也就是说，还要看各爻在占问之日的旺相休囚的状态，再灵活地分析。

这样的分析思路需要更高的水平（也许这就是"悟性"），但是，也有一个疑问，这个卦例是占问天气，预先并不知道是晴天，也没有将妻财午火确定为用神的理由，那么为什么会用伏神的概念？唯一的解释是：卦中六亲独缺妻财爻，所以要看它伏在哪一爻之下。可是，这样与《海底眼》中的断语："六爻无火不光明。""六爻中火爻不现，天不晴朗。"又有些矛盾！

（5）根据卦爻的动、静推断

如果卦中只有一爻发动（称为独发，如卦中有一爻明动，有一爻逢日辰冲而暗动，也称为独发。），若变卦中与动爻所在的八经卦对应的是乾卦，主日月星朗的天晴；若变卦中与动爻所在的八经卦对应的是坤卦，主有飞沙走石或雾（笔者注：也就是近年来所谓的"扬沙"、"沙尘暴"和"雾霾"等气象现象）；若变卦中与动爻所在的八经卦对应的是震卦，主有雷鸣电闪或下雪；若变卦为巽卦，主有大风；若变卦中与动爻所在的八经卦对应的是离卦，主晴天；若变卦中与动爻所在的八经卦对应的是坎卦，主滂沱大雨；若变卦中与动爻所在的八经卦对应的是艮卦，主有阴云；若变卦中与动爻所在的八经卦对应的是兑卦，主阴雨绵绵。

（6）根据世爻和应爻的关系推断

世为地，应为天。（笔者注：《摘星集》中的说法是："外卦应爻为天，内卦世爻为地。"）若应爻克制世爻，主晴朗无雨，且若应爻发动，则很快应验；若应爻安静，则缓慢应验。若世爻克制应爻，主大雨，且若世爻发动，则应验很快，若世爻安静，则应验缓慢。

若世爻值空，则主无雨。

若应爻值空，则主祈雨不雨，祈晴不晴。

若应爻生助世爻，则主天水下降成雨。

若世爻生助应爻，则主地气上升成云。

若久雨久晴，则主遇应爻值空之日即止。

若应爻克父母、世爻者，则待应爻值日即晴。

若应爻克子孙、世爻者，则待应爻值日即雨。

若动爻刑克世爻，则主天气会有非常之变。

若世爻应爻三合财局者，则主不晴。

（7）根据各爻关系推断

若三爻动克初爻，则主风卷云散。

若三爻动生初爻，则主风送行云。

若二、四爻相生，则主雷电交加。

若三、六爻相冲，则主骤雨倾盆。

若初爻动生二爻，或二爻动克初爻，则必主云开雾散，天放晴。

若三、五爻相生，则主风雨骤至；又有一说，若五爻发动且生三爻，或合三爻，则主霞随日出，阳光明媚。（笔者注：上述两个说法出自不同门派，相互矛盾。）

若四爻克五爻，则主长虹贯日。

若初爻发动克五、六爻，则主密云蔽天。

若三爻发动克五爻，则主风发雨止。

若五爻发动克二爻，则主日出露稀。

若五爻发动生二爻，则主月冷结露。

（8）根据卦中各爻旺相状态推断天气

以初爻象征云、二爻象征电、三爻象征风、四爻象征雷、五爻象征雨、上爻象征天。

① 根据初爻的状态推断

如果占问下雨，若初爻旺相，则主浓云密布；若无气，则主晴空少云。此时若初爻发动，则主浮云滚滚。

如果占问天晴，若初爻旺相，则主晴天，但有密云；若初爻无气，则主少云。此时若初爻发动，则主少云。

② 根据二爻的状态推断

如果占问下雨，若二爻旺相，则主有闪电；若二爻无气，则主无闪电。

如果占问天晴，若二爻旺相，则主有露水重；若二爻无气，则主微露。

③ 根据三爻的状态推断

如果占问下雨，若三爻旺相，则主有大风；若三爻无气，则主微风。

如果占问天晴，若三爻旺相，则主朝霞明丽；若三爻无气，则主晚霞明丽。

④ 根据四爻的状态推断

如果占问下雨，若四爻旺相，则主雷声隆隆；若四爻无气，则主只有轻雷。

如果占问天晴，若四爻旺相，则主雨停现虹；若四爻无气，则主有浮云。

⑤ 根据五爻的状态推断

如果占问下雨，若五爻旺相，则主滂沱大雨；若五爻无气，则主细雨。

如果占问天晴，若五爻旺相，则主阳光高照；若五爻无气，则主阳光较弱。

⑥ 根据上爻的状态推断

若上爻旺相，则主阴气旺，月光明亮；若上爻休囚，则主月色朦胧。

（笔者注：以上分别"测雨"和"测晴"的规则有需要商榷之处，因为在实际应用占卦测天气时需要测的就是晴还是雨，而很少会预先设定测雨还是测晴，这样就难以确定使用哪一条规则。）

（9）根据六神推断

六神分别对应于不同的气象：青龙为雨师，朱雀主火（太阳），勾陈为风伯，腾蛇为电母，白虎主风雷，玄武为水神。但需六神所临之爻旺相且发动，才能各应其类。

若青龙临木之爻（地支的属性为木之爻，下同）旺相且发动，则主阴云密布；若青龙临水之爻且发动，则主有雨。

若朱雀临火之爻发动，则主阳光明媚，其中若临午之爻，则主有风；若临土之爻且发动，则主多云，但会云开雾散；若临水之爻且发动，则主天阴。若朱雀、勾陈所临之爻皆动，则主云中见日。

若勾陈临土之爻且发动，则主阴霾天气；若临卯、辰之爻且发动，则主多云转晴。

若螣蛇临申、酉之爻或官鬼爻，则主电闪雷鸣，即使无雨，也阴云密布。

若白虎临木之爻，则主有大风，甚至狂风；若临水之爻，则主大雨倾盆；若白虎临金之爻发动，且该爻旺相，则主雪、雹；若该爻休囚，则主水汽蒸腾。

若玄武临水之爻且发动，则主连日有雨；若临官鬼爻且发动，则主阴云密布；若临土之爻且发动，则主阴雾；若临亥之爻且发动，则主有雨。

若青龙居内卦，朱雀居外卦（青龙在三爻，朱雀在四爻），主晴朗。

若青龙居外卦，朱雀居内卦（青龙在上爻，朱雀在初爻），主有雨。

如果白虎所临之爻发动，若该爻属木，则主有大风，甚至狂风；若属水，则主会有滔滔大水。

2. 占问身命

（1）吉神凶煞

古人在推断一个人的运程、仕途、财运、学业、词讼等方面的断语时会用到吉神凶煞（以下简称"神煞"）的概念。但许多现代易学者中很少有人加以应用和分析。这对于一门学问的完整性而言，是一种缺失。其实，引入神煞的概念并不是世俗意义的引入鬼神，更与封建迷信不沾边，只是一些推断过程中用到的名词术语而已。接触过命理学的读者对此是不难理解的。

常用的神煞主要有：

①天乙贵人（以下简称"贵人"）：

在紫微斗数中也有"贵人"之说，即天魁（天德贵人）和天钺（玉堂贵人）。它们是根据一个人出生的年天干在命盘中定位的。在六爻断卦法领域的天乙贵人则是根据占问之日的日天干在六爻中定位的。如果天乙贵人临卦中的用神或世爻，则所占问之事大吉，遇事有人帮，临难有人解，能逢凶化吉。

天乙贵人在卦中的定位规则是：

甲、戊日，天乙贵人在丑、未；

乙、己日，天乙贵人在申、子；

丙、丁日，天乙贵人在酉、亥；

庚、辛日，天乙贵人在寅、午；

壬、癸日，天乙贵人在卯、巳。

（注意：天乙贵人不入辰、戌之爻位。）

举例如下：丁亥月戊午日占得天风姤卦☰

```
————————父母戌土
————————兄弟申金
————————官鬼午火    应
————————兄弟酉金
————————子孙亥水
——  ——父母丑土    世
```

戊午日占问，故天乙贵人在丑、未，即天乙贵人临初爻（世爻）父母丑土。若是占问此人的运程，以世爻为用神，则主其人得贵人相助，吉。

②禄神

禄，乃古代的俸禄（即现代的工资薪酬），与财富有关。若有禄神临某爻，且卦中有旺相之妻财爻，则主其人丰盈多财。但若禄神所临之爻值旬空，则往往是徒劳无功，须待填空之日（出了该旬）才能扭亏。或若禄神所临之爻逢冲克，则为"破禄"（即破财），轻则只耗财，无进益，重则病重垂危。

禄神也是依据占问之日的日天干定位的：

甲禄在寅；乙禄在卯；丙、戊禄在巳；丁、己禄在午；庚禄在申；辛禄在酉；壬禄在亥；癸禄在子。（注意：禄神不入辰、戌、丑、未所在之爻位。）

举例如下：丁亥月甲子日占得泽水困卦☱

```
——  ——父母未土
——  ——兄弟酉金
————————子孙亥水  应
——  ——官鬼午火
————————父母辰土
——  ——妻财寅木  世
```

甲子日占问，故禄神临初爻妻财寅木（世爻）。若是占问求财之事，则主其人在该月内财运颇佳（因为用神即是世爻，而且有月建来生合）。

③驿马（天马）

无论在六爻断卦法领域还是命理学领域，古人对驿马和禄神都很重视，将二者简称为"禄马"。古人认为，求财和求官都需外出才有可能成功，所以禄神和驿马密不可分。

驿马是依据占问之日的日地支定位的，它只入寅、申、巳、亥四个地支所在之爻位：

子日，驿马在寅；丑日，驿马在亥；寅日，驿马在申；卯日，驿马在巳；辰日，驿马在寅；巳日，驿马在亥；午日，驿马在申；未日，驿马在巳；申日，驿马在寅；酉日，驿马在亥；戌日，驿马在申；亥日，驿马在巳。

细心的读者不难发现，驿马的定位与十二地支中的三合局对应，即：

凡申子辰之日，驿马在寅；巳酉丑之日，驿马在亥；寅午戌之日，驿马在申；亥卯未之日，驿马在巳。

由于驿马与外出有关，所以凡占问出行或在外面的行人之事，需要分析驿马临卦中哪一爻。例如，如果占问之日的地支与驿马所临之爻相冲，则出行之事都能成行。

在终身卦中，驿马是根据出生之日的地支定位的，由于以看世爻为主，因此，如果驿马临世爻，则主其人外出多，不清闲。

④咸池（桃花）

在紫微斗数中咸池是一颗不容忽视的桃花星，在六爻断卦法中也是如此，这也是有些神煞不宜忽略的原因之一。

咸池也是依据占问之日的日地支定位的，它只入子、午、卯、酉四个地支所在之爻位（在命理学中，子、午、卯、酉也称为"四败之地"）：

寅、午、戌日，咸池在卯；巳、酉、丑日，咸池在午；申、子、辰日，咸池在酉；亥、卯、未日，咸池在子。

即，若是在寅、午、戌之日占问，则咸池临卦中地支为卯的爻。其余类推。

咸池与具体的人有关。例如，若咸池临世爻，且世爻得月建、日辰的生合，则主其人长得漂亮；若咸池临应爻，亦得月建、日辰的生合，如应爻或妻财爻临桃花，得日月生合，则主其人之妻或女友长得漂亮。且若应爻与世爻相生相合，则主其人夫妻恩爱。但若应爻与其他爻相生相合，则其妻可能有外遇。

还有其他一些神煞，但作用不大，故本书不作介绍。

（2）占问终身运气

①终身卦

所谓终身卦是用来占问一个人的终身运气的，但是，起终身卦的方法始终没有标准和定论，主要有以下三种：

方法一：采用金钱摇卦，这种方法容易理解并操作，不必赘述。

方法二：根据出身的年支、月支、日支、时支起卦。例如，某人生于农历1966年2月28日巳时，即丙午年辛卯月丁丑日乙巳时生人。以年支数、月支数、日支数相加之和除以8得到的余数为上卦（采用八卦的先天数：余数为1，则是乾卦；余数为2，则是兑卦；余数3，则是离卦；余数为4，则是震卦；余数为5，则是巽卦；余数为6，则是坎卦；余数为7，则是艮卦；被8除尽，则是坤卦）。以年支数、月支数、日支数、时支数相加之和除以8得到的余数（也采用先天数）为下卦，再用四个地支数之和除以6，得到的余数即为动爻位于的爻位（余数为1，则初爻是动爻；余数为2，则二爻是动爻；……；被6除尽，则上爻是动爻）。于是有：

7+4+2+6 =19，除以8的余数为3，得到上卦是离卦；

7+4+2+6+6 =25，除以8的余数为1，得到下卦是乾卦；

故终身卦是火天大有卦☲☰；

再以25除以6，余数为1，所以初爻是动爻，故终身卦的变卦是火风鼎卦☲☴。

方法三：它与方法二的不同之处是不用年支数，而是用年干数，月、日、时则依然用地支数。仍以上例说明之，年干为丙，年干数为3，其余不变，于是有：

3+4+2+6 =15，除以8的余数为1，得到上卦是乾卦；

3+4+2+6+6 =21，除以8的余数为5，得到下卦是巽卦；

故终身卦是天风姤卦☰☴；

再以21除以6，余数为3，所以三爻是动爻，故终身卦的变卦是天水讼卦☰☵。

（笔者注：上述三种方法可以得到不相同的三个终身卦，至于采用哪一个终身卦，读者可以根据自己的实践加以判断。查阅了许多资料后，笔者发现，古代的易学大师或高手们提供的卦例绝大部分是分类占问人和事的，很少有占终身卦并进行推断的卦例。这一点或许间接证明由于终身卦没有统一标准，因此，占终身卦并推断不是六爻断卦法的主流。本书为了完整性，还是用一些篇幅向读者介绍终身卦。

又注：许多书籍中的分类都有占问"身命"的内容，那都是另行起卦，并不是用终身卦。二者有明显的不同，例如，终身卦中的月、日是指出生的月和日，因此是静态的和唯一的。而占问身命时涉及的月、日是指占问之月和日，因此是动态的，并且因占问的时间（月、日）的不同而变化。）

②终身卦中世爻的推断规则

根据终身卦推断终身运气，首先须看做一卦之主的世爻，世爻的状态以及它与其他各爻的关系决定了一个人一生的贵贱高低。

• 推断终身卦与推断其他的卦一样，既要看卦象，也要看卦爻的状态。首先应该看该卦的卦象。终身卦为六合卦者吉，主其人一生顺利亨通，事业有成，人际关系颇佳。若是六冲卦，则不吉，一生多谋少成，做事往往会有始无终。但若世爻旺相，则其人能白手起家。

• 根据终身卦中世爻的五行属性（即世爻地支的五行属性）推断。

世爻属性为金之人，贞洁、清廉、细皮嫩肉、声音响亮、好学、好酒、爱唱歌。多才能，但若煞重，则其人乃武夫，故多武艺。

世爻属性为木之人，体型修长，声音畅快、眉清目秀、美须美发。无论坐或立，多喜侧身。行事拘泥，无通变之谋。如果世爻处于死、绝状态，则其人体型瘦小，发黄眉结，柔语细声，难以自立。

世爻属性为水之人，圆脸、体型窄小，行为摇摆多变，处事无定见，少诚信。性格大宽小急，喜淫、好酒。但如果有吉神临之，则其人胸有大志，度量大。

世爻属性为火之人，脸型上尖下阔、印堂窄、鼻露窍，精神闪烁，言语急速，性躁，声焦，临事反应敏捷。脸色或赤或青。如果世爻旺相，其人乃聪明文章之士。

世爻属性为土之人，头圆、面方、背方、腹阔。性格持重，处事沉稳，寡言简练，少有冲动之举。如果世爻处于墓、绝状态，则主其人无智无谋无能。

・若世爻值旬空，则主其人会有大难。但若是九流术士或僧道之辈，反为吉兆。则空手拿财，闹地得钱，终无积聚。

・若世爻在出生之日入墓（即世爻在该日的状态为墓），则主其人一生多难，如果世爻又处于休囚无气的状态，则其人不痴也呆，迟钝，不爽快，即使有所为，也不会称心如意。

・若世爻得到太岁或月建或日辰的生助（笔者注：这里的太岁、月建、日辰均指其人出生之年月日），则主其人会得到贵人的提拔重用。如果太岁临五爻而生助世爻，则贵人乃达官、名人。但若临五爻的太岁冲克世爻，则主其人官非不断，或亲朋之间妒忌交恶。若世爻虽旺相，但被日、月之一冲克，则主其人与同行、同事不和，或遭诽谤。

・世应二爻乃一卦之中最重要的元素。世爻为其人自己，应爻为其妻。若青龙临应爻，主其妻贤惠；若玄武临应爻，主其妻必淫。若世爻衰，又被应爻克制，主妻夺夫权。若应爻值旬空，则其妻不佳，有损。

・若世应二爻相生相合，其夫妻一生琴瑟和鸣，白头偕老。若相冲相克，夫妻之间如同冰炭。若虽然相生相合，但合处逢冲（所谓"合处逢冲"，是指虽然世爻与应爻相合，但世应二爻被日辰或月建来冲），则主夫妻之间开始时和谐，但后来会被人搬弄是非而不和。若虽然应爻冲克世爻，但冲处逢合（所谓"冲处逢合"，是指虽然应爻冲克世爻，但日辰或月建与之相合），则主夫妻之间开始时不和，但会有人来劝解而和好。

・若世应比和（所谓"比和"，是指世爻和应爻的地支五行属性相同），主其人夫妻之间平和、合拍。

・世爻为人之身，妻财爻为养命之本，子孙爻为财福之源。故若世爻、妻财爻、子孙爻三者，无一损伤，则主其人福寿双全。

・若世爻、妻财爻旺相，子孙爻不旺，则财富无源，主其人先富后贫。若世爻虽不旺，但有气，且妻财爻、子孙爻皆旺，则待世爻生旺之时其人必发，乃先贫后富。

・若世爻、子孙爻旺相，妻财爻不旺，其人乃虽无财，却能享福之人。因此，其人往往不图奋发，只知享受。

・若妻财爻、子孙爻旺相，世爻无气，则不吉。其人虽然不愁吃穿，但往往会是疾病不离身，官非不断的状态，甚至是痴呆聋哑之人。

・若世爻处于休、囚、死、绝状态，而妻财爻、子孙爻旺相，此乃大凶之兆，虽然富有，但不长命。（笔者注：世爻的重要性由此可见。）

· 若世爻旺相，但妻财爻、子孙爻皆休囚无气，则其人虽然财富欠缺，但身强力健，有薄技在身，度日不愁。

· 若世爻、妻财爻旺相，子孙爻休囚无气，则主其人不缺钱，但很可能是代人管财或理财。

· 若世爻、妻财爻、子孙爻皆休囚无气，或值旬空，或处于墓、绝状态，或动化回头克，则主其人无衣无食，贫穷潦倒。

· 由于父母爻克制子孙爻，故若父母爻持世，且发动，或虽安静但值旬空，主其人难有子息，可能会有螟蛉之子。

· 父母爻为辛苦之神，持世为一生辛苦劳碌之命实为不假，但必须分旺衰生扶而论之。父母爻持世，卦中无生助者，则为辛苦劳碌之人，若在旺地，又得日月动爻生扶者，就不能以辛苦劳碌而断。父母爻又为文书，若旺相，且得到日、月、动爻生助，或旺相的官鬼爻来生助，则主其人不仅寿长，而且本人定会在文上或艺术上有重大造就。凡父母爻旺相，则不畏妻财爻的克制。但不利子孙爻。倘若卦中无子孙爻，或若子孙爻旺相又得到生助者，则无妨。

· 财为养命之源，人不可无财。若妻财爻得日、月、动爻、或子孙爻（福神）生助，乃财荣家富万贯之兆。但若妻财爻太旺，则必伤克父母爻，或主父母难长寿。而且若妻财爻多，主其人婚姻不顺，会有多妻。若妻财爻持世，且发动，或虽安静但值旬空，则可能早失怙恃，或虽父母双全，但年少时即与父母有刑克。反而离祖过房或重拜父母者可解。

· 若子孙爻持世，子孙爻乃福神，能控制官鬼爻，主其人自幼聪明，一生富裕，衣禄丰盈。不惹官非，即使有灾，亦能逢凶化吉。虽然子孙爻持世不利仕途（因为克制官鬼），但若子孙爻得到月、日生助，再有五爻（五爻乃帝位之爻）发动来生助（或动化回头生）时，则亦利于仕途。

· 因兄弟爻克制妻财爻，故兄弟爻乃劫财之神，主破财。故若兄弟爻持世，或卦中的兄弟爻不只一个，或终身卦中无妻财爻，或妻财爻值空，则主其人娶妻不止一次，必断弦再续，且主贫。若官鬼爻旺相发动，则能克制持世的兄弟爻，但其人易惹官非。若兄弟爻旺相持世，临白虎、螣蛇或玄武，则主其人乃奸诈之徒；若兄弟爻持世，但休囚又被克制，则其人体弱多病、多是非。

· 若官鬼爻旺相持世，且发动，或动爻生助之，则主其人仕途顺利。如果再有五爻发动来生助，则其人能飞黄腾达。但若官鬼爻处于休、囚、死、绝之地，且得不到有力的元神生助，则其人官运很差，且一生不宁，多病，易惹官非。又若官鬼爻旺相，能克制兄弟爻，或卦中无兄弟爻，主其人兄弟很少。

（笔者注：对终身卦根据六亲爻持世的断语未必准确，笔者曾用这些规则多次推断不同人的终身卦，但很少验证。也许是笔者的水平所限，或是自古以来卦例太少之故。读者可以在实践中自行验证。）

· 若青龙临世爻，主其人的性格和善、慈祥、孝顺。但若世爻被克（来自月、日或动爻），则其人须戒酒色，否则对肝胆不利（因为青龙和肝胆皆属木）。但若青龙所临之爻克制世爻，则主其人会受欺凌。

· 若朱雀临世爻，且世爻旺相，主其人适合从事与口才有关的职业。但其人性急，易有口舌是非，或头疼之疾。若世爻被克，则其人需注意心血管系统的疾病。

· 若勾陈临世爻，主其人行事稳重，但迟钝。且若世爻被克，则其人会有心闷之病或有官非之事。若勾陈所临之爻克世爻，主其人有牢狱之灾、蒙冤，或易患病。

· 若螣蛇临世爻，不吉，主其人轻佻虚浮，言而不实。若所临的世爻属火，其人有皮肤病，且易患寒热泄泻之疾。

· 若白虎临世爻，主其人刚勇好斗。若白虎所临之世爻又临驿马位，主其人会有调动外出之事。（笔者注：所谓"驿马位"，是指寅、申、巳、亥四个位。在六爻断卦法中是指地支为寅、申、巳、亥的爻。它的依据是："申子辰马在寅，寅午戌马在申，巳酉丑马在亥，亥卯未马在巳。"这一点与命理学领域中的概念是相同的。）若世爻被克，其人会有官非，甚至血光之灾，骨折、动手术等。由于白虎属金，对应于人体的肺经，所以如果被克，其人易患肺部疾病，而且一旦得病，多为重病。

· 若玄武临世爻，不吉。主其人会有破财、暧昧、投机、盗贼等事或患寒泄内湿之疾。故此时世爻反而宜处于衰的状态。若玄武所临之世爻又临官鬼爻，或者玄武临官鬼爻来克制世爻，则主其人会死于水难，且无救。

· 若玄武所临之官鬼爻属水（由该爻地支的五行属性决定），且持世爻；或此爻动而克世爻、用神，主其人死于水难，无救。

（笔者注：前面已介绍，六神的定位是由占问之日的日辰决定的，而在终身卦中装六神，只能用出身之日的日辰定位，不能用占问之日的日辰进行定位。否则，不同的日子推断分析终身卦，会得到不同定位的六神，从而得到不同的断语，显然是不合理的。）

· 凡占得天乙贵人持世，且禄马同临（见"吉神凶煞"），主其人立身清高，不庸俗。

③终身卦的其他推断规则

· 终身卦与它的变卦共有十二爻，每一爻管五年的运程，一共六十年。终身卦的初爻管第一个五年，二爻管第二个五年，三爻管第三个五年，四爻管第四个五年，五爻管第五个五年，上爻管第六个五年；共三十年；变卦也是按照如此的次序每个爻管五年，共三十年。《天玄赋》云："内三爻管十五年，遇吉神则大人荫庇。外三爻管十五年，遇凶神则小辈欺凌。要知发福发财，之卦内三爻为主宰。若欲断生断死，之卦外三象为提纲。"意为，一个人在十五岁以前，如果有吉神贵人禄马，则得到荫庇之下，享现成之福。十六岁到三十岁期间，其人刚成人开始立业，如果此时有凶神来克害，则其人会受小人的欺凌。真正看一个人能否发财发福，需看三十岁到四十五岁期间的卦象和爻象（变卦的下面三个爻）。如果卦象和爻象均佳，则财富兼有。如果遇冲克和值旬空，则事业无成，徒劳奔走。按照古人的看法，四十五岁到六十岁期间已进入晚年，如果此时的卦象和爻象不佳，遇到冲克，则其人晚运堪忧。

（笔者注：六爻断卦法的各派在这个问题上都有基本相同的规则和断语。但很少见到各种典籍有采用这些规则分析一个人终身运程的卦例。现代的一些易学者们也没有提供此类卦例。而且，社会在发展，人类的寿命大大地延长，在现代社会中，四十五岁到六十岁期间不是现代人的晚年，正是一个人事业、家庭成功的主要时期。估计这正是现代易学者们很少以此类规则卦例的原因之一。古人的有些规则延续到当代，应该适应时代的特点而加以修正。在命理学领域也有这个问题，有兴趣的读者可以参见笔者的另一本书《命理天机——紫微斗数规则的分析与运用》（团结出版社2013年1月版）。此外，在堪舆学（风水）领域，由于古代和现代社会的结构、居住环境发生了很大的变化，因此古人的有些规则应该加以修正。笔者将在下一本关于堪舆学的书中讨论。）

《火珠林》对根据终身卦的各爻推断运程还有另一种规则。"大小二限，从初世起；阳顺阴逆，六位周流。"第一个五年不是从初爻开始排，而是从世爻开始排第一个五年，以后的每个五年则依据世爻所在的爻位的阴阳决定顺排还是逆排（偶数爻位为阴，奇数爻位为阳），顺排是从下往上排，逆排则是从上往下排。

《火珠林》有一个卦例：

丁酉年七月甲午日已巳时，占得雷天大壮卦䷡

```
 —  —兄弟戌土
 —  —子孙申金
 ———父母午火    世
 ———兄弟辰土
 ———官鬼寅木
 ———妻财子水    应
```

世爻在四爻，是阴位，采用从下往上顺排，因此第一个五年（1～5岁）在四爻，第二个五年（6～10岁）在五爻，第三个五年（11～15岁）在上爻，第四个五年（16～20岁）在初爻，第五个五年（21～25岁）在二爻，第六个五年（26～30岁）在三爻。变卦的各爻也依次排列。

而且在每个五年之中的每一年排在各爻，用来推断该年的运程。例如，在位于四爻的第一个五年中（1～5岁），1岁在四爻，2岁在五爻，3岁在上爻，4岁在初爻，5岁在二爻，依次类推。

《火珠林》的分析说，根据这种方法，在这个卦例中，27岁在上爻（兄弟戌土），这是小限，而27岁属于26～30岁（三爻兄弟辰土）的大限，在27岁这一年，妻财子水被小限的兄弟戌土和大限的兄弟辰土双重克制，所以，主其人在27岁先伤妻，后破财。

这种方法有点复杂，详细的推断过程，如下所示：

大限		按6～10小限排每一年的爻位	
— —兄弟戌土　　11～15		— —兄弟戌土　3　9　15　21　27	
— —子孙申金　　6～10		— —子孙申金　2　8　14　20　26	
——父母午火　世　1～5		——父母午火　1　7　13　19　25	
——兄弟辰土　　26～30		——兄弟辰土　6　12　18　24　30	
——官鬼寅木　　21～25		——官鬼寅木　5　11　17　23　29	
——妻财子水　应　16～20		——妻财子水　4　10　16　22　28	

注1：上面只列出了1～30岁的爻位，还可以继续排下去。这种大小限对每一年确定爻位的方法很特殊，在其他典籍未见详细介绍和探讨，笔者认为，可以在实践中进行验证。

注2：这种方法与《紫微斗数》中的大小限概念基本相同，在《紫微斗数》中有大限宫，用来看大限的运程；在六爻断卦法中有"大限爻"（这个名字是笔者命名的），也用来看大限的运程。由于《火珠林》早于《紫微斗数》问世，所以，创立《紫微斗数》的先贤或许是由此得到了启迪，将它引入《紫微斗数》的体系中。

注3：但二者有不同之处，其一，《紫微斗数》中的大限的时段是十年，六爻断卦法中的大限的时段是五年。

注4：其二，在《紫微斗数》中小限的作用很不明显，对每一年的分析主要用流年的概念。在六爻断卦法中没有流年的概念，但用到了太岁，小限的作用相对而言比较明显，上面的卦例中对其人在27岁的分析就是佐证。

注5：采用这种方法，可以解决如何分析60岁之后每年的运程。因为如果只是终身卦和变卦的十二个爻，大限只能排到60岁（有一种观点说，60岁以后的大限再从终身卦开始循环排下去，似乎有点牵强），但这种方法却能将小限不断地排下去。

注6：这种方法历来很少有人详细研究，因此，它的研究和验证，应该可以作为一个很有意义的课题，绝不是拾人牙慧的行为。笔者认为，如果在六爻断卦法领域可以有硕士、博士研究生，则把它作为博士论文是合适的。可惜笔者只带过软件工程的研究生，这个领域不行。

· 若终身卦为六冲卦，则主其人做事有始无终。其人前三十年生涯淡泊。如果变卦是六冲卦，则其人在三十年后家业凋零。如果终身卦和变卦都是六冲卦，则其人一生苦楚不能发达。

· 根据终身卦可以推断一个人的性格和形貌，在《火珠林》和《卜筮元龟》

中都有这方面的断语：

《火珠林》云："外卦为形，内卦为性；若占其人，以用而定。"即，根据终身卦的外卦推断一个人的形貌，根据内卦推断其人的性格：

乾卦为外卦者，其人头大面圆，若逢冲克，则会破相；为内卦者，其人心宽量大。

兑卦为外卦者，其人善言饶舌；为内卦者，其人心细胆大。

离卦为外卦者，其人颇有文采；为内卦者，其人聪明。

震卦为外卦者，其人身材高，且有须；为内卦者，其人性急，多忧虑，不安定。

巽卦为外卦者，其人亦身高有须；为内卦者，其人心毒，安身不稳。

坎卦为外卦者，其人肤色较黑，好动；为内卦者，其人多智，心地险恶，而且常常会自感受委屈。

艮卦为外卦者，其人的头形上尖下大；为内卦者，其人性格安静，固执。

坤卦为外卦者，其人外形厚重敦实；为内卦者，其人性格沉静，但若逢冲克者，其人反应迟钝。

• 占问女人的性格、形貌

根据其人终身卦中妻财爻的地支属性推断：

若妻财爻的地支属金，主其人貌美、肤白、端正、贞洁、聪明、心气高。

若妻财爻的地支属木，修长、妖娆、眉清、目秀、乌发秀美。

若妻财爻的地支属水，心性多变、无风兴浪，如果再有玄武、咸池同临，则难免淫荡之嫌。

若妻财爻的地支属火，性急、絮叨、鬓发焦黄、夫妻不和谐。

若妻财爻的地支属土，性慢、寡言、面色黄，如果得到生助，则生佳子。

（3）占问平时运气

占问平时的运气，不用终身卦推断，而是另行起卦。

• 若占得六合卦，主其人春风得意，为人和气，谋事多遂，事业有成。若本卦和变卦皆为六合卦，主其人一生通达，万事如意。

• 若占得的卦中的世爻无气但有日辰、月建、动爻生扶，则其人必遇好人提拔或帮助。

• 若世爻得到太岁或月建或日辰的生助（笔者注：与终身卦占问终身运气不同，这里的太岁、月建、日辰均指占问之年月日），主其人会得到贵人的提拔重用。如果太岁临五爻而且生助世爻，则贵人乃达官、名人。但若临五爻的太岁冲克世爻，则主其人官非不断，或亲朋之间妒忌交恶。若世爻虽旺相，但被日、月冲克，则主其人与同行、同事、朋友不和，或遭诽谤。

3. 占问仕途、功名、考试

凡占仕途、功名，以父母爻为文章，官鬼爻为官职，这时它们是断卦的核心，缺一则不成。若父母爻旺相，其人的文章必佳；若官鬼爻旺相，则功名有望。

若是自占功名，推断时以世爻为主。若是代占功名，则需看代何人占问：若是代子侄占问，则推断时以子孙爻为主；若是代朋友占问，则推断时以兄弟爻为主。无论推断时以哪一爻为主，皆怕动化出冲克之爻。

一般而言，无论占问何事，妻财爻和子孙爻出现并旺相，皆为吉兆。但占问功名时，由于妻财爻克制父母爻，子孙爻克制官鬼爻，所以妻财爻和子孙爻以休囚、安静为吉兆。若它们旺相并发动，则主功名无望。

由于兄弟爻表示占问之人的同类，也是功名的竞争者，所以如果卦中无兄弟爻（无竞争者），或兄弟爻值空，或处于死、绝之地（竞争者无力来竞争），则主其人必榜上有名，甚至荣登榜首。但若兄弟爻发动，或临月、日，则主竞争者很强，所以难以考中。即使因为卦象不错而能登榜，但名次会靠后。

前面说过，日辰乃一卦之主，既能成事也能坏事。例如，若父母爻和官鬼爻休囚无气，则主考试难中。但若它们得到日辰生助（此乃日辰"辅德"之功），考试仍然有希望。或若世爻衰、安静，有日辰的生合，以及若世爻值空，但日辰来冲实，则主其人本意不愿前去考试求名，但有亲友劝进或资助，助其考试求功名。

凡占问为求官参加考试，卦中的官鬼爻和父母爻宜相合，不宜相冲。若二者相冲，则主试题生涩不熟。

凡占问为求官参加考试，卦中的六爻皆宜安静，只要父母爻和官鬼爻旺相且不值空，月建日辰不来克制者，则吉。若有一爻发动，便不顺利。妻财爻发动则伤害父母爻，对应试的文章不利；子孙爻发动则伤害官鬼爻，对所求的职位不利；兄弟爻发动，则竞争者会占先机；官鬼爻发动，则求官之事会有变；父母爻发动，则有关的文书会有问题。因此凡卦中有某爻发，则会有变故。若变出之爻又处于死、墓、空、绝、刑克等状态，皆为破败。因此，求官之卦中只要有爻（一个或多个）发动，则不必仔细推断，即可断为不吉。

（笔者注：六爻断卦法的这个规则显然不适用于梅花易数占得的卦，因为梅花易数占得的卦中必然有一个（且只有一个）动爻，按照这个规则，梅花易数占问求官全部都是不吉的，此言谬也。这说明即使像《黄金策》这样的经典著作，还是有值得商榷之处。）

若父母爻旺相、不值空，且不被动爻、日辰冲克，则主其人应试的文章锦绣，能被录取。若被妻财爻冲克，则主文章必多破绽而不被录取。若被月建冲克，则主其人应试的文章不合考官之意而不被录取。

世爻乃求官求名之人，不宜妻财爻或子孙爻持世，否则所求之事必难称心遂意。若官鬼爻持世，或世爻与官鬼爻相生相合，则主所求之事大有希望。若子孙爻持世，则由于子孙爻克制官鬼爻，则仕途不通，求谋无望。

若父母爻值空，则主求官求名之事无望，此时若妻财爻发动，去生扶官鬼爻，对值空的父母爻无妨，则主所求之事会侥幸可成，但须子孙爻安静方可。

若卦中无官鬼爻，但是子孙爻动化官鬼爻，与世爻相生相合，则所求之事有望，但须父母爻（文书），旺相无损，方吉。由于这是动爻化出的结果，不是本卦原来的卦象，因此，虽然所求之事有望，但不会荣登榜首。

如果卦中官鬼爻和父母爻全是吉兆，但若二者不持世，或不生合世爻，或被世爻冲克，或被日、月冲克，或临死墓空绝之地，则二者虽在卦中为吉兆，但对我无助，所求之事依然无望。

若卦中官鬼爻和父母爻不全，则主功名无望，此时须根据伏神是否有用进行推断。若飞神不被冲开，伏神不被冲起，则无用，所求之事不成；若飞神被冲开，伏神遇提携（被冲起），则有用，所求之事终会成功。若得伏神被月建冲起，最吉，日辰次之，动爻又次之，如果伏神之上的飞神值空，则更佳。

月建为考试官，若其所临之爻发动，刑克世爻，且官鬼爻和父母爻休囚，则其人会遭杖责；若该爻动化子孙爻，则其人会被斥逐；若该爻动化兄弟爻，则对享受政府资助的考生最为不利，轻则取消资助，重则受惩罚。

若卦中的动爻与其他两个爻构成与官鬼爻地支相同的三合局，此乃其人所求功名大吉之兆；构成与父母爻地支相同的三合局亦吉；构成与妻财爻或子孙爻地支相同的三合局则不利；构成与兄弟爻地支相同的三合局者，仅对享受政府资助的考生不利，对其余的考生只是无损。

青龙主喜庆事，若卦中青龙、白虎所临之爻发动，且生合世爻，则其人考得好，荣登榜首。而且青龙发动又生合世爻者，则主其人不仅考试成名，还会有其他喜事来临。但若青龙所临之爻值空发动，则仅是空欢喜。

由于子孙爻克制象征官职的官鬼爻，所以占问求官，以子孙爻为杀，卦中不宜有多个子孙爻。若子孙爻旺相发动，则主其人所谋之事不会称心遂意，未入仕途者不获任职，已入仕途者，则有夺官削职之祸。若官鬼爻再是休囚状态，则其人会被革职除名。若卦中官鬼爻不现，伏于世爻之下，或官鬼爻临世爻，或子孙爻动化官鬼爻又生助世爻，则主其人即使被贬，但仅降职而已，如果卦中再有妻财爻发动合住子孙爻，则可用此财设法官复原职。反之，若子孙爻值空或居墓、绝之地，且安静、受克制者，则吉。

太岁乃天子之爻，凡占功名，最喜见到卦中有爻的地支与太岁相同（即太岁临卦爻），若太岁临官鬼爻，则是人臣面君之象，如果官鬼爻旺相，则主其人官运更佳，会升迁。

若动爻、日辰不冲克世爻，而世爻值空者，此乃世爻无故自空，大凶之兆。若是在考试前占得此卦，则主其人参加不了考试，如果强行去考，终究不利，轻则病，重则死。若世爻在内卦，则主其人在家得病；若世爻在三四爻，则主其人出门得病；若世爻在五爻，则主其人途中得病；若世爻在上爻，则主其人到了考试地点得病。

若卦中无财（妻财爻不现），伏神妻财爻又伏于值空之爻下，则主其人缺乏路费无法赴考。再若世爻休囚，则主其人是贫穷之士。但若有月建、日辰、动爻生合扶助，则主其人会得到亲友的资助。若得应爻发动来生合，则多是来自妻子家的资助。

若本卦乃考不中之兆，但世爻发动，化出的官鬼爻旺相，且本卦的父母爻不是休囚者，则主其人这次考试虽然不中，但下次考试必然考中。

凡事遇合则聚，逢冲则散，故占问功名得六冲卦者，则功名难求；得六合卦这，功名易得。

凡占问求官或考试，须父母爻和官鬼爻皆旺相，不被冲克，然后所问之事可成。若父母爻虽然旺相，但官鬼爻值空或不上卦，则主其人文字虽好，奈命无官星，亦不能中。若父母爻虽然休囚，但有旺相的官鬼爻发动的生助，或者父母爻值空，官鬼爻旺相发动，则主其人文字虽平常，而命中官星发现，仍然能考中。

若父母爻和官鬼爻居死绝之地，则主其人功名必不成。但若有应爻、动爻、月建或日辰生助官鬼爻，则主其人需托人推荐或用财礼买求，方有可能成功。

若官鬼爻旺相，但被月建、日辰、动变冲克，则主其人功名难求。

若世爻发动后变出之爻居死、墓、绝之地、或值空，则即使求得功名后也不能享福。若该卦是游魂卦，则主其人死于途中；若该卦是归魂卦，则主其人到家后死；若太岁所临之爻居墓、绝之地，则主其人一年后死亡。

尚无功名之人占问功名，卦中不宜有妻财爻；已有功名之人占问仕途，卦中宜见妻财爻。这是因为已有功名者需既有爵又有禄。因此若官员占得的卦中妻财爻旺相，则其人俸禄必多；若妻财爻休囚，则其人的俸禄微薄。若卦中无妻财爻或妻财爻值空，则主其人未得俸禄；若妻财爻发动又被冲克，则主其人上任后会因事而降薪；若日辰、月建冲克妻财爻，且刑害世爻及官鬼爻者，其人恐有停俸罢职之患。

官鬼爻为官职，若旺相有气，则主其人官大职高；若休囚死绝，则官小职卑。若官鬼爻发动生合世爻，或得到月建、日辰生助，则主其人必有升擢，且声名远播；若官鬼爻安静不动，且被月建、日辰冲克，或被世爻刑冲克害者，则主其人必无声望。

兄弟爻乃劫财之神，不宜持世。若兄弟爻值空、或不现、或居死绝之地，则需安静，方吉。若发动，多主浪费财物、多招诽谤、俸禄不如意。若再有子孙爻也发动，或兄弟爻动化子孙爻，则主多有扣薪减俸之事发生。

父母爻为文书、报告、印鉴等物事，若卦中不现，则主其人升迁无望。父母爻在卦中宜旺不宜衰，生助世爻者最吉。若持太岁（即父母爻的地支与该年的年地支相同），又旺相有气、生合世爻，则主会有朝廷宣召；如若又临月建，则主多有获上级嘉奖等事；最怕冲空化空（笔者注：所谓"冲空"是指某爻值旬空，但被日辰来冲；所谓"化空"是指某爻发动所变出之爻值旬空），则主所求之事不实；凡父母爻值空、或安静、或衰，皆主其人仕途平静，无嘉奖和批评之事。

官鬼爻为占官之象，若持世，或生合世爻，且不被月建、日辰冲克，则主凡谋望之事必然称心遂意；若官鬼爻不现，或落空亡（值空），或虽出现但居墓、绝之地无气并受克制，或与世爻冲克，皆主其人谋望之事不如意。

太岁乃人君之象，月建是执政之官。若得太岁或月建生合世身爻，则吉；若太岁或月建冲克世爻，则主其人必遭贬谪。例如，若月建生合世爻或官鬼爻，则其人多是担任风宪之职（笔者注：所谓"风宪之职"是指纪律监察部门的职务）；若太岁临父母爻，生合世爻或官鬼爻，则主其人会得到高层领导的赏识，如果该日居生旺之地，则更佳。但若居衰、绝之地，或值空，则无用。

若占问者尚未任职，卦中世爻发动，则其人不会担任京官；而若是出巡之职，反为顺利。若占问者已经任职，世爻发动，则主其人的官位不长久，若再被日辰或动爻相冲，则更验。

若世爻值空，则无论其人是否已经任职，多主会有大难，甚至死亡。而且求谋之事也不会成功。

若官鬼爻发动，则利于外出巡查的官员；而坐镇不外出的官员则宜官鬼爻安静。若官鬼爻动化子孙爻，则主其人或是会有别人来代行职务，或是被他人抢先；若子孙爻动化官鬼爻，则主其人的仕途先难后易，或先凶后吉。若卦中官鬼爻和子孙爻皆发动，则亦主会有别人来代行职务。

凡占问求官之事，卦中不可无妻财爻，即使妻财爻上卦，亦不宜发动。若官鬼爻旺相有气，且有妻财爻发动来生助之，则主其人须靠钱财疏通方能升迁。若父母爻衰弱，遇到妻财爻旺相发动，来克制，又加临白虎者，则主其人必有丁忧之事。凡妻财爻发动化出子孙爻，或子孙爻发动化出妻财爻，或妻财爻持世发动，或子孙爻发动且父母爻值空者，皆主其人有丁忧之事。

若世爻被日辰刑冲克，则主其人会招诽谤。因为何事可根据六亲推断：若兄弟爻持世，则主其人是因为贪污贿赂等事引发；若妻财爻持世，则是因为钱财无计划性等事引发；若子孙爻持世，则是因为其人嗜酒好游而怠于政事引发；若父母爻持世，则是因为事务繁杂无法料理引发；若官鬼爻持世，则是因为同僚之间不和引发。招诽谤后，定会影响其人的名声，但若世爻临月建，则虽有诽谤，不能为害。

若官鬼爻发动生助世爻，则其人的仕途会有进取；若官鬼爻发动伤克世爻，此乃鬼杀，则主其人必有凶祸。再根据官鬼爻发动后以化出的六亲推断是哪一类祸事：若动化子孙爻，则主其人有贬谪之忧；若动化妻财爻，则其人会有阴人之祸；若动化兄弟爻，则主其人会失财；若动化父母爻则需为家中未成年人担忧。若不是上述祸事，则是其人自身有灾病，但如果世爻值空，则无妨。（笔者注：这个规则已不仅局限于占问求官、仕途之事。）

兄弟爻为同僚，若卦中官鬼爻发动化出兄弟爻，冲克世爻，则主其人与同僚之间不和；若兄弟爻发动化出官鬼爻，又有刑冲克害，或兄弟爻带三刑六害，伤克世爻，皆主同僚之间不和；若世爻冲克兄弟爻，则是其人欺凌同僚而导致不和。

若太岁临卦中某爻，且该爻发动伤克世爻，则主其人会遭贬责。如果再有刑害，及临白虎、螣蛇等，则主其人会受扭送擒拿之辱。若世爻入墓，则主其人会受囚禁之灾，但若有动爻、日辰生助，则有救，可保平安。但若动化子孙爻，则主其人最终难免罪责。若月建临卦中某爻，与太岁类推。

若世爻值空，则尚未任职者，任期未定；已任职者，若六爻安静，月建、日辰、太岁伤克世爻者，乃其人被罢官或改任之象。若官鬼爻发动，月建、日辰、太岁伤克世爻者，乃其人能避祸脱灾之兆。若六爻安静，但日辰来冲，则主其人欲归故里而不放行；若官鬼爻发动，且日辰相合，则主其人欲避不能。

若官鬼爻持世，或官鬼爻不现，伏于世爻之下，则主其人虽被责罚，但官职犹在；若官鬼爻不持世，或不伏于世爻下，或虽伏于世爻下但值空者，则主其人会因罪责而被革职为民。

若官鬼爻发动来生合世爻，且日辰、月建、动爻又不来冲克者，为官之人必有声望。如果再得到妻财爻生合，且世爻旺相有气、不值空，则主其人既会做官，又会赚钱，内实贪婪，外不丧名。若妻财爻值空、或伏藏、或居死、绝之地，则主其人既有声望，且无贿赂之事。

占问求官仕途之事，若卦中父母爻旺相，则所在（或所求）的衙门必大；若父母爻休囚，则衙门必小。若官鬼爻旺相，但父母爻衰，则衙门虽大，却只是一个冷落闲静的衙门，这是因为官鬼爻旺者，说明其人的职务高。若官鬼爻衰，而父母爻旺相，则主其人虽然职务卑微，却能掌权。若官鬼爻和父母爻俱衰，则其人职卑衙小，必不是风宪之职（见前面的注释）。

若官鬼爻旺相，但不临月建，则定非风宪之职；若临月建又生助世爻，则定是风宪之职，而非市县一级的官员。

若官鬼爻持世或持应爻，或临月建、日辰者，其人必是掌印正官；若与世爻相合，则是副职者居多。若官鬼爻不现，但有动爻化出官鬼爻者，亦然。

凡占问地方官员之职，妻财爻宜旺相，但不宜发动，因为这样不会去冲克父母爻，且若父母爻得到生助而不值空者，则主其人会任职于富裕地区；若妻财爻居空、绝之地，且父母爻受克制，则其人任职于贫困地区。若父母爻发动且持世，则主其人的政务繁忙。若兄弟爻持世，则该地区财赋很差。若日辰临兄弟爻并冲克世爻，则其人的下属会舞文弄法，营私舞弊，破坏政绩。若兄弟爻不持世，但发动，冲克世爻，则主该地区顽民难治。若兄弟爻动化子孙爻，或子孙爻动化兄弟爻，且刑克世爻，则恐有下民状告其人之兆。如果世应冲克，则其人与该地区的乡宦多有不睦。

若受委派外出巡查，则不宜世应值空。又若五爻值空，则主外出途中有惊险之事。若世爻在五爻值空，须防在外有死亡之险，但若世爻有冲克，则不然。凡世爻在五爻发动，或占得游魂卦，卦中世爻发动者，皆主出巡之职。

凡占问军队中将帅之职，或征讨之官，不宜子孙爻发动，否则其人会被降调贬职；亦不宜应爻发动来克制世爻，则主其人会有不测变故之事。若太岁、月建冲动官鬼爻或世爻，则主其人会有奉命征讨之事，若是在临敌之时卜问，则吉。若子孙爻发动，则征讨、剿捕会成功，如果再有太岁、月建来生合，则主其人会获得嘉奖、升职。若是世爻克制应爻，亦吉。

凡占问做边关地方长官，无论文官武职，皆宜六爻安静，世应生、合、比和，且日辰、月建不来冲克，则辖地平安无事。若世应值空，亦吉。若官鬼爻发动，且世应冲克，则辖地必多侵扰。

《增删卜易》云："防灾虑患及占功名，只可自己决疑，不可代人占卜。自占防患者，独萌一点防患之心；占功名者，止有一点功名之念，自然灵验。"这是告诉我们，无论是占问防灾还是求功名，只能自占，不能代占。

若占问升迁的方向，在《增删卜易》中有一些规则："官金而应西土，木官必应东方，水北火南，土升中土。""初爻为内地，五六为边方。"具体地说，是根据官鬼爻位于哪一爻以及该爻的五行属性推断升迁的方向。

（笔者注：《增删卜易》中没有说明，如果占问升迁何方的卦中官鬼爻不现应该如何推断。而且在《增删卜易》中甚至说："此古法也。予之得验：木官而应山东，亦有应广东者；金官应山陕，亦有江西、广西者；又有以住处而分东西南北者。"其中官鬼爻属木，也可以断为应在广东，让人费解，显得很牵强。因为正常的理解广东必然在南方，属火。这正是笔者在本书中以《黄金策》为主线条展开讨论的主要原因之一。）

4. 占问婚姻、夫妇

对于婚姻的推断，须区分男性占问还是女性占问。六爻断卦法各个门派的规则中有一个原则是共同的，凡男性推断婚姻，以妻财爻为其配偶方；凡女性推断婚姻，以官鬼爻为其配偶方。这个原则源自古代"男尊女卑"和"三纲五常"中"夫为妻纲"的理念。在现代社会中，这些理念已经被摒弃。但是，上述的各派共同的原则依然被采用。是否应该加以修正？至今没有见到哪一位当代易学者或易学家涉猎。古人的推断规则是在历史长河中总结并完善出来的。笔者无法在区区短时间内探索出另一套与古人不同的新规则，只能窠臼难脱、萧规曹随。

（1）根据卦象推断

凡占问婚姻得到的大成卦，若六爻安静，则家庭和睦，无争斗之事。若父母爻发动，则与子侄不和；若妻财爻发动，则与家中翁姑不和；若兄弟爻发动，则是夫妻不和；若官鬼爻发动，则是妯娌不和。若动爻临月建或日辰，则不但对应的亲属间不和，而且还有克制。

（笔者注：这个规则值得商榷，它在梅花易数中不适用。因为梅花易数起卦法得到的大成卦必然有一个动爻，不可能六爻安静。按照这个规则，梅花易数占问婚姻家庭，则必然是家庭中某些亲属不和睦，有争斗之事。这显然不合理。这个规则出自《火珠林》和《黄金策》等典籍，它们与梅花易数的出现有前有后。这足以证明在卜筮领域各种流派始终并存，且始终没有统一标准。）

若占得六合卦，卦象中世爻与应爻、妻财爻与官鬼爻之间有相生相合的关系，必主婚姻易成，且吉。（在六十四卦中，有八个六合卦：天地否卦、水泽节卦、山火贲卦、雷地豫卦、火山旅卦、地雷复卦、地天泰卦、泽水困卦。）

若占得六冲卦，卦象中上下卦的对应之爻皆相冲，世爻和应爻之间也相冲，意味着男女双方之间不合，因此，婚姻难成，即使成婚，亦不利。（在六十四卦中有十个六冲卦：乾为天卦、兑为泽卦、离为火卦、震为雷卦、巽为风卦、坎为水卦、艮为山卦、坤为地卦、天雷无妄卦、雷天大壮卦。）

凡卦中阴阳颠倒，即若世爻为阴、应爻为阳，或官鬼爻为阴、妻财爻为阳，或内卦为阴、外卦为阳等，此乃反象的状态，这样的婚姻在成婚后，多主夫凌妻、或妻欺夫，不和顺，甚至最终夫妻反目。但若动爻变出的妻财爻或官鬼爻不值旬空，或者六爻安静，则婚姻尚可。

若占问婚姻得到泽山咸、雷风恒、水泽节、地天泰四个卦，有日辰来生合，且用神不值空，则主这桩婚姻如鱼得水。但若用神值空、有被冲克，则不吉。

若占问婚姻得到火泽睽、泽火革、雷水解、离为火四个卦，皆为不吉。火泽睽，主夫妻反目；泽火革，主争婚改嫁；雷水解、离为火，主夫妻分离。

（2）根据世爻、应爻和间爻推断

世为一生之根，应为结发之妻。若有贵人、青龙等吉神生世合世，则主其人必得贤妻之内助，共偕白头。如应临咸池、玄武等凶杀刑克世爻，其妻必夺夫权、淫乱而生离。

世爻为男方，应爻为女方，若世应相合，乃种玉之缘，双方两愿之象，必主婚姻易成，且婚后吉利。

若应爻生合世爻，乃女方贪男方之象，或是女方先来求亲，婚姻易成。

若世爻发动，且生合应爻，则男家愿成其婚；若应爻发动，且生合世爻，则女方愿意嫁其女，皆易成之象。但怕动爻发动后变入空亡，则主发动的一方有退悔之意。但若得日辰或另一个动爻扶助，则虽有悔婚之意，婚事亦可成。

（笔者注：这个规则出自《黄金策》，但是，《火珠林》却有："世应有动便不成，男家娶妻看财爻，代占同。女家嫁夫用鬼爻。忌动出现，怕冲，若旺相可成，世应相克不久。"以及"世动男家进退，应动女家不肯，世应有空亦然。"二者显然不完全相同，有矛盾之处。）

世爻与应爻相生相合本为吉兆，但若遇动爻、日辰来冲克，则主双方谈不拢，故婚事难成。

世爻与应爻冲克本非吉兆，但若遇动爻、日辰来相生相合，则由于双方有人善于言辞，甚至吹嘘、撮合，因此婚事可成。而且根据动爻所属六亲，可推断此人是谁，例如，若是父母爻，则此人为叔伯尊长。

凡世爻生助应爻，乃男方求女方；凡应爻生助世爻，乃女方求男方。若世应比和，乃是两家均有联姻之意，故婚姻易成。

根据日辰与哪一爻相合，可以推断何人赞成此婚事。例如，若间爻发动且与日辰相合，则是媒人（介绍人）力促婚事（因为凡占问婚姻，以间爻为媒人）。

若世爻刑克应爻，主男家不会主动来求婚。

若世旺应衰，乃男方恃富欺贫，用强娶妻。

若世爻临官鬼爻和螣蛇，且若妻财爻得时旺相，青龙得地者，则主男方因女方有姿色而欲设谋以娶。

若世爻临兄弟爻和玄武，则主男方因欠债又无力偿还，故欲用计谋娶女方。

若应爻安静，且不值空，又生合世爻，则婚事必成。但若应爻发动，或值空，或冲克世爻，则主婚事难成，即使上门求婚亦不成，或者吃闭门羹。

无论世爻或应爻值旬空，对于占问婚姻都是不吉之象。若世爻值空，乃占问的一方不希望婚事成功，因此即使婚事成功，也不会称心；若应爻值空，乃对方不希望婚事成功，因此即使婚事成功，日后两家不相往来。

凡女占男，此时世爻为女方，官鬼爻、应爻为男方，因此，最不宜官鬼爻刑克世爻，亦不宜应爻刑克世爻，皆主婚事不成。如遇此象，乃男方不愿意，所以难嫁。但若应爻或官鬼爻受制（如月建、日辰来冲克之），且世爻得到生扶，卦象又吉，则主婚事亦可成，但是男方始终无意于女方。

若官鬼爻生合世爻，或生合妻财爻，或应爻生合世爻，皆主婚事易成。

若世爻持官鬼爻，应爻持妻财爻，此乃阴阳得位之象，必然夫秉男权，妻操妇道，定然夫唱妇随。

若应爻持官鬼爻，世爻持妻财爻，此乃阴阳失位之象，必然妻夺夫权，牝鸡晨鸣，如果是赘婿反吉。（笔者注：这里有"男尊女卑"的影响。）

若间爻安静，被世爻、应爻冲动，或被生扶合起，或被日辰冲动，主媒人无心作伐，乃请他说合。但若间爻自己发动，则不作如此推断。

若世应相冲相克，则难以成亲，但若得间爻来生合，则能解救，虽然婚事开始时难成，由于媒人两边说合，故婚事亦可成。所谓救解，是指间爻居中发挥作用。例如，应爻发动克世，但间爻合住应爻使之克制不成，且再生扶世爻。

若间爻被日辰、动爻冲克，则媒人会取怨于两家。若是世爻冲克间爻，主男方有怨；若是应爻冲克间爻，主女方有怨。若是世爻生合间爻，但妻财爻冲克间爻，主虽男方喜用该媒人，但日后女方必然埋怨。若是妻财爻与官鬼爻皆冲克间爻，主男女双方皆对媒人有怨。

凡欲请媒人说合求亲，须是应爻生合间爻，则对方会听信媒人之言；若间爻被应爻冲克，则即使媒人甜言蜜语，对方也不会同意。

（3）根据六亲爻推断

凡占问婚姻，以官鬼爻为夫，妻财爻为妇。若两爻俱发动，且相合，则是双方先通后娶。若遇冲克，则是外人已知；若临玄武，则是双方眼去眉来，未通情意。若是本人自占婚姻，如果妻财爻与世爻发动，且相合，亦然。若妻财爻与其他爻相合，则是此女与他人有情。若妻财爻遇多个相合，且动化出子孙爻，则此女乃妓女，但因为动化出子孙爻，故此女有从良之象。

凡占问婚姻，妻财爻和官鬼爻值旬空乃大忌。若妻财爻值空，主失妻；若官鬼爻值空，主夫亡。即使官鬼爻不值旬空，但动爻、日辰冲克妻财爻，则这桩婚姻会生离或改嫁。

若是男占女，卦中有两个妻财爻，或者若是女占男，卦中有两个官鬼爻，则这桩婚姻必是断弦再续。若是两个妻财爻且皆旺，则会是一正室和一偏房，若两个妻财爻一旺一空，则是前妻已丧，然后续弦。若是两个官鬼爻皆发动，则是两家争娶，如果两个官鬼爻一旺一空，则是前夫已亡。

若官鬼爻伏于妻财爻下，则是男方已有妻室；若妻财爻伏于官鬼爻下，则是女方已有丈夫。

若世爻克官鬼爻，而且动爻、日辰生合妻财爻，则这桩婚姻会逐婿嫁女。

妻财爻又象征妆奁，若生合世爻，又得日月动爻扶助，则此婚事必有妆奁。若妻财爻临勾陈，则嫁妆中必有妆奁田；若临青龙，则新娘必漂亮美丽；若临螣蛇或白虎，则妆奁是旧的杂物。

若妻财爻得不到生助，则不可乱加推断，以生合妻财爻之爻的旺衰状态断之。而妻财爻的旺衰，仅可用来推断女方是否美貌，不可推断妆奁是否丰厚。

若妻财爻动化妻财爻，则主女方必有僮仆同来陪嫁。但若动化的妻财爻遇冲，则主带来的僮仆日后会走失。若是妻财爻动化子孙爻，则主女方会有小儿带来，谓之带幼聘。但若动化子孙爻值旬空，则带来的小儿会短寿。

若卦中妻财爻和官鬼爻之间相刑或冲克，则主夫妻之间必然不睦。如无相刑或冲克，则主夫妻之间如鱼得水，和谐终老。

凡占问婚姻，以兄弟爻为妯娌，父母爻为翁姑，若卦中官鬼爻发动而克兄弟爻，主妯娌间不和；若卦中妻财爻发动而克父母，主翁姑间不和。但若兄弟爻或父母爻旺相，因此不受克制，则是上述的妯娌或翁姑之间的关系，会时好时坏，有反覆。若兄弟爻或父母爻衰弱，则被克，妯娌或翁姑之间会有不和之事。

根据妻财爻和官鬼爻在该月、该日的状态可以推断男女双方的情性和容貌。若妻财爻值月建，则女方身材肥胖；若官鬼爻值月建，则男方身材肥胖。反之，则身材瘦。若妻财爻值日辰，则女方貌美；若官鬼爻值日辰，则男方貌美。反之，则貌丑。若妻财爻或官鬼爻临月建，但在该日处于衰的状态，则对应之人（妻财爻对应女方，官鬼爻对应男方）身材肥胖，貌丑；若在该月处于衰的状态，但值日辰，则身材瘦，且貌美。无论妻财爻或官鬼爻，若在该月或该日虽然处于衰的状态，但得到生扶，则其人虽丑却有才能；若虽然旺相，但入墓，则其人虽然貌美，却愚钝。

若妻财爻或父母爻持世，且玄武所临之爻发动又与之相合者，日后可能会有翁淫子媳的乱伦之事。又若妻财爻持世，主此女不善待翁姑。

若卦中官鬼爻值旬空，且妻财爻伏于其下，则主此女受聘之后，未婚夫却死亡，即所谓"望门寡"。若再有白虎所临之爻发动来克，则是此女已嫁之后其夫死亡而带孝服。若妻财爻所伏之官鬼爻不空，则此女乃有夫之妇，如果再被日辰、动爻冲起去刑克世爻者，日后须防争讼。

（4）根据六神推断

若朱雀、白虎分别临世爻、应爻，双方冲克，则主虽然联姻，最终会结怨恶。

若腾蛇临兄弟爻，且持世爻，主男家悭吝，聘礼必不多；若持应爻，则主女家妆奁淡薄。若该爻旺相且发动，乃克妻之兆。

若间爻是兄弟爻，且有腾蛇或朱雀临之，则主媒人俐齿伶牙，靠媒妁获利；如果该爻旺相，则此媒人必奸诈。

在占问婚姻所得的大成卦中，凡青龙所临之爻，主其人和气、俊秀、灵巧、懂事、持家；凡朱雀所临之爻，主其人多口舌是非、言语快速；凡勾陈所临之爻，主其人敦厚、稳重、中规中矩，若不发动，则其人一生少变化；凡腾蛇所临之爻，主其人有心计、多疑虑；凡白虎所临之爻，主其人性急、狠毒、不仁；凡玄武所临之爻，主其人阴险、奸邪，但若受到克制，则反主其人聪明伶俐。

5. 占问求财、买卖

凡求财，妻财爻主利益，福神子孙爻主财源，故占问求财的吉凶时，多以妻财爻或子孙爻为用神。世爻乃求财之人。占问求财、买卖之事须以妻财爻为中心展开推断。而占问其他人和事会有多个推断的中心。因此，对于占问求财、买卖之事可以引入现代逻辑思维的方式进行，笔者根据多年的占断经验采用逻辑框图的方法对诸多规则加以分类和归纳，见下图。当然，图中无法囊括所有的推断规则，但包括了主要的思路。

若卦中妻财爻旺相，且子孙爻发动，则无论为公或为私求财，皆能称心如意。但若妻财爻值空，子孙爻居绝地，则凶，无论为何求财或做买卖，皆难遂心。

凡求财，卦中有妻财爻，不值空，且若兄弟爻发动，则不利求财，乃下卦。但若妻财爻值空（称为"避空"），虽然有兄弟爻发动，只要过了该旬，待妻财爻填实的旺相之日，依然可得财。

若妻财爻在外卦发动，则得财比较艰难；若妻财爻在内卦发动，则主得财容易，甚至会有人送财上门。

若妻财爻伏藏（即卦中无妻财爻），则主求财无望。但若卦中兄弟爻发动，则兄弟爻无财可劫，却因其发动，故生助子孙爻，则主财源有气，所以求财依然有望。

若卦中无子孙爻（伏藏），则作为用神的妻财爻无财源可依靠，若卦中兄弟爻发动，则所求之财被劫，无望。但若卦中官鬼爻发动克制兄弟爻，或兄弟爻被日辰克制，则用神妻财爻可保无损，求财有望。要注意的是，如果此时卦中有子孙爻，则反而主求财有阻碍，不利求财，待官鬼爻生旺之日方可得财。

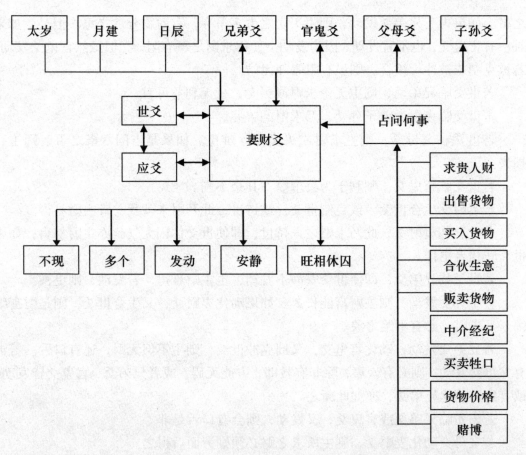

若卦中有妻财爻，无子孙爻，则即使有财也有限；若有子孙爻，无妻财爻，则所求之财不实；若妻财爻和子孙爻俱无，则求财必无望。

由于父母爻克制子孙爻，兄弟爻克制妻财爻，所以若卦中父母爻和兄弟爻皆发动，此乃财福俱伤，则主求财必不可得。若父母爻动化兄弟爻，或兄弟爻动化父母爻，亦然。

前面曾介绍过，月建乃一卦之纲（该月之中），故如果月建临卦中妻财爻，或月建生助妻财爻，此时卦中的兄弟爻衰，则衰不敌旺，必主所求之财丰厚，且该月之中必得，即使卦中妻财爻不现，亦主该月之中可得财。

凡妻财爻旺相、得生助、持世，乃得财之象。但若妻财爻被日辰克制，则主无财，须过了该日之后方可得财。

若卦中仅有一个妻财爻，且旺相、或得生助、或持世，皆利于求财。但若卦中有多个妻财爻，则反而不利，多主求财之事会有反复。卦中出现多个妻财爻时，须其发动才有可能将财入库收藏。但若妻财爻动化妻财爻，仍主求财之事反复不定。

兄弟爻克制妻财爻，不利求财，尤其卦中仅有一个兄弟爻旺相，且发动者，更甚。但若卦中有多个兄弟爻，且临月、日，或发动者，反而会因为其不专一而不来劫财。于是待妻财爻生旺之日，财可得。

若卦中无官鬼爻，则兄弟爻没有克制，此时即使妻财爻旺相有气，也会多虚耗之事。如果再有兄弟爻发动，则主买卖之事多争夺，有财物分散之患。但是，如果卦中有官鬼爻，也不宜发动，因为发动会使得求财之事有阻碍。但虽然官鬼爻发动，若被克制或被冲、被合，则虽有阻碍却无妨。

若世爻临兄弟爻，则主无论求财或买卖，皆无利益可言。

若世爻临妻财爻或子孙爻，乃求财的吉兆。

若世爻临父母爻，则主求财或买卖劳碌难免。如果是占问六畜之事，则主有损失。

若世爻临官鬼爻，则利于为公求财，其余不利。

若妻财爻生合世爻，或克制世爻，或持世，此乃财来就我，皆主财易得。

若世爻临妻财爻，此乃求财之人持世，即使世爻休囚无气，亦主财易得，如果世爻旺相者更佳。

若世爻临兄弟爻，即使世爻安静不发动，也主财难得，若发动，则更甚。

若子孙爻发动，则主财富能长久。如果动化妻财爻，又生合世爻，则是财富绵绵、凡求财，必有不绝之象。

若兄弟爻发动，动化官鬼爻，又刑克冲世爻，则主不但无财，还有口舌。若再有父母爻发动，则必有讼事，除非有救助，方能无碍。或者兄弟爻、官鬼爻皆发动，或官鬼爻动化兄弟爻，亦如此断之。

若朱雀临兄弟爻或官鬼爻，又发动，则会有口舌是非。

若父母爻动化妻财爻，则主所求之财必须勤劳而后得之。

若兄弟爻动化妻财爻，则主利于后不利于前，财富先散而后聚。

若官鬼爻动化妻财爻，利于艺术界人士，或拜谒贵人，则主所求之财有望，且往往是先有阻碍，而后得财。

若妻财爻动化官鬼爻，乃凶兆，则主财物损失，虚耗钱财，且有惊险。如果再克制世爻，会因财致祸。

若妻财爻动化兄弟爻，则求财或买卖之事利前不利后，会与人先聚后散或事成之后分利散伙。

若妻财爻动化父母爻，则主所得之财不长久，且艰辛难免。

若妻财爻动化子孙爻，此乃求财大吉之象。

若妻财爻动化妻财爻，且与世爻无关（即不生合世爻、不持世、不克世爻等），此乃我去寻财，难得。

若妻财爻发动后的变爻处于死、墓、绝、旬空的状态（由占问之月、日决定），此乃有虚名无实利之象。

若妻财爻发动后的变爻生合世爻。则须积极主动去求财，迟则无望。

若卦中有三个爻的地支构成对应于妻财爻地支的三合局（如，妻财爻的地支为卯，卦中另有两个地支是亥和未，则亥卯未构成与妻财爻地支卯对应的木局。其余类推。此谓"构成财局"），子孙爻在三合之中，且子孙爻发动，此乃上吉之卦，主财富绵绵不绝，如果妻财爻又是旺相，则求财和买卖皆能获利万倍。若构成与子孙爻的地支对应的三合局，称为"构成福局"，且妻财爻在三合局中，又发动、生合世爻，则与构成财局同样推断。若构成鬼局，则主求财或买卖多阻碍。若构成兄局，则主财富会被分散。若构成父局，则主求财、买卖均艰辛又难得。

凡占问长久的买卖或生意，若太岁临兄弟爻（即兄弟爻的地支与该年的地支相同），则主该年内无利可获，如果再有兄弟爻发动，则主亏本、损耗。

若太岁临官鬼爻（即官鬼爻的地支与该年的地支相同），则主该年内始终惊扰不安。

若太岁临父母爻（即父母爻的地支与该年的地支相同），则主该年艰辛。

若太岁临妻财爻（即妻财爻的地支与该年的地支相同），则主该年内求财或买卖皆顺利、兴隆。

在占问求财、买卖的卦中，如果世爻值空，则主财难得，买卖难成；如果应爻值空，则主无论求财还是买卖，无人可依靠；如果世应惧空，则主占问之事既艰辛又不实；如果值空之爻发动且有合，则主占问之事虚而不实；如果发动之爻动化入空亡，此乃心口不一之象。

若是求贵人财（有贵人相助之财），则以官鬼爻为主人进行推断，若是求妇人财（与妇人有关之财），则以妻财爻为主人进行推断。无论求哪一种财，都需其生合世爻，则财可得。若主人之爻动化妻财爻，且生合世爻者，最吉。如果无法确定主人之爻，则以应爻进行推断。凡是主人之爻被动爻或日辰刑克，或值空，或动化出的变爻值空，均主求财不成，即使求财成功，也不利。

若是官鬼爻持世，由于妻财爻生助官鬼爻，故求财易成。若官鬼爻值空，乃是其人不积极、迟疑、懒惰，因此求财难成，若值空的妻财爻持世，亦然。

凡是妻财爻发动，又生合世爻，乃求财易得之兆。但是，若妻财爻与动或日辰相合，此乃"合住"，主所求之财被人把持而得不到。根据合住之爻可以推断是何人把持。例如，若被父母爻合住，乃是被尊长之人把持，等等。而且，若卦中无妻财爻，则根据其伏于哪一爻之下，亦可推断财被何人把持。例如，妻财爻伏于官鬼爻之下者，乃是财被贵人把持，等等。

凡卦中的妻财爻有气，则主在与妻财爻相合之日得财；若妻财爻太旺、太过，则主其妻财爻入墓库被收藏之日得财；若妻财爻休囚，则主妻财爻生旺之日得财；若妻财爻被合住，且入墓库，则主妻财爻被破合破墓之日得财；若妻财爻虽旺，但值空，则主出此旬之日得财；若妻财爻伏藏，则主其出现之日得财。

若妻财爻处于死、绝的状态，但有子孙爻发动来生助之，则以子孙爻推断。

若卦中无妻财爻，但是兄弟爻生助子孙爻，则以兄弟爻推断。

占问做买卖中货物的价格状况，以卦中妻财爻的地支的五行属性推断。若妻财爻属木，则冬至后临地雷复卦（一阳卦）的价格好，春月（农历三月）价格最好。若妻财爻属土，则农历六月的价格好，其余依次类推。若妻财爻的地支为辰土，则因为三月为辰月，故二月的价格不如三月的好。若妻财爻临酉金，则因为八月为酉月，故七月的价格不如八月的好。其余依次类推。若妻财爻该日居长生之地，则其后每日的价格都会上涨。若妻财爻在该日居帝旺之地，则该日的价格最好，其后的价格会下跌。

一般而言，占问求财、买卖，都不宜官鬼爻发动，但如果是求官方之财，需要依靠官方，所以即使妻财爻旺相，但是官鬼爻落空亡者，则主财难得。此时须官鬼爻旺相，且与世爻相合，方为吉。若官鬼爻刑克世爻，则主不仅财难得，甚至会有官非。因此凡求官方之财，需要妻财爻和官鬼爻两全方为吉。

凡占问合伙买卖，若世应皆临妻财爻者，则买卖称心如意。但若世应皆发动或皆值空则不宜，主合伙买卖不会长久。若世应相冲相克，主合伙双方会不和睦。若世应中发动之爻动化出兄弟爻或官鬼爻，则主合伙双方多私心。若世应双方相生相合，但被动爻或日辰刑克冲害，则会有人来挑唆而破坏合伙。

若是占问生意买卖，官鬼爻为主顾，因此卦中若无官鬼爻，则生意没有主顾，不利；若有官鬼爻，且发动并生合世爻，则主生意称心遂意，如果再动化妻财爻，则利益颇大。但若官鬼爻刑克世爻或动化兄弟爻，则主招惹是非，不能称心如意。应爻值空者，更不吉。

凡空手求财，卦中须有官鬼爻，且妻财爻旺相，兄弟爻不发动，方能得财，否则无利可言。

凡占问贩卖牲口，或饲养六畜，皆须要子孙爻旺相且不值空，方为吉，再持世者更佳。若父母爻发动，则会有损伤，若再动化出地支属性为土的官鬼爻，则须防六畜瘟死。如果福旺财空（子孙爻旺相，妻财爻值空），则六畜虽好，但无利可图。

凡占问放债之事，须应爻生合世爻，且妻财爻有气，子孙发动，则吉。若世应临兄弟爻，或妻财爻居绝地，或世应值空，皆不利。若间爻临兄弟爻或官鬼爻，且发动，多主放债、抽头、分红利。如果卦中无妻财爻，而有官鬼爻发动后化出妻财爻，则主所放的债须经诉讼后方能收取。

凡经纪人占问求财之事，须财福双全（妻财爻、子孙爻皆出现）、官鬼爻有气、世应皆不值空，方为吉卦。若再有月建、日辰、动爻生合世爻，则远近的客户众多，求财顺遂。若卦中无妻财爻，但月建、日辰、动爻生合世爻，仅貌似客户多，却无实利。若官鬼爻旺相，但妻财爻值空者，亦然。若卦中动爻化出兄弟爻或官鬼爻，则主常有口舌是非或恶人干扰。

若世应值空，则主经纪人公司开不起来。

凡占问求索或商借财物，应爻不宜值空或发动，动则会生出变故，若值空则前去商借遇不到人。若应爻生合世爻，则对方慷慨大方不吝啬。根据应爻对应的六亲类象和五行属性可推断所借何物：若是父母爻，则为衣服布匹、书籍纸张类物资；若是子孙爻，则为六畜、酒器一类；若是妻财爻，则推断为其他财物。或者根据应爻的五行属性亦可推断：若五行属性为木，则是花果一类物资；若五行属性为土，则是砖瓦一类物资。

凡占问赌博之事，须世爻旺相应爻衰，或世爻发动应爻安静为佳。世爻克制应爻，主我方胜；应爻克制世爻主对方胜。若兄弟爻或官鬼爻发动，刑克世爻，或者世爻临兄弟爻，或者世爻值空，皆主不胜。若世应安静值空，则主赌博不成。若世爻临官鬼爻，则需防止对方来骗。若间爻发动，化出官鬼爻，则主多争斗之事。凡内外卦均无妻财爻，则此次赌博不会赢。若世应值空发动，则主赊钱赌博。若兄弟爻或官鬼爻动化妻财爻，乃先败后胜之兆；而若妻财爻动化兄弟爻或官鬼爻，乃先胜后败之兆。在赌博时宜坐在子孙爻（福神）的方位（笔者注：是指坐的方位宜选择子孙爻的地支对应的方位）。若世爻动化妻财爻（财爻）或子孙爻（福爻），应更换赌博的种类。但若世爻临兄弟爻，则换了也没用。

凡占问从事贩卖求财，须世应生合，或官鬼爻值空或伏藏，或动爻、日辰不来克制，则可保安然无事。若再有妻财爻、子孙爻旺相，则是大吉之象。但若兄弟爻或官鬼爻发动，则主会遇抢劫、偷窃之事。若二者再克制世爻者，多主会有大祸临头。此时如果世爻值空，则可避免。若官鬼爻位于五爻，且发动，则出门贩卖的途中须谨慎小心。

凡占问买入货物，应爻乃货物，若应爻生合世爻，则主买入货物的生意易于成交；若应爻刑克世爻，则主难以成交。如果占问欲买入何种货物，则需根据应爻的类象推断：六畜类货物看子孙爻，五谷类货物看妻财爻，丝绸棉布类货物看父母爻。若卦中代表某类货物之爻太过，不只一个，则说明货物很多；若卦中的应爻不现，或值空、或伏藏，则说明货物很少，甚至没货。

若占问买货之事占得的卦中有多个官鬼爻，则须防止被骗子所诓。若官鬼爻位于间爻，则是经纪人虚而不实，或是有口舌是非。若又去克制世爻，则须防经纪人阴谋劫取财物。

若占问积货之事，妻财爻不宜发动、值空、或被动爻、日辰冲克。但若妻财爻居胎、养、长生之地，则主日后定能获利。若兄弟爻和官鬼爻皆发动，则须防止被盗窃。若卦中兄弟爻独发，则主货物多折损。若父母爻的地支属水，且刑克世爻。则主货物会被雨水淹，导致腐烂。若妻财爻发动后的变爻值空或居死、墓、绝之地，则主货物在日后会降价。

若占问出脱货物之事，如果妻财爻发动，则主货物易于脱手。若应爻值空，则主无人来买货物。若世爻值空，则主自卖货物不会成功。若动爻、日辰都来生合妻财爻，则主有人来争相购买货物。若妻财爻被刑克相冲，则主出货之事多阻碍，难成。凡妻财爻在内卦发动，宜在本地销售货物；若在外卦发动，宜在外地销售。若妻财爻发动，又被相合，则主出货之事会将成而不成。若妻财爻虽然发动，但值空，则主其人欲卖不卖。凡占问出脱货物，若卦中无官鬼爻，则主生意难成功。

由于五爻为道路，故若官鬼爻临五爻，则主其人出外求财的途中有惊险，宜避之。但若妻财爻和子孙爻临五爻，则吉。根据六神，可推断外出途中遭遇什么惊险：

第七章 六爻断卦法（纳甲筮法、火珠林法）

白虎为风波，玄武为盗贼，等等。若五爻值空，则不宜外出。

二爻为家宅，因此，若妻财爻位于第二爻，则主其人在家占问求财之事，如果卦中官鬼爻发动，则家中有危险之事，且根据六神可以推断是什么样的危险：官鬼爻的地支属火，须小心火烛；官鬼爻的地支属水，则须防盗贼。

若卦中无妻财爻，本宫首卦中的妻财爻又伏于值空之爻（即飞神值空），则主其人虽欲经商，却无资本。即使勉强而为，也不会好，甚至连利息都挣不到。

凡占问求财，卦中的父母爻或兄弟爻不宜发动或被刑克冲害，否则得利很少。如果妻财爻也衰，则有折本之虞。

［笔者注：在《黄金策》中还有采用卦身推断的规则。所谓卦身（亦称为"身爻"），有月卦身和世卦身两种。推断时一般是采用月卦身。］其求法如下：

先确定世爻的地支为阴或为阳，若为阳，从子开始按十二地支顺时针方向数，数到世爻是哪个地支，哪个地支就是卦身。若为阴；则从午开始数，数的顺序和方法相同。口诀为；阳世则从子月起，阴世则从午月生，俱从初爻数至世，便知何月为卦身。

卦身一览表

阴阳	世爻
亥巳	六爻
戌辰	五爻
酉卯	四爻
申寅	三爻
未丑	二爻
午子	初爻

（笔者注：但是《卜筮正宗》和《增删卜易》认为，断卦以世爻为主，卦身之说不验，故摒弃不用。笔者也持这种观点。）

6. 测胎孕、产育

无论古代还是当代，人们对生育问题都十分重视。古人云："不孝有三，无后为大"。当然这里所说的"后"，主要是指古人认为能传承香火的儿子，不是女儿。因此，在古人留下的规则中不乏针对生儿子的内容。现在的社会大多是独生子女，因此，无论生男生女，都很重视产育的母子（女）平安。

凡占问产育，子孙爻是用神，一般而言，若子孙爻是阳爻，则是男孩，但若该爻衰弱，则亦主生女孩；若是阴爻，则是女孩，但若阴爻旺相，则亦主生男孩。如果占得反兆，则所生的孩子不寿。所谓"反兆"，是指占得生男孩，却生女孩；占得生女孩，却生男孩。（笔者注：这里已有矛盾之处：反兆者，孩子不寿；与阳爻衰弱者亦主生女孩，和阴爻旺相者亦主生男孩。这两个断语放在一起容易误导读者。）

若子孙爻发动后，变出之爻值空，则主不育。

若子孙爻旺相，则所生的孩子较壮实，且日后俊秀不凡；若子孙爻休囚无气，则孩子弱小，且日后委靡不振。若虽子孙爻休囚无气，但得到月建、日辰、动爻生助者，生的孩子起初虽然弱小，但日后会逐渐壮实。若虽子孙爻旺相，但被月建、日辰、动爻刑克冲害者，生的孩子虽然较壮实，但日后会逐渐体弱。

若子孙爻不上卦，乃占问产育的大忌，而且子孙爻衰又被月建、日辰、动爻刑克冲害，或者子孙爻值空，亦然。

占问产育，以青龙为喜神，若青龙临子孙爻或妻财爻且发动，则主临盆期已迫近。若青龙临父母爻或兄弟爻或官鬼爻，则不作吉断。

占问产育，以白虎为血神，若白虎临子孙爻且发动，或临妻财爻且发动，皆主胎已动，分娩之期迫在眼前，以时日计。若白虎临兄弟爻或官鬼爻，且遇刑冲克害，或此二爻动化官鬼爻，则皆不能作吉断，多主难产。如果动爻被合住，则胎虽动，但未分娩。

若白虎临官鬼爻且发动，或临妻财爻动化官鬼爻，且子孙爻值空，凡此种种，皆主有小产的危险。

由于兄弟爻克制妻财爻，因此若其发动，则主产妇不安。由于父母爻克制子孙爻，因此若其发动，则主胎儿受损。在具体推断时还要看所涉及的诸爻自身的状态，然后方能推断产妇或胎儿是否有救。例如，虽兄弟爻发动，但妻财爻值空，则为"空不受克"，产妇无虞；虽父母爻发动，但子孙爻值空，则亦为"空不受克"，胎儿无虞。或若兄弟爻、父母爻发动，但被日辰或别的动爻合住，此乃"贪合忘克"，即使有凶，也只是虚惊一场，终无大碍。但若兄弟爻和父母爻旺相又都发动，且妻财爻和子孙爻都被刑、克、冲、害者，则主母子俱亡。

在八个宫之中，乾、震、坎、艮乃四个阳宫，巽、离、坤、兑乃四个阴宫。若占得的大成卦是四个阴宫中的卦，则如果该卦中的妻财爻临玄武或与玄武所临的其他爻相合，则主产妇乃仆婢之流，若该爻旺相，必是淫妇；若该爻休囚，但有吉神救助，则主其人虽然出身卑贱，却非淫乱之妇。

凡占产育，若子孙爻冲克世爻，则主速产；若子孙爻生助世爻，则主迟产。因此，若子孙爻冲克世爻，则生产之期迫在眼前，以时日计。但若世爻值空，则产期待过了今日断之。若子孙爻发动，但被日辰合住，则以冲破相合之日断之。

若子孙爻安静，又无暗冲者（即日辰亦不冲子孙爻），则生产的月、日未临，必然迟缓，需要待被冲动的月、日之期断为产期。若子孙爻不上卦，则产期亦迟，宜以卦中发动之爻断之。若卦中六爻安静，无动爻，则以卦中胎养长生之日断之。所谓"胎养长生之日"，是指根据该日的地支值十二长生中的那个状态，然后推算出"胎""养""长生"的对应地支，再确定该地支对应之日。

（笔者注：在《黄金策》中还有"胎爻"的说法，给出了许多规则，这是与"十二长生"相关的概念，但笔者认为，在实际应用中很少见到此类卦例，因此本书不作详细讨论。）

若子孙爻发动，本主顺产易生，但若子孙爻被官鬼爻或父母爻合住，或日辰所临之官鬼爻、兄弟爻、父母爻被合住，皆主临产难生，须待将这合住的状态冲开之日，方能分娩。若子孙爻不被合住，但子孙爻动化父母爻或官鬼爻，皆主分娩之期迟缓。

若子孙爻居墓、绝之地，虽然是凶兆，但若得到日辰或动爻生助，则是遇危有救之兆。如果被日辰或旺相的动爻等刑克，则无救。

凡占问产育，间爻表示稳婆（接生之人、收生婆），若间爻发动，且生合妻财爻或子孙爻，则能得到稳婆之助而顺产。若妻财爻或子孙爻被卦中的其他爻发动来克制，但间爻能救助者，则主即使不是顺产，亦无危险。

（笔者注：在《黄金策》和其他典籍中还有不少关于占问稳婆和乳母的推断规则，笔者认为，在当代社会中，分娩基本上都是在医院进行，民间的稳婆基本消失。婴儿的喂养也已很少有职业乳母。因此，本书对稳婆和乳母不作详细介绍和分析。）

若官鬼爻不上卦，或卦中虽有官鬼爻，但值空，且白虎临妻财爻或子孙爻，则主产妇的丈夫已死，因此分娩的是遗腹子。若官鬼爻不上卦，伏于白虎所临之爻下，或青龙所临之爻伏在处于入墓状态的官鬼爻之下，则主产妇的丈夫只是病卧在床，没有亡故。若官鬼爻旺相，但值空，则主其丈夫有病；或若官鬼爻入墓或持世，则主其丈夫没有病而是在监狱中。

若占问产育的大成卦是游魂卦，卦中官鬼爻值空，或既值空又发动，或官鬼爻动化出的卦也是游魂卦，则皆主产妇分娩时期丈夫外出，不在家。若是产妇的丈夫自占，卦中世爻值空者，亦然。

若占问产育的大成卦是游魂卦，卦中动爻发动后，得到的变卦是归魂卦，则主产妇临产时，其丈夫从外面归来。但若卦中世爻发动，却被合住者，则主妻丈夫在分娩时还没到家。

若怀孕尚未足月，卦中的官鬼爻动化子孙爻，则主产妇分娩前常有病，直到产后方安康。若卦中的妻财爻动化官鬼爻，则主产妇分娩前健康，产后则多病。但若怀孕已足月，则遇上述情形时，须防产妇有不测之灾。

若卦中有三合构成兄弟局（笔者注：即卦中各爻之间相合或与月建、日辰之间构成某个三合局，且该三合局与兄弟爻的地支相同），则主产妇在产后母乳少，或若兄弟爻在其他爻，休囚又发动，亦主缺乳。若妻财爻或子孙爻动化出兄弟爻者，亦然。若三合成父母局（见前面的注释），则子孙爻必然衰弱无力。若三合成官鬼局，则主分娩必不顺利。只有当三合成妻财局或子孙局者，为吉。

若占得六冲卦，卦中妻财爻和子孙爻发动，或若子孙爻临日辰，且六冲卦中还有其他爻与日辰相冲而暗动，则子孙爻有生气，官鬼爻被子孙爻克制，因此主产妇平安无事。

占问产育，以应爻为亲家，若应爻值空，则主亲家没有准备催生礼物。若应爻临兄弟爻，则主亲家乃悭吝之人，即使有礼物也不多。若临妻财爻和子孙爻，又生合世爻者，则主亲家必有厚礼。如果应爻旺相，则主亲家富有；如果应爻休囚，则主外家贫穷。若应爻与世爻刑冲，则主亲家之间不和。

凡兄弟爻持世，若休囚，则主其人贫穷，产妇体弱，不强健；若旺相，则其人不是因为贫穷而不愿调理孕妇，而是因为悭吝。若再动化子孙爻，则主其人平素悭吝。

若子孙爻临月建，又有青龙来临，或青龙所临之爻又临月建，并与子孙爻生合者，则主胎儿无论是男是女，皆俊秀聪明。若子孙爻居墓、绝之地，或被其他爻（如动爻等）刑、害、冲、克，或有白虎、螣蛇来临，皆主胎儿长得丑陋不堪。

7. 占问疾病、医药

凡占问疾病、医药，用神代表病人，所以关键在于明确病人的身份，以便确定用神；其次是明确患了什么疾病，根据象征病灾的官鬼爻进行推断。如果用神值空，则主病况能短期痊愈或暂见好转。

若是自占疾病，则病人是占问者自己，则以世爻为用神。若是代他人占问，则根据六亲之间的关系确定用神。

占问父母、尊长的疾病，以父母爻为用神；占问儿女、晚辈的疾病，以子孙爻为用神；妻子占问丈夫的疾病，以官鬼爻为用神；丈夫占问妻子的疾病，以妻财爻为用神；占问兄弟姐妹的疾病，以兄弟爻为用神；占问同事、朋友的疾病，以应爻为用神。

由于男人为阳，女人为阴，因此，还要根据占问之人的性别进行分析。

凡自占疾病，以世爻为中心。根据世爻旺相休囚的状态、世爻所在之爻的五行属性、发动与否、是否被冲克、临六亲的哪一爻、该六亲的五行属性是什么、临哪个六神等进行推断。在这一点上，与占问求财、买卖以妻财爻为中心类似。其中用到了世爻的五行属性以及相关的六亲爻的五行属性，这是与传统中医关于人体的五脏六腑的五行属性一脉相承的。传统中医所指的五脏是：心、肝、肺、脾、肾。六腑是：胆、胃、大肠、小肠、膀胱、三焦（另有一说是：心包）。而女性在五脏六腑之外还有一个脏器：子宫。因此女性有"六脏六腑"。但是需要注意的是，古人所说的脏腑与现代西医所说的器官不完全等同。五脏六腑的五行属性分别是：肺、大肠属金，肝、胆属木，肾、膀胱属水，心、小肠属火，脾、胃属土。六腑之中的三焦是分布于人体的，由上焦、中焦、下焦组成，上至心肺，下至膀胱，是一个很笼统的概念，表示人体内津液代谢。故不入五行之列。（笔者注：有一种观点认为，所谓"三焦"是指现代西医体系中说的淋巴系统。本书不是医学著作，不作深入探讨。）

凡占病，六爻安静为吉，则其病可治。若卦中凶杀（如忌神、仇神）多，而吉神（如元神）少或不现，则凶多吉少。

由于用神代表病人，因此用神宜旺不宜衰，如果用神得到日、月的生扶，用神旺相，则说明病人的身体素质好或病轻或好得快。如果用神不被刑、克、冲、害，忌神安静不动或休囚，乃忌神克不动用神，则更验。但若用神得不到日、月生扶，且忌神能克伤用神，则病情严重。

若用神动化回头克，或动化反吟、伏吟，或动化出的爻居墓、绝之地，则皆主病人不吉或病情加重。

若用神值空又入墓，或逢破（日破或月破）受伤，且卦中没有来救助之爻，则凶；若有救助之爻，则其病有救。

虽然用神旺相为吉，但如果用神过旺有时会物极必反，未必都是好的，有可能是回光返照之象，因此需要具体分析。

（1）根据世爻的五行属性推断

若世爻所临之爻的五行属性为金（简称世爻属金，下同），因此世爻被冲克时所患的疾病多是与肺、大肠有关的病症（笔者注：不能只是理解为西医所说的器官"肺"，而是肺经。下同）。由于中医理论有"肺主皮毛"之说，因此，世爻属金时还包括皮肤、毛发类疾病。反之，若世爻旺相，不被冲克，则肺、大肠的状况良好。

若世爻属木，因此世爻被冲克时所患的疾病多是与肝、胆有关的病症。反之，若世爻旺相，不被冲克，则肝、胆的状况良好。

若世爻属水，因此世爻被冲克时所患的疾病多是与肾、膀胱有关的病症。除了肾和膀胱部位的病症，还包括恶寒、盗汗、遗精等。反之，若世爻旺相，不被冲克，则肾、膀胱的状况良好。

若世爻属火，因此世爻被冲克时所患的疾病多是与心、小肠有关的病症。除了心血管系统、小肠等部位的病症，还包括发热、咽干、口燥等。反之，若世爻旺相，不被冲克，则心、小肠的状况良好。

若世爻属土，因此世爻被冲克时所患的疾病多是与脾、胃有关的病症。除了脾和胃等部位的病症，还包括脾的湿气重等。反之，若世爻旺相，不被冲克，则脾、胃的状况良好。

（2）根据六神推断

《黄金策》中有六神与疾病对应的断语（六神临世爻时）：青龙多主酒色过度；朱雀多主言语颠倒；螣蛇多主心惊；勾陈多主肿胀；白虎多主遭受损伤；玄武多主忧郁，若是男性，则是阴虚之症。

在六神之中，仅青龙所临之爻发动者吉。而其余五神发动未必皆凶，但至少不是福。

（3）根据官鬼爻推断

由于官鬼爻象征病情、部位、病因。子孙爻乃福神，象征医生和药饵，所以在六亲爻中，官鬼爻对疾病和医药的作用最为显著，其次是子孙爻。其余诸爻的作用并不明显。而且在六亲爻中，仅子孙爻发动者吉。而其余五亲若发动，则未必皆凶，但至少不是福。

官鬼爻的旺衰决定病人所患的是重病还是小病，而用神的旺衰决定病人的体质状况。因此，将用神和官鬼爻结合在一起可以推断病人的整体病情状况。

若官鬼爻持世，则主病人所患的病即使较轻也难以根除，不好医治。而且随着世爻旺衰变化，病情会时好时坏。若官鬼爻再入墓，则有随病情入墓之象，凶。

若官鬼爻旺相，则是重病；若官鬼爻受克制（日、月或其他爻来克），则是小病，病情无大碍。

若是妻子占问丈夫之病，官鬼爻为用神，若官鬼爻休囚衰弱又入墓，则凶。

（笔者注：这个规则出自《黄金策》，但它还有一个说法："卦中无鬼病难医"。如果将它们联系起来，会得出一个推论：卦中官鬼爻持世和不上卦（不现）都主疾病难愈。）

凡卦中有官鬼爻者，均不宜官鬼爻旺相，如果再有妻财爻发动，则其人可能性命难保。而且，若官鬼爻持世并被冲克，则其人乃旧病复发。如果再处于入墓状态，乃病情严重的凶兆。

若官鬼爻持应爻，则其人乃感染别人的病，且须防止用药不当反而加重病情。

若是代他人占问疾病，如果官鬼爻持应爻，乃凶兆。

若是丈夫占问其妻的疾病，卦中妻财爻出现，且子孙爻发动者，疾病没有危险；若是官鬼爻发动，则主疾病沉重；若是官鬼爻和父母爻皆发动，则主其妻性命难保，会有续弦之事。

若内外卦皆有官鬼爻，则主其人旧病复发。

若官鬼爻发动，则主病患难以速愈。如果官鬼爻发动，但逢日破，则病情虽险却无虞。又若官鬼爻发动冲克上六爻（当上爻为阴爻时），则主其人乃头疼。

若官鬼爻动化妻财爻，则是凶兆。若官鬼爻动化子孙爻，病患可愈，尤其若是官鬼爻和子孙爻皆值空，则其疾病会不治而愈。若官鬼爻动化官鬼爻，病患多变难治，可能会有新旧两种病。若官鬼爻动化兄弟爻，则是凶兆，且若官鬼爻位于第三爻者，乃房内伤风之病。若官鬼爻动化父母爻，且动化回头冲，则主其人的劳动强度太重，堪忧。如果官鬼爻位于五爻，则主其人在途中受雨淋而得病。

凡官鬼爻安静，则主病人不烦躁；若发动，则主病人烦躁。

若官鬼爻临螣蛇，则主病人坐卧不安，心神不宁。

若官鬼爻临青龙，则主病人酒色过度，虚弱无力。

若官鬼爻属木，则是肝胆受病，表现症状为感冒风寒，四肢不和虚黄腑水等。医治时先要疏风，宜用针砭之术治病。如果再持世，则主筋骨酸痛。延请西方的医生（笔者注：不是西医）容易治愈。

若官鬼爻属水，则是肾经或血液系统有病，表现症状为恶寒盗汗，或遗精、白浊、浮肿等。如果此时官鬼爻衰，则切莫针灸，宜用温剂和丸药医治如果再持世者，会有脓血治病。若官鬼爻动化出土爻，此乃动化回头克，多主其人小便不通，需要四处求医方能治愈。

若官鬼爻属火，则是心经有病，表现症状为发热咽喉干口舌燥，多是痰火之疾，宜用清凉之药。如果与妻财爻相冲，会有呕逆症状。如果持世，则会得疮痍之疾。延请北方的医生容易治愈。

若官鬼爻属金，则是肺经有病，表现症状为虚体咳嗽，或气喘痰多咳血等；且亦主骨伤或关节部位的疾病，宜用灸法医治。延请南方的医生容易治愈。

若官鬼爻属土，则是脾胃有病，表现症状为胃脘（心口）疼痛、消化不良等。如果官鬼爻又持世，则主其人全身肿胀，宜用锉散之法医治。再被冲克者，则有性命之虞。延请东方的医生容易治愈。

若本卦中官鬼爻属水，变卦中官鬼爻属火，则需要四处求医，最终由北方的医生治愈。

若官鬼爻不现，则主疾病初发时，没有察觉。而且，虽然用药治病，但不明病源，需再看官鬼爻伏藏在哪一爻之下。

若伏藏在世爻之下，所患之病，以前曾经得过。如果再有子孙爻发动，则主虽然用药对症，但病根难除。

若伏藏在妻财爻之下，则是饮食或购物引起的疾病。

若伏藏在子孙爻之下，则是沉湎于酒色，或房事过度而得病。

若伏藏在父母爻之下，乃因劳累、忧虑、受伤，或因动土修造而致病。

若伏藏在兄弟爻之下，乃饮食不正常，或口舌争吵而致病。

若伏藏于值空之爻下，则其人病情严重，甚至需早备衣冠，以防不测。

若官鬼爻临日辰，则可以靠祈祷以保无虞。

若官鬼爻临间爻，则主其人的胸膈部位有病。

若官鬼爻旺相，子孙爻休囚，则是病重之兆，但用药不足。

若官鬼爻绝处逢生，则主其人之病虽安，但会复发。所谓"绝处逢生"是根据该爻的五行属性进行分析：虽然金绝于寅，木绝于申，水土绝于巳，火绝于亥，但该爻又得到生助。

（4）根据子孙爻推断

子孙爻乃福神，象征医生和医药，是克制官鬼爻的福神。因此占问疾病，须看子孙爻，若有其他爻或月、日来生扶拱合，则主所请的医生水平高，用的药对症，疗效好，且若父母爻不发动来克制它，则得病后即愈，即使病重也能治愈。

子孙爻为医为药，若子孙爻衰弱，则是求医不得力，或是用药不对症，甚至遇到的是假医假药。若子孙爻旺相，则能克制住官鬼爻，因此病能治好。若子孙爻值空，则主没有找到医生，或是找到的医生没本事，或是没有用药，或是用的药不对症。

若子孙爻发动，化出子孙爻，则生病的原因是用药和饮食不良所致。若子孙爻动化回头克，则主得病后用药的效果不佳，病情反而会加重。

若子孙爻和官鬼爻皆发动，则主其人的身体需要内补外修（进补和修炼）。

若卦中有两个子孙爻皆发动，则患病后用药须谨遵医嘱，尤其不能误服药物。

若子孙爻动化官鬼爻，则凶。对所患疾病难下诊断，导致治疗不及时或者治疗不适当，甚至有死亡的危险。

若子孙爻动化退神，则主不利治病。

若日辰临子孙爻生助世爻，则主其人会药到病除。

子孙爻乃药饵，因此不宜伏藏，否则用药无效果。

若子孙爻值空或居绝地，则主其人的身体缺乏调理。

若子孙爻属火、金，则主其人得病后可采用灸和灼的方法。

若子孙爻属水，则主其人的疾病须发汗，宜服用汤药。

若子孙爻属土，则主其人得病后宜用丸药。

若子孙爻属木，则主其人得病后宜用青色的丸药。（笔者注：这个规则出自《断易天机》，存疑，现在的中成药中极少青色的丸药。古人的依据是，木克土，青色为木。）

若青龙临子孙爻，则主其人虽然得病，但无大碍。

若子孙爻不上卦，则主其人得病后用药无效。

若白虎临发动的子孙爻，则主所请的医生医术不高。

（5）根据父母爻推断

由于父母爻克制福神子孙爻，因此，凡占问疾病，父母爻不宜持世。亦不宜旺相，若父母爻旺相，则不利求医问药。

若父母爻伏藏，则主其人得病后虽然延请名医，却因不明脉理而治不好。

若占问父母疾病，以父母爻为用神，宜旺不宜值空，若值空，则必危。

（6）根据妻财爻推断

若妻财爻发动，则病人乃伤脾胃之疾，或是腹部有病。

若妻财爻或官鬼爻发动，且子孙爻值空，则得病后即使服药也是徒劳。

（7）根据兄弟爻推断

若兄弟爻动化官鬼爻，则主所患疾病难医治，甚至死亡。

（8）根据世爻和应爻推断

根据世爻为病人（病体）、应爻及外卦为医药的类象，可以如下推断：

若应爻克制世爻，乃医药克制病体，则病即愈。但若子孙爻不上卦，则病仍难愈，这是因为"良医无缘"所致。

若世爻克制应爻，乃病体克制医药，则医药不起作用。

若应爻生助世爻，则主医药虽然对症，但产生效果会比较慢。

凡世爻克制应爻，若官鬼爻属水，则主服的药不被吸收。若官鬼爻属金，则主病人因为无气久病，故服药无效。若官鬼爻属木，则主其人得病后即使服药也无益。

若官鬼爻属火，且旺相，则主其人的病症属于阳太盛，即使服药也不能阻其发热。若官鬼爻属土，则主其人病疴沉重，药不对症，难以治愈。

若应爻临官鬼爻，且克制世爻，则是用药有误，因此反而有损。

若子孙爻临应爻，且发动克制世爻，则必遇良医，故其人之病即愈。但若子孙爻临应爻，被世爻克制，则主虽遇良医也不能治愈。

若世应比和，且子孙爻不上卦，宜更换医生。

若虽有子孙爻克制世爻，但应爻不克制世爻，则主虽有良医，但药饵无用，然终无大害。

（笔者注：古人还有许多其他推断规则，大多是根据八经卦的类象与脏腑的五行属性得出的，但难以实际应用，也没有见到应用的卦例。例如，在《黄金策》中有："坤腹乾头，兑必喉风咳嗽；艮手震足，巽须瘫痪肠风"、"震宫土化木星。官来乾象双木，头风有准。震遇腾蛇仍发动，惊悸颠狂；艮逢巳午又交重，痈疽疮毒。"……实践证明，占得的大成卦无法与八经卦直接对应，上述规则太笼统，因此在断卦时难以运用。）

8. 占问出行

占问出行，世爻为出行之人，若生旺有气，则出行吉；若休、囚、死、绝，或被克制，则出行有碍或有损伤，难免劳碌奔波，早晚风霜。

应爻为前往的目的地，最怕值空，多主此次出行该地乃寂寞之行，谋事难成，必不得意而回。

若该卦属震宫，则前往的目的地是热闹的城市或乡镇；若属坤宫，则是四野冷落之地；若属艮宫，则目的地在山上；若属坎宫，则是前往水乡；其余仿此。

凡占问出行，以父母爻为行李。若父母爻旺相，则主行李多；若休囚，则主行李少；若值空，则主无行李；若旺相又值空，则虽有行李但不多；若被刑克伤害，则主所带的行李乃破损旧物。若父母爻动化兄弟爻，则主其人出行期间会与人同睡。若兄弟爻动化父母爻，则主其人与别人合用行李。若是向他人借用行李，则如果妻财爻持世又发动者，则主行李难借到；但若有生合者，最终可以借到。

凡占问出行，妻财爻为盘缠或本钱。若妻财爻旺相，则主盘缠、本钱充足；若休囚，则主盘缠、本钱微少；若值空，则主没有盘缠、本钱。若妻财爻不上卦，而是由兄弟爻动化出，则必是合伙本钱或是借来的盘缠，并非全是自己的。

若世爻克制应爻，是出行之人克制他人，因此所向通达。如果再有间爻安静不动，且官鬼爻也不发动，则更主前途无阻。但若应爻克制世爻，是出行之人不得志，前途有阻不顺，如果世爻再被动爻、日辰刑冲克害，则出行必不顺利。

间爻为出行途中所经之处，若间爻发动，则主出行途中必有阻碍迟滞；若间爻安静且不值空，则此次出行一路平安、往来无阻。

若间爻值空，则主其人出行途中的道路梗塞，行程不畅。若间爻的属性为金、水，且值空，则是水路不通；若属性为火、土，且值空，则是旱路不通；若两个间爻皆值空，则多是半途而返。但是，间爻又是伴侣，因此，若是独自出行，没有伴侣，则只要世爻不克制应爻，间爻值空反而是吉兆。

若太岁出现（即太岁与卦中某爻地支相同），且该爻发动冲克世爻，则主其人出外期间终年不利，若再有白虎临世爻或官鬼爻等来冲克，则更凶。如果此次出行的目的是为求官、谋职，则该爻生合世爻则最佳，乃成功之兆。

若占得八纯卦（即八宫的首卦），乃六冲之卦，内外卦对应之爻皆相冲，则主此次所谋之事皆主难成。如果再有卦中六爻乱动，更主不吉，远行尤忌。

若世爻安静不发动，则是行期未定；若发动，则是行期已定。

若世应皆发动，则宜速行；若是其他爻发动，则宜缓行。

若世爻动化官鬼爻，则主出行期间必遭祸患。

若官鬼爻持世，乃是犹豫畏缩之象，欲行不行，心存怀疑。若官鬼爻休囚，则难以动身出发；若旺相，则多是去不成；若发动，则多主因为没有伴侣而不去。若官鬼爻临应爻，则主到达目的地后不利。若官鬼爻动化子孙爻，则虽会有灾患，但不足虑。

若世爻安静，遇动爻、日辰来冲（被日辰冲，为暗冲），则是别人来相邀而出行，并不是自己计划出行。欲断是何人来相邀，则以来冲之爻的六亲类象推断，例如，若是父母爻来冲，则是父母长辈，等等。

若世爻发动，但因为与日辰相合而被合住，则主将行之际却因有事而羁绊，未能起程。欲断是何事羁绊，则以日辰所临之爻的类象推断，例如，若日辰临官鬼爻来合住发动的世爻，则是与官方相关之事；又如，若是勾陈所临之爻来合住，乃是田土之事羁绊；若来合住世爻的是间爻，由于间爻为同伴，因此多因同伴而受阻。

若世爻值空，则主出行不成，如果强行，最终会不得意而回。如果是自占出行，最忌世爻值空，多主此次出行会徒劳奔走，或羁留他乡。但如果是从事九流艺术及公门之人占问出行，则世爻值空反为吉利之兆，主空手得财，或闹中得财。但难以积聚，此时逢冲则妙。

若占得的卦中属性为火、土之爻发动，则此次出行是陆地行；若是属性为水、木之爻发动，则此次出行是舟行。

若卦中属性为火、土之爻临妻财爻或子孙爻，则宜陆地行；若官鬼爻的属性为水、土，则不宜舟行。若属性为土、火之爻发动，且化出之爻值空，则主出行时须防跌倒；若属性为水、土之爻法动，且化出之爻值空，则出行时须防沉溺。但在推断时不宜拘泥，要灵活变通。

若世爻的属性为金，则南方是鬼地（因为世爻之金被南方的火克制）；若世爻的属性为火，则西北方是入墓之地（因为火入墓于戌）；其余依次类推。若出行前往这些方向，多主有灾咎。

若为求财而出行，则宜前往财方。所谓"财方"，需看五行生旺墓绝之地。例如，若世爻的属性为土，则北方是财方（因为土旺于子）。

若为求官见贵而出行，则宜前往父母爻的地支对应的方向。例如，若世爻的属性为水，则父母爻所指的方向是西方。其余依次类推。

无论为何出行，均应避开官鬼爻的地支所指的方向；前往妻财爻、子孙爻的地支所指的方向为宜。

凡占出行，最怕卦中有官鬼爻出现，若官鬼爻休囚、安静，则吉，否则不吉，尤其不可发动，若发动则必有祸患。至于是何种祸患，需看官鬼爻所临之六神：若官鬼爻临青龙，则是酒色中惹祸；若是临朱雀，则是因言语招是非；若是临腾蛇，则多有惊恐之事；若是临白虎，则主多疾病；若是临玄武，则主有失脱之事；若是临勾陈且水动，则途中必多风雨。

若兄弟爻临白虎且发动，或官鬼爻属性为木且发动，或属性为木之爻动化官鬼爻来冲克兄弟爻，皆主此次出行有风波险阻。若该爻位于三四爻，则出门便见；若位于间爻，则是出行途中发生；若位于五爻，则此次出行，一路不安；若位于上爻或持应爻，则在到达目的地后发生。若是其他爻发动，且不伤世爻，则只险阻而已。但若其旺相而来冲克，则须防溺水。

若官鬼爻动化兄弟爻，或兄弟爻动化官鬼爻，则不但途中有风浪惊忧，还有盗贼。

父母爻为辛勤劳苦之神，若其发动，则出行跋涉途中辛苦，不安逸。若父母爻冲克世爻，必途中遭风雨阻碍。而且父母爻亦为舟楫，因此若父母爻克世爻，则舟行也不顺利，如果再临白虎，属性为木，且发动，或动化官鬼爻，则必有风波之险。除非有子孙爻发动来解救，方能化凶为吉。

在出行期间，若妻财爻发动来冲克世爻，则主因财致祸。若世爻与妻财爻相合，而妻财爻发动后变出官鬼爻，来冲克世爻者，则会因色惹祸。

若子孙爻持世，则吉，无不利。若子孙爻发动，则出行必逢好伴侣，如果子孙爻位于三四爻，则出门便遇到；位于五爻，则在途中遇到；位于上爻，则到达目的地后会得到好人扶持。若是为谒贵而出行，则子孙爻不宜发动，此谓伤主，不吉。

若占得的卦属艮宫，卦中官鬼爻的地支为寅，且发动，则出行期间会有虎狼之患。但若官鬼爻休囚，并被克制，或世爻值空者，仅是虚惊，无性命之忧。

若兄弟爻发动主劫财。若兄弟爻不持世，临腾蛇，又发动，则必有光棍来劫拐财物。若兄弟爻的属性为木，则该光棍来自市镇；若兄弟爻的属性为土，则该光棍来自乡村；若兄弟爻持应爻，则该光棍是当地人；若兄弟爻位于五爻，则是途中被劫骗；若兄弟爻动化官鬼爻，则该光棍是盗贼之流。

若兄弟爻持世，则此次出行必费资财。若兄弟爻临腾蛇、朱雀，则会乱花钱，浪费；若兄弟爻临青龙、玄武，则此次出行期间，因酒色费财；若临白虎、玄武，则此次出行的盘缠花得多。因此，若是为财利而出行，兄弟爻持世最不吉，若兄弟爻休囚、不动，则空费盘缠，徒劳奔走，必无所得。

若官鬼爻位于间爻，且发动，则与出行的伴侣之间不和，或伴侣在途中有病；

但若兄弟爻值空不受克制，则是其人自己有灾，不是伴侣有灾。

官鬼爻乃出行的凶神，卦中不宜见之，若出现，位于初爻，则主其人脚痛；位于二爻，主其人身体有灾；位于三爻，则是伴侣有病；位于四爻，则主其人外出后，家中有官非之事相扰；位于五爻，则主道路梗塞；位于上爻，则主其人到达目的地后，谋望不利。因此，官鬼爻不上卦方为大吉之兆。

子孙爻为福德，又为解神，若不上卦，或值空，则官鬼爻没有了约束，因此如果遇到灾祸，必无救援。

若是代人占问出行，须看是何人出行，若是僧道子侄，则子孙爻乃是出行之人；若是父母长辈，则父母爻乃出行之人，其余依次类推。若卦中动爻值空，且发动，则主其人行至半途会回来；若动化退神，亦然；若动化出的爻值空，则主其人到达目的地后不利。

凡为出行所占得的卦中妻财爻旺相，生合持世，不临空亡，不受刑克，则主日后必有生意，如果再临月建，则定主满载而归。

9. 占问逃亡

根据逃亡人的身份，确定哪一爻为用神。例如，若是妻妾奴婢逃亡，则以妻财爻为用神，等等。

凡占问逃亡，若用神安静，则以其地支对应之地为逃亡的去向，例如，子为北方，午为南方，卯为东方，等等。若用神发动，则以变爻的地支对应之地为逃亡的去向，例如，用神的地支为午，变爻的地支为寅，则可断为其人开始在南方，后来去了东北方，等等。若用神独发，亦可如此推断。若六爻安静，则根据应爻推断。

根据用神所在的外卦或内卦是八经卦中的哪一卦，可以推断逃亡之人藏匿在什么地方。

若用神所在之卦是乾卦，则主其人躲藏在尊长或父辈之处，或是躲在楼阁上。

若用神所在之卦是坎卦，则主其人躲藏在兄弟家中，或是躲在船上，或是躲在水榭之中。

若用神所在之卦是艮卦，则主其人躲藏在山间，或是躲在高岗、烟囱之处，或是躲在石匠人家。

若用神所在之卦是震卦，则主其人躲在竹木林中，或是躲在有胡须之人处，或是躲在城市之中。

若用神所在之卦是离卦，则主其人躲在姐妹妯娌家中，或是躲在窑场、冶炼炉之处，而且若用神的地支为金，则是躲在铜铁匠家中。

若用神所在之卦是巽卦，则主其人躲在花园蔬圃之内，若用神之爻居死、绝之地，则是躲在柴草之中，或是躲在卖履织席之人的家中。

若用神所在之卦是坤卦，则主其人躲在年老女性的家中，或是躲在母亲一族的家中，或是躲在旷野坟墓之处。

若用神所在之卦是兑卦，则主其人躲在女人家中，若用神旺相，则是躲在寺观之中，若用神休囚，则是躲在庵院内。

上述种种推断需变通，不可拘泥。

若用神持官鬼爻，且入墓，则主其人必躲在圣堂神庙之中；若居死、绝之地无气，则主其人躲在坟墓左右；若用神入墓，则主其人躲在人家墙圈内，不然亦主深居不出而难寻。

凡占逃亡或盗贼，若遇用神入墓，则主难以寻到其人，须待冲破墓的月、日，方可觅到其人。所谓"入墓"是指用神的地支的五行属性处于"墓"的状态：属性为金，则入墓于丑；属性为木，则入墓于未；属性为火，则入墓于戌；属性为水、土，则入墓于辰。也就是说，辰、戌、丑、未是表示四个墓库的状态的地支。

具体地说，辰为水、土的墓库，则其人必是躲在水边或墓侧之处，难以寻觅，由于辰戌相冲，所以须待地支为戌的月或日方可寻到其人。戌为火库，其人躲在寺庙、香火之处，须待地支为辰的月或日方可寻到其人。丑为金库，其人躲在铜铁银匠家中，或在冶炼作坊、工厂中，须待地支为未的月或日方可寻到其人。未为木库，其人躲在园林柴草之中，或木工篾匠家中，须待地支为丑的月或日方可寻到其人。

若与逃亡之人对应的用神不上卦，则须看其伏藏在哪一爻下，便可推断知其人躲在何处。

如果伏藏于官鬼爻下，则其人躲在管仓库的人的家中，若用神旺相且临月建，则是躲在官员家中，若用神休囚无气，则是躲在普通公务员家中。再有，如果伏藏于官鬼爻对应的入墓之爻下（即，官鬼爻属金，则是伏藏于地支为丑之爻下；官鬼爻属木，则是伏藏于地支为为之爻下；官鬼爻属火，则是伏藏于地支为戌之爻下；官鬼爻属水、土，则是伏藏于地支为辰之爻下），则其人定是躲在寺庙中。

如果伏藏于父母爻下，则主其人躲在叔伯、父母、尊长家中，或是躲在手艺人家中。

如果伏藏于兄弟爻下，则主其人躲在兄弟姐妹或相识的朋友家中。

如果伏藏于妻财爻下，则主其人躲在奴婢、妻妾或女人之处，或是富人家中。再有，如果伏藏于妻财爻对应的入墓之爻下（即，妻财爻属金，则是伏藏于地支为丑之爻下；妻财爻属木，则是伏藏于地支为为之爻下；妻财爻属火，则是伏藏于地支为戌之爻下；妻财爻属水、土，则伏藏于地支为辰之爻下），则其人不是躲在仓库中，就是躲在富豪家中。

如果伏藏于子孙爻下，则其人躲在寺观中或部下、小辈之处。

若用神的属性为木，且其所在的卦为坎卦（是指内卦或外卦），又发动，则主其人会乘舟逃亡。而且，凡用神的属性为木之爻动化属性为水之爻，或属性为水之爻动化属性为木之爻等皆然。

若用神的属性为火、土，则其人是陆地潜行。

若用神冲动属性为水之爻，则主其人乃涉水而逃。若冲动属性为火之爻，则主其人乃跃墙越篱而逃。若属性为水之爻刑克用神，则主其人曾经溺水。

若用神发动且与妻财爻相合，则主其人必是拐带妇人而逃，而且若妻财爻伏藏于世爻下，则被拐的是妻妾；若伏藏于应爻下，则是拐带邻家妇人；若伏藏于其他爻下，则是其他女性；若用神发动后变出之爻与卦中妻财爻相合者，亦然。若是妇人逃亡，卦中妻财爻与官鬼爻相合，则是该妇暗约情人而逃。

若用神位于内卦，则逃亡之人在本地，或在宗族之中。若位于初爻，则是躲在邻里；若位于二爻，则是多在本乡。若用神位于外卦，则是躲在邻近的县里。若位于上爻，则其人已逃到远方。若用神持世，则主其人未曾出现。如若用神生世合世，则主其人虽在逃亡，但常思故里，日后当自归，或容易寻到。

若用神安静不发动，则主其人易被寻到。若发动，则主其人迁徙无常，或更名改姓，故难以寻获。若用神值空，则主其人杳无踪迹。若用神发动后的变爻值空，则主其人逃后有大难，甚至死亡。

凡安静之爻逢合，则称为"合起"，动爻逢合，则称为"合住"。若日辰或动爻合起用神（用神安静被合），则其人被人窝藏在家，故难以寻到。若用神被合住（用神发动），则有人容留其人在家，故其人不必流窜。至于是何人窝藏或容留，根据与用神相合之爻的类象推断：若是子孙爻来合，则是僧道类人物窝藏或容留其人；若是官鬼爻来合，则是巡捕类人物窝藏或容留其人。若来相合之爻与世爻冲克，则主窝藏或容留之人不会举报其人。

凡安静之爻逢冲为冲动，动爻逢冲为冲开。若用神被动爻或日辰冲动（用神安静），则主其人家中有人指使其逃亡。若来冲动之爻是父母爻，则是尊长指使。若是妻财爻来冲动，则是妻妾指使。若用神发动，但被冲开，则主逃匿窝藏之事会被人揭穿，因此出逃后会败露。若来冲开之爻是兄弟爻或动化兄弟爻，则其人会被勒索财物。若用神被刑、克、冲、害，或临白虎、螣蛇，则主其人会被鞭挞而绳之以法。

若用神被动爻或日辰冲克，则主其人被他人责打。其中，若是被冲，则是其人被别人识破，若是被克，则是被别人抓住。若用神有扶有并（即用神有其他爻来"扶"，或与其他爻构成"并"的关系），则主其人逃亡时有人一起；若有其他爻来生合用神，则是有人约其人同去。

若有人担保其人，则间爻为担保人，若无人担保，则间爻为邻里。若间爻与用神相合，则主间爻所代表之人（担保人或邻里）是知情人；若间爻与世爻冲克，则主其人是间爻所代表之人诱使而去；若间爻值空、与用神相合，或间爻动化出的爻值空，则主间爻所代表之人开始知情，眼下不知其人去向。

若世应相冲，则主其人逃亡途中必然被人撞见，用神与世爻相冲亦然。

若世爻发动，且克制用神，或世爻旺相、应爻衰，则主其人必然被擒拿；若应爻旺相、世爻衰，或用神克制世爻，则主虽能遇见其人但不能抓捕。

若用神不被刑、冲、克、害，又不生合世爻，且世爻不克制应爻者，则是逃亡者不思归来，去寻找者找不到其人，乃一去不回之象。若动爻、日辰克制用神，则是可擒获其人之象。但若变出之爻，反过来生合用神者，则主其人被抓捕后仍会逃走，若用神位于五爻，则是在途中发生；位于内卦，则是其人到家后发生；若用神持世，亦为抓捕后又逃走。

卦中的用神不宜再动化出与用神相同之爻，此乃难以捕获之象；若用神被世爻、动爻、日辰克制，则主可寻觅到其人，但捕获之后，不会久留。

若用神发动之后的变卦属于同一宫，则主其人藏匿在本地，没有逃往他处。若用神发动之后的变卦属于其他宫，则多主其人已远去他方，不在本乡。

凡占得归魂卦，则是其人有还乡之意；若世应比和、生、合，或用神生合世爻，则主其人会自己归来，如果去寻找，也容易找到。若占得游魂卦，则主其人不思归来，如果再有应爻发动，则主其人东迁西徙，隐匿踪迹，能潜会遁，难以找到。若世爻旺相发动，克制应爻，且日辰、动爻克制用神，则主可以不费力寻获其人。

若世克应，是我制住他，其人逃不远，容易寻到；若应克世，则是其人得志而逃，比较自由，难以寻到。

凡用神持父母爻，则主会有其人的信息传来，但若用神值空发动，或动化出的爻亦值空，则传来的信息皆是虚信。若用神旺相值空，则传来的信息半真半假。若用神休囚值空，则主其人杳无音信。若持父母爻的用神动化出父母爻，或卦中有两个父母爻发动，则会有两处人来报信，但发动的父母爻被日辰合住，则是报信之人受阻而不能来报信。

若用神不持父母爻，但动化出父母爻，或用神不现，但卦中父母爻动化出用神之爻，则须先通缉，然后有信。

若子孙爻持世，则主其人好去好回，行程顺利。若子孙爻不持世，且发动，或日辰生合世爻，则主有维持调解之人，因此即使发生了逃亡事件，也不能为害。

凡动爻、月建、日辰，刑冲克害世爻，此乃众杀伤身，须防会遭受刑辱；但若世爻值空，则其人可免脱其祸。

若兄弟爻持世，则主耗费资财后可以寻到逃亡之人。若兄弟爻又旺相发动，则主需广费资财。若旺相又临玄武，则须防有人劫骗。若世爻动化兄弟爻，则是其人自己走脱。若世爻值空，则会有逃亡难寻之可能。

若父母爻动化官鬼爻，或官鬼爻动化父母爻，或官鬼爻和父母爻皆发动，则须通过诉讼，由官方抓捕，方能捕获。

若卦象不吉，且世爻入墓，则其人会有被拘留之辱。若卦象吉，且世爻入墓，则主其人被寻到之后有灾病。

凡占问逃亡之人是否在此处，若世应生合比和，用神出现，且不值空，则其人必在此处。若用神值空或伏藏，或被日辰、动爻刑克，则主其人决不敢在此处。若兄弟爻独发，亦主其人不在此处。若用神发动后变出之爻与应爻相合，或与日辰相合，则主其人曾潜伏于此，但已转移他处。

凡占问逃亡，若世爻值空，则主寻找不到其人。若应爻值空，亦主寻不到。若世应俱空，则主虽出去寻找，但会空手而回，无处寻找。若兄弟爻独发，则是逃亡之人虚诈不实，也寻不到。

10. 占问行人

所谓占问行人，古人主要是指占问离家在外的人何时归来，以及此人目前的状况。在现代社会，还用来占问正在等待到来的人何时到来，及其现状。

若占问的是公务员，则以官鬼爻为用神；若是僧道、子侄，则以子孙爻为用神；若是妻妾、奴婢，则以妻财爻为用神；若是兄弟、朋友，则以兄弟爻为用神；若是尊长、老人，则以父母爻为用神；若此人不在六亲之中，则以应爻为用神。

若用神发动，则主行人已出发。根据用神在哪一爻，便知行人在何处，若位于初、二爻，则是刚出发；若位于三四爻，则将到达；若位于五爻，则还在中途；若位于上爻，则还在原地，归期尚远。

若用神安静，不发动，且日辰、动爻不来相冲，则主此人安居异乡，尚未有归念。

若用神发动，则主归期指日可待。若日辰克制世爻，则行人必速至。若日辰生合世爻，则行人必归迟。最怕的是世爻克制用神，则主行人还不能归来。

在六爻中，三爻为门，四爻为户，因此，若用神位于这两个爻，且发动，则主行人的归程已近；如果再有应爻、动爻来克世或生助世爻，且用神没有被刑克冲害者，则主行人马上到家，立而可待。

若用神动化进神，则是行人急着回来，不日可望；若用神动化退神，则是行人虽会回来，但会复返。若用神值空又发动，亦然。

根据用神临哪一爻，可推断行人往何处去。根据河图洛书的生成数，可推断行人外出将要行多远：如一六水数，二七火数，三八木数，四九金数，五十土数。其中，一、三、五、七、九为天数，二、四、六、八、十为地数。若用神所临之爻是阳爻则以天数推，若是阴爻则以地数推。若该爻生旺，则加倍；若该爻居死、绝之地，则减半。

若卦中六爻安静，则主行人必未归来。若应爻生世合世，或世应比和，或用神爻生合世爻者，则主行人身虽未动，但已有归意。待其被冲之月或日，便是起程之时。而且，如果用神不值空，则主行人必来。若用神旺相有气，则主速到；若休囚无气，则主迟滞。

若用神安静不发动，则是行人本无归意，但若被日辰冲者，则是行人因睹物思乡，故有回家之意；若用神虽被日辰来冲，但又被月建、动爻克制者，则主虽有回家之意或机会，也难动身。

用神发动虽是行人的归兆，但若遇动爻、日辰相合，谓之合住，其人虽欲回家，因有事绊住，不得归来。若被父母爻合住，则是因长辈所留，或因文书阻滞；若被妻财爻合住，则是因妇人迷恋而滞留，或因财物之事而滞留；若被兄弟爻合住，则是因朋友、同伴之间的口舌所阻；若被子孙爻合住，则是小辈、六畜或僧道所阻；若被官鬼爻合住，且有生助之吉，则是贵人所留，但若有刑克冲害之凶，则是因火灾、盗贼、官非绊住。

凡占行人，不宜六爻安静。若世爻发动，则主行人归心切；若应爻发动，则主行人已动身起程。若发动的世爻克制发动应爻，则主行人虽然说来，却去往他处，并非归家。若用神发动，且生合应爻者，同此推断。

凡占问行人，应爻为客乡，世爻为家乡。若应爻生世合世，乃是行人思家之象，可望其归。若世应比和，则本非归兆，须有用神发动来克世或合世，方能归来。但是，若应爻值空，则行人虽来，却必迟缓。若世应皆值空，则主行人欲来不来，无准实，难望其归。若仅世爻值空，应爻不值空，则主行人已离开该地，反主速归，此时若用神发动，则立而可待。

凡占问远出的行人，若卦中的用神不值空，不被刑克冲害，且卦中有妻财爻和子孙爻，则主行人在外吉利，虽迟归亦无妨。若用神居死、墓、绝之地，或值空，或被日辰、月建或动爻刑克，则皆主不利。若用神爻无故自空（即值空），或发动后变入死、墓、绝之地、值空，或忌神旺相发动，或用神不上卦，且应爻值空者，皆当以死断之。

若占问最近外出的行人的归期，如果卦中与这个行人的身份对应的用神伏藏，则主此人必有原因而不归来；若该日的日辰或动爻冲用神，则主其人很快便归来；若无日辰或动爻相冲，则待冲用神之日归来；若用神安静，亦依次推断。

若用神伏藏，则必须待其被冲出，方能为用，否则终被把持住而无用。若用神伏于值空之爻下，一遇动爻、日辰来冲，或遇六合，即出而为用，则可望行人归来，遇六冲尤妙。若需确定归期，则以逢冲、合之月、日定之。若伏神值空，则其人恐做他乡之鬼，必无归日。

若用神伏于官鬼爻之下，则主行人必为凶事所羁绊。其中，若官鬼爻临青龙，则是行人因酒色成病而不归；若临朱雀，则是行人因官非口舌而不归；若临勾陈，则是行人有扑跌损伤之事而不归；若临腾蛇，则是行人被牵连有惊恐之事而不归；若临白虎，则是行人在外卧病不起而不归。若临玄武，则是行人在外被盗失财而不归。凡官鬼爻的属性为土，则是行人有病；若官鬼爻的属性为火，则是行人遇到讼事。若官鬼爻不上卦，亦依次断。

若用神伏于兄弟爻之下，则主行人因有是非口舌争斗之事而不归；此时若兄弟爻临朱雀，则主行人乃是因为赌博而不归；若临白虎，则是因有风波而不归；若兄弟爻动化官鬼爻，则主失财。

若用神伏于子孙爻之下，则主行人是因为游乐、饮酒、田猎、串戏、走马等事而不归；如若不然，则是因为六畜之事、或小儿之事、或僧道之阻，而不归。

若用神伏于父母爻之下，则主行人因为文书阻滞，或因为手艺的原因而不归；

如若不然，则是因为尊长所留。若父母爻不上卦，或父母爻值空，则是因为无路引（古代的出行证件、路条等）而不归。若父母爻动化出的爻值空，则是路引丢失。若父母爻动化父母爻，则主两人合用一个路引。

若用神伏于妻财爻之下，则主行人因为经营买卖之故而不归。若妻财爻值空，或虽卦中有妻财爻，但被兄弟爻来劫（冲克），则主行人多因买卖亏本而不归。若妻财爻旺相有气，或遇生助，则行人是因为买卖有利润，而忘记回家。若妻财爻临青龙、玄武，则行人必是迷花不返。

若用神伏于作为应爻的妻财爻之下，则行人是因为入赘人家，而不思归。此时若妻财爻发动生合世爻，则将会带其妇归家。若妻财爻与伏神不相生合，行人乃是替人掌财，或是倚靠他家，但非入赘之婿。

根据妻财爻的地支，以及"金入墓于丑，木入墓于未，火入墓于戌，水土入墓于辰"的规则，可以确定卦中的妻财爻的财库位于哪一爻。若用神伏于财库所在之爻下，则主其人必是在富人之家掌管财务。若伏神居衰绝之地，无气，则其人是傍着他人生活。若卦中用神位于财库之爻，且发动，则行人在日后必然会满载而回，如果再临青龙、月建，则更佳。

若官鬼爻位于五爻，且发动，则必因为途路梗塞不通而不归；若五爻值空，亦是道路不通之象。

若卦中动爻、或月建、日辰所临之爻，皆不是妻财爻，则其人是因为没有路费而不归。若虽然卦中有妻财爻，但值空者，亦然。如果行人是为了财利而出行者，则主不会称心遂意。

若用神入墓、或化墓（即动化出的爻入墓），或持官鬼爻并入墓，或卦中的官鬼爻发动，或用神伏于入墓的官鬼爻之下，皆主其人病卧他家，故回不来。如果用神临朱雀，或动化文书（父母爻），则其人乃是在狱中，而不是生病。

若用神安静，世爻发动来冲用神，或与用神相合者，必须要出去寻觅在外的行人，则行人方能归来。若用神伏藏被世爻冲起，或用神入墓被世爻破墓，亦然。

凡占得六合卦，卦中妻财爻临玄武，且发动，或用神临玄武，且发动，但被妻财爻合住，或用神伏于临玄武的妻财爻之下，或卦有三合财局（即卦中出现的三合局与卦中的妻财爻地支相同），且玄武所临之爻位于其中，皆主行人在外贪花恋色，不思故乡而不归。若动爻、日辰来冲动或克制相合之爻，则会有归来之日。若用神临玄武，且动化官鬼爻，或用神伏于临玄武的官鬼爻之下，又不与妻财爻相合者，则其人在外为盗贼，或是被盗贼杀害，因此不归。

若占得的是游魂卦，卦中应爻发动，则主行人在外东游西走，不固定在一处。用神位于五爻，且发动，亦然。若游魂卦动化出游魂卦，亦主其人行迹不定。若游魂卦动化出归魂卦，则主其人游遍各地后方才归来。

若卦中忌神发动，或忌神持世，或日辰临忌神，或忌神被日辰冲，皆主其人不归。若用神持世并发动，则主其人必会回来。

凡占行人，若卦中父母爻发动，则必有音信寄来。若父母爻生世、合世、持世、克世，皆主行人会迅速归来。若世爻生助或克制父母爻，则归来迟缓。若父母爻动化出元神，或动化出子孙爻，则主有喜信来。若父母爻动化忌神，或动化官鬼爻，则主有凶信来。若父母爻值空发动，化出之爻亦值空（即"动空化空"），则来的是虚信。若螣蛇所临之爻动化兄弟爻，亦主无准信。若父母爻动化父母爻，则会有两次信来。若父母爻被合住，则主来的音信被人匿藏，或带书信之人有事在途中耽搁，尚未来到。若父母爻逢冲，则主书信已丢失。

凡占问行人的音信，若父母爻衰、安静，或值空，或伏藏，或卦中妻财爻发动，或妻财爻旺相持世，皆主行人无音信；若卦中动爻化出的父母爻生合世爻，则主其人音信传来。若卦中的兄弟爻动化出父母爻，则音信是由朋友寄来。

若用神旺相，多主其人归来迅速。若休囚，则归来迟缓，须待用神生旺或入墓之日方能归来。若用神休囚，或居死、绝之地，则须待生旺之日方能归来。若用神安静，须待其被冲动之日方能归来。若用神发动，即以用神的地支推断归来的月、日。若用神入墓，或被合住，则以破墓、破合之日推断归来之日。若用神安静，但被冲，则以六合之日推断归来之日。若用神发动，但被克制，则以其遇三合之日断之。若是代占，则根据应爻推断，远以年、月断之，近以日、时断之。若用神乃独发，亦可推之，例如，若用神的地支为子，且发动，即以子日为归期。

11. 占问失物、被盗

（1）占问失物

占问失物、被盗是卜筮的主要应用领域之一，古人和现代的学者们积累了很多经验和规则。

《火珠林》中有一句很经典的断语："逃亡看世，失物看财；财动物出，世动难来。"意即，凡占问逃亡之事，以世爻为用神（见"占问逃亡"一节）。凡占问失物之事，大多以妻财爻为用神。但还须根据失物的类别选择对应的用神，例如，如果失物是车、船、衣服、文书、证券、契约类，则以父母爻为用神，且由于妻财爻克制父母爻，故若妻财爻发动，则主失物难以寻回。如果是禽鸟、动物、六畜等丢失，则以子孙爻为用神，且由于父母爻克制子孙爻，故若父母爻发动，则主失物难以寻回。总之，在断卦时需要具体分析，灵活运用。

若妻财爻值空，或动化空（动化出的爻值空），则主遍寻失物不见。若妻财爻得月令有气，或居生旺（长生、帝旺）之地，则主失物不是真的丢失，可以寻回。但若妻财爻虽然旺相，却值空，则仅可寻回一半失物。

若妻财爻在内卦，则是在住宅中丢失，能寻回；再看该内卦是否属于大成卦同一宫，若是，在失物还在整个住宅中的室内；若不是，则是整个住宅中的室外。

若妻财爻在外卦，则是在住宅外丢失，难以寻回；再看该内卦是否属于大成卦同一宫，若是，则失物在整个住宅之中的室外；若不是，则失物已经不在整个住宅之中。

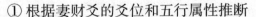

若妻财爻位于间爻，则可以在邻里人家寻回失物。

根据代表失物的妻财爻的爻位和五行属性可以推断财物的位置。

① 根据妻财爻的爻位和五行属性推断

如果妻财爻所在的内卦或外卦与这个大成卦属于同一宫，则占问的失物在屋中。凡妻财爻位于上爻，若属金，则失物在墙上；再临螣蛇者，则失物在瓦楞下。若属木，则失物在梁上；再临勾陈者，则失物在房子的斗拱上；若与日辰相合，则失物在搁板上。若属水，则失物在房子漏水之处；再临玄武者，则失物在地下室的上面。若属火，则失物在天窗旁边或厨房之上。若属土，则失物在燕子窝中。

如果妻财爻位于上爻，且其所在的内卦或外卦与这个大成卦不属于同一宫，则失物已离开屋中，在室外。若属土，则失物在墙边；若属木，则失物在篱笆边上；等等。依五行属性类推。

若妻财爻位于第五爻，则失物在路边，但若妻财爻发动，则失物已远去。若妻财爻所在的内卦或外卦与这个大成卦属于同一宫，则失物还在家中，或是在人们经常走过的地方。

若妻财爻位于第四爻，则失物在门前。但若妻财爻所在的内卦或外卦与这个大成卦不属于同一宫，则失物在门外。

如果妻财爻位于第三爻，且妻财爻所在的内卦或外卦与这个大成卦属于同一宫，则失物还在屋中。若属金，则失物在铁器之中；若属木，则失物在床边或箱笼橱柜之中；若属水，则失物在马桶、水池旁；若属火，则失物在火炉或香堂之中，或灯架旁边；若属土，则失物在室内松土之下。

如果妻财爻位于第三爻，且其所在的内卦或外卦与这个大成卦不属于同一宫，则根据该爻的五行属性可推断在室外何处，例如属水，则财物在水池或河边；……依次类推。

如果妻财爻位于第二爻，则失物在厨房中；若属金，则失物在锅碗瓢盆之中；若属木，则失物在木器或谷物之中；若属水，则失物在汲水的器具之中；若属火，烟囱或炉灶之中；若属土，则失物在厨房中的炉灰或泥土之中。

如果妻财爻位于初爻，则失物在靠近地面处；若属金，则失物在砖石堆中；若属木，则失物在地板下面；若属水，则失物在水井中；若属火，则失物在灰堆或炉灶下面；若属土，则失物被埋在土中，而且如果该爻生旺，则是刚埋不久，如果居墓绝之地，则是埋了很久，如果居胎养之地，则是有埋藏的打算，但未埋。

又若妻财爻在初爻发动，且动化子孙爻，或子孙爻发动，又与妻财爻相合，则该物品丢失在井边，后来被小孩子捡去。

② 直接根据妻财爻的五行属性推断

如果妻财爻属水，若生旺，则失物在池塘之中；若妻财爻居墓绝之地，则失物在沟渠中；若逢冲克，则失物在河流中；若被合住，则失物在取来的死水之中。

如果妻财爻属木，若生旺，则失物在竹木林中；若死绝，则失物在木柴等燃料之中，且属阳木者，是在用作燃料的竹子之中，属阴木者，是在用作燃料的草丛之中。若妻财爻所在的内卦或外卦与这个大成卦属于同一宫，则失物在竹木器具或粮囤之中。

如果妻财爻属金，若生旺，且位于内卦，则失物在铜铁锡等器具之中；若位于外卦，则失物在砖石之中。若休囚，且位于内卦，则失物在瓦砾之中；若位于外卦，则失物在缸瓮瓶罐内。

如果妻财爻属火，则失物在靠近火源之处或炉灶边。

如果妻财爻属土，即妻财爻的地支为丑、辰、未、戌之一。根据"生旺墓绝"的规则，若妻财爻的地支为丑，由于丑为金库（即仅入墓于丑，下同），故失物在铜铁锡等器具之中，或在室内的墙脚处；若妻财爻的地支为辰，由于辰为水库，故失物埋藏在阳沟、小溪或低洼之处；若妻财爻的地支为未，由于未为木库，则失物藏在粮囤下面，或埋在蔬果园、田野的草丛之中；若妻财爻的地支为戌，由于戌为火库，故失物埋藏在炉灶低下、炉灰中或泥墩中。

凡妻财爻入墓或化墓（动化出的爻入墓），或妻财爻伏于入墓之爻下，皆主失物在某种器物之中，至于是什么器物，可以上面所说的五行属性推断。

凡占问失物，代表失物的妻财爻宜静不宜动。若妻财爻发动，则主失物难以寻回；若其安静、持世、生世或合世，皆主失物并未失去，容易寻回，且妻财爻再是生旺者，更利于寻回失物。

若妻财爻旺相但入墓，则失物在神庙之中；若是休囚入墓，则失物在坟墓中。且若妻财爻所在的内卦或外卦与这个大成卦属于同一宫，则失物在灵柩旁或墓壁上，若再临螣蛇，则是在神佛像前。

若妻财爻发动，但被日辰或其他爻合住，则失物被遮掩。如果妻财爻又被其他爻冲克，则失物处于半遮半掩状态。根据与妻财爻相合之爻可推断是什么器物遮掩，例如，若是属性为火的父母爻来相合，则是衣服类遮掩物，其余类推。

若妻财爻动化子孙爻，或子孙爻动化妻财爻，则主失物在禽兽巢穴中；若发动之爻（妻财爻或子孙爻）的地支为子，则是被老鼠衔去；若其地支为寅，则是被猫叼去；若其地支为丑，则失物在牛栏之中；若其地支为午，则失物在马厩中；若其地支为未，则失物在羊圈中；若其地支为酉，则失物在鸡窝中；若其地支为亥，则失物在猪圈中。而且上述地支对应之处，若有相合者，则是在该处内，无相合者，则是在该处旁。若发动之爻位于初爻，则失物在地洞之中。

［笔者注：在十二个地支之中，只列出了具体对应的部分动物，但是，卯对应于兔，辰对应于龙（现实中没有真正的龙），巳对应于蛇，申对应于猴，戌对应于狗等，均未涉及，读者可自行验证并补充。］

若官鬼爻不上卦，或卦中的官鬼爻值空，且世爻发动，则失物是自己遗失，不是被盗。根据世爻所临之六神可推断遗失的原因：临青龙，则是因醉酒或逢喜事而遗失；临白虎，则是因病，或因丧事、跌跤而遗失；临勾陈，则是因建造房屋或耕种时遗失；临螣蛇，若与应爻冲克，则是因挣扎扭打而遗失，若与应爻生合，则是因嬉闹而遗失；临朱雀，则是因口舌争吵而遗失；临玄武，则是被盗窃。

若卦中官鬼爻值空、或伏藏或居死绝之地，又不发动，且妻财爻临应爻，或伏藏于应爻之下，则失物不是被盗窃，而是自己借给别人。根据应爻所临的六亲，可以推断借给何人：若应爻的地支为子，则是借给僧道、巫医或小辈，其余六亲依次类推。但若世应冲克，则不作如此推断。

若卦中官鬼爻值空或伏藏，且妻财爻动化官鬼爻，则是自己遗失后被人捡去。

若妻财爻不上卦，正是失物之兆，需根据妻财爻伏藏于哪一爻之下推断。

如果伏藏于子孙爻下，且生旺，则失物在寺院之中；若休囚，则失物在饲养六畜之处；若居胎养之地，则失物乃是小孩子不慎丢失。

如果伏藏于父母爻下，则失物在正屋或尊长居住处，若没有其他爻或日辰来相合，则失物在衣服或书卷之中；若有相合，则失物在书箱或衣物箱中。

如果伏藏于兄弟爻下，若妻财爻所伏藏的内卦或外卦与这个大成卦属于同一宫，则失物在兄弟姐妹处；若不是同一宫，则失物在相识的朋友处；若妻财爻伏藏于三四爻下，则失物在门口处；若伏藏于五爻或上爻下，则失物在门外围墙或篱笆之下。

如果伏藏于官鬼爻下，则失物在部下、职员等人家之中，或是在厅堂内；或是在病人处；若官鬼爻的属性为土，则失物在坟墓、庙堂之中。

如果妻财爻伏藏，但被动爻、日辰暗冲，此时若官鬼爻休囚、安静，则主该物品被人移动至别处，不是被人偷走。至于是何人移动，需根据来冲妻财爻之爻（动爻或还有其他爻）推断（即根据六亲关系推断）。但若来冲之爻值空，或动化出的爻值空，则移动物品之人不在家。

凡占问失物，若官鬼爻不上卦，或值空，或居衰、绝之地，或不发动，则失物皆不是被人偷去。若占得的是游魂卦，则多是自己遗忘。若官鬼爻变动，则是被人偷去；或官鬼爻安静、旺相，但被日辰来冲，或发动，或动爻来相合，则亦是被人偷去。

若占问寻找失物，凡兄弟爻发动，或兄弟爻克制世爻，或世爻临日辰，或官鬼爻动化兄弟爻，或妻财爻动化兄弟爻等，皆主失物已难以寻回。

（2）占问盗贼

凡占问盗贼，以官鬼爻为主推断。若官鬼爻休囚无气、安静、值空、被日辰冲克、被动爻合住、被子孙爻克制、世爻值空等皆不利于盗贼，为吉兆。但若官鬼爻不被克制、或发动又克制世爻，则待官鬼爻生旺之日会受盗贼之害。

若官鬼爻是阳爻（即官鬼爻的地支乃阳支：子、寅、辰、午、申、戌之一），则是男盗贼；若官鬼爻是阴爻（即官鬼爻的地支乃阴支：丑、卯、巳、未、酉、亥之一），则是女盗贼。若是阴爻动化阳爻，则是女贼偷后给男性；若是阳爻动化阴爻，则是男贼偷后给女性。

根据官鬼爻的状态，可推断盗贼的年龄等情况：若官鬼爻生旺，则盗贼是壮年人；若居墓绝之地，则盗贼是老年人；若居胎养之地，则盗贼是小孩子；若被刑克冲害，则盗贼是病人。

若官鬼爻位于内卦，且该内卦与大成卦属于同一宫，则是家中之人偷窃；若该内卦不属于同一宫，则是来宅中借居之人偷窃或是家中异姓之人偷窃。

若官鬼爻位于外卦，且该外卦与大成卦属于同一宫，官鬼爻又与世爻冲克，则盗贼是亲戚，虽然是亲戚，但不和睦。若该外卦与大成卦不属于同一宫，则盗贼是外人，且若官鬼爻在间爻者，盗贼是邻里，官鬼爻是上爻者，乃是远来的盗贼。若官鬼爻持世，则盗贼是身边之人。

根据官鬼爻在哪一卦，可推断盗贼来自何处：若是乾卦，则盗贼来自西北方；若是巽卦，则盗贼来自东南方；其余均依照各卦所表示的方位类推。

根据官鬼爻所临之六神，可推断盗贼是外形：若临螣蛇，则盗贼身长面瘦；若临白虎，则盗贼面色白皙，旺相者，盗贼肥胖，休囚者，盗贼瘦小；其余均依照六神对应的身材体型类推（见"六神"一节）。

若官鬼爻与世爻刑冲，则盗贼乃是与其人素有仇隙之人；若与世爻生合，则盗贼乃是与其人沾亲带故之人。

若官鬼爻动化子孙爻，或子孙爻动化官鬼爻，则盗贼之中有僧道混杂其间，若官鬼爻又与子孙爻相合，则盗贼是已还俗的僧道。

若官鬼爻动化父母爻，或父母爻动化官鬼爻，则盗贼是老年人，或是手艺人，或盗贼与其人是同一个祖父。

若父母爻居胎养之地，则盗贼是书童之流。

若官鬼爻动化妻财爻，或妻财爻动化官鬼爻，则盗贼是妇人或奴婢。

若官鬼爻动化兄弟爻，或兄弟爻动化官鬼爻，官鬼爻位于内卦者，盗贼是兄弟姐妹，位于外卦者，盗贼是邻里相识之人。

若官鬼爻动化官鬼爻，则盗贼是在政府部门走动之人，或是曾被告发之人，若再临玄武，则盗贼是名声在外，专门以盗窃为生之人。而且，若官鬼爻被父母爻刑克冲害，则盗贼曾被判刑。

若官鬼爻休囚无气，又居死绝之地，无生扶者，则盗贼乃是为饥寒所迫而行窃。但若得到动爻、日辰生扶者，则盗贼是惯偷，曾经尝到过甜头。又若动爻也无气，则是有人牵线而来行窃。

若官鬼爻临月建，则盗贼有强盗性质，再临太岁者，则盗贼世代皆不良。

若卦中有两重官鬼爻，则盗贼不只一人。两个官鬼爻皆发动者，乃是内外勾结的盗窃；若内卦的官鬼爻发动，外卦的官鬼爻安静，则是家人与外人勾结盗窃；若外卦的官鬼爻发动，内卦的官鬼爻安静，则是家中有人知情，但不是同谋。

若官鬼爻属木，则盗贼是爬墙掘洞进行盗窃。若官鬼爻属金，则盗贼是挖墙破篱进行盗窃。若官鬼爻属火，则盗贼是劈门撬锁进行盗窃。若官鬼爻属水，则盗贼是靠灌水、灭灯等伎俩进行盗窃。若官鬼爻属土，则盗贼是涉水跨沟来行窃。再根据官鬼爻的属性以及克制哪一爻以及该爻的属性，可推断盗贼从何处进入。例如，若官鬼爻属木，克制属土的上爻，则盗贼是翻墙而入；克制初爻，则盗贼是从后门挖洞而入等，依次类推。

若世爻冲克官鬼爻，则盗窃时被家中男主人发觉；若应爻冲克官鬼爻，则盗窃时被家中女主人发觉；若是其他爻冲克官鬼爻，则盗窃时被家中其他人发觉。再根据官鬼爻的属性可以推断盗窃时被发觉的原因：若属金，则是铜铁类器具的声响；若官鬼爻属木，则是门户发出的声音；若属水，则是因水声而被发觉；若属火，则是因亮光而被发觉；若属土，则是因扑跌发出的声响而被发觉。

（笔者注：在《黄金策》中还有根据官鬼爻的地支推断被发觉的原因的规则，例如："戌为犬吠，酉为鸡叫"等。但这些规则与根据官鬼爻属性推断的规则有矛盾之处。笔者建议读者根据自己的断卦实践，采用一种规则为宜，不必混用，否则会感到无所适从。）

若官鬼爻被动爻、日辰冲克，则盗贼在行窃时会惊疑不定。例如，若日辰或动爻属金（即日辰或动爻的地支属金），则盗贼在行窃时会触碰缸甏类器具而担心被主人发觉。若属金之爻值空，则是发出人声；若属金之爻为胎养状态，则是小儿啼哭之声；若属金之爻为墓库状态，则是老年人的咳嗽声，等等，致使盗贼不敢下手行窃。若日辰或动爻属木，则盗贼担心门户牢固难以打开，或开门之声被主人发觉。若日辰或动爻属水，则是盗贼在行窃时，主人家中有人如厕、饮水等事，因而被发觉。若日辰或动爻属火，则是盗贼在行窃时见到灯火而退缩，或是因灯火而被发现行踪。若日辰或动爻属土，则是因墙壁坚固，或地形险阻而不敢下手。

若官鬼爻被戌土之爻刑克，则盗贼会被犬咬伤。

若卦中子孙爻发动，则主盗贼会被人发现，再根据子孙爻的地支可推断可以向什么人调查盗贼的行踪：若子孙爻的地支是子，可向捕鱼人调查；若是丑，可向牧童或建筑工调查；若是寅，可向竹木匠人调查；若是卯，可向织席卖履、挑柴割草之人调查；若是辰，可向挖井开河、河边锄地之人调查；若是巳，可向红衣女子、弄蛇人或乞丐调查；若是午，可向烧窑工、骑马人、提灯之人或讨火之人调查；若是未，可向挑灰人、耕作者或牧羊人调查；若是申，可向同铁匠或耍猴人调查；若是酉，可向酒客或抱鸡之人调查；若是戌，可向挑泥锄地者或牵狗之人调查；若是亥，可向担水者、洗衣者、沐浴者或养猪人调查。

凡占问抓捕盗贼，宜世爻旺相而官鬼爻衰，或世爻发动而官鬼爻安静，则易于捕获盗贼。若官鬼爻旺相且发动而来刑克世爻，则须防反被盗贼所害，此时若世爻值空，则可避免伤害，或有子孙爻发动，则可来解救。

由于子孙爻克制官鬼爻，故子孙爻乃捕贼之人。若子孙爻旺相发动，或持世，或临月建、日辰，则盗贼被制，会被抓获，即使盗贼是凶恶的强盗亦不会受其伤害。若官鬼爻旺相，而子孙爻衰，或官鬼爻发动，而子孙爻安静，则抓捕不到。

若官鬼爻入墓，或官鬼爻和入墓之爻皆发动，或官鬼爻动化入墓（即动化出的爻入墓），或官鬼爻伏藏于入墓之爻下，皆主盗贼深藏不出，难以抓获，须待动爻或日辰冲破墓库之时方能抓获。

官鬼爻为盗贼，故若官鬼爻与日辰相合，则是有人窝藏盗贼，难以发现。若是世爻、应爻、月建或日辰与官鬼爻相合，则是当地人窝藏；若是其他爻与之相合，则盗贼被窝藏在当地村庄或小区之中。再根据相合之爻的六亲属性可推断是什么人窝藏盗贼。例如，若是妻财爻来相合，则窝主是妇人或富人，等等，依次类推。

若官鬼爻被动爻或日辰冲克，则会有人指出盗贼隐藏之处。再根据来冲克之爻可推断是什么人指出，例如，若来冲克之爻的地支为丑，则是牵牛之人指出；若地支是亥，则是洗衣人指出，等等，依次类推。但若官鬼爻旺相发动，不受冲克，则虽然知道哪个人是盗贼，却无法捕获。

若官鬼爻不上卦，则是盗贼隐匿行踪，难以抓获。根据官鬼爻伏藏于哪一爻，可以推断盗贼隐匿在何处，例如，伏藏于妻财爻下，则盗贼隐匿在家中，等等，依次类推。

若官鬼爻不上卦，但卦中的动爻动化出官鬼爻，则根据哪一爻变出官鬼爻推断，例如，若是子孙爻动化出官鬼爻，则盗贼隐匿在寺观之中，等等，依次类推。

凡占问赃物，若卦中妻财爻发动，则根据妻财爻的属性以及入墓的地支所代表的方位可以推断赃物藏在何处（即，金入墓于丑，木入墓于未，火入墓于戌，水土入墓于辰）。例如，若妻财爻属金，则入墓于丑，由于丑、寅为艮卦，艮居东北，所以赃物藏在东北方，等等，依次类推。

若官鬼爻伏藏，即官鬼爻是伏神，如果伏神克制飞神，则即使子孙爻发动，由于盗贼被他人藏匿，故难以抓获。如果飞神克制伏神（官鬼爻），则即使子孙爻安静，也能抓获盗贼。

若官鬼爻伏藏于值空之爻下，且该值空之爻（飞神）旺相，则盗贼是租屋居住，房东不知情，并非窝藏盗贼。若值空的飞神发动，则是房东不在家。

若官鬼爻伏藏于世爻下，除非官鬼爻又值空，则盗贼不来危害；否则虽当下无事，待官鬼爻生旺或发动之日、月，须留心盗贼作祟。

（笔者注：上述规则未见官鬼爻持世的情形。笔者认为若官鬼爻持世，多为监守自盗。）

12. 占问词讼、争斗

凡占问词讼、争斗，世爻和应爻分别为词讼或争斗的原被告双方。

一般而言，若世爻旺，应爻衰，则是我强他弱；若应爻旺，世爻衰，则是他强我弱。若旺的一方持兄弟爻或官鬼爻，则其虽强，但理短；若弱的一方持妻财爻或子孙爻，则其虽弱，但占理。

若世爻刑克应爻，我方未必一定胜，须有官鬼爻克制应爻，方为我方胜。若应爻刑克世爻，对方未必一定胜，须有官鬼爻克制世爻，方为对方胜。

若世应遇三刑、六害、六冲，且世应皆发动者，乃是双方相持，互不相让之象。

若世应生合，则是原被告双方有和解之意。若是世爻生助应爻，则是我方欲求和；若是应爻生助世爻，则是对方欲求和。

若世应生合，但有变爻来刑冲者，则是双方面和心不和之象。若世应冲克，但有变爻来相合者，则是双方开始不和，最终还是会和解。

凡世应双方生中带刑或合中带克，且发动又值空，或动化空（即动化出的爻值空）者，则是双方假意言和，实际上互不信任。

若世应比和，则是双方和解之象，如果再有子孙爻发动，且月建、日辰不相克制者，则主双方必能和解。

若世应比和，但官鬼爻发动，则是司法机关不让和解；若官鬼爻休囚，则是主审之人刁难，但若官鬼爻被克制，则主最终仍能和解。

若世应比和，且六爻安静，则主双方自动和解。若世应虽然不是比和，但子孙爻发动，则是有人会来劝和。如果子孙爻与世爻的属性相同，或与世爻动化出的爻的属性相同，则劝和之人是我方的亲友。如果子孙爻与应爻的属性相同，或与应爻动化出的爻的属性相同，则劝和之人是对方的亲友。如果子孙爻位于间爻，则劝和之人是中间证人一类。若世爻或应爻发动克制子孙爻，或子孙爻休囚、官鬼爻旺相，则劝和无效。若子孙爻值空或不上卦，则无人劝和。

若世爻值空，则是我方想息事宁人，或提告不成；若应爻值空，则是对方想息事宁人，或对此事没有头绪；若世应皆值空，则是双方都想息事宁人，因此没有引起诉讼。若是第一次诉讼，如果世爻值空，则是我方有后悔之意、或发生变故、或没有主见，故不能取胜；如果应爻值空，则是对方躲避或跑路，因此诉讼无法了结。

若世爻发动，则是我方有计谋，但若动化官鬼爻或兄弟爻，且动化回头克，则计谋失策。若应爻发动，则是对方有计谋，如果再临月建，则对方有贵人倚靠相助，此时若克制世爻，则我方有祸，唯世爻值空可避祸。

间爻为讼案的证人，若间爻生合世爻，则是证人偏向我方；若生合应爻，则是证人偏向对方。若间爻冲克世爻，则是证人与我方有仇隙；若冲克应爻，则是与对方有仇隙。

若间爻旺相，生助应爻，则主对方能得到证人的有力之助。

若安静之爻生助应爻，发动之爻冲克世爻，则主能帮助对方者不出头，但出头者却是伤害我方的。而且，如果冲克世爻之爻反而生助应爻，或与应爻比和，则须防备对方伙同证人来陷害我方。

若官鬼爻克制间爻，则是司法机关不信证人之言，因此我方无事。

若父母爻不上卦，或卦中父母爻旺相，但值空，则主讼案的案卷尚未完成。若父母爻休囚又值空，则是讼案不会成立。若父母爻为沐浴或病的状态，或父母爻动化妻财爻，则主此案颇多破绽。若父母爻动化兄弟爻，则主案卷还需修改。若父母爻为死、墓、衰、绝的状态，皆主案卷没有完成。若父母爻被月建、太岁冲克，则案卷会被上司驳回。若父母爻与太岁、月建相合，则上司会扣压案卷；若父母爻被其他爻冲克，则主案卷通不过。

官鬼爻为审判官，若官鬼爻克制世爻，则主我方被斥责，因此对方会胜。若官鬼爻克制应爻，则是对方被斥责，因此我方会胜。若世应都被克制，则主双方都被斥责。若虽然被官鬼爻克制，但父母爻来生助，则得助一方的罪名不成立。

日辰既能救事，也能坏事，凡日辰生助的一方，会有人相助。在庭审中，日辰所临之爻是庭上的审判员或书记员，若其生合世爻，则对我方有利；若生合应爻，则于对方有利；若冲克世爻，则会坏我方之事；若冲克应爻，则会坏对方之事。若虽然官鬼爻克制世爻，但官鬼爻被日辰冲，或合住者，则主审判官对我不好，但会有人在旁化解，而得到审判官的宽宥。

凡占问词讼，妻财爻为"理"，若妻财爻持世，则是我方有理；若持应爻，则是对方有理。若妻财爻持世，但为休囚死绝状态，则是我方虽然弱势，但有理。若妻财爻临应爻，但被官鬼爻刑克，则对方虽然有理，而司法机关不听信。若世爻或应爻临兄弟爻，则不临兄弟爻的一方无法辩解。如果占问递交诉状，若妻财爻为忌神，或发动，或持世，或临日辰，或临月建，皆主递交不成。

兄弟爻乃破败耗散之神，若持世，则讼案牵涉多人；再发动者，则需耗费资财。如果动化兄弟爻，且临白虎，则主其人会倾家荡产，财破人离。如果兄弟爻持应爻，则是对方的状况。

若世爻入墓或化墓（动化出的爻入墓），或临官鬼爻，则其人会有牢狱之灾；再临白虎者，会在狱中患病；若世爻值空或化空（动化出的爻值空），则其人会死于狱中。

若官鬼爻位于内卦，则讼案在本地县级司法部门受理；若位于第四爻，则讼案在市级司法部门受理；若位于第五爻，则讼案在省级司法部门受理；若位于上爻，则讼案会在最高级司法部门受理。

若官鬼爻不上卦，则讼案没有主审法官；若内外卦都有官鬼爻，则讼案的管辖权会有争议，则此案须经两级审理，或会牵涉以前的旧案，或又被其他人提告。若官鬼爻动化官鬼爻，且官鬼爻不值空者，亦然。

凡占问词讼，卦中不宜有两个官鬼爻或父母爻，否则此案会久拖不决；若是告对方，则需告两次，但若父母爻临月建、或日辰、或动爻，则即使告多次，也难告成。

凡上诉或申诉类案件，则卦中须官鬼爻和父母爻两全，且旺相有气、不值空，上诉或申诉方能成功，缺一不可。且若卦中妻财爻发动克制父母爻，则主上诉或申诉不会成功。若父母爻旺相，但妻财爻持世，或父母爻动化妻财爻，则主上诉或申诉材料不完善，需要修改后，方能成功。若妻财爻临月建、日辰，或妻财爻不上卦，亦主不能成功。

若世爻旺相发动，但动化出的爻为死、墓、空、绝状态，则我方先强后弱，虎头蛇尾之象。若是应爻如此，亦然。

若世爻休囚，但得到月建、日辰或动爻生合，则我方会有贵人扶助，对方无可奈何；或若得到间爻的生合，则是得到证人的扶助；或若官鬼爻来生合，则是得到官方人士扶助。若应爻如此，亦然。

若世爻旺相发动，但得不到生合之助，则是我方虽强势有谋，但只是独力支撑，给对方的威胁不大。若应爻如此，亦然。

若月建、日辰或动爻刑克世爻，则凶，除非世爻值空方可避之。此时若尚未立案，则以不告为宜；若已提告，则以回避为宜，否则主凶。若应爻如此，亦然。

若兄弟爻位于间爻，则案中牵涉的人众多，再若发动，则是证人索贿。但若兄弟爻冲克应爻，则是向对方索贿。若兄弟爻值空，则虽然牵涉的人多，但到案者少。若兄弟爻发动且克制世爻，则我方需买通之，否则会受其害。

父母爻为词讼文书，若持世，则是我方欲提告；若临应爻，则是对方欲提告。若父母爻发动，则已经提告，但若父母爻动化出的爻为死、墓、空、绝状态，则主提告不成。且若父母爻被克制或被合住，则是有人阻隔。

凡占问提告，若卦中官鬼爻和父母爻皆发动，则提告可成。若父母爻动化子孙爻冲克官鬼爻，或官鬼爻动化子孙爻冲克父母爻，则是到司法机关提告时会有人劝阻。若父母爻动化出的爻值空、墓绝，或官鬼爻刑克世爻，或世爻被日辰冲克，则虽提告，但不被受理，且会被责罚。但若官鬼爻和父母爻皆旺相，则虽然会被责罚，提告之事却能成功。

若父母爻旺相有气，不被刑克，不是败（沐浴）、病的状态，则主词讼有理，故能成功。但若官鬼爻为休囚、死绝的状态，则主难以受理，除非有妻财爻发动生助官鬼爻，则可用钱财疏通后成功。若案件已经受理，，则需用钱财买通官员，待官鬼爻生旺之日，方能成事。但若子孙爻发动，且官鬼爻休囚者，即使用钱财买通，事亦难成。

若官鬼爻持世，则是我方无理；若官鬼爻临应爻，则是对方无理。但若官鬼爻持世且克制应爻，则是对方有罪责；若官鬼爻临应爻且克制世爻，则对方有罪责。

若世爻动化官鬼爻，则我方可能会因官司而丧命；或若世爻值空，则我方会有大难。若应爻如此，亦然。

若世爻入墓发动，或官鬼爻入墓发动，皆是入狱之象。但若二者被日辰冲克，则主不会被久禁，当日即可出狱。

若是在狱中占问，最宜太岁来生合世爻，主其人会得到高层司法机关的赦免。但若是父母爻来生合世爻，则须申诉后方能被赦免。

凡占问罪名的轻重，须根据官鬼爻的状态推断。若官鬼爻旺相，则罪名重；若官鬼爻衰，则罪名轻。若官鬼爻旺相、临白虎又刑克属性为金的世爻，则其人会受极刑。

凡占问词讼结案之期，若子孙爻发动，而官鬼爻安静，则子孙爻生旺的月、日乃结案之期。若官鬼爻发动，而子孙爻安静，则官鬼爻入墓的月、日乃结案之期。若子孙爻和官鬼爻皆安静，但官鬼爻生旺、子孙爻衰，则官鬼爻为墓绝状态的月、日乃结案之期。若子孙爻生旺、官鬼爻衰，则冲克子孙爻之日乃结案之期。若官鬼爻和子孙爻皆发动，如果子孙爻被克制，则根据官鬼爻推断，如果官鬼爻被克制，则根据来克制之爻推断。

占问出狱之期，则以破墓之月、日，或生合世爻之月、日断之。

13. 射覆

"射覆"即是用《易经》占卜的方法推算一个器物（可以是中空的物体，甚至是一间房屋）之中装有何物。古人有很多易占射覆的例子。这在预测中是非常难的，需要很高的预测水平才能做到。古代有许多预测师，把它作为一种预测游戏来互相进行比赛。在现代已经比较少见了，有兴趣的读者可以学习研究，对于初学易占之人，不失为一种实践。

王虎应先生根据自己的实践总结了一套比较有效的射覆方法："用六爻来射覆是以应爻为用神，应爻就是你要判断的东西。在进行射覆时，和普通的预测方法一样，需要围绕用神，同时参考用神的衰旺、五行、六亲、六神、卦宫、动爻等。看它们对用神的作用进行综合的判断。"

射覆的方法有以下几点：

（1）根据外卦和内卦的类象推断

乾卦：多为圆形的物品、金属物品、金银珠宝、圆形果物、镜子、帽子、马肉、辛辣之物等。

坤卦：多为方形的东西，柔软之物，布匹、丝绸，近似于方形的陶器或泥制品，土中之物，女士用品，牛肉，甘甜之物等。

震卦：多为竹木制品，花草树木等植物，机械器具设备类物品，能发出声音的物品，有酸味之物等。

巽卦：多为竹木类器具或工艺品，带柄的物品，细长的物品，绳索，鸡肉，蔬菜，有酸味之物等。

坎卦：多为水中之物，液体类物品，高低不平或有洼陷的物品，咸味之物等。

离卦：多为美丽、鲜艳、有花纹等物品，螃蟹，乌龟，山鸡，河蚌，发热发光之物，有文字的东西，用电的东西，发苦的东西等。

艮卦：多为较固定之物，静物，土中之物，矿石，山中之物，狗肉，甜味之物等。

兑卦：多为金属物品，带刃之物，有破损之物，有口之物，乐器，能产生声音之物，食物，废品，辛辣之物等。

（2）直接根据用神的状态推断

若用神值空或动而化空，则该物品乃中空之物，或是有空隙有孔之物。

若用神值月破或日破，则该物品乃有接缝之物，或是有裂缝之物，或是破损之物。

若用神休囚又被克制（如动爻等来克制），则该物品为陈旧之物。

若用神旺相或居长生之地，则该物品是新的物品。

若用神遇合（与月建、日辰等相合），则该物品乃重叠或有盖之物，或是成套的物品，或者是组合而成的物品。

若用神入墓，则该物品乃带包装之物，或是带盒之物，或是镶嵌之物。

若用神伏吟，则该物品会是内部能发出声音或内部会动之物。

若用神反吟，则该物品是能震动或摇晃之物。

（3）根据用神对应的六亲推断

若用神临兄弟爻，则主该物品是尖硬之物、消耗品、工具等。

若用神临妻财爻，则主该物品为食物、流通之物、日用品等。

若用神临子孙爻，则主物品是玩具、小巧可爱之物、宠物、药品、娱乐之物等。

若用神临父母爻，则主该物品乃柔软之物、带包装之物、有机物、交通工具、服装、文书、布匹等。

若用神临官鬼爻，则主该物品为能变形、不规则之物、或是动态之物、或是眼睛不能直接看见的物品等。

（4）根据用神对应的六神推断

若用神临青龙，则主该物品为装饰物、食物、贵重之物、鲜艳漂亮之物、绿色之物、化妆品等。

若用神临朱雀，则主该物品是与电有关之物、或是书信、文字类物品、或是食物、或是有声音、光泽、红色之物。

若用神临勾陈，则主该物品为柔软之物、陈旧之物、土中之物、鼓状之物、粗糙之物、连接之物、黄色之物等。

若用神临螣蛇，则主该物品为弯曲或细长或螺旋状之物罕见的、或是茶色、褐色、不规则之物。

若用神临白虎，则主该物品为尖硬、或带刃、或是与医药有关之物、或是白色之物。

若用神临玄武，则主该物品为黯淡无光之物、黑色之物、脏物、或是液体状之物、或是带色情的东西、或是腐烂之物。

（5）根据用神的地支推断

若用神的地支为寅、申、巳、亥，则该物品多为尖形之物。

若用神的地支为子、午、卯、酉，则该物品多为圆形之物。

若用神的地支为辰、戌、丑、未，则该物品多为方形或不规则之物。

（6）根据世应之间的生克关系推断

若世爻与应爻比和，则主该物品为对称之物。

若世爻与应爻相合，则主该物品为重叠之物。

若世爻与应爻相生，则主该物品为相连之物。

若世爻与应爻既相生又相合（如地支寅与亥），则主该物品为镶嵌之物。

若世爻与应爻相克，则主该物品为消耗品。

（笔者注：上述射覆规则在古籍中没有这么具体，笔者在其他资料中见到这些规则后，对其中的部分规则进行了验证。但由于样本不够多，因此还需要再通过实例验证。）

14. 关于《六爻新大陆》

这里要向读者专门介绍近年来出现的六爻断卦法领域中一个新的流派，这是易学者饶宜献先生根据"卦宫中心论"提出的一套断卦规则，详见其代表作《六爻新大陆》。据说采用这种断卦法的准确率很高，笔者限于精力和时间，尚未仔细研究，读者可以自行验证。

这套规则引入了"喜神"和"忌神"的概念，要注意的是，这里所说的"忌神"与传统六爻断卦法中的忌神不同。这套规则的主要内容是：

（1）以卦宫五行为中心来确定世爻之喜忌。

卦宫旺或从弱，喜制。世爻生扶卦宫时为忌神，克泄耗卦宫时为喜神。

卦宫弱或从旺，喜生。世爻生扶卦宫时为喜神，克泄耗卦宫时为忌神。

（2）以世爻之喜忌确定应爻和他爻之喜忌。

世爻为喜，应生扶世爻时为喜神；克泄耗世爻时为忌神。

世爻为忌，应生扶世爻时为忌神；克泄耗世爻时为喜神。

（3）以用神爻与卦宫五行的作用关系，结合占问的时间确定事之吉凶、应期。

用神为喜，得卦宫生扶，又得年月日时同性生扶，主吉。

用神为喜，得卦宫克泄耗，又得年月日时同性克泄耗，主凶。

用神为忌，得卦宫生扶，又得年月日时同性生扶，主凶。

用神为忌，得卦宫克泄耗，又得年月日时同性克泄耗，主吉。

吉凶应期，根据卦中组合和测卦时间而定。

四、六爻断卦法推断应期

所谓"应期"是指占断结论应验的时间。这个"时间"可能是某时、某天，也可能是某月甚至某年。占问的准确率包括两个方面：占断结果的是否准确以及应期是否准确。因此，推断应期在占卜中是不可或缺的一个环节。

推断应期时，首先要明确推断结论是吉还是凶，然后以用神的状态为主进行推断，再看卦中其他各爻的状态。

卦中的用神有旺相、太旺、休囚、衰、入墓、发动、独发、安静、独静、相合、三合、逢冲（被冲）、值空、出空、出空填实、合中逢冲、动化回头等多种状态，各种状态均可用来推断应期。

卦中用神不现时，则以伏神为主进行推断。

元神、忌神等也可用来推断应期。

若占得的大成卦的五行属性为旺，则占问之事的应期较短；若其五行属性为衰，则占问之事的应期较长。所谓大成卦的旺衰，是指该大成卦所属卦宫的五行属性的旺衰。

因此，六爻断卦法中推断应期的方法和规则很多，相当繁杂，而且还有一些与梅花易数不同的特有规则。

1. 用神旺相、太旺

用神的旺相或休囚是根据月建确定的。

若用神旺相，但安静，则待用神发动或被冲之日、月为应期。

若用神太旺，则以用神入墓的年、月、日、时为应期。所谓"太旺"，是指使用神旺相的因素不只一个。例如，用神得到日辰、月建、动爻之中不只一个的生助而旺相，即为太旺。例如，占问与文书有关之事，以父母爻为用神，若父母爻太旺，则父母爻入墓之日文书可得。

若日建临用神，或日建所临之爻发动来生合用神，即可以该日断为应期。

若用神被（其他爻或日辰）合住，则以冲用神之日为应期。

2. 用神值月破、休囚、衰

若用神在该月为休囚的状态，则以用神转为旺相之月为应期，或以用神所临之日的地支为帝旺或长生之日为应期。

用神虽为月破，但其状态依然为强，则其应期以出了该月，或以合其用神之月建或日辰为应期。

若用神为衰的状态，则以用神转为旺相，且发动或被冲之日为应期。例如，占问文书之事，以父母爻为用神，但父母爻衰，则待到父母爻旺相，且发动或被冲之日文书可得。（仅旺相不足以为应期，见1.用神旺相、太旺"）

3. 用神入墓、绝

用神的十二长生（长生、帝旺、衰、墓、死、绝等）是根据日辰确定的。

用神入墓有三种情形：入墓、动而入墓（即用神发动且入墓）和动化入墓（即用神发动后产生的动爻入墓）。若用神为入墓，或动化入墓，则用神逢冲之日为应期（亦称"冲墓"）。

若用神为墓、绝的状态，则亦可将用神帝旺之日定为应期。

4. 用神动、静

若用神发动，则以用神所临地支代表的年、月、日、时为应期，或以与用神所临地支相合的时间为应期。

若用神安静，则以冲用神的地支的年、月、日、时为应期。

若卦中有五个爻发动，仅有一个静爻（不一定是用神），则可以将该静爻的地支所对应的日、月作为应期。

若用神发动化空或化破（即动化出的变爻的地支值月破或值空），则多以变爻作为应期。

若卦中只有一个动爻，称为独发，则可以独发之爻所临的地支对应的日、月作为应期，或以与独发之爻相合的日（看日地支）、月（看月地支）为应期。

5. 用神冲、合

相合有三合和六合两种，凡占问的是喜庆之事，则宜逢合；而占问忧患、出行、行人等，则不宜逢合。因此，三合、六合有吉有凶。反之，占问喜庆之事不宜逢冲，占问忧愁、诉讼之事却宜逢冲，因为逢冲则事散。

若是用神逢三合，即用神在三合局之中，这是必要条件。若该日占得的卦中用神发动、或临日月，与另外两爻而构成三合局，则该日即为吉凶的应期，或是用神入墓之日为应期。若三合局中有一爻被冲，则待该爻逢合之时为应期。若构成三合的三个爻中，一爻安静不值空，其他两爻发动，则安静之爻值日时为应期。若三合局中安静之爻或发动之爻值空，则出空之时为应期。若三合局中值空之爻或安静之爻逢合，则逢合之爻被冲之日为应期。无论三合还是六合，若是与日、月相合，此乃"合住"，则待相冲之日、月为应期。若三合局中有一爻为绝的状态，则待该爻生旺之时为应期。

若用神不空逢冲，则待其逢合之时为应期。若用神值空逢冲，则待其出空填实之时为应期。

逢冲指六冲，冲有喜有忌，凡喜庆之事不宜冲，冲则必散。凡官讼忧愁之事宜冲，冲之必散，散之为吉。探病逢冲则愈，久病逢冲则死。

6. 用神值空

用神值空有吉凶之分：凡占问吉事，若用神值空，则占问之事在出空、填实之年、月、日时可成；凡占问凶事，则在出空、填实之年、月、日、时会有灾祸发生。

若用神值空，且旺相或发动，则出了该旬乃"出空"，出空之日即为应期。但若用神得不到日辰、月建或动爻生助，则出空之日不能作为应期，须待得到日辰或月建生助之日、月，才是应期，这种现象称为"出空填实"。

若用神值空且发动，又逢冲，是为冲实，即以本日为应期。

若用神值空且安静，即以出旬且逢冲之日为应期。

若用神值空且安静，又被冲，则以出旬后逢合之日为应期。

若用神值空又逢合，则待出旬，且用神所逢之合被冲开之时为应期。

若用神值空又被其他爻克制，则待出旬，且克制用神之爻反被克制（日、月）之时为应期。

若用神值空又入墓，则待出旬，且冲墓之日为应期。（所谓"冲墓之日"是指用神在该日入墓，而与该日地支相冲之日即为冲墓之日。）

　　若用神值空，且旺相，又逢合，则以出旬后逢冲之日为应期。

　　7. 用神不现（伏藏）

　　若用神伏藏，则用神出现之日为应期，但须用神旺相方为真正有用。

　　8. 根据用神与元神、忌神之间的关系推断应期

　　若用神被忌神克制，则以忌神被冲克之日、月为应期。

　　若忌神旺相，则以忌神入墓或被克制之日、月为应期。

　　若忌神持世发动后化出与用神相同六亲，则以发动产生的变爻的地支所对应之日、月作为应期。

　　若元神生助用神，则以原神旺相之月（根据月支确定），或以元神为长生、帝旺之日为应期。

　　若元神生助用神，但元神为墓、绝状态，则以元神帝旺之日为占问吉事的应期。

　　若元神发动，则以元神所临的地支对应的日、月为应期；或以与元神的地支相合的地支所对应的日、月为应期。

　　若元神值空或值月破，则以出空填实或逢合之日、月为应期。

第八章　梅花易数断卦法

第一节　梅花易数的源流和特点

一、梅花易数的源流

第二章已介绍过，梅花易数中的"梅花"二字出自《梅花易数》中"观梅占"的卦例。现在比较一致的观点是，《梅花易数》并非邵雍写的，而是后来的人托名邵雍。例如，南怀瑾先生在《易经杂说》、郑同先生在《梅花易数讲义》（华龄出版社，2009 年 4 月版）中都已经论证了这个问题。但无论《梅花易数》是否邵雍所著，但其源头来自邵雍的思想是毋庸置疑的。举例说明如下：

《梅花易数》中"玩法"一诗云：

> 一物从来有一身，一身还有一乾坤。
>
> 能知万物备于我，肯把三才别立根。
>
> 天向一中分造化，人于心上起经纶。
>
> 仙人亦有两般话，道不虚传只在人。

在邵雍的《伊川击壤集》（学林出版社，2003 年 12 月版）卷十五中的"观易吟"云：

> 一物其来有一身，一身还有一乾坤。
>
> 能知万物备于我，肯把三才别立根。
>
> 天向一中分体用，人于心上起经纶。
>
> 天上焉有两般义，道不虚行只在人。

比较上面两首诗，已经很清楚《梅花易数》与邵雍的渊源。因为邵雍在易学领域的名气很大，所以后来有人托其名完全可以理解。如果梅花易数是邵雍所创立，则始于宋代。如果是后人托邵雍之名而著，则始于明清之际。

六爻法起卦有两种方法：蓍草起卦和金钱摇卦。这样得到的大成卦有几种可能：六爻安静（没有动爻）、有一个动爻（独发）、有多个动爻（甚至六爻齐动）。《梅花易数》起卦的方法很多（见第四章第三节"《梅花易数》起卦法"中列举了十余种方法）。《梅花易数》占得的大成卦有一个显著的特点，卦中有且只有一个动爻

（与六爻法占得的大成卦的"独发"的情形相同）。虽然有些易学者（如王虎应先生）认为，《梅花易数》只有一个动爻，而且没有六亲、六神和世应，因此信息量不足。而且梅花易数先定外卦后定内卦，与六爻法从初爻开始装卦相比也有差别。因此主张采用金钱摇卦法起卦。笔者对这个观点不敢苟同，虽然《梅花易数》解卦不用六亲、六神和世应，但引入了体卦、用卦、互卦、外应等六爻法中没有的要素，信息量也不少。而且，断卦所需的核心要素五行相生相克，以及旺相、休囚等元素在六爻法和梅花易数中同样采用。至于梅花易数先定外卦后定内卦，六爻法从初爻开始装卦，更不会成为评判优劣的标准。因此，二者各有长短，不能简单地断言孰优孰劣。

六爻法始于汉代（以京房为代表），比梅花易数的历史久远，因此形成了一套完整的体系，在卜筮时需要专用的工具和场所，受时空的限制，无法随时随地起卦和解卦，更适合于专业的卜筮从业者。六爻法留下了许多典籍和资料，撰写者都是职业卜筮的。例如，刘伯温、野鹤老人等。近年来国内从事职业卜筮的知名易学者也基本上是采用六爻法的，虽然在他们的一些著作中也有介绍《梅花易数》的内容，但他们为别人算卦时采用的是六爻法。

《梅花易数》存留下来的典籍和资料极少，可以称得上典籍的只有一本作者尚有争议的《梅花易数》。由于梅花易数不像六爻法那么繁杂地引入和添加了许多断卦元素，因此《梅花易数》的断卦体系相对简洁得多，也就不会出现很多的研究资料。自古至今，以卜筮为职业的人士基本上都是用六爻法的。采用梅花易数的职业卜筮人士极少，大多是把梅花易数作为传承易学卜筮的业余研究者。正是由于这个原因，梅花易数相比六爻法少了许多商业味道。也许这一点刚好符合"心术须正"的古训。要声明的是，笔者并不是否认在六爻法领域有很多高手。例如，古代的刘伯温、野鹤老人，以及西安前些年已去世的陈效武先生（见冠玄先生的纪实文学《中国当代预测家》，农村读物出版社，1993年版），等等。

二、梅花易数的"简易"特点

古人对"易"有著名的诠释："三易"，即，简易、变易、不易。南怀瑾大师在他的《易经杂说》中说，《易经》有三个大原则：变易、简易、不易。

1. 变易：是指世界上的万事万物每时每刻都在变化发展着，没有一种东西是不变的，如果离开这种变化，宇宙万物就难以形成。

2. 简易：是指宇宙间万事万物，有许多是我们的智慧知识没有办法了解的，但宇宙间的任何事物，有其事必有其理，但当我们的智慧能够认识万事万物变化规律的水平时，无论如何奥妙的事物，都会变成简单而且容易理解和处理。

《系辞》曰："易则易知，简则易从。易从则有功，有亲则可久，有功则可大。可久则贤人之德，可大则贤人之业。易简而天下之理得矣。"

《史记·鲁周公世家》云："呜呼，鲁后世其北面事齐矣！夫政不简不易，民不有近。平易近民，民必归之。"其大意是，如果政令平和易行，百姓就必定会归附。而由于当时鲁国的政令不简约易行，百姓就不会对它亲近。因此，鲁国的后世将因为亡国而成为齐国的臣民。这则历史故事告诉我们，"简易"是十分重要的，平易则近人。

相比六爻法而言，《梅花易数》的推算体系比较简洁快捷，易学易懂。没有引入过多的推断元素，将本来既简单又容易推断的过程人为地复杂化，确实更能体现《易经》的"简易"精髓。

《梅花易数》和六爻法在"三易"方面的差别最主要反映在"简易"上。梅花易数和六爻法除了起卦方法不同，更主要的是各自的推算体系不同。在第七章中详细介绍了六爻断卦法，读者一定会感到六爻断卦法的推算体系十分庞杂。适合职业卜筮者作为生计而使用，不适合业余研究卜筮的人士在业余闲暇时研究和使用，因此也就难以普及推广。

笔者用计算机理论中的逻辑框图方式归纳整理了这两种推算体系的推断流程图，如下图所示，供读者参考。

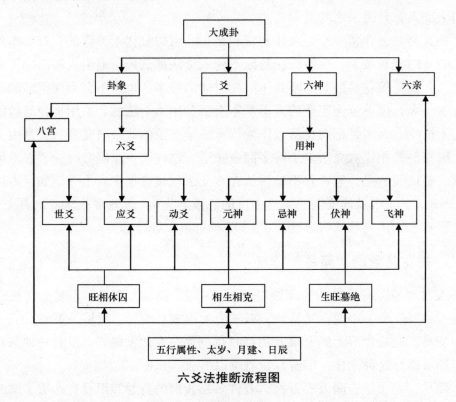

六爻法推断流程图

3. 不易：是指宇宙间万事万物每时每刻都在变化的"变易"本质。这个本质是永远不变的，也就是说世界上唯一"不易"者，就是"变易"。

"三易"之间的关系是：用"不易"之"易"，去理解"变易"之"易"；然后在掌握了一定的智慧之后，宇宙间万事万物变化规律又都是简单又容易理解的，这就是"简易"之"易"了。

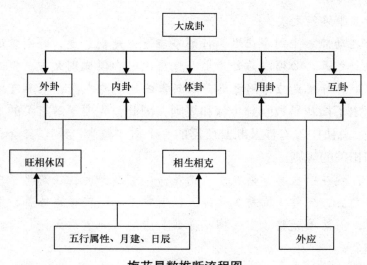

梅花易数推断流程图

由上可见,《梅花易数》与六爻法最大的差别就在于"三易"之中的"简易"。梅花易数没有引入和添加太多的断卦元素,以卦象为断卦的主体。由于引入体卦、用卦和互卦之后,卦象的要素相对简洁,而六爻法为了分析各爻之间的关系,引入了世爻、应爻、用神、元神、忌神、六亲、六神等诸多元素,构成了如此庞杂的推算体系。断卦的过程比较费时、费神,因此不适合普及推广,只能成为职业卜筮者使用。这一特点与"三易"中的"简易"是相悖的。而由于梅花易数的简捷性,易学易用,更适合非职业的卜筮研究和爱好者使用。

当然,梅花易数在断卦的过程中,有时也会用到卦爻辞。这也是与邵雍兼通义理派和象数派的学术风格一脉相承的。

第二节　梅花易数断卦法的术语和推断基本规则

梅花易数推断体系中元素比之六爻法中相对少得多。介绍如下:

一、《梅花易数》占断总诀

《梅花易数》有一段"占断总诀",原文如下:

大抵占卜之法,成卦之后,先看《周易》爻辞,以断吉凶。如乾卦初九:"潜龙勿用。"则诸事未可为,宜隐伏之类。九二:"见龙在田,利见大人。"则宜谒见贵人之类。余皆仿此。

次看卦之体用,以论五行生克。体用即动静之说,体为主,用为事应。用生体及比和则吉,体生用及克体则不吉。

又次看克应。如闻吉说,见吉兆,则吉;闻凶说,见凶兆,则凶。见圆物,事易成；见缺物，事终毁之类。

复验已身之动静。坐则事应迟，行则事应速；走则愈速，卧则愈迟之类。数者既备，可尽占卜之道。必须以易卦为主，克应次之。俱吉则大吉，俱凶则大凶。有凶有吉，则详审卦辞及克应体用之类，以断吉凶也。要在圆，机不可执。

总诀中给出了梅花易数断卦步骤和规则，因此首先要了解有关的术语。这里要提醒读者的是，总诀中没有涉及断卦所需的一个重要概念"卦气"，下面将介绍"卦气"的概念和相关的规则。

（笔者注：现在有些易学者在用《梅花易数》断卦时往往忽略了总诀中说的第一步，"成卦之后，先看《周易》爻辞，以断吉凶。"仅根据体卦、用卦、互卦之间的关系推断，显然不完整。在《梅花易数》中的"先天后天论"对此有专门的论述。）原文如下：

先天后天论：

先天卦断吉凶，止以卦论，不甚用《易》之爻辞，后天则用爻辞，兼用卦辞，何也？盖先天者未得卦先得数，是未有《易》书，先有《易》理，辞前之《易》也，故不必用《易》书之辞，专以卦断。后天则以先得卦，必用卦画，辞后之《易》也，故用爻之辞兼《易》辞以断之也。

又后天起卦，与先天不同，其数不一。今人多以坎一、坤二、震三、巽四、中五、乾六、兑七、艮八、离九，此数为用。盖圣人作《易》画卦，始以太极、两仪、四象、八卦加一倍数，自成乾一、兑二、离三、震四、巽五、中五、坎六、艮七、坤八，故占卜起卦，合以此数为用。又今人起后天卦，多不加时，得此一卦，止此一爻动，更无移易变通之道，故后天起卦定爻，必加时而后可。

又先天之卦，定时应之期则取之卦气。如乾、兑，则应如庚辛及五金之日，或乾为戌亥之日时，兑为酉日时。如震巽当应于甲乙及五木之日，或震取卯，巽取辰之类。后天则以卦数加时数，总之而分行卧坐立之迟速，以为事应之期。卦数时类，应近而不能决诸远者，必合先后之卦数取决可也。

又凡占卦中决断吉凶，其理洞见，止于全卦体用生克之理及参《易》辞，斯可也。今日以后天卦却于六十甲子之日，取其时方之魁、破、败、亡、灭迹等，以助决断。盖历象选时，并于《周易》不相涉，不可用也。

（笔者注：这段话对断卦时需要用到卦辞和爻辞的理由已经做了详细的解释，而且也论述了卦气在断卦时的作用和用法。）

二、外卦、内卦

一个大成卦是由两个八经卦上下叠加组成的。位于上面的八经卦即是外卦，位于下面的八经卦即是内卦。

三、体卦、用卦

"体"和"用"的概念是中国古代哲学中的一对范畴。"体"是指最根本的、内在的、本质的东西，而"用"则是"体"的外在表现、表象。《易经》也用到了这个概念。但《易经》的"体"和"用"与哲学范畴不完全相同。例如，《系辞上传》云："显诸仁，藏诸用。"所谓"用"指内在的潜能。《系辞下传》云："阴阳合德，而刚柔有体。"所谓"体"指实际存在。应该说，这是"体用"概念的源头。这个概念后来在很多领域都被采用，例如，晚清的洋务派代表人物张之洞有一个著名的指导思想："中学为体，西学为用"。他主张："中学治身心，西学应世事。"

作为最早提出"体用"概念的《易经》，必然会用于断卦。但是，读者会发现在第六章"卦辞爻辞断卦法"和第七章"六爻断卦法"中所介绍的规则没有用到体卦和用卦。只有梅花易数法中采用了体卦和用卦的概念，而且在断卦时不可或缺，相当重要。这正是梅花易数的主要特点之一。梅花易数断卦的关键在于"体用之诀"："其要在于分体用之卦，察其五行生克比和之理，而明乎吉凶悔吝之机也。"

在梅花易数中，体卦和用卦的确定依据是动爻。梅花易数的起卦方法决定了在一个大成卦中必然有且只有一个动爻，因此，体卦和用卦也是唯一确定的。梅花易数实际上是借助"体用"的概念来区分动卦和静卦，或者说是区分主卦和客卦。在具体运用时以体卦为主体，为自己、当事人；以用卦为所占问之事，为对方、他人。

一个大成卦由两个八经卦上下叠加而成，它们分别称为上卦（即外卦）和下卦（即内卦）。若动爻位于上卦，则上卦为用卦，下卦为体卦；反之，若动爻位于下卦，则下卦为用卦，上卦为体卦。因为它们都是八经卦之一，都具有相应的五行属性。所以二者之间具有相生、相克、比和三种关系。举例说明如下。

例1，占得大成卦是火天大有卦☲☰，如果动爻在上卦，如四爻发动，变卦是山天大畜卦☶☰。则四爻所在的上卦（离卦）是用卦，下卦（乾卦）是体卦。由于离卦属火，乾卦属金，火克金，所以是用卦克体卦（以下简称"用克体"）。反之，如果动爻在下卦，如是三爻发动，变卦是火泽睽卦☲☱。此时上卦（离卦）是体卦，而下卦（乾卦）是用卦。此时二者之间的关系是体卦克用卦（以下简称"体克用"）。

例2，占得的大成卦是风雷益卦☴☳，上卦是巽卦，下卦是震卦，二者的五行属性都是木，因此无论动爻在上卦还是在下卦，即无论谁是体卦，谁是用卦，二者的关系都是比和。

属于这样的大成卦有六个：天泽履卦☰☱、泽天夬卦☱☰、雷风恒卦☳☴、风雷益卦☴☳、地山谦卦☷☶、山地剥卦☶☷。

例3，占得的大成卦是八宫的首卦（即八纯卦），例如，坤为地卦☷☷，由于上下卦相同，所以无论动爻在上卦还是下卦，即无论哪一个是体卦或用卦，二者的关系必然是比和。也就是说，这样的卦有八个（八宫的首卦）：乾为天卦☰☰、坤为地卦☷☷、震为雷卦☳☳、巽为风卦☴☴、坎为水卦☵☵、离为火卦☲☲、艮为山卦☶☶、兑为泽卦☱☱。

因此，在六十四卦中属于体卦和用卦比和的大成卦一共有十四个。而在六爻法中八纯卦是六冲卦，往往推断的结论以不吉者居多。

例4，占得的大成卦是水风井卦䷯，如果动爻位于上卦（坎卦），如五爻发动，变卦是地风升卦䷭。则五爻所在的上卦（坎卦）是用卦，下卦（巽卦）是体卦。由于坎卦属水，巽卦属木，水生木，二者的关系是用卦生体卦（简称"用生体"）。反之，如果动爻位于下卦（巽卦），例如初爻发动，变卦是水天需卦䷄。此时下卦是用卦，上卦是体卦，此时二者之间的关系则是体卦生用卦（简称"体生用"）。

　　在断卦时，变卦中与本卦中用卦对应（上下位置相同）的八经卦称为"变用"，与体卦对应的八经卦称为"变体"。但实际上只用到"变用"，它与体卦之间的相生、相克、比和关系会影响断卦的结论。

四、互卦

　　在第二章中曾经提到，一个大成卦的六爻相互组合可以派生出互卦、错卦、综卦等。其中的互卦是梅花易数断卦体系的一个重要元素，而错卦和综卦在梅花易数断卦体系中基本不用，故本书不作介绍。

　　所谓互卦是指将大成卦中的五爻、四爻和三爻组成的八经卦作为上卦，将四爻、三爻和二爻组成的八经卦作为下卦，再由上卦和下卦叠加成为一个新的大成卦，即为原来大成卦的互卦。举例说明：

　　若占得大成卦是风雷益卦䷩，它的五爻、四爻和三爻组成艮卦☶，它的四爻、三爻和二爻组成坤卦☷，二者叠加构成山地剥卦䷖，它就是风雷益卦䷩的互卦。

　　在六十四卦中各卦的互卦有两个特例：乾为天卦䷀和坤为地卦䷁的互卦就是原来的大成卦。

　　互卦在断卦时表示所占问的人或事在进行过程中出现的人或事的状况。而变卦则表示所占问的人或事的最终结局。有时互卦也可用来推断所占问的人或事的某些隐情。

　　在推断过程中，不将互卦作为大成卦整体参与推断，仅用到其上卦和下卦各是哪一个八经卦参与推断。这就是"互卦不分体用"，《梅花易数》云："互卦只用八卦，不必用六十四卦重名。"

　　如果在本卦中，体卦位于上卦，用卦位于上卦，则互卦中的上卦称为互体卦（以下简称"互体"），下卦称为互用卦（以下简称"互用"）；如果体卦位于下卦，用卦位于上卦，则互卦中的上卦称为"互用"，下卦称为"互体"。

五、卦气在《梅花易数》中的运用

　　"气"是中华传统文化中特有的概念，它出现在传统文化的多个领域：

　　道家有"练气士"之说；武术中有"气功"之说；命理学中有"五运六气"之说；风水学更是以气为核心的学说（风水学将气细分为：生气、死气、阳气、土气、地气、乘气、聚气、纳气、气脉、气母等）；中医和养生领域有"元气"之说，等等。

顺便介绍一个关于"元气"的研究动态，近年来有人结合中西医理论研究后提出，由于"元气"关系到人的体质和对疾病的抵抗力，其作用类似西医所说的免疫力，而人体内的白细胞对免疫力的影响很大。因此，提出了中医说的"元气"类似于西医说的"白细胞"的观点，让人耳目一新。至于是否正确，则不是本书讨论的范围。

在卜筮领域也用到了"气"的概念，这就是"卦气"。它用来描述一个卦的状态，分为旺、相、休、囚、死五种。这种状态不是一成不变的，持续时间以月和季节为单位，而另一个生旺墓绝的概念则是以日为单位的。最初提出"卦气"之说的是孟喜。京房的"纳甲法"就是受孟喜和焦延寿卦气说影响而创立的。因此，六爻法中已经用到了"卦气"。本书第三章第五节"旺相休囚死和生旺墓绝"中已有详细论述。

《梅花易数》也需要用到"卦气"的概念，本卦、体卦、变卦、互卦在占问之时都有各自的状态。而且其状态都是依据其五行属性在当时的状态而定（所以说，如果没有"五行"概念，整个中华传统文化都会面目全非）。旺、相、休、囚、死五种状态分为"旺"和"衰"两类，旺和相的状态统称为"旺"，休、囚、死统称为"衰"。

卦气在《梅花易数》中的应用的规则是：

凡占问时处于旺的状态的卦，克制或生助另一卦时皆有力，因此断卦结论吉凶的效果明显。但过了旺的时段，其状态会转换成衰，则效果会相反。

凡处于衰的状态的卦，无力克制或生助另一卦，因此断卦结论吉凶的效果难以达到。但过了衰的时段，其状态会转换成旺，则效果会相反。

因此，确定各个卦的旺衰状态以及相互之间的比和、相生、相克关系，是得出断卦结论的吉凶，以及吉凶效果的应验时间（应期）必不可少的依据。

如果两个卦（可能是体卦、用卦、互用中的两个）的五行属性相同，如两个卦都是乾卦，或一个是乾卦，另一个是兑卦，则它们的五行属性都是金，因此二者的关系是比和。则无论季节或月份如何变换，它们的属性始终是比和的，在断卦时始终按比和进行推断。一般而言，这样的状态无论断卦的结论是吉或是凶，皆难以应验，需要过了这个时段，两个卦的状态发生转换后吉凶才会应验。

（笔者注："比和"只是根据有关双方的五行属性决定的，与时间无关，不依时间的变化而改变。这是与旺相、休囚状态由时间决定的特点是截然不同的。）

如果两个卦中一个卦的五行属金，另一个卦属木，二者有相克关系，如乾卦和震卦。这时需要看每个卦的卦气。若是在夏季或农历四月、五月占问，此时，乾卦的金处于"死"的状态，无力克制震卦的木。因此即使卦象可以断为不吉的，此时也无虞。但是一旦出了夏季或进入农历六月，金得到生助，处于"相"的状态，就有了克制木的能力，不吉之兆就会应验。或者若是在农历一月、二月、十月、十一月占问，则震卦处于旺的状态，此时乾卦处于衰的状态，则乾卦也无力克制旺的震卦。凡是五行中相克的关系都依此类推。

如果两个卦中一个卦的五行属性是水，另一个卦属木，二者有相生关系，如坎卦和巽卦。此时也需要看每个卦的卦气。若是在十二月占问，由于水处于"死"的状态，因此无力生助巽卦，此时即使卦象可以断为吉的，也不见效果。但是，出了十二月，进入农历一月（子月），水处于旺的状态，就有能力生助巽卦，于是"吉"的效果就能应验。

要强调的是，这里所说的卦的五行属性，只是针对大成卦中的上卦和下卦的五行属性而言，并不是看整个大成卦的五行属性。而大成卦的五行属性是根据它属于哪个宫决定的，但在断卦中起的作用不大。

《梅花易数》中总结了各个季节的卦气旺和衰状态：

卦气旺：震巽木旺于春；离火旺于夏；乾兑金旺于秋；坎水旺于冬；坤艮旺于辰戌丑未月。

卦气衰：春坤艮；夏乾兑；秋震巽；冬离；辰戌丑未月坎。

为便于在占问时以月为单位判断卦气的旺、衰状态，现将每个卦在各个月的状态列表如下：

月份	一	二	三	四	五	六	七	八	九	十	十一	十二
乾卦	衰	衰	旺	衰	衰	旺	旺	旺	旺	衰	衰	旺
兑卦	衰	衰	旺	衰	衰	旺	旺	旺	旺	衰	衰	旺
震卦	旺	旺	衰	衰	衰	衰	衰	衰	衰	旺	旺	衰
巽卦	旺	旺	衰	衰	衰	衰	衰	衰	衰	旺	旺	衰
坎卦	衰	衰	衰	衰	衰	衰	旺	旺	衰	旺	旺	衰
离卦	旺	旺	衰	旺	旺	衰	衰	衰	衰	衰	衰	衰
坤卦	衰	衰	旺	旺	旺	旺	衰	衰	衰	衰	衰	旺
艮卦	衰	衰	旺	旺	旺	旺	衰	衰	旺	衰	衰	旺

孟喜的"卦气说"还有"消息卦"之说，以《坎》《离》《震》《兑》为四时卦，其二十四爻分主二十四节气。再对地雷复、地泽临、地天泰、雷天大壮、泽天夬、乾为天、天风姤、天山遯、天地否、风地观、山地剥、坤为地十二个卦配以十二地支，对应于十二个月，于是有十二月消息卦。但是，在梅花易数断卦时用到了卦气的旺衰状态，而"消息卦"基本没有被采用，因此，本书不讨论"消息卦"的概念。

六、体卦、用卦和互卦生克规则

《梅花易数》的断卦体系是围绕着体卦、用卦和互卦的状态、相互之间的比和、相生、相克关系进行的，这是梅花易数的核心内容。《梅花易数》其中有一个"体用总诀"，原文如下：

"体用云者，如易卦具卜筮之道，则易卦为体，以卜筮用之。此所谓体用者，借体用二字以寓动静之卦，以分主客之兆，以为占例之准则也。大抵体用之说，体卦为主，用卦为事；互卦事之中间，刻应变卦为事之终应。

体之卦气，宜盛不宜衰。盛者，如春震巽、秋乾兑、夏离、冬坎，四季之月坤艮是也。衰者，春坤艮、秋震巽、夏乾兑、冬离、四季之月坎是也。

宜受他卦之生，不宜受他卦之克。他卦者，谓用、互、变也。生者，如乾兑金体，坤艮生之；坤艮土体，离火生之；离火体，震巽木生之。余皆仿此。克者，如金体火克，火体水克之类。

体用之说，动静之机，八卦主宾，五行生克。体为己身之兆，用为应事之端。体宜受用卦之生，用宜见体卦之克。体盛则吉，体衰则凶。用克体固不宜，体生用亦非利。体党多而体势盛，用党多则体势衰。如卦体是金，而互变皆金，则是体之党多。如用卦是金，而互变皆金，则是用之党多。体生用为之泄气，如夏火逢土（亦泄气）。

体用之间，比和则吉，互乃中间之应，变乃末后之期。故用吉变凶者，先吉后凶；用凶变吉者，先凶后吉。体克用，诸事吉；用克体，诸事凶。体生用有耗失之患，用生体有进益之喜；体用比和，则百事顺遂。"

1. 基本规则

体卦、用卦和互卦之间关系是以体卦为中心的，而三者之间的关系尤以用卦与体卦之间的比和、相生、相克关系为最重要，它是推断吉凶的主要依据。用卦与体卦的关系明确后，所占问的人、事的吉凶结论也就基本确定。对于互卦，前面讲过，不再涉及作为大成卦的互卦整体，只需分析互用与体卦之间的关系即可。它的主要作用是推断一件事情在进行过程中的状况。此外，前面变卦中的"变用"与体卦之间的关系也是断卦时需要用到的依据。

当然，在推断时还必须清楚体卦的旺衰状态，如果体卦处于旺的状态，即使被用卦克制，也无大碍。（笔者注：传统文化多个领域中有"五行有救"的说法，卜筮领域中也有这个概念。在此，由于体卦的旺衰状态取决于其五行属性在当时的状态，所以，如果五行属性决定了体卦为旺的状态，则虽被克，亦无妨，这就是"五行有救"。）但如果体卦处于衰的状态，若得到用卦的生助，则得到补救，但若再被用卦克制，则是雪上加霜，更为不吉。

如果体卦得到互用的生助，则所占问之事的进行过程中诸事顺利，但若被互用克制，则进行过程中诸事不顺。

如果体卦生助用卦，此乃损耗之患，不吉。所占问的人或事需要大的付出（财力、人力、时间等）才有可能成功，甚至可能是徒劳无功的结局。

如果体卦生助互用，则主所占问之人或事在进行过程中需要大的付出（财力、人力、时间等），但并不意味着一定成功。因为互用只管中间过程，不能决定最终的结局。

如果体卦克制用卦，凡占问买卖、合作、比赛、诉讼纷争、婚姻等有两个当事方的事宜，多主对占问之人有利。若是占问买卖、合作，则价格、盈利或合作条件等都能满足自己一方的期望；若是占问体育比赛（包括棋牌类），则自己一方能胜；若是占问诉讼纷争，则自己一方能赢得官司或纷争。但是，凡体卦克制用卦，必须体卦处于旺的状态时才能发挥作用，若体卦处于衰的状态，则无力克制用卦，需待体卦的状态转变成旺时，才能有效（这与推断应期有关）。

如果体卦克制互用，则多主所占问之事在进行过程中颇为顺利，即使有阻碍，也能克服之。

此外，体卦的状态及转变，以及体用生克关系对于确定应期也十分重要。体卦的状态转变之时往往就是应期。例如，若体卦为旺的状态，又得到用卦的生助，推断的结论应该是诸事顺利，为吉。但若由于其他原因导致拖延，则一旦体卦的状态转为衰之时，即所占问之事能成功的最后期限，过了这个期限，本来能成之事也会无法成功。又如，若体卦为衰的状态，并得到用卦的生助，则可断为所占问之事能成，但需待体卦由衰转旺之时才是应期。

梅花易数断卦离不开体卦、用卦和互卦之间的关系，以及体卦的状态转换。只有熟悉它们之间关系和状态的作用，并能娴熟地运用，才能准确地断卦。这就需要认真研究、经常实践。而且一旦掌握，则起卦、断卦、确定应期的速度和准确率都会大大提高。这是笔者多年来总结的心得。

2. 体卦、用卦的取用法

在断卦时占问有些事并不需要确定体卦和用卦与占问之事之间的对应关系，直接根据卦象和内涵断卦。但大部分占问的人或事需要确定它们与体卦和用卦之间的对应关系，以便根据它们的旺衰状态以及相互之间比和、相生、相克关系进行推断。

（1）如果占问天气，不必区分体卦和用卦，直接根据卦象和五行属性推断即可。例如：

乾卦——主晴朗但有云。

兑卦——主有雨，即使无雨也是阴天。

离卦——主晴空万里。

震卦——主有雷，或有小风。

巽卦——主刮大风，但晴朗。

坎卦——主阴雨天气。

艮卦——主阴天，或扬沙，或久雨天转晴。

坤卦——主天气多变，阴晴不定。

（2）如果占问诉讼、比赛等事宜，取我方为体卦，对方为用卦。

若体卦旺，则我方理直气壮，且有体克用、用生体者，我方胜诉或胜出。若还有互用生体，则主诉讼和比赛进行的过程中，我方顺利或有人相助。

若体卦衰，则我方处于劣势，若再有用克体、互用克体、体生用者，我方会败诉或输。若既有用克体，又有互用生体，则主诉讼或比赛进行的过程之中虽然我方比较有利，但最终还是败诉或输。例如占问比赛，若体卦衰，互用生体，但用克体，则多主比赛进行中我方虽强势，但最后还是会输掉比赛。

若体用比和，则若是占问词讼，双方会和解；若是占问比赛，双方可能打成平局，握手言和。

（3）如果占问出行之事，取我方为体卦，出行之事本身为用卦。

若体卦旺，且体克用、用生体、互用生体者，出行顺利，平安无事。

若体卦衰，且用克体、互用克体、体生用者，出行不顺，甚至有灾。

（4）如果占问寻人之事，取寻人一方为体卦，所寻之人为用卦。

若体卦和用卦皆旺，且比和或相生，则能找到所寻之人。但若体卦和用卦皆衰，则需待它们的状态转旺之时方能找到。

若用克体，或互用克体，则所寻之人难以找到。

若用克体，但互用生体，则寻找过程中看似顺利，最终还是找不到。

（5）如果占问寻找失物，取失主为体卦，失物为用卦。

若体卦旺，且体用比和定能找回失物。若是用生体、互用生体，亦能找到。但若用克体、互用克体，则难以找到。若体生用，则很可能白费劲，找不到。

若体卦衰，却得到旺的用卦或互用生助，则能找回失物，但须待体卦转为旺的状态时才会找到。若体卦衰的同时又被用卦或互用克制，则肯定找不到。

（6）如果占问考试，取参加考试之人为体卦，考试结果为用卦。

若体卦旺，且体用比和、用生体、互用生体，则能考好，榜上有名。此时即使互用克体，只是考试时发挥不理想或不顺利，但最终还是考得不错。但若用克体，则主考不好，即使同时有互用生体，仅是考试时发挥得可以，但考试结果还是不行。

若体卦衰，多主考得不好。

（7）如果占问产育，取产妇为体卦，所产婴儿为用卦。

若体卦为阳卦（乾卦、震卦、坎卦或艮卦），多主生男，若体卦为阴卦（坤卦、巽卦、离卦、兑卦），多主生女。或若体卦中阳爻多，多主生男；体卦中阴爻多，多主生女。（笔者注：这些规则未必准确，不能照搬使用。）

若体卦旺，且体用比和、用生体、互用生体者，为顺产，吉。但若被用卦或互用克制，或体卦衰，多主产育不顺。

（8）如果占问仕途、事业、买卖、求财等，取我方为体卦，占问之事为用卦。

凡占问仕途、事业、买卖、求财等，首先要看体卦的旺衰状态。若体卦旺，则占问之事有利；若体卦衰，则占问之事不利。

若体克用、用生体、互用生体，皆对占问之事有利；若用克体、体生用、互用克体，皆对占问之事不利。

（9）如果占问婚姻、恋爱，取我方为体卦，对方为用卦。

凡占问婚姻、恋爱，皆需体卦旺，则有利；体卦衰，则不利。

若体卦和用卦分别为阳卦和阴卦，则有利。所谓阳卦是指：乾卦、震卦、坎卦、艮卦，阴卦是指：坤卦、巽卦、离卦、兑卦。而且若体卦和用卦的五行属性比和者更为有利。（体卦和用卦的五行属性相同。）

若用克体、互用克体，则不利。若体生用，则只是白忙，空欢喜一场。

（10）如果占问疾病、健康，取我为体卦，疾病、健康状况为用卦。

凡占问疾病、健康，皆需体卦为旺，衰则不利。

若体用比和、用生体、互用生体，则健康良好，患病者病情轻，能治愈。

若体生用、用克体、互用克体，皆主健康不佳，有病难愈；若体卦再衰者，则会有危险。

3. 具体规则

前面已经介绍，在推断过程中主要分析的是用卦、互用与体卦之间的比和、相生或相克关系。而且其中以生助或克制体卦的关系最为关键。《梅花易数》云："又看全卦中有生体之卦，看是何卦。"实际推断时也要看克制体卦者是"何卦"。也就是需要分析生助体卦的那个卦自身的属性和类象，或者克制体卦的那个卦自身的属性和类象。

（1）分析什么卦来生助体卦

如果乾卦生助体卦，若是占问仕途，则主其人的官职、政绩等方面有喜庆之事；若是占问求财，则主其人会得到官方之助而得财，或者是长辈、官员赠送之财，或者此财属于金银财宝之财，或得到西北方之财，或者是某个有关的老年男性得财等；若是占问词讼之事，则主其人能得到官方支持而赢。但若占问其他事宜，可参见下面的"笔者注"中的说明。

如果坤卦生助体卦，若是占问求财，则主其人靠田土进财，或得到同乡人之助益，或有与果谷之利，或得到来自女性的财富和益处，或可得到与布帛类物品有关之财，或得到西南方之财等。但若占问其他事宜，例如占问词讼之事，若与词讼相关的人员（涉案人员或审理人员等）中有女性，则可得到女性之助而获胜。其余可参见下面的"笔者注"中的说明。

如果震卦生助体卦，若是占问求财，则主其人能得到来自山林之财，或因山林而得财，或得到东方之财，或得到木材之财，或得到姓氏中有草木之人的帮助而进财。但若占问其他事宜，可参见下面的"笔者注"中的说明。

如果巽卦生助体卦，若是占问求财，则主其人能得到来自山林之财，或因山林而得财，或得到东南方之财，或得到竹木之财，或得到姓氏中有草木之人的帮助而进财，或在茶叶、水果、菜蔬等货物上得利等。但若占问其他事宜，可参见下面的"笔者注"中的说明。

如果坎卦生助体卦，若是占问求财，则主其人能得到来自水务水利、鱼盐酒类货物之财，或能得到来自北方之财，或能得到来自水边之人或姓氏带有三点水之人的帮助而进财，或会有因文书交易等事而进财。但若占问其他事宜，可参见下面的"笔者注"中的说明。

如果离卦生助体卦，若是占问求财，则主其人会因文书交易等事而进财，或能得到来自南方之财，或有炉冶场之财富，或能得到姓氏中带有火姓之人的帮助而进财等。但若占问其他事宜，可参见下面的"笔者注"中的说明。

如果艮卦生助体卦，若是占问求财，则主其人能得到来自山地或与山地有关之财，或能得到来自东北方之财，或能得到姓氏中带土或有宫音之人的帮助而进财。但若占问其他事宜，可参见下面的"笔者注"中的说明。

如果兑卦生助体卦，若是占问求财，则主其人会有进财之喜，或能得到食品、餐饮、金玉等货物之财，或能得到西方之财，或能得到姓氏中带口或有商音之人的帮助而进财。但若占问其他事宜，可参见下面的"笔者注"中的说明。

（笔者注：上面这些规则无疑是有用的，但是，占卜的过程是先明确交占问何事，而不是已有占断结果再来对号入座，因果倒置了。因此，上面的规则没有将此交代清楚，如果所占问的人或事与上面的规则直接无关，则应该如何运用。例如，若是占问疾病或婚姻，也出现乾卦生助体卦的情况，但上面介绍的"乾卦生助体卦"的规则的内容与疾病或婚姻无关，此时如何推断？笔者的经验是，应该从体卦和生助体卦的那个卦的五行属性和类象中寻找答案。）

（2）分析什么卦来克制体卦

乾卦克体，主有公事之忧，或门户之忧，或有财宝之失，或有金谷之损，或迁怒于尊长，或得罪于贵人。

坤卦克体，主有田土之忧，或于田土有损，或有阴人之侵，或有小人之害，或失布帛之财，或丧谷粟之利。

震卦克体，主有虚惊，常多恐惧，或身心不能安静，或家宅见怪异之灾，或姓氏带草木之人相侵，或于山林有所失。

巽卦克体，亦有草木姓氏人相害，或于山林之事生忧。若占问求谋，乃东南方之人来相害；若占问家宅，需忌阴人、小口之祸害。

坎卦克体，主有险陷之事，或寇盗之忧，或失意于水边人，或于酒后生灾，或被姓氏带三点水之人、或被北方人相害。

离卦克体，主有文书之忧，或有失火之惊，或有南方之忧，或被姓氏带火之人相害。

艮卦克体，诸事多不顺，或被阴谋所算计，或有山林田土之失，或被姓氏带土之人相侵，祸有来自东北方的祸害，或忧坟墓不当。

兑卦克体，不利西方之事，主口舌事之纷争。或被姓氏带口之人欺负，或有毁折之患，或因饮食而生忧。

（笔者注：遇到克制体卦的情形，与生助体卦的情形相同，读者可以参阅前一个注释。）

七、外应

"外应"的概念是梅花易数特有的一种推算方法。虽然在六爻法的有些书籍中也提到外应，但实际运用的卦例很少见。

关于"外应"，没有一个标准的定义。有些人认为它是一种"接应之力"。笔者认为外应是一种预兆的说法更加准确。当外界的时间和空间发生变化时会预兆将有某种事情的发生，这个预兆是可以用来对卦象的变化进行推算后，预知将有什么事情发生。古人所说的"心血来潮，掐指一算"就是对外应的运用。

外应通过人的耳、目、心被感知，并将这样的感知加以分析推断，于是就有了"三要十应"之说。

《梅花易数·三要灵应篇》云：

三要者，运耳、目、心三者之要也。灵应者，灵妙而应验也。夫耳之于听，目之于视，心之于思，三者为人一身之要，而万物之理不出于视听之外。占决之际，寂闻澄虑，静观万物，而听其音，知吉凶，见其形，知善恶，察其理，知祸福，皆可为占卜之验。如谷之应声，如影之随形，灼然可见也。其理出于周易"远取诸物，近取诸身"之法。是编则出于先贤先师，采世俗之语为例用之者：鬼谷子、严君平、东方朔、诸葛孔明……继而得者：邵康节、邵伯温、刘伯温、牛思晦、高处士、刘湛然、富寿子、泰然子、朱清灵子。其年代相传不一，而不知其姓名者不与焉。

原夫天高地厚，万物散殊，阴浊阳清，五气顺布，祸福莫逃乎数，吉凶皆有其机。人为万物之灵，心乃一身之主，目寓而为形于色，耳得而为音于声，三要总之，万物备矣。

此乃天地万物之灵，而耳、目、心三者之要，故曰三要也。"

《梅花易数·十应奥论》云：

十应固出于三要，而妙乎三要。但以耳目所得，如见吉兆，而终须吉；若逢凶谶，不免乎凶，理之自然也。然以此而遇吉凶，亦有未然者也。黄金白银，为世之宝，三要得之必以为祥；十应之诀，遇金有不吉者。利刃锐兵，世谓凶器，三要得之，亦以为凶；十应之说，遇兵刃反有吉者。又若占产见少男，三要得之，得为生子之喜；十应见少男则凶。占病遇棺，三要占之必死，十应以为有生意。例多若此，是占卜者不可无失应也。

"三要十应"既是梅花易数起卦主要依据之一，也是断卦的关键之一。但是，由于"三要十应"通过"三要"感知"十应"（外界的预兆）这个过程显得有点玄乎，于是"三要十应"正是《梅花易数》被抨击为"唯心""迷信""伪科学"的主要原因。

（笔者注：那些自诩为"唯物主义"的批评者认为《梅花易数》等卜筮活动没有科学依据，违反客观规律。其实他们走入了"机械唯物论"的误区，只将人们看得见、摸得着的东西定义为"物"，殊不知外界有许多预兆并不是都有所谓"物"的存在和表现的，而且这些预兆仅依靠人类现有的科学知识还无法发现、认识。在人类进化的历史长河中，人类的智慧和使用、制造工具的能力有了很大的进步。但是，任何事物都有两面性，在人类有些能力进化的同时，也有一些能力弱化甚至退化。例如，人类的消化系统由于发明了火，因此以熟食为主，人类早期能够直接生食自然界的一些植物和动物的能力已不复存在。又如，人类对自然界发生变化的感知能力也已大大地退化。因此在下雨、地震等事件发生前，有些动物能感知到预兆，而人类不能直接感知，只能依靠一些科学手段进行天气、地震等预测。可惜现在的天气预报的准确率不高，不尽如人意；而地震目前只能是事后报告的水平。在这一点上人类的某些能力还不如某些动物的能力。我们总不会去批判那些动物是唯心、迷信的吧？

某些批判者对于感知外界的变化而预测的批判，是典型的"哈哈镜"现象：一个人本身并不畸形，但被人用一面畸形的"哈哈镜"去照他，使得这个人的形象成为畸形的。

古人对外界的预兆详细研究后加以分类，便有了"十应"：天时之应、地理之应、人事之应、时令之应、方卦之应、动物之应、静物之应、言语之应、声音之应、五色之应。

在"十应"之外，还有一个"写字之应"，一共有十一个"应"，古人依然将十一"应"称为"十应"。笔者认为写字之应在实际上运用得不多，故本书不作专门讨论，但《梅花易数》中也有关于"相字"的一些内容，有兴趣的读者可以自行研究。

1. 十应

运用十应推断时，需以体卦为"主"，用卦、互卦、变卦为"用"，再将上述体用诸卦作为内卦，以外界的预兆作为外卦，然后将二者结合起来分析推断。

一般而言，若内卦不吉而外卦吉，则推断的结论为不吉。若内卦吉而外卦不吉，则内卦的吉被外卦破坏。若内卦和外卦皆吉，则推断的结论必为吉。若内卦和外卦皆不吉，则推断的结论必不吉。但这只是一个固定的基本规则，在具体运用时不能机械地照搬，还需要灵活地进行综合推断。

《梅花易数》中有一首"观物洞玄歌"，讲的就是先感知外界的信息和变化，然后再进行推断的规则，它还指出，这些规则不仅可以用于断卦，还可以用到其他的推算之中。

观物洞玄歌

洞玄歌者，洞达玄妙之说也。此歌多为占宅气而发。昔牛思晦尝入人家，知其吉凶先兆。是故家之兴衰，必有祯祥妖巷之谶，识者鉴之，不识者昧之。故此歌发其蕴奥，皆量之必然者，切勿以浅近目之也。盖此术云：

世间万物无非数，理在其中遇。吉凶悔吝有其机，祸福可先知。

五行金木水火土，生然先为主。青黄赤黑白五行，辨察要分明。

人家吉凶休以见，只向玄中判。入门辨察见闻时，于此察兴衰。

若遇宅气如春意，家宅生和气。若然冷落似秋时，从此渐衰微。

自然馨香如兰室，福至无虚日。鸡豚猫犬秽薰腥，贫病至相侵。

男妆女饰皆齐整，此去门风盛。家人垢面与蓬头，定见有悲忧。

鬼啼妇叹情怀悄，祸害道阴小。老人无故泣双垂，不见日愁悲。

若见门前墙壁缺，家道中消歇。溜漕水势向门流，财帛永难收。

忽然屋上生奇草，益荫人家好。门户幽爽绝尘埃，必定出高才。

偶悬破履当门户，必有奴欺主。长长破碎左边门，断不利家君。

遮门临井桃花艳，内有风情染。屋前屋后有高桐，离别主人翁。

进边偏种高梨树，长有离乡土。祠堂神主忽焚香，火厄恐相招。

檐前瓦片当门坠，诸事愁崩破。若施破碗坑厕中，从此见贫穷。

白昼不宜灯在地，死者还相继。公然鼠向日中来，不日耗资财。

牝鸡早晚鸣伊喔，阴盛家消索。中堂犬吠立而啼，人眷有灾厄。

清晨鹊叫连声继，远行人将至。蟒蛇偶尔入人家，人病见妖邪。

雀群争逐当门盛，口舌纷纷定。偶然鹏鸟叫当门，人口有灾连。

入门若见有群羊，家主病瘟黄。舟船若安在平地，虽稳成淹滞。

他家树荫过墙来，多得横来财。阶前石砌多残折，成事多衰灭。

入门茶果应声来，中馈主家财。三餐时候炊烟早，勤俭渐基好。

连宵宿火不成时，人散与财离。千门万户难详备，理在吾心地。

斯文引路发先天，深奥入玄玄。

右洞玄歌与灵应，同出而小异。彼篇多为占卜而诀，盖占卜之际，随所出所见，以为克应之兆。此歌则不特为占卜之事，一时而入人家，有此事必有此理，盖多寓观察之术也。然有数端，人家可得儆戒而趋避之，或可转祸为福。偶不知所因而有于数中，俾吾见之，则善恶不逃乎明鉴矣。

在阅读并理解上述内容之后，应该能领悟到许多玄妙之处。

《梅花易数》中有多种类型的"十应"，下面是其中第一种"十应"。

（1）天时之应

《梅花易数》云：

如天无云翳，明朗之际，为乾之时，乾兑为体，则比和而吉；坎为体，则逢生而大吉；坤艮为体，则泄气；震巽为体，则见克而不吉矣。晴霁日中，为离之时，坤艮为体，则吉。雨雪为坎之时，震巽为体则吉，离为体则不吉。雷风为震巽之时，离为体则吉，坤艮为体则不吉。此天时之应也。

在天时之应中，天时所对应的卦（八经卦）的作用类似于用卦，也与体卦之间有比和、相生、相克关系，由此可以推断吉凶。

如果在断卦时，天气是晴空万里，明朗无云，此乃乾卦之时。若本卦中的体卦是乾卦或兑卦，与天时比和，则吉，主万事顺利。若本卦中的体卦是坎卦，得到天时生助，则主大吉。若本卦中的体卦是坤卦或艮卦，体卦去生助天时，乃损耗之患，则可断为泄气，不吉。若本卦中的体卦为震卦或巽卦，被天时克制，则可断为大凶。

如果在断卦时，正是中午时分，太阳当头照，此乃离卦之时。若本卦中的体卦是离卦，与天时比和，则吉，主万事顺利。若本卦中的体卦是坤卦或艮卦，得到天时生助，则可断为大吉。若本卦中的体卦是震卦或巽卦，体卦去生助天时，乃损耗之患，乃泄气，则可断为不吉。若本卦中的体卦为乾卦或兑卦，被天时克制，则可断为大凶。

如果在断卦时，正遇雨雪的天气，此乃坎卦之时。若本卦中的体卦是坎卦，与天时比和，则吉，主万事顺利。若本卦中的体卦是震卦或巽卦，得到天时生助，则可断为大吉。若本卦中的体卦是乾卦或兑卦，体卦去生助天时，乃损耗之患，此乃泄气，则可断为不吉。若本卦中的体卦为离卦，被天时克制，则可断为大凶。

如果在断卦时，遇见打雷或刮风的天气，此乃震卦、巽卦之时。若本卦中的体卦是震卦或巽卦，与天时比和，则吉，主万事顺利。若本卦中的体卦是离卦，得到天时生助，则可断为大吉。若本卦中的体卦是坎卦，体卦去生助天时，乃损耗之患，泄气，则可断为不吉。若本卦中的体卦为坤卦或艮卦，被天时克制，则可断为大凶。

如果在断卦时，遇见阴天或雾霾，此乃坤卦、艮卦之时。若本卦中的体卦是坤卦或艮卦，与天时比和，则吉，主万事顺利。若本卦中的体卦是乾卦或兑卦，得到天时生助，则可断为大吉。若本卦中的体卦是离卦，体卦去生助天时，乃损耗之患，泄气，则可断为不吉。若本卦中的体卦为坎卦，被天时克制，则可断为大凶。

（2）地理之应

《梅花易数》云：

茂树秀竹，为震之地，离与震巽为体则吉，坤艮为体则凶。江湖河池，川泽溪涧，为坎之地，震巽与坎为体则吉，而离为体则凶。窑灶之地为离，坤艮并离为体则吉，而乾兑为体则不吉。岩穴之地为艮，乾兑与坤艮为体则吉，坎为体则不吉。此地理之应也。

如果在断卦时，见到茂密的树林，或是竹林，或是秀美的花草等，此乃震卦和巽卦之象。若本卦的体卦是离卦，得到地理之应的生助，则可断为大吉。若本卦的体卦是震卦或巽卦，与地理之应比和，则可断为顺心如意。若本卦的体卦是坤卦或艮卦，被地理之应克制，则可断为大凶。若本卦的体卦是坎卦，体卦去生助地理之应，乃损耗之患，泄气，则可断为不吉。

如果在断卦时，见到江、河、湖、小溪等与水有关的地理地貌，此乃坎卦之象。

若本卦的体卦是震卦、巽卦，得到地理之应的生助，或者本卦的体卦是坎卦，与地理之应比和，则皆可断为大吉。若本卦的体卦为离卦，被地理之应克制，则可断为大凶。若本卦的体卦是乾卦或兑卦，体卦去生助地理之应，乃损耗之患，泄气，则可断为不吉。

　　如果在断卦时，见到干亢之地、炉窑等地理地貌，此乃离卦之象，若本卦的体卦是坤卦或艮卦，得到地理之应的生助，或者本卦的体卦是离卦，与地理之应比和，则皆可断为大吉。若本卦的体卦是乾卦或兑卦，被地理之应克制，则可断为大凶。若本卦的体卦是坤卦或艮卦，体卦去生助地理之应，乃损耗之患，泄气，则可断为不吉。

　　如果在断卦时，如见到岩石、山川、旷野、广场等地理地貌，此乃坤卦和艮卦之象，若本卦的体卦是坤卦或艮卦，与地理之应比和，或者本卦的体卦是乾卦或兑卦，得到地理之应的生助，则皆可断为大吉。若本卦的体卦是坎卦，被地理之应克制，则可断为大凶。若本卦的体卦是离卦，体卦去生助地理之应，乃损耗之患，泄气，则可断为不吉。

（3）人事之应

　　《梅花易数》云：

　　人事有论卦象五行者，有不论卦象五行者。论卦象，则老人属乾，老妇属坤，艮为少男，兑为少女之类。五行生克比和之理，与前天时地理之卦同断。其不分卦象五行者，则以人事之纷，了见杂出，有吉有凶，此应则随其吉凶而为之兆也。又观其事，则亦为某人。此人事之应也。

　　人事之应有两种，一种以所见之人的身份确定是哪一卦之象，然后分析它与本卦中的体卦之间的比和、相生、相克关系进行推断。

　　如果在断卦时，见到老年男人，此乃乾卦之象。此时若本卦的体卦是乾卦或兑卦，与人事之应比和，或者本卦的体卦是坎卦，得到人事之应的生助，则皆可断为大吉。若本卦的体卦是震卦或巽卦，被人事之应克制，则可断为大凶。若本卦的体卦是坎卦，体卦去生助人事之应，乃损耗之患，泄气，则可断为不吉。

　　如果在断卦时，见到老妇人，此乃坤卦之象。此时若本卦的体卦是坤卦或艮卦，与人事之应比和，或者本卦的体卦是乾卦或兑卦，得到人事之应的生助，则皆可断为大吉。若本卦的体卦是坎卦，被人事之应克制，则可断为大凶。若本卦的体卦是离卦，体卦去生助人事之应，乃损耗之患，泄气，则可断为不吉。

　　其余人事之应，依次类推。

　　凡此种种，都是根据八卦的人事类象所对应的人事之应与体卦之间的比和、相生、相克关系推断吉凶。

　　另一种人事之应是看所见之人的行为或正在做的事推断吉凶之兆。这种人事之应与五行属性无关。

　　如果在断卦时，有人在欢笑、办喜庆之事等好事，则可以断为吉。

如果在断卦时，有人在发愁、苦恼等不好之事，则可以断为不吉。

如果在断卦时，见到有人在争斗、打架等凶事，则可以断为凶。

凡此种种，亦为人事之应。

（4）时令之应

《梅花易数》云：

时令不必论卦象，但详其令，月日值之。五行衰旺之气，旺者如寅卯月日则木旺；巳午之月日火旺；申酉之月日金旺；亥子之月日水旺；辰戌丑未之月日土旺。衰者如木旺则土衰，土旺则水衰，水旺则火衰，火旺则金衰，金旺则木衰。是故生体之卦气，宜值时之旺气，不宜衰气。如克体卦气，则宜乘衰，此时令之应也。

所谓时令之应，就是我们所讲的节气的旺盛。比如，在寅月、卯月或寅日、卯日为木旺。巳月午月或巳日、午日为火旺，申月、酉月或申日、酉日为金旺。亥月、子月或亥日、子日则为水旺。辰月、戌月、丑月、未月或辰日、戌日、丑日未日则为土旺。那么其卦的旺盛，就是如木旺则土衰，如火旺则金衰，如金旺则木衰，如水旺则火衰，土旺则水衰，然后依据这些时间因素以及与之关联的卦气的旺衰进行推断。

如果本卦中的体用关系是用克体，则当用卦处于衰的状态，体卦处于旺的状态时，衰的用卦无力克制旺的体卦，则为吉。但若用卦处于旺的状态，则即使体卦亦为旺，用卦也能克制体卦，故不吉；若体卦处于衰的状态，再被旺的用卦克制，则是雪上加霜。

如果本卦中的体用关系是用生体，则当用卦处于旺的状态时，无论体卦或旺或衰，皆为吉；当用卦处于衰的状态时，对体卦的生助乏力，虽吉却有限。

如果本卦中的体用关系是体克用，则当体卦处于衰的状态，用卦处于旺的状态时，衰的体卦无力克制旺的用卦，即使为吉，亦有限。但若体卦处于旺的状态，则即使用卦亦为旺，体卦也能克制用卦，故为吉；若用卦处于衰的状态，再被旺的体卦克制，则是大吉。

如果本卦中的体用关系是体生用，则当体卦处于旺的状态时，无论用卦或旺或衰，皆为吉；当体卦处于衰的状态时，对用卦的生助乏力，虽吉却有限。

如果本卦中体用比和，因为比和关系仅与体卦和用卦的五行属性有关，因此时令之"应"的作用不大。

［笔者注：时令之"应"贯穿于根据其他所有的"应"断卦的过程之中。因为它们都要用到比和、相生、相克的关系，但这些关系都与每个卦与时令有关的卦气（卦的旺衰状态）关联。所以，如果忽视了由时令决定的卦气，断卦很可能不准。］

（5）方卦之应

《梅花易数》云：

即分方之卦。如离南、坎北、震东、兑西、巽东南、乾西北、艮东北、坤西南类也。论吉凶者，看来占之人在何方位，而以用卦参详。如坎为用卦，宜在坎与震、巽之位，在离则不吉。离为用卦，宜在离与坤、艮之位，在乾、兑二位则不吉矣。

盖宜在本卦之方，为用卦生之方，不宜受用卦克也。若夫气在之卦所在之方，又当审之。如水从坎方来，为坎卦气旺。水从坤、艮来，则坎之卦气衰。火从南来，为离卦气旺，如从北方来，则离卦之气衰。余皆防此。大抵本卦之方，生为旺，受克为衰，宜以本卦参之。生扶卦气，宜受旺方，克体卦气，宜受克方，此方卦之应也。又震、巽之方，不论坤、艮。坤，艮之方不论坎。坎方不不论离。离方不论乾。乾、兑之方，不论震、巽。以其寓卦受方卦之克也。

根据八卦所在的后天方位：离南、坎北、震东、兑西、巽东南、乾西北、艮东北、坤西南（所在方位对应的卦，这就是所谓是"方卦"），再看来占问之人位于哪个方位，确定其方卦，然后根据方卦与体卦之间的比和、相生、相克关系推断吉凶。

如果来占问之人位于北方，其方卦为坎卦，若体卦为震卦或巽卦，得到方卦的生助，则主体卦对应之事吉。若体卦为坎卦，与方卦比和，亦主体卦对应之事吉。若体卦为离卦，被方卦克制，则主体卦对应之事不吉。

反之，若本卦中的用卦为乾卦或兑卦，能生助来占问之人的方卦，则对来占问之人吉。若本卦中的用卦为坎卦，与方卦比和，亦对来占问之人吉。若本卦中的用卦为坤卦或艮卦，克制方卦，则对来占问之人不吉。

如果来占问之人位于南方，其方卦为离卦，若体卦为坤卦或艮卦，得到方卦生助，则对体卦对应之事吉。若体卦为离卦，与方卦比和，亦对体卦对应之事吉。若体卦为乾卦或兑卦，被方卦克制，则主体卦对应之事不吉。

反之，若本卦中的用卦为震卦或巽卦，能生助来占问之人的方卦，则对来占问之人吉。若本卦中的用卦为离卦，与方卦比和，亦对来占问之人吉。若本卦中的用卦为坎卦，克制方卦，则对来占问之人不吉。

如果来占问之人位于西南方或东北方，其方卦为坤卦或艮卦，此时若体卦为乾卦或兑卦，得到方卦的生助，则对体卦对应之事吉。若体卦为坤卦或艮卦，与方卦比和，亦对体卦对应之事吉；若体卦为坎卦，被方卦克制，则对体卦对应之事不吉。

反之，若本卦中的用卦为离卦，能生助来占问之人的方卦，则对来占问之人吉。若本卦中的用卦为坤卦或兑卦，与方卦比和，亦对来占问之人吉。若本卦中的用卦为震卦或巽卦，克制方卦，则对来占问之人不吉。

凡来占问之人所在的八个方位均可依次类推。

方卦之应与前面几种外应的不同之处是，前面几种外应，如天时之应、地理之应等都是直接根据外应与体卦的关系来推断吉凶。而方卦之应则是以方卦与体卦之间的比和、相生、相克关系来推断吉凶。实际上所谓方卦之应，也就是根据方位的外应推断吉凶。

古人云："震巽之主，不论坤艮；坤艮之方，不论坎；坎之方，不论离；离之方，不论乾兑；乾兑之方不论震巽。"讲的就是这个道理。例如，如果本卦中的体卦是离卦，则来占问之人不宜位于西方和西北方；如果本卦中的体卦是乾卦或兑卦，则来占问之人不宜位于东方和东南方。

但是上面论述了"时空观"中的空间位置因素，还需要分析卦气的时间因素。因为在不同的时段，每个卦的卦气或旺或衰是不同的。旺的卦生助对方有力，克制对方亦有力，且不怕被对方克制；衰的卦生助和克制对方均无力，更怕再被克制，则是雪上加霜。

（笔者注：如上所述，"时令之应"涉及的卦气旺衰状态贯穿于每一种"应"的断卦过程之中。）

（6）动物之应

《梅花易数》云：

动物有论卦象者，乾为马，坤为牛，震为龙，巽为鸡，坎为豕，离为雉，艮为狗，兑为羊。又螺蚌龟鳖，为离之象；鱼类为坎之属。此动物之卦，以体详与。又不论卦象五行者，如乌鸦报灾，灵鹊报喜；鸿雁主有书信，蛇虫防有毒害；鸡唱为家音，马嘶为动意。此动物之应也。

动物之应与人事之应一样，也有两种情况，一种是根据八经卦的动物类象确定是哪一卦之象，然后分析它与本卦中的体卦之间的比和、相生、相克关系进行推断。

例如，马属于乾卦之象，牛属于坤卦之象，鸡属于巽卦之象，猪属于坎卦之象，野山鸡或是有美丽多彩羽毛的动物属于离卦之象，狗属于艮卦之象，羊属于兑卦之象，等等。在此基础上引申出来的卦象有，螺、蚌、龟、鳖属于离卦之象，鱼类属于坎卦之象，等等。以这些卦象作为外应，然后将之与本卦中体卦之间的比和、相生、相克关系推断吉凶。

另一种动物之应是以动物的本身或其行为的吉凶象征作为外应。

例如，断卦时见到乌鸦，则可断为凶事；见到喜鹊则可断为吉；见到鸿雁，则可断为有书信；见到蛇虫，则可断为被毒害；见到鸡叫，则可断为家人有音讯；见到马嘶，则可断为有出行之事；等等。

（7）静物之应

《梅花易数》云：

器物之类，有论卦象者，如水属坎，火属离，木之气属震巽，金之气属乾兑，土之气属坤艮，其体卦要参详。其不分卦象者，但观其器物之兆，如物之圆者事成，器之缺者事败。又详其器物是何物，如笔砚主文书之事，袍笏主官职之事；樽俎之具有宴集，枷锁之具防官灾。百端不一，审其物器。此静物之应也。

静物之应也分为两种，一种是根据八经卦的静物类象确定是哪一卦之象，然后分析它与本卦中体卦之间的比和、相生、相克关系进行推断。

如果在断卦时，见到与水有关的静物，此乃坎卦之象；见到与火有关的静物，此乃离卦之象；见到与木有关的静物，此乃巽卦和震卦之象；见到与铁、金有关的静物，此乃乾卦和兑卦之象；见到与土有关的静物，此乃坤卦和艮卦之象；等等。

将上述静物所配的卦象与体卦之间的比和、相生、相克关系来推断吉凶，推断过程与前面的"应"类似，这里不再赘述。

另一种静物之应是即以静物本身作为推断的外应，不看卦象之间的生克比和关系。

例如，见到圆形之物，则可断为所占问之事能圆满完成；见到笔、砚之类的静物，则可断为有文书之喜；见到袍服等静物，则可断为有官职之事；见到杯子及餐具等静物，则可断为有宴请之事；见到枷锁之类的静物，则可断为有官讼之灾；等等。对静物之应的推断需要有丰富的阅历和生活经验，在推断时要灵活运用各种静物的内涵和象征。

（8）言语之应

《梅花易数》云：

闻人言语，不论卦象，但详其所言之事绪而占卜之。应闻吉语则吉，闻凶语则凶。若闻闹丛言语喧集，难以决断。若定人少之处，或言语可辨其事绪，则审其所言何事，心领而意会之。如说朝廷迁选，可以求名；论江湖州郡，主出行；言争讼之事，主官司；言喜庆之事，利婚姻。事绪不一，随所闻而依之。此言语之应也。

所谓言语之应，是指在占问时听到别人讲话所得的外应，一般不配以卦象进行推断，而是根据所听到言语涉及的事情直接推断。

若是吉利的言语，则可断为吉；若是争吵或凶恶的言语，则可断为凶；人多嘴杂，则可断为占问之事没有头绪；若听到谈论国家大事或是人事变动，则可断为可以占问之事与求名求官有关；若是谈论喜庆之事，则可断为婚姻顺利等吉利之事；等等。

（9）声音之应

《梅花易数》云：

耳所闻之声音而论卦象，则雷为震，风声为巽，雨声为坎，水声为坎。鼓拍椎析之声，出于木者，皆属震巽；钟馨铃铙之声，出于金者，皆属乾兑。此声音之论卦象，若为体参详决之。如闻声有欢笑之声，主有喜；悲愁之声，主有忧；歌唱之声，主快乐；怒号之声，主争喧。至若物声，则鸦报灾，鹊声传喜。鸿雁之声主远信，鸡凫之声为佳音。此类推声音之应也。

所谓声音之应，是指将听到的声音作为外应，其方法有两种。

第一种方法是根据听到的声音对应的八卦类象，确定是哪一卦之象，然后分析它与本卦中体卦之间的比和、相生、相克关系进行推断。

例如，听见雷声为震卦之象，听见雨声为坎卦之象，听见风声为巽卦之象，听见打鼓等用木敲打出来的声音为震卦和巽卦之象，听见水声为坎卦之象，听见钟声或金属之类的声音为乾卦和兑卦之象，等等。

第二种方法是不管卦象，所听见声音的内容直接推断吉凶。

听见欢声笑语则可断为吉，听见悲愁的声音，则可断为凶；听见非常高兴的声音，则可断为喜事；听见悲哀之声，则可断为有忧虑之事；听见唱歌，则可断为快乐的事情；听见怒吼之声，则可断为有争夺、争吵之事；听见乌鸦叫，则断为灾事；听见喜鹊叫，则可断为喜事；听见鸿雁鸣，则可断为有远方的书信到；听见鸡和鸟的叫声，则可断为有佳音；等等。

（10）五色之应

《梅花易数》云：

五色不论卦象，但以所见之色推五行。青碧绿色属木，红紫赤色属火，白属金，黑属水，黄属土。外应之五行，详于内卦之体用。生克比和，吉凶可见。此五色之应也。

所谓五色之应，是指直接将所见到的颜色与五行属性和卦象挂钩，然后分析它与本卦中的体卦之间的比和、相生、相克关系进行推断吉凶。

例如，见青碧色为木，对应于震卦或巽卦；见红紫赤色为火，对应于离卦；见白色为金，对应于乾卦或兑卦；见黑色为水，对应于坎卦；见黄色为土，对应于坤卦或艮卦，等等。然后采用上述同样的方法进行推断。

2. 关于"十应"的辨析

（笔者注："十应"这个概念在梅花易数断卦体系中十分重要，但却没有一个关于"十应"的标准定义和规则，因此，在梅花易数的体系中另外还有一些"十应"的说法。二者有些内容是相同的，有些内容却不同，笔者认为可以将两种"十应"合并，会显得简赅得多。但是这样却与"三要十应"中的"十"有点不一致。）

《梅花易数》中有两处论述了"十应"，一是"十应奥论"，二是"占卜十应诀"，二者的根据都是源自"三要"和卦象，而且都有"十应"的提法。但内容却大有不同之处。在"1. 十应"论述的十应主要是源自对外界出现的预兆的感知。

而"占卜十应诀"却与占卜的行为有关，因此，"占卜十应诀"之中的有些"应"是根据各个卦之间的比和、相生、相克关系产生的。它们是：正应、互应、变应、方应、日应、刻应、外应、天时应、地理应、人事应。

（笔者注：从字面上看，"十应"与"占卜十应诀"都有十应，但二者的内涵是不同的。）

《梅花易数》云：

凡占卜，以体卦为主，用为事应，固然矣。体卦既为主，用互变卦相应参看祸福。然今日得此一卦，体用互变中决之如此。明日复得此卦，体用一般，岂可又复以此诀之。然则，若体而可？必得十应之说而后可也。

盖十应之说，有正应、互应、变应、方应、日应、刻应、外应、天时应、地理应、人事应，所谓有十应也。夫正应者，正卦之应也；互应者，互卦之应也；变应者，变卦之应也。此二卦之诀也，占者俱用之，以断吉凶矣。至于正应之理，人有不知者，故必得诸诀之用，卦无不验；不得此诀，此占卜吉凶，或验或不验矣。得此诀者，宜秘之。

又云：

右十应之理，凡占卜之际，耳闻目见，以决吉凶，并以体卦为主，而详其生克比和之理。如占病症，互变中多有克体之卦，而本卦中又无生体之卦者，断不吉也。又看体之衰旺，若体旺，则庶几有望；体又衰，则无复生之理。如是，又看诸应有生体者，险中有救；又有克体，则不可望矣。其余占卜，并以类推之。

以下是"占卜十应诀"：

（1）正应

"正应者，即体用二卦决吉凶。"即是根据体卦和用卦之间的比和、相生、相克关系推断吉凶。

（2）互应

"互应者，即互卦中决吉凶。"即是根据互卦（主要是互用）与体卦之间的比和、相生、相克关系推断吉凶。

（3）变应

"变应者，即变卦中决吉凶。"即是根据变卦（变用、变体）与体卦之间的比和、相生、相克关系推断吉凶。

上述三种"应"只与占卜得到的卦象有关，与"1.十应"不同。

（4）方应

"方应者，以体为主，看来占之人在何方位上，即看其所坐立之方位。宜生体卦，又宜与体比和，则吉；如克体卦则凶；如体卦生之，亦不吉矣。"即是以体卦为主，看来占问之人位于什么方位。则该方位对应的卦生助体卦者吉；该方位对应的卦克制体卦或体卦生助方位对应的卦者不吉。因此，它与前面所介绍的"十应"中的"方卦之应"相同。下面的论述是"方卦之应"换了一个角度的说法，本质上没有大的区别。

如果体卦是乾卦或兑卦，属金，若来占问之人位于西南方（为坤卦，属土）或东北（为艮卦，亦属土），则能生助乾金，为吉。若来占问之人位于西方（为兑卦，属金）或西北方（为乾卦，亦属金），则与体卦比和，亦为吉。若来占问之人位于南方（为离卦，属火），则克制体卦，为不吉。又若来占问之人位于北方（为坎卦，属水），则体卦生助坎卦，亦不吉。

如果体卦是震卦或巽卦，属木，若来占问之人位于北方（为坎卦，属水），则生助体卦，为吉。若来占问之人位于东方（为震卦，属木）或东南方（为巽卦，属木），则与体卦比和，亦为吉。若来占问之人位于西方（为兑卦，属金）或西北方（为乾卦，亦属金），则克制体卦，为不吉。又若来占问之人位于南方（为离卦，属火），则体卦生助离卦，亦不吉。

如果体卦是坎卦，属水，若来占问之人位于西方（为兑卦，属金）或西北方（为乾卦，亦属金），则生助体卦，为吉。若来占问之人位于北方（为坎卦，属水），则与体卦比和，亦为吉。若来占问之人位于西南方（为坤卦，属土）或东北（为艮卦，亦属土），则克制体卦，为不吉。又来占问之人位于东方（为震卦，属木）或东南方（为巽卦，属木），则体卦生助震卦或巽卦，亦不吉。

如果体卦是离卦，属火，若来占问之人位于东方（为震卦，属木）或东南方（为巽卦，属木），则生助体卦，为吉。若来占问之人位于南方（为离卦，属火），则与体卦比和，亦为吉。若来占问之人位于北方（为坎卦，属水），则克制体卦，为不吉。又来占问之人位于西南方（为坤卦，属土）或东北（为艮卦，亦属土），则体卦生助坤卦或艮卦，亦不吉。

如果体卦是坤卦或艮卦，属土，若来占问之人位于南方（为离卦，属火），则生助体卦，为吉。若来占问之人位于西南方（为坤卦，属土）或东北（为艮卦，亦属土），则与体卦比和，亦为吉。若来占问之人位于东方（为震卦，属木）或东南方（为巽卦，属木），则克制体卦，为不吉。又来占问之人位于西方（为兑卦，属金）或西北方（为乾卦，亦属金），则体卦生助乾卦或兑卦，亦不吉。

（5）日应

"日应者，以体卦为主，看所自占卦属何卦，及体卦与本日衰旺如何。盖卦宜生体，宜比和，不宜克体，亦不宜体卦生之也。本日所属卦气，如寅卯木，巳午火，申酉金，亥子水，辰戌丑未土也。"即根据体卦在占问当日的卦气的旺衰状态推断。若该日的日辰（五行属性）生助体卦，或与体卦比和者吉；克制体卦，或体卦（五行属性）生助日辰者，皆不吉。

这是前面的"十应"之中没有的。

（6）刻应

"刻应者，即三要之诀也。占卜之顷，随所闻所见吉凶之兆，以为吉凶之应。"即根据占问之时随机见到或听闻到（感知）的各种人、事物、声音等预兆的吉凶性质推断所占问之人或事的吉凶。（笔者注：这与前面的"十应"中的多种外应有关联。）

（7）外应

"外应者，外卦之应也。占卜之际，偶见外物之来者，即看其物属何卦。如火得离，水得坎之类。如见老人、马、金、玉、圆物，得乾；见老妇、牛、土、瓦物，得坤之类。又如见此者为外应之卦，并看其卦与体卦生克比和之理，以决吉凶。"即根据占问之时随机见到或听闻到（感知）的各种人、事物、声音等预兆所对应的卦象的五行属性与体卦之间比和、相生、相克关系推断吉凶。

（8）天时应

"天时之应，占卜之际，晴明为离，雨雪为坎，风为巽，雷为震，如离为体，宜晴；坎为体，宜雨；巽卦为体，宜风；震为体，宜雷。木见雷为比和。参之生克，以定吉凶。"与前面"十应"中的"天时之应"相同。

（9）地理应

"地理之应，占卜之时，在竹林间，为震巽之地；在江河溪涧池沼之上，为坎；

在五金之处，为乾兑乡；在窑灶、炉火之所，为离；在土、瓦之所，为坤艮。并为体卦，论生克比和之理以决之。"与前面"十应"中的"地理之应"相同。

（10）人事应

"人事之应，即三要中人事之克应也。盖占卜之际，偶遇人事之吉为吉，偶遇人事之凶为凶。如闻笑语，主有吉庆之事；遇哭泣，主有悲愁之事。又以人事之属于卦者论之。老人为乾，老妇为坤，少男为艮，少女为兑。并看此人事之卦，与体卦生克比和，以决吉凶。"与前面"十应"中的"人事之应"相同。

3. 外应十法

在1和2中介绍两种"十应"，主要源自对外界人物、事物、环境等的感知和各个卦象之间的关系，这里所说的"外应十法"则是源自外界突发事件产生的外应。从本质上说，这又是一种"十应"，由此可见，外应在梅花易数断卦体系的重要性。

（1）破——"破"之兆

如果在占问之时，恰好有某件器物被打破，例如，吃饭时，突然打破碗碟；开车或乘车时，轮胎突然被扎破或爆胎；某个庆典中，悬挂的气球突然爆破等，都属于"破"的外应。此时若占问的是求官，或是双方合作、交易等事宜，则为不利之兆。但若在某个场合突然爆发出掌声或笑声，虽然亦为"破"，却是吉利之兆，所占问之事若有成功。

而且，即使是打破某件器物，本属不吉之兆，但若当时的时辰与当事人的属相为六合（即子鼠与丑时相合，丑牛与子时相合，寅虎与亥时相合，卯兔与戌时相合，辰龙与酉时相合，巳蛇与申时相合，午马与未时相合，未羊与午时相合，申猴与巳时相合，酉鸡与辰时相合，戌狗与卯时相合，亥猪与寅时相合）。则虽有打破器物之事，却不断为不吉。

在第四章第三节"梅花易数起卦法"中举了一个笔者的卦例，就是对"破"这个预兆的一个实例。为什么根据玻璃杯突然破裂的时间占得卦的结论（有小财到手）准确，而根据玻璃杯突然破裂的现象占得卦的结论（仕途不顺）不准确？其原因就是，那位朋友属龙，当时的时间在下午18：30左右，乃酉时，与他的属相相合，所以玻璃杯破裂并非不吉之兆。

（2）应——"响应"之兆

如果在占问之时，恰好有某种声音出现，例如，电话铃声、门铃声、哭声、笑声、警报声、火车和轮船的汽笛声等。汉语中"响应"这个词语的本意就是说明有"响声"，则会"应"在某种事件的结果上，有"响"则有"应"。而现在普遍理解的用响声做出呼应之意，这已经不是"响应"的本意了。

对于这些声音，需要根据其内涵进行推断。哭声多为占问之人或事不吉之兆；笑声多为占问之人或事吉利之兆；警报声则多为将有不利的突发事件发生；汽笛声多为有人出门远行之兆；电话铃声和门铃声，则需根据电话内容和来人的情况对当事人是否吉利进行推断。

（3）助——有助之兆

如果来占问的人或占问之事需要得到外力相助方能成功或有救，而当时恰好听到救护车、消防车之声，这一类车辆都是救人和救火的，因此可作其人、其事能得到外力（贵人）相助，为吉。所谓"贵人"是指广义的有助之人，未必一定是高官显赫之流。

（4）吵——争斗之兆

如果在占问之时忽闻争吵之声，此乃不吉之兆。无论占问何人何事，皆作不吉断之。

（5）阻——阻碍之兆

如果在占问之时，当事人所做之事出现不顺有阻碍现象，例如，开车出门办事时，汽车突然熄火；喝水时，忽然被呛；电脑上网时，突然掉线等，皆为阻碍之兆。则所占问之人会有不顺之事，占问之事难以顺利成功。但是，难以顺利成功，并不意味着一定不会成功，只是有阻碍而已，只要应对得当，或许仍能成功。

（6）耗——虽耗费却无用之兆

这里主要是指突然出现老鼠等有害动物的现象的预兆。老鼠俗称"耗子"，《辞源》（商务印书馆，1981年12月修订版）中的"耗虫"词条的解释是："《正字通》'鼠'：俗称耗虫，北方方言称鼠为耗子。"之所以称为"耗子"，因为老鼠对粮食的损耗很大。故若占问之时见到老鼠，可断为所占问之事白白耗费钱财或时间，却只是徒劳无功。

（7）漏——漏失之兆

如果在占问之时有器物渗漏之事，或某个容器忽然漏水、漏油等之事发生，此乃漏失之兆。可断为所占问之事会费时费财，因此有阻碍，但若弥补及时、得当，则仍有转机。但若将掉的东西捡起来后，又掉下去，则主所占问之事无法如愿成功。

（8）跌——跌落之兆

如果在占问之时手持之物忽然有跌落之事，例如，手机忽然掉在地上；或吃饭时，碗筷忽然掉地等，则可断为所占问之事会有阻碍，需要三思后，并补救后方能成功。

笔者有一个典型的卦例。2013年2月20日13：02（农历癸巳年正月十一未时）与朋友用餐，席间，一个朋友（女性）的汤匙突然掉在地上。此乃不动不占的典型例子，笔者根据时辰占得兑为泽卦☱，断她今日上午去办事不顺，白费口舌，但并不是不会成功，下午再去时应对得当，所办之事，仍能成功。果然，下午16：00左右接到朋友的短信，事情办成了。（此卦例的详情，在后面专门介绍卦例中会有推断分析。）

（9）空——空空如也之兆

如果在占问之时忽然发生与"空""没有"等有关之事，例如，抽烟之人烟盒空了；忽然发现汽车没油；煮饭之时忽然煤气没有了；用洗衣机洗衣服时忽然停水或停电等，则可断为所占问之事缺乏资源或支撑条件，需要补充、补救方能成功。

（10）断——断裂、中断之兆

如果在占问之时忽然发生器物折断，如电源断路、支架断裂；或人事失去联系而中断等事件，可断为所占问之事大为不吉。有些事可以补救，但有些事即使补救也无法挽回（如占问双方合作等事）。

4. 根据外应推断的具体规则集锦

前面介绍了两种"十应"和"外应十法"，还有许多根据外应推断的具体规则。这些规则是历代（包括古代和现代）的易学者们在灵活运用卦象、卦气、生克关系等知识积累而得。但是需要提醒读者两点：一是这些规则并不是绝对的，需要读者自己去辨析和验证。如果将它们看做铁定不变的死条文，就会走入误区，"尽信书不如无书"。二是这些规则并不是"全集"，需要补充和完善。读者完全可以在自己的实践中归纳总结出新的规则。

（1）根据占问时天气、地理等环境状况的推断规则

· 若占问时忽闻雷声，多主有虚惊之事。

· 若占问时云开见日，则所占问的人或事会好转。若占问时乌云蔽日，则所占问的人或事会转坏。

· 若占问时忽遇大风，多主所占问的人或事会有动荡。

· 若占问时忽然下雨，且淋湿了来占问之人的衣服，则其人会有贵人相助。

· 若占问时见到重重山峦或土丘的景象，则所占问之事难办，会有阻隔。（笔者注：当时正在占问，因此这里所说的"见到"，并不是一定指在行走时所见，而是忽然环顾周围时见到。以下的规则中的"见到"亦作如是解。）

· 若占问时见到湖泊、沼泽等景象，则所占问之事会得到有力支持，若是占问买卖等事，则会有丰厚的利润。

· 若占问时见到流水景象，则主所占问之事亨通顺利。

· 若占问时见到顽石、坚岩等，则主所占问之事须有坚定信念才能成功。

· 若占问时见到散沙，则所占问之事须放手去干。但若占问合作之事，则主合作多会散伙。

· 若占问时见到波涛，则主所占问之事或乘船出行会有惊险发生。

· 若占问时见到山体滑坡或塌方等，则主会有田土损失之忧。

· 若占问时见到干涸水池、沼泽或干枯的林木等，则主所占问之事拖延难办，让人心力交瘁。

（2）根据占问时来人或见到之人的身份、职业、行为等的推断规则

· 若来占问之人是达官显贵或占问时恰好见到达官显贵，若占问谒贵之事则能如愿。

易源易法——易经的渊源

与推算体系分析

- 若占问时见到富商、企业家，如果是占问求财之事，则能成功。
- 若占问时出现警察等执法人员在执法，则主占问之人会有诉讼、官非等事发生。
- 若占问时遇见儿童哭泣，则主占问之人正在为子孙而发愁。
- 若占问时见到两男两女相伴而来，如果是占问婚姻，则主占问之人会有重婚之虑。
- 若占问时见到女子牵手而来，则主占问之人会因为隐私之事而受连累。
- 若占问时见到木匠、泥瓦匠等建筑装饰工人，则主占问之人将改换门庭。
- 若占问时见到屠夫，则主占问之人会发生骨肉分离之事。
- 若占问时见到打猎之人，则主占问之人可能会得到来自野外的财富。
- 若占问时见到盲人，则主占问之人心里正在筹划所占之事。
- 若占问之人在占问时无意识地擦拭眼睛或打喷嚏，则主其人有忧虑之事无法排解。
- 若占问之人在占问时无意识地摇手，则主占问之人不能去做所占之事。
- 若占问之人的脚在占问时不停地动，则主占问之人将出行。
- 若占问时见到旁边有人摇头或掉头离开，则主别人不会答应占问之人所占之事。
- 若占问之人在占问时无意识地双臂交叉，则主占问之人有损耗之忧。但若只是偶然双臂相抱，则主所占问之事需要经过争斗之后方能成功。
- 若占问之人在占问时无意识地手指屈曲，则主所占问之事多有阻隔。
- 若占问之人在占问时无意识地唉声叹气，则主占问之人有悲伤忧疑之事难以排解。
- 若占问之人在占问时无意识地舌头吐出口外，则主占问之人有口舌是非等纷争之事。
- 若占问之人在占问时背向着卜筮者，则主占问之人需防发生闪失、被诈骗等事。
- 若占问之人在占问时偶尔双膝下屈，则主占问之人所问之事需要卑躬屈膝求告他人才能办成。

（3）根据占问时见到的人事、静物、植物等的推断规则

下面的规则都是根据"近取诸身，远取诸物"的原理引申而得。

- 若占问时旁边恰好有人给孩童授书，则主占问之人有官司诉讼之事。
- 若占问时旁边恰好有人在传授、讨论经书史籍之类的学问，则主所占问之事往往会流于空谈。
- 若占问时旁边恰好有主人鞭笞仆人之事，则主占问之人需防被责备、惩罚等事。

·若占问时旁边恰好有人在笑语、欢歌或在谱曲、作词，则主占问之人所谋划之事容易成功。

·若占问时旁边恰好有人正在赌博，则主占问之人会有跟别人争夺财产之事发生。

·若占问时旁边恰好有人正在题词、写字等，则主所占问之事与公文、文章、书信等有关。

·若占问时恰好见到有人携带物品，则主占问之人会得到提携。

·若占问时恰好见到有人手挽着手，则主占问之人正与某事有牵连。

·若占问时见到舟船停泊在水中，则主所占问之事需凭借别人的帮助和接济方能成功。

·若占问时见到有人拿着弓箭，则主所占问之事需要别人的引荐方能办成。

·若占问时见到有人拿着箭，却没有弓，则主所占问之事没有成功的希望。

·若占问时见到全副武装之人，则主占问之人是掌大权者。

·若占问时见到纺纱、织布、缫丝之人，则主所占问之人的事务繁杂，头绪颇多，不易解决。

·若占问时见到有人正在下棋，则主所占问之事需用点计谋方能成功。但若是下围棋，则主所占问之事头绪很多，繁杂难清理，但并不意味着一定不成功。

·若占问时见到假花假果，则主占问之人没有扎实的成果可凭借。

·若占问时见到有人在摄影、画画，则主占问之人徒有其表。

·若占问时见到笔墨俱全，则主占问之人宜参加文化考试之类。

·若占问时恰好见到有人在翻转器物的盖子，则主占问之人将会离开现在的位置。

·若占问时忽然见到有人在照镜子，则主占问之人可以去应召。

·若占问时见到有人怀抱贵重器皿，则主占问之人才能非凡。

·若占问时见到有人背负着大木材，则主占问之人将要发大财。

·若占问时见到秤、尺等衡量器具，则主占问之人应量力而行。

·若占问时见到刀子和剪子，则主占问之人应量才而用。

·若占问时见到别人在踢球，则主占问之人背后有人挑拨是非。

·若占问时见到别人正在开锁，则主所占问之事易于疏通。

·若占问时见到有人缝补器物，则主所占问之事有疏漏之处，需弥补，但终究难以长久。

·若占问时见到使用斧头，或磨制钢器之人，主所占问之事的成功会较迟。

·若占问时见到使用快刀砍木之人，则主利于所占问之事，但财产会有损失。

·若占问时见到有人在裁制服装，则主所占问之事会先破损而后成功。

·若占问时见到有人在制造陶瓷、砖瓦等器物，则主所占问之事会先成功而后失败。

- 若占问时见到有人在张网捕鱼，则主所占问之事可望而不可及，成败皆有可能，没有准实。
- 若占问时见到手持斧锯之人，则主占问之人会受到伤害。
- 若占问时见到有人在洗餐具、酒具，则主占问之人将有饮食之喜。
- 若占问时见到有人在挥扇乘凉，则主占问之人会受到召见。
- 若占问时见到有人的衣服被别人弄脏，则主占问之人需防备别人的谋害和欺凌。
- 凡占问之时所见之色皆可为吉凶外应：黄色乃瑞祥之兆，青色乃吉凶参半之兆，白色乃刀刃之兆，黑色乃凶兆，赤色乃灾祸之兆，红紫色乃吉兆。
- 若占问时酒杯忽然破裂，则主占问之人会有乐极生悲之事。
- 若占问时路逢医生，则主所占问之事在危难中会有救解。
- 若占问时见到有人在耕田锄地，则主所占问之事必然出现反复、翻腾。
- 若占问时见到有人在剖破竹竿，则主所占问的人或事必然遂心顺意。

（4）根据占问时见到的植物的推断规则

- 若占问时见到灵芝、兰草等植物，此乃所占问的人、事祥瑞之兆。
- 若占问时见到松柏，此乃占问之人健康长寿、生命坚强之兆。
- 若占问时见到椿、桧之类的树木，则主所占问之事宜于长久。
- 若占问时见到菌菇类植物，此乃朝生暮死，不能长久之兆。此时若是占问疾病、产育之事，则很可能是死亡之兆。
- 若占问时见到枝叶飘零的景象，此乃所占问之人、事衰败萎缩之兆。
- 若占问时见到树根露出，果核撒落，则主占问之人会被某事牵连。
- 若占问时见到奇葩异花，则主所占问之事流于虚花，难有实际成果。
- 若占问时见到饱满的果实，则主所占问之事必有好的结果。
- 若占问时见到藤类植物，则主占问之人有可以依靠的人，但人际关系比较复杂。

（5）根据占问时见到的动物的推断规则

- 占问之时所听到的鸟类声音皆可作为外应之兆，例如，雀鸟鸣叫欢快，主口舌；鸣叫悲咽，主忧愁；鸣叫嘹亮，主吉庆。
- 占问之时见到的鸟类品种亦可作为外应之兆，例如，乌鸦乃报灾之兆，喜鹊乃报喜之兆，凤凰、仙鹤为祥瑞之兆，猫头鹰为有妖孽之兆，鸿雁乃有来自远方朋友的信息之兆。
- 若占问时见到虎豹之类猛兽，则主占问之人可施展威力。
- 若占问时见到蛇蝎，则主有别人阴谋暗算。
- 若占问时见到老鼠啮咬衣服，则主会有口舌纷争之事。
- 若占问时有麻雀在屋檐下鸣叫，则主有远方的客人将至。
- 若占问时见到两狗咬架，则需防有盗贼至。

- 若占问时见到两鸡相斗，则主有喧闹争执之事。
- 若占问时见到牵羊之人，则主将有喜庆之事降临。
- 若占问时见到骑马之人，则主占问之人出入都会有所收获。
- 若占问时见到猿猴爬树，则主占问之人心神难宁。
- 若占问时见到鲤鱼跃出水面，乃吉兆，则主所占问之事变化不凡。
- 若占问时见到绳索上栓着马，若是占问疾病，则主难以痊愈。
- 若占问时见到飞禽隐入木笼之中，则主受困之人没摆脱窘境。

（6）根据占问时听到的声音的推断规则

- 若占问时听到快乐笑语之声，则主占问之人会有喜事。
- 若占问时听到悲切、抱怨、叫骂及哀叹之声，皆可断为不吉。
- 占问时听到的声音皆可作为外应分析推断，例如，马嘶，主有斗争；涛声，主有惊险；悲咽，主有忧虑之事；奏乐，主有喜事；喧哗，主有吵闹；烈焰之声，主有火警。

八、起卦加数

《梅花易数》云："寅年十二月初一日午时，有数家起造，俱在邻市之间，有三家以此年月日时求占于先生。若同一卦，则吉凶莫辨矣。先生以各姓而加数，遂断之而皆验。盖三家求占，有田姓者，有王姓者，有韩姓者。若寅年三数，十二与一，共十六，加王姓四画，得二十数，除二八十六，得四，震为上卦。又加午时七数，总二十七数，除三八二十四，得三，离为下卦。二十七中除四六二十四，零三，为动爻，得丰变震，互见兑巽。其田姓加以田字六画，得水风井变升，互见闻兑。其韩姓加入二十一画之数，得益变中孚，互见艮坤。乃以各家之卦断之也。

不特起屋之年月日时加姓也，凡冠婚及葬事，皆须加姓。然冠葬则加一姓可矣；若婚姻则男女大事，必加二姓方可。极北之人无姓，亦必有名，不辨其字，则数其声音。又无名，则随所寓也。"

这就是"起卦加数"，它是针对梅花易数起卦方法的一种完善和补充。例如，《梅花易数》以时辰起卦的方法在一个时辰内只能起一卦，但是如果在这个时辰中又需要起卦时，可以采用加上来占问之人的某个信息（如姓氏），则可以得到另一卦，解决了一个时辰中只能起一卦的问题。当然附加的信息并不是只有姓氏之数，还可以加上其他信息对应之数。

［笔者注：上面的原文中，有存疑之处。"田"和"韩"两个姓的笔画数无论采用哪一种计算法，似乎都不是六画和二十一画，应该是五画和十七画。有兴趣的读者可以参阅笔者另一本书《中华姓氏起源与内涵》（广西民族出版社，2010年版）。］

九、静占

《梅花易数》云："凡应占宅静室，无所闻见，则无外卦，即不论外卦。但以全卦年、月、日值五行衰旺之气，以体用诀之。"

外应在梅花易数断卦体系中十分重要，但如果没有外应，仍然可以断卦。这段话解决了梅花易数断卦体系中如果占问之时所在的环境特别安静，没有任何外应时如何断卦的问题。此时虽然没有外应，依然可以根据体卦、用卦、互卦的卦气旺衰状态，以及它们之间比和、相生、相克关系进行推断。

十、梅花易数推断应期

在第六章"六爻断卦法"中已经说过，所谓应期，是指断卦的结论应验的时间，远则可能是某年、某月，近则可能是某日、某时。六爻断卦法有许多推断应期的规则，依据的是六爻体系中的各种元素。梅花易数体系中也有许多推断应期的规则，用到了梅花易数体系中的各种元素。二者各有特点，不尽相同。但有一点是相同的，那就是六爻法和梅花易数法都有依据卦爻、卦象的旺衰状态推断应期的规则。这也正说明了五行属性在卜筮领域的重要性。

梅花易数的主流主张在起卦时采用先天数和后天方位（称为"先天起卦法"），也有人主张在起卦时采用后天数（"后天起卦法"）。二者不但起卦所用的"数"不同，而且确定应期的方法也不相同。

用先天起卦法断卦定应验之期，常常用卦气来确定。如果是乾卦，因为乾属金，那么应期应定在庚日，辛日或五行中属金的日子（如地支为申、酉之日）。或者乾卦的应期定在戌日，亥日，因为乾在八卦方位中为西北方，而戌，亥亦在西北方。或者兑卦的应期定在酉日酉时。再如，震、巽之应期当定于甲日，乙日，以及五行中属木的日子（如地支为寅、卯之日）。或者震卦的应期定在卯日卯时，巽卦之应期应定在辰日辰时，等等。

后天起卦法断卦定应验之期则多以卦数加时数来确定，又根据当时求卜者当时行、卧、坐、立的姿态或者求占者心情的迟缓与急速的情况，来确定事物的应验之期。用卦数加时数来确定应期的方法，是在近期而不是应在长远之期的，就没有必要断为长远之期。有许多复杂情况，必须综合先天卦数与后天卦数来断定应期，亦不可执于一端。

笔者是主张采用先天起卦法的，因此本书对后天起卦法不作详细讨论。

梅花易数确定应期的依据是体卦和用卦的卦气（旺衰状态）、体卦与用卦之间的比和、相生、相克关系。而它的基础是五行属性，因为卦气旺衰和比和、相生、相克关系等都是根据五行之间的关系而得。当然，确定应期的另一个不可或缺的要素是时间，因为卦气的旺衰是有时间决定，并随着时间的变化而发生转换的。

因此，梅花易数确定应期和六爻法确定应期的方法的基础相同，但规则却各不相同。

1. 体卦克制用卦时确定应期

如果体用之间的关系是体卦克制用卦，则需看体卦的旺衰状态而定。

（1）旺相的体卦克制用卦时确定应期

若旺相的体卦克制用卦，则当体卦最旺之时，或用卦最衰之时，或体卦得到生助之时乃应期。

例如，农历正月占问打官司能否赢，占得大成卦是风山渐卦☴☶，二爻动，变卦是巽风卦☴☴，体卦是巽卦☴，用卦是艮卦☶。此时体卦为旺，用卦为衰，此乃旺的体卦克制衰的用卦。但是，正月里震卦最旺，二月里巽卦最旺。因此，若所占问的官司在正月开庭，虽然占问之人有理，但未必在正月里就能赢。若是在二月开庭，则能赢。

（笔者注：震卦和巽卦在正月和二月皆为旺，但是旺的状态有所区别，正月的月建是寅，为阳木，与震卦对应；二月的月建是卯，为阴木，与巽卦对应。所以说正月里震卦最旺，二月里巽卦最旺。）

又如，农历七月占问能否升职，占得大成卦是泽雷随卦☱☳，二爻动，变卦是兑为泽卦☱☱，体卦是兑卦☱，用卦是震卦☳。此时体卦为旺，用卦为衰，此乃旺的体卦克制衰的用卦。但是，农历七月的月建为申，属阳金，对应于乾卦；农历八月的月建为酉，属阴金，对应于兑卦。因此，兑卦在七月旺，在八月最旺。故应期可断为升职之确事需待农历八月方能成功。

（2）休囚的体卦克制用卦时确定应期

若体卦的状态为衰（休囚），克制用卦，则需要看用卦的旺衰状态：

当用卦的状态为旺相时，休囚的体卦无力克制旺相的用卦，故所占问的事情难以成功，也就无应期可言。但若用卦的状态亦为衰（休囚），即体用皆衰，则当衰的体卦得到生助之时（即体卦当令之月、日）可断为应期。（笔者注：由于体卦本身处于衰的状态，因此，只是可以断为应期，但不是必然应验的。）

2.体卦生助用卦时确定应期

（1）旺相的体卦生助用卦时确定应期

若旺相状态的体卦生助休囚状态的用卦，此乃体卦损耗之患，乃不吉之兆。但由于体卦旺相，故无妨。待体卦值日或体卦得到日辰生助之日即为应期（不吉之兆应验之日）。

所谓"某卦值日"是指，该卦与日辰对应的卦（根据日地支确定）相同。例如，占得雷地豫卦☳☷，二爻动，体卦是震卦☳，在甲寅日占问，也对应于震卦☳，这就是体卦值日。

所谓"某卦当令"（亦称为"当令之月"）是指，该卦与月建对应的卦（根据月地支确定）相同。在上一例中，若是在正月占问，则正月为寅月，于是称该卦当令。

（2）休囚的体卦生助用卦时确定应期

若休囚状态的体卦生助旺相状态的用卦，体卦已经休囚，又逢损耗之患，乃不吉之兆，待体卦值日，或用卦值日即为应期（不吉之兆应验之日）。

3. 用卦克制体卦时确定应期

（1）旺相的用卦克制体卦时确定应期

若旺相状态的用卦克制体卦，乃不吉之兆。即使体卦也旺相，亦不吉，如果体卦休囚，则更不吉。用卦当令之月或用卦所值之日即为应期。

（2）休囚的用卦克制体卦时确定应期

若休囚用卦克旺相体卦，则待用卦被克制之日，体卦当令或值日之时为应期。

4. 用卦生助体卦时确定应期

（1）旺相的用卦生助体卦时确定应期

若旺相用卦生助休囚体卦，则待体卦值日或生体的用卦值日或当令为应期。

（2）休囚的用卦生助体卦时确定应期

若休囚用卦生助旺相体卦，则待用卦当令之时为应期。如果体卦临日建，可以不往用卦的时间上断，直接用体卦当令的时间断应期即可。

5. 体用比和时确定应期

（1）体卦和用卦皆旺相，且比和时确定应期

若旺相体卦与旺相用卦比和，则体、用卦五行当令之时即为应期。

（2）体卦和用卦皆休囚，且比和时确定应期

若休囚体卦与休囚用卦比和，则主占问之事不会成功，所以不用定应期。但也要看卦中有无生体之卦（互用、变用），如有生体的卦可以生体之卦当令之时断应期。

6. 根据占问之人的动静确定应期

占问之人（或代他人占问之人，下同）在占问之时的动静状态也是确定应期的重要依据。

如果占问之人突然感觉到心绪波动，这是"不动不占"的现象，不仅应该起卦占问将有何事发生，而且所得到的占断结论往往会比较快地应验。

如果占问之人在占问之时的状态是躺卧着，则占断结论的应期会比较长。例如，若占断的结论是当体卦旺相之时应验。这里的旺相之时也许是旺相之月，或是旺相之日，或是旺相之时辰，由于其人当时处于躺卧状态，因此多会是待旺相之月才能应验。

如果占问之人在占问之时的状态是坐着，则占断结论的应期不会很快，会稍长。同样是上面所举的例子，则应期很可能是旺相之日，既不是旺相之月，也不会是旺相之时辰。

如果占问之人在占问之时的状态是处于运动状态（行走、跑动或乘坐快速交通工具），则占断结论的应期会很快。同样是上面所举的例子，则推断结论很可能马上兑现，甚至立等可取。笔者有一个实际卦例，2006年与一些朋友去郊区某地，途中由当地的一位朋友开车前来迎接，在前面带路。笔者坐在后面车的副驾驶位置，刚好看到当地朋友的车尾部的车牌号。笔者突然产生推算其车牌号的想法，用数字

起卦的方法，再用梅花易数法解卦后，告诉同车的朋友们，前面那辆车的号码不好，会破财。说了之后，两辆车前行不到300米，前面的车不知什么原因，撞上了路上的一块不小的石头，导致车辆受损，必然破财。

由于当时笔者在行进中的车上，处于快速运动状态，所以推断结论的应验可以说是立等可取。这是一个很典型的卦例，遗憾的是，当时在车上不便记录下来，事后也没有补记下来，时间一长，已经回忆不起当时的时间和卦象。这是笔者的教训，所以，笔者在后面第九章"关于卜筮的思考"中特别强调了要注意积累的问题。

十一、梅花易数引申出的"神课"

前面曾经介绍，梅花易数断卦时应该先看卦辞和动爻的爻辞。于是有人为使用简便，根据六十四卦的卦象和卦辞编出类似于佛教中"偈语"的六十四首诗，名之曰"六十四神课"。笔者认为，由于其依据是卦象和卦辞，因此有一定的参考价值。但是由于每次占问的动爻各不相同，也就无法与爻辞联系起来。所以"六十四神课"只能作为断卦时的参考，无法取代完整的断卦结论。

需要说明的一点是，从形式上看，"六十四神课"与许多庙宇道观中的抽签的签文很相似。庙宇道观中的抽签有"观音灵签""吕祖灵签""玉皇签"等，与这里所说的"六十四神课"是有所不同的。

"六十四神课"是与六十四卦分别对应的，录得原文如下：

第一卦 乾为天（困龙得水）
困龙得水好运交，不由喜气上眉梢。一切谋望皆如意，往后时运渐渐高。

第二卦 天风姤（他乡遇友）
漂泊他乡志不伸，忧愁寂寞到如今。时来忽逢知己友，对面言谈大放心。

第三卦 天山遯（浓云蔽日）
太阳出没在天边，只宜明亮不宜暗。若遇浓云来遮蔽，定主恍惚事不全。

第四卦 水泽节（斩将封神）
时来运转喜气生，登台封神姜太公。到此诸神皆退位，纵然有祸不成凶。

第五卦 风地观（旱莲逢河）
毕竟莲花出水中，旱时不与往时同。幸得河水来浇灌，枝叶重鲜花更红。

第六卦 山地剥（鹰鹊同林）
鹊遇天晚宿林中，不知林内先有鹰。虽然同处心生恶，卦若逢之事非轻。

第七卦 火地晋（锄地得金）
锄地锄去苗里草，谁想财帛将人找。一锄锄出金子来，这个运气也算好。

第八卦 火天大有（砍树摸雀）
砍树摸雀做事牢，是非口舌自然消。婚姻合伙不费力，若问走失未脱逃。

第九卦 坎为水（水底捞月）

一轮明月照水中，只见影子不见踪。愚夫当财下去取，摸来摸去一场空。

第十卦 天地否（虎落陷坑）

猎人掘下一陷坑，欲擒猛虎虎不知。一不小心掉下去，纵然有力无处使。

第十一卦 水雷屯（乱丝无头）

风刮乱丝不见头，颠三倒四犯忧愁。慢慢处理尚可顺，急促反惹不自由。

第十二卦 水火既济（金榜题名）

金榜之上题姓名，不负当年苦用功。人逢此卦多吉庆，一切谋望大亨通。

第十三卦 泽火革（旱苗得雨）

苗逢旱天渐渐衰，幸得天恩降雨来。忧去喜来能变化，谋求干事遂心怀。

第十四卦 雷火丰（古镜重明）

古镜昏暗这些年，一朝重磨比月圆。君子谋事逢此卦，时来运转喜自然。

第十五卦 地火明夷（过河拆桥）

时乖运拙走不着，急忙过河拆了桥。受恩不报反为怨，凡事无功枉受劳。

第十六卦 地水师（马到成功）

将帅领兵去出征，骑着烈马拉硬弓。百步穿杨射得准，旗开得胜喜气生。

第十七卦 艮为山（矬巴勾枣）

好事常打心头走，可惜眼前难到手。不如意时且忍耐，遇到闲事休开口。

第十八卦 山火贲（喜气盈门）

时来运转瑞气周，窈窕淑女君子求。钟鼓乐之大吉庆，占者逢之喜临头。

第十九卦 山天大畜（阵势得开）

忧愁常锁两眉尖，千头万绪挂心间。从今以后打开阵，任意而行不相干。

第二十卦 山泽损（推车掉耳）

时运不至费心多，好比推车受折磨。上山路上掉车耳，左安右安安不着。

第二十一卦 火泽睽（贩卖猪羊）

此卦占来运气歹，如同太公作买卖。贩猪羊快贩羊迟，猪羊齐贩断了宰。

第二十二卦 天泽履（凤鸣岐山）

凤凰落在西岐山，长鸣一声出圣贤。天降文王开基业，富贵荣华八百年。

第二十三卦 风泽中孚（行走薄冰）

路上行人急匆匆，无路无桥走薄冰。小心谨慎过得去，一步错了落水中。

第二十四卦 风山渐（俊鸟出笼）

俊鸟幸得出牢笼，脱离灾难显威风。一朝得意福星至，东南西北任我行。

第二十五卦 震为雷（金钟夜撞）

一口金钟在淤泥，人人拿着当顽石。忽然一日钟悬起，一声响亮天下知。

第二十六卦 雷地豫（青龙得位）

太公差下杏黄旗，收妖为徒归西岐。从此青龙得了位，一切谋望百事宜。

第二十七卦 雷水解（五关脱难）

目下月令如过关，千辛万苦受熬煎。时来恰好有人救，任君所谓不相干。

第二十八卦 雷风恒（鱼来撞网）

渔翁寻鱼运气好，鱼来撞网跑不了。别人投本挣不来，谁想一到就凑巧。

第二十九卦 地风升（指日高升）

士人来占必得名，生意买卖也兴隆。匠艺逢之交易好，农家庄稼亦收成。

第三十卦 水风井（枯井生泉）

枯井荒废已多年，一朝忽然流清泉。救生解渴人称羡，时来运转喜自然。

第三十一卦 泽风大过（夜梦金银）

夜晚梦里梦金银，醒来仍不见一文。目下只宜守本分，思想终是空劳神。

第三十二卦 泽雷随（推车靠崖）

泥里水里这几年，推车靠崖在眼前。目下就应再使劲，爬上崖去见财源。

第三十三卦 巽为风（孤舟得水）

一叶孤舟落沙滩，有篙无水进退难。时逢大雨江湖溢，不用费力任往还。

第三十四卦 风天小畜（密云不雨）

苗逢旱天尽焦稍，谁想云浓雨不浇。农人仰面长叹气，事从缓来莫心高。

第三十五卦 风火家人（镜里观花）

一朵鲜花镜中开，看着好看取不来。劝君休把镜花恋，卦若逢之主可怪。

第三十六卦 风雷益（枯木开花）

时来运转生气发，多年枯木又开花。枝叶重生多繁茂，几人见了几人夸。

第三十七卦 天雷无妄（鸟被笼牢）

飞鸟失机落笼中，纵然展翅难腾空。目下只宜守本分，要想高飞万不能。

第三十八卦 火雷噬嗑（饥人遇食）

运拙如同身受饥，幸亏有人送饭食。适口充腹心欢喜，忧愁从此渐消移。

第三十九卦 山雷颐（渭水访贤）

太公独钓渭水河，手执渔竿忧愁多。时来又遇文王访，从此永不受折磨。

第四十卦 山风蛊（推磨岔道）

卦中爻象如推磨，顺当为福反为祸。心中有事暂迟缓，凡事尽从忙中错。

第四十一卦 离为火（天官赐福）

为官来占主高升，庄户人家产业增。生意买卖利息厚，艺匠占之大亨通。

第四十二卦 火山旅（宿鸟焚巢）

飞鸟树上筑窝巢，小人用计举火烧。君占此卦为不吉，一切谋求枉徒劳。

第四十三卦 火风鼎（渔人得利）

鸳鸯蛤蜊落沙滩，拼命挣扎两翅扇。渔翁近前双得利，卦若逢之喜气添。

第四十四卦 水火未济（太岁月建）

开沟掘地几丈深，提防偷营劫寨人。时逢太岁为凶煞，小心谨慎祸不侵。

第四十五卦 山水蒙（小鬼偷钱）

卦中爻象犯小耗，君子占之运不高。婚姻合伙有琐碎，做事必然受苦劳。

第四十六卦 风水涣（隔河望金）

隔河望见一锭金，欲取河宽水又深。指望发财难到手，昼夜思想枉费心。

第四十七卦 天水讼（二人争路）

心中有事实难顾，恰似二人争走路。两下都是要争先，谁肯让谁走一步。

第四十八卦 天火同人（仙人指路）

心中有事费猜疑，谋望从前不着实。幸遇名人来指引，诸般忧闷自消失。

第四十九卦 坤为地（饿虎得食）

肥羊失群入山冈，饿虎碰到把口张。适口充饥心欢喜，君占此卦大吉昌。

第五十卦 地雷复（夫妻反目）

马氏太公不相和，世人占之琐碎多。施恩不报反为怨，是非平地起风波。

第五十一卦 地泽临（发政施仁）

君王无道民倒悬，常想拨云见青天。幸遇明主施仁政，重又安居乐自然。

第五十二卦 地天泰（喜报三元）

学问满腹入场围，三元及第得意回。从今解去愁和闷，且喜平地一声雷。

第五十三卦 雷天大壮（工师得木）

卦占工师得大木，眼前应该走上路。时来运转多顺当，有事尽管放心去。

第五十四卦 泽天夬（游蜂脱网）

蜘蛛结网赛天牢，粘住游蜂翅翎毛。幸亏大风吹破网，脱离灾难又逍遥。

第五十五卦 水天需（明珠出土）

明珠土埋日久深，无光无亮到如今。忽然大风吹土去，自然显露又重新。

第五十六卦 水地比（船得顺风）

顺风行船扯起篷，上天又助一阵风。不用费力逍遥去，任意而行大亨通。

第五十七卦 兑为泽（趁水和泥）

这个卦象真有趣，觉着做事不费力。休要错过这时机，事事称心又如意。

第五十八卦 泽水困（撮楼抽梯）

时运不好小人欺，千方百计来商议。好话哄你上了当，撮上楼去抽了梯。

第五十九卦 泽地萃（鲤鱼化龙）

游鱼戏水受网惊，跳过龙门身化龙。三尺杨柳垂金线，万朵桃花显神通。

第六十卦 泽山咸（棒槌发芽）

运去黄金化为土，时来棒槌能发芽。从今以后交好运，纵有差错也不怕。

第六十一卦 水山蹇（雨雪载途）

大雨倾地雪满天，路上行人苦又寒。拖泥带水费尽力，事不遂心且耐烦。

第六十二卦 地山谦（二人分金）

天赐穷人一封金，不争不夺两平分。彼此分得金到手，不仅得利更得人。

第六十三卦 雷山小过（急过独桥）

行人路过独木桥，心内惶恐眼里瞧。爽利保你过得去，犹豫恐怕不安牢。

第六十四卦 雷泽归妹（缘木求鱼）

摸鱼应该到水中，树上摸鱼不顺情。受尽巴结难遂意，劳而无功运平平。

第三节　梅花易数分类推断规则

　　根据占问的人或事的类型，梅花易数与六爻法都有对应的推断规则。在梅花易数的断卦体系中有一首"诸事响应歌"根据体卦、用卦和互卦之间比和、相生、相克的关系，卦气的旺衰，以及所占问的何人、何事，归纳了一套推断规则，并由此延伸出一套分类推断规则。

诸事响应歌

先贤遗下预知音，皇极观梅出周易。　玄微浩瀚总无涯，各述繁言人莫记。

大抵体宜用卦生，旺相谋为终有益。　比和为吉克为凶，生用亦为凶兆矣。

问雨天晴无坎兑，亢旱言之终则是。　天时连雨问晴明，艮离贲卦回应耳。

乾明坤晦巽多风，震主雷霆定莫疑。　凡占人事体克用，诸事亨通须有幸。

比和为妙克为凶，又看其中体卦证。　乾主公门是老人，坤遇阴人曰土应。

震为东方或山林，巽亦山林蔬果品。　坎为北方并水姓，酒货鱼盐才取定。

离言文书炉冶利，亦曰南方颜色亦。　艮为东北山林材，兑曰西方喜悦是。

生体克体亦同方，编记以为诸事应。　凡问家宅体为主，旺相须知进田土。

生用须云耗散财，比和家世安居处。　克体为凶决断之，生产以体为其母。

两宜生旺不宜衰，奇偶之中察男女。　乾卦为阳坤为阴，又有来人爻内取。

阴多生女阳生男，此数分明具易理。　婚姻生用必难成，比和克用大吉利。

若问饮食和生体，必知肴馔丰厚喜。　生用克体饮食难，克用必无比和美。

坎兑为酒震为鱼，八卦推求衰旺取。　求谋称意是比和，克用谋为迟可已。

求名克用名可求，生体比和俱可取。　求财克用日有财，生体比和俱称意。

交易生体及比和，有利必成无后虑。　出行克用用生体，所至其方多得意。

坎则乘舟离旱途，乾震动则坤艮止。　行人克用必来迟，生体比和人即至。

成远恒迟升不回，艮阻坎险君须记。　若去谒人体克用，速可追寻依卦断。

相生比和终可寻，兑临残缺并井畔。　离为冶所及南方，坤主方器凭推看。

疾病最宜体旺相，克用易安药有效。　比和凶则有救星，体卦受克为凶兆。

离宜服热坎服冷，卦见坤土温补亨。　亦把鬼神卦象推，震主娇怪为状貌。

巽为自缢并锁枷，坤艮落水及血刃。　凡占公讼用宜克，体卦旺相终得理。

比和助解最为奇，非止全仗他人力。　若问墓穴在何地，坤则平阳巽林里。

· 280 ·

乾宜高葬艮临山，离近人烟兑兴废。比和生体宜葬之，克用尤为大吉利。

若人临问听傍言，笑语鸡鸣亦吉美。美物是为祥端推，略举片言通万类。

一、天时占

所谓"天时占"，是指占问天气状况。凡占问天气状况，占得大成卦后，不对卦中的体卦和用卦分析推断，而是直接根据本卦、变卦、互卦的类象及其五行属性，同时还需要根据占问时的季节的五行属性，进行推断。

根据八卦类象可知：

离卦属火，多主晴，若是夏季占得离卦，且变卦和互卦都不是坎卦者，则主大旱。

坎卦属水，多主雨，若是冬季占得坎卦，且变卦和互卦都不是离卦者，则主雨雪天。

坤卦乃地气、为阴，多主阴晦或久晴必雨。

乾卦为天、为阳，多主晴明或久雨必晴。若时值冬季，则为霜、雪。

震卦为雷，若是在春夏之际占得震卦，主打雷，若是在秋冬之际占得震卦，且变卦和互卦都不克制震卦者，亦主会打雷。

巽卦为风，无论何时占得巽卦，皆主大风。

艮卦为土，为云、雾，又主停止，故若占得艮卦，则主有雾或久雨必晴。

兑卦为泽，属金，生水，多主天气不雨亦阴。若时值冬季，则为霜、雪。

大成卦由两个八经卦组成，它们分别有不同的类象，组合在一起时，会产生新的类象：

若大成卦由乾卦和坤卦组成（地天泰卦䷊或天地否卦䷋），坤卦主阴晦，乾卦主晴明。二者组合后，多主天气或晴或阴多变。若占得地天泰卦，则因为坤卦（阴晦）是上卦，因此天气昏暗朦胧。

（笔者注：与六爻法不同的是，梅花易数占得的卦多是先有上卦，后有下卦。因此地天泰卦䷊是先有坤卦，后有乾卦，则主天气为阴转晴；而天地否卦䷋是先有乾卦后有坤卦，则主天气为晴转阴。）

若大成卦由坤卦和艮卦组成（地山谦卦䷠和山地剥卦䷖），坤卦主阴晦，艮卦主山云之气，二者组合后，多主天气阴晦多变。

若大成卦由离卦和坎卦组成（水火既济卦䷾或火水未济卦䷿），离卦为火，主晴，坎卦为水，主雨，多主天气晴雨多变难测。占得水火既济卦者，先雨后晴，占得火水未济卦者，先晴后雨。

若大成卦由坎卦和艮卦组成（水山蹇卦䷦或山水蒙卦䷃），多主雨雾交加的天气。若占得水山蹇卦，则主先有雨，后来雨停，若占得山水蒙卦，则主先有雾再转有雨。

若大成卦由艮卦和巽卦组成（山风蛊卦䷑或风山渐卦䷴），由于"艮为云，巽为风"，故无论何时占得，多主天气会是风云际会，飞沙走石，蔽天遮日。

若大成卦由巽卦和坎卦组成（风水涣卦䷺或水风井卦䷯），由于"坎为雨，巽

·281·

为风"，多主阵雨、阵风的天气。

若占得震为雷卦☳，则主连续打雷。

若占得离为火卦☲，如果时值夏季，则主天旱；其余季节，主晴。

若占得坎为水卦☵，如果时值冬季，则主天寒；其余季节，主多雨。

若占得艮为山卦☶，由于艮卦主停止，故若久雨，则主雨停；若久晴，则主晴转雨。

若占得水泽节卦䷻或泽水困卦䷮，则主降霜或下雪。

若占得坎为水卦☵，则主发大水。

若占得水天需卦䷄，则主天气昏暗朦胧。

若占得水地比卦䷇，则主天昏地暗。

若在冬季占得风泽中孚卦䷼或泽风大过卦䷛，则主风雨或雨雪天气。

若占得地风升卦䷭或风地观卦䷓，皆主风大，须注意航行安全。

若占得火山旅卦䷷，则主先晴后雨。

若占得山火贲卦䷕，则主先阴云后晴。

（笔者注：上述规则并未囊括全部六十四卦，读者可以根据占问的时间、卦象的五行属性、各卦之间的生克关系自行推断之。）

二、人事占

所谓"人事占"，是指占问某个人的状况，以及与他人之间的关系如何。由于有主宾之分，因此需要用到体卦和用卦，并加以分析。

基本规则是：体克用、用生体、体用比和则吉，用克体、体生用则凶。

若是体克用（体卦克制用卦），则我方压制对方，因此，若体卦旺相，则我方的愿望能实现。若体卦休囚，则须待旺相之时。

若是用生体（用卦生助体卦），则主对方于我方有帮助，故愿望能实现，有进益之喜。此时即使体卦休囚亦无妨。

若是体用比和（体卦与用卦的五行属性相同），则主双方和谐，所谋之事能达到共赢。但若体用皆休囚，则需待体用旺相之时才是应期。

若是用克体（用卦克制体卦），则我方被对方压制，因此求谋之事难成。但若体卦旺相，用卦休囚，则用卦对体卦的克制无力，尚无大害。若体卦休囚，用卦旺相，则是雪上加霜。

若是体生用（体卦生助用卦），则是损耗之患，我方的付出（钱财和时间）和努力会付诸东流，白辛苦一场，对方却会因我而得益。

三、家宅占

所谓"家宅占"，是指占问住宅对主人或居住之人的影响。家宅占时以体卦为主人或居住之人，用卦为家宅。

若是体卦克制用卦，则主该家宅对主人或居住之人无碍，吉。

若是用卦生助体卦，则主该家宅对主人或居住之人有利，有进益之喜（身体健康或财运等）。

若是体用比和，则主该家宅安稳无事。

若是用卦克制体卦，则主该家宅不利于主人或居住之人，凶。

若是体卦生助用卦，则主该家宅对主人或居住之人不利，损耗之患（身体不佳或财运受损）。

四、屋舍占

与前面的"家宅占"基本相同，不作赘述。

五、婚姻占

所谓"婚姻占"，是指占问婚姻能否成功，以及婚后的家庭状况。占问婚姻以己方为体卦，对方为用卦。

若是体卦克制用卦，则主己方的愿望可以实现，婚姻可以成功，但可能会拖延时日，尤其是如果体卦休囚，则须待体卦旺相之时方能成功。

若是用卦生助体卦，则主不仅婚姻能成，而且能得到对方的助力，还会得到婚姻之财，如妆奁之资颇丰。

若是体卦与用卦比和，则主此项婚姻双方和谐，婚姻吉利。

若是用卦克制体卦，则主婚姻难成，即使勉强成之，亦会有害。如若体卦休囚，则更为不利。

若是体卦生助用卦，则主婚姻难成，或是对方无妆奁之资，还需要己方前去求婚才有可能成功的可能。

此外，根据用卦可以推断对方的一些体貌、性格等特征：

若用卦是乾卦，则主对方端正得体，有威严。

若用卦是坤卦，则主对方腹大、肤黄，但性格比较宽厚。

若用卦是震卦，则主对方貌美、清矍，喜欢直言，容易得罪人。

若用卦是巽卦，则主对方头发稀疏，容貌不佳，有贪心，但性格比较柔和。

若用卦是坎卦，则主对方肤黑，颇有心计，甚至有邪淫倾向。

若用卦是离卦，则主对方肤色较红，眼睛明亮，性急，热心，但性情多变。

若用卦是艮卦，则主对方肤黄，性格沉稳，执着，甚至固执。

若用卦是兑卦，则主对方形貌较佳，肤白，多语，性格开朗喜悦。

六、生产占

所谓"生产占"，是指占问妇女产育时是否顺产以及母子状况。以产妇为体卦，产育的子女为用卦。

凡占问产育，体卦和用卦皆宜旺相，不宜休囚。且体卦和用卦之间宜相生，不宜相克。

前面占问之事如果遇到体克用为吉，但占问产育则不然，如果体卦克制用卦，则不利于产育的子女。尤其是如果用卦休囚，则更不利于子女。

若是用卦克制体卦，则不利于产妇。

若是用卦生助体卦，则利于产妇，产育亦顺利。

若是体卦生助用卦，则为最佳状况，符合产育之事的要求，故为顺产。

若是体用比和，则为顺产，母子平安。

如果本卦中阳爻多，则主生男。

如果本卦中阴爻多，则主生女。

如果本卦中阳爻与阴爻混杂，且数量相当，则可以利用外应，看周围左右的人数或为奇数，或为偶数推断之。

至于产期（即为应期），可以根据卦气旺相对应的日期确定。

（笔者注：上述生男、生女的态度规则未必准确，读者可以在占断的实践中进行验证。）

七、饮食占

所谓"饮食占"，是指占问之人的饮食内容、状况等。以占问之人（或饮食之人）为体卦，以饮食本身为用卦。

若是用卦生助体卦，或体用比和，则主饮食内容丰盛，且对其人有益。

若是体卦克制用卦，则主所占问的这次饮食不顺，会有阻碍之事发生。

若是用卦克制体卦，则主所占问的这次饮食会取消。

若是体卦生助用卦，则主其人难以得到这次饮食的机会。

若用卦是兑卦或坎卦，且生助体卦，则其人不仅会得到该次饮食，而且能酒醉肉饱。但若体卦休囚，则该次饮食多会推迟（待体卦旺相之日）。

凡用卦生助体卦以及体用比和，皆主能得到丰盛的饮食，还可以根据用卦的类象推断饮食的内容。

根据互卦的人物类象，还可以推断这次饮食还有哪些人参加。

八、求谋占

所谓"求谋占"，是指占问之人所谋划、企求之事能否成功。以占问之人为体卦，所求谋之事为用卦。

若是用卦生助体卦，或体用比和，则主求谋之事能成功，称心如意，甚至不花力气就能成功。但若占问之时体卦休囚，则需待体卦旺相之时方能成功。

若是用卦克制体卦，则主求谋之事难成，如果逆势谋之，会有害。如若体卦休囚，则更有害。

若是体卦克制用卦，则主求谋之事虽能成功，但不会很快。

若是体卦生助用卦，则主多谋少遂，多属白费力气之举。

九、求名占

在古代"名"即是"功名"，与"官职、官运"是相关的，所谓"求名占"，是指占问升迁、任职、调任以及官运等状况。以占问之人为体卦，以所求之职位或官运为用卦。

若是用卦生助体卦，或体用比和，则所求功名能称心如意，易得。还会因所求的功名而有所得益。

若是用卦克制体卦，则主不仅得不到所求的功名，还会在当前的职位上受到处罚，再根据用卦旺相或体卦休囚之时可推断何时受处罚。

若是体卦克制用卦，则主所求的功名可得，但会推迟。

若是体卦生助用卦，则主不仅得不到所求的功名，白费力气，甚至会有损耗之事发生。

凡用卦生助体卦，或体用比和，皆主能得到功名，并根据体卦由衰转旺之时，或生助体卦的用卦旺相之时，即可推断得到功名的应期。再根据用卦（生助体卦）的方位类象，可推断任职的方向。

十、求财占

所谓"求财占"，是指占问财运状况，以及某件具体的求财事项能否成功。以求财之人为体卦，财运或求财事项为用卦。

若是用卦生助体卦，其人必有进益之喜，而且体卦旺相，且用卦旺相之时即为得财之时。

若是体用比和，则主其人财运颇佳，求财可得。但须体卦和用卦皆旺相之时才会应验。

若是用卦克制体卦，则主其人财运不佳，不仅无财可得，还会破财。至于破财的应期，则是体卦休囚之时。

若是体卦克制用卦，亦主其人有财可得，但须体卦旺相之时方能得到。

若是体卦生助用卦，乃损耗之患，财运不佳，无财可得。求财之事只是付出，却得不到回报。

十一、交易占

所谓"交易占"，是指占问与他人发生贸易或其他形式的交易之事。以占问之人为体卦，交易的对方为用卦。

若是用卦生助体卦，则不仅交易能成，而且必有进益。体卦旺相之时即使成交进财之时。

若是体用比和，则主所占问的交易容易成功。

若是体卦克制用卦，则主所占问的交易虽然能成，但会较迟。

若是用卦克制体卦，则主所占问的交易不能成功。

若是体卦生助用卦，乃损耗之患，主所占问的交易很难成功，即使勉强成功，也会蒙受损失。

十二、出行占

所谓"出行占"，是指占问是否能外出，以及外出期间是否顺利等状况。以出行之人为体卦，出行本身为用卦。占问出行，互卦代表出行途中的状况，因此，还需要分析互卦与体卦的关系。

凡占问出行，体卦宜旺相，不宜休囚，且用卦、互卦生助体卦者为佳。

若是用卦生助体卦，不仅出行顺利无阻，还有可能得到意外之财。

若是互卦生助体卦，则主出行途中会得到外援，颇为顺利。

若是体用比和，亦主出行顺利。

若是体卦克制用卦，不仅出行顺利，而且其人原来的计划和安排皆能实现，即使出现阻碍，也能解决。

若是用卦克制体卦，则主出行不顺，甚至会发生灾祸。

若是体卦生助用卦，则主出行期间会有损耗之患，会有破财、受伤、患病等事发生。

此外，根据体卦的类象也可推断出行状况：

若体卦是乾卦或震卦，则主其人出行期间多奔波、变动。

若体卦是坤卦或艮卦，则主其人出行期间较少变动、奔波。

若体卦是巽卦，则主其人宜于乘舟船出行。

若体卦是离卦，则主其人宜于陆路出行。

若体卦是坎卦，则主其人出行期间需防备失物或迷路等事。

若体卦是兑卦，则主其人出行期间会有纷争之事发生。

十三、行人占

所谓"行人占"，是指占问在外之人能否归来，以及在外的状况。以占问之人为体卦，在外之人为用卦。

凡占问在外之人，用卦宜旺相，不宜休囚。若用卦旺相且得到生助，则主在外之人在外平安顺利；若用卦衰（休囚）有被克制（体卦或互卦），则主在外之人有灾祸。

若是用卦生助体卦，则主在外之人会立即归来。

若是体用比和，则主在外之人不日即可归来。

若是体卦克制用卦，或体卦生助用卦，则主在外之人尚未归来，且会迟归。

若是用卦克制体卦，则主在外之人不会归来。

若用卦是震卦，则主在外之人不安宁。

若用卦是艮卦，则主在外之人诸事受阻，不顺。

若用卦是坎卦，则主在外之人有灾祸。

若用卦是兑卦，则主在外之人有纷争之事。

十四、谒见占

所谓"谒见占"，是指占问之人前去拜谒或会见某人，能否见到等状况。以占问之人为体卦，以所要谒见之人为用卦。

若是体卦克制用卦，则主能见到对方。

若是用卦生助体卦，则不仅能见到对方，还会有得益。

若是体用比和，则主双方能融洽见面。

若是体卦生助用卦，则主难以见到对方，但并不是肯定见不到，只是有难度。如果体卦旺相，则见到的可能性较大。

若是用卦克制体卦，则主无法见到对方。

十五、失物占

所谓"失物占"，是指占问能否找到丢失的物品，以及失物所在的方位。以占问之人为体卦，以失物为用卦，变用为失物所在方位。

若是用卦生助体卦，则主容易找回失物。

若是体用比和，则主该物品并没有丢失。

若是体卦克制用卦，则主失物能找回来，但需要时间。

若是用卦克制体卦，则主失物找不回来。

若是体卦生助用卦，则主找回失物较难，但并不是找不回来。

若变用是乾卦，则主失物位于西北方，或在政法机关、楼阁等场所，或在金石类物体之旁，或在圆形器皿之中，或在高亢之地。

若变用是坤卦，则主失物位于西南方，或在田野、仓廪、稼穑、土窖、地穴等场所，或在瓦器或方形器皿之中。

若变用是震卦，则主失物位于东方，或在山林、丛棘之中，或在钟鼓之旁，或在闹市之地，或大道附近。

若变用是巽卦，则主失物位于东南方，或在山林之中，或在寺观之旁，或在菜蔬园中，或舟船、车辆之中，或在木器之中。

若变用是坎卦，则主失物位于北方，或藏匿在水边，或在渠井、沟溪之处，或在酒、醋类物品之旁，或在渔业、盐业之地。

若变用是离卦，则主失物位于南方，或在厨房、灶台之中，或在明窗之处，或在空屋之中，或在文书类物品旁，或在有烟火之地。

若变用是艮卦，则主失物位于东北方，或在山林之中，或靠近路边，或在岩石旁，或藏匿于土穴之中。

若变用是兑卦，则主失物位于西方，或在沼泽、池塘之畔，或在断壁残垣之中，或在废井、干涸的池沼之中。

十六、疾病占

所谓"疾病占"，是指占问患病者能否痊愈，所患的是什么病等。以病人为体卦，以病症为用卦。

凡占问疾病，体卦宜旺相，得到生助，亦不宜被克制。

若是用卦生助体卦，则主疾病能即愈。

若是体用比和，则主疾病无大碍。

若是体卦克制用卦，则主疾病能勿药而愈。

若是用卦克制体卦，则主疾病即使用药和治疗亦难奏效。此时如果体卦休囚，则更是雪上加霜。

若是体卦生助用卦，则主疾病拖延日久，难以治愈。

根据来生助体卦的用卦旺相之时，可以推断疾病痊愈的应期。

根据被用卦克制的体卦的休囚之时（尤其是由旺相转变为休囚之时），可推断病危的应期。

根据生助体卦的用卦的五行属性可推断使用哪一类药剂：

若是离卦生助体卦，则宜服用热性之药；

若是坎卦生助体卦，则宜服用寒性之药；

若是坤卦或艮卦生助体卦，则宜服用温补之药；

若是乾卦或兑卦生助体卦，则宜服用凉性之药。

在《梅花易数》中有一段关于疾病占的问答，值得参考。原文如下：

问："乾上坤下，占病如何断？"（笔者注：此乃天地否卦☷）。

尧夫曰："乾上坤下，第一爻动，便是生体之义。变为震木，互见巽艮，俱是生成之义，是谓不灾，逢生之日即愈。"

又曰："第二爻动，如何？"曰："是变为坎水，乃泄体败金之义。金入水乡，互见巽离，乃为风火扇炉，俱为克体之义。更看占时外应如何，即为焚尸之象，断之死无疑矣。以春夏秋冬四季推之，更见详理。"

又曰："第三爻动，坤变艮土，俱在生体之义，不问互卦，亦断其吉无疑。"

又曰："第四爻动，乾变巽木，金木俱有克体之义，互吉亦凶。木有扛尸之义，金为砖磰之推。是理必定之推，是埋尸必定之理。"

又曰："第五爻动，乾变离，反能生体，互变俱生体，是其吉无疑。更有吉兆则愈吉。凶则迟而忍死，其断明矣。"

又曰："第六爻动，乾变兑，则能泄体。互见巽艮，一凶一吉，其病非死必危。亦宜看兆吉凶，吉则言吉，凶则方凶。此断甚明。"

余卦皆仿此断，则心易无不验矣。

（笔者注：上述内容较容易解读，因此不作解释。但是，其中所说的尧夫（邵雍），实际上是后人托名之作，并不是邵雍所著。

又注：《梅花易数》原文的"疾病占"还有一段论四方之鬼的内容，笔者认为不足信，故本书不作介绍。）

十七、官讼占

所谓"官讼占"，是指占问诉讼、官非等事情的状况。以占问之人为体卦，以诉讼的对方或官非中的官方为用卦。

凡占问官讼，体卦宜旺相，不宜休囚或被克制。用卦宜衰。

若是用卦生助体卦，即使体卦休囚，亦无大碍。诉讼或官非均能胜出，还会因此而有所得。

若是体用比和，对占问官讼最吉，双方能和解。

若是体卦克制用卦，则主占问之人能胜诉。但若体卦休囚，则需待体卦旺相之时方能胜诉。

若是用卦克制体卦，则主对方胜诉，占问之人败诉。若体卦休囚，则更是雪上加霜。

若是体卦生助用卦，乃损耗之患，主占问之人即使有理，但却劳民伤财，难以胜出。

十八、坟墓占

所谓"坟墓占"，是指占问安葬、修坟等事。这在古代是大事，也因此出现了专门看阴宅风水的行业（即堪舆学的内容）。但在现代，我国进行殡葬改革，提倡火化，取消土葬。所以古代的一些规则在现代已不适用。因此本书不作详细讨论，下面的规则可以用于将骨灰盒安放在公共墓地时择地、择时的参考。

以占问之人为体卦，坟墓为用卦。

凡体卦克制用卦，或体用比和，皆主宜安葬，吉昌。

若是用卦生助体卦，不仅吉昌，且对后代有益。

若是用卦克制体卦，则凶，不宜安葬。

若是体卦生助用卦，乃泄气损耗，故不吉。

（笔者注：在六爻法中有"射覆"之占，但很少见到用梅花易数的体系进行射覆的。）

第四节　卦例分析

笔者在前面说过，由于六爻断卦法的体系过于庞杂，占断费时较长，适合于那些以占卜为职业的人士。而梅花易数断卦体系相对比较简洁、易学易用，适合于业余的易学者和爱好者研究和采用。笔者正是一个易经的业余研究者，只是将占卜作为一个研究课题对待，并不是一个以占卜为职业的谋生手段之人。因此，在前面六爻断卦法一章中基本没有笔者自己的卦例。当然，笔者也有一些六爻断卦法的卦例，但因为不是笔者的研究重点和方向，因此这方面的卦例比较少。下面的卦例都是笔者多年来学习和应用梅花易数的真实卦例中的一部分，提供给读者参考。

下面的卦例中，若是阳爻发动，则在其后画上"○"，若是阴爻发动，则在其后画上"×"。

卦例一

2001 年 6 月 27 日 19：45，用时间起卦的方法占问北京申请举办 2008 奥运会能否成功？

辛巳年五月初七戌时，月建甲午，日辰辛酉。

占得泽风大过卦，五爻动，变卦为雷风恒卦。

＿ ＿　　　○　　　＿ ＿

＿＿＿＿＿　　　　　＿＿＿＿＿

＿＿＿＿＿　　　　　＿＿＿＿＿

＿＿＿＿＿　　　　　＿＿＿＿＿

＿＿＿＿＿　　　　　＿ ＿

＿ ＿　　　　　　　＿ ＿

大过　　　　　　　恒

断：

北京胜出，但需要第二轮投票才能赢。

分析：

本卦为巽卦属木，东南方，北京市位于投票表决地点的莫斯科的东南方。其他竞争对手：多伦多、巴黎、大阪、伊斯坦布尔均不是位于莫斯科的东南方。因此，北京胜出的可能性最大。

体卦为巽卦，农历五月为休的状态。用卦为兑卦属金，克制体卦。对体卦不利，所以第一轮投票不会胜出。但兑卦被月建午火克制，因此无力来克制体卦。说明体卦还有胜出的机会。但时值五月，体卦为巽，衰，所以不能立即胜出。

变卦中的变用为震卦，与体卦比和，对胜出十分有利。且用卦为兑卦，其先天数是 2，变用为震卦，其先天数是 4，4–2＝2，故断为在第二轮投票能胜出。

应验：

2001 年 7 月 13 日投票表决的结果是，第一轮投票未决出结果，第二轮投票时北京市胜出，申奥成功。

（补注：笔者在占断时，推断北京市胜出，但当时根据"2"这个数字得出的另一个结论是："北京市胜出两票"，实际证明有误。事后分析明白，赢多少票应该根据体卦的先天数推算，但由于竞争对手有多个城市，因此无法简单地推算出赢的票数。这个"2"应在第二轮上。）

（笔者注：中国足球是最让国人闹心的体育项目，笔者已经再也没有兴趣观看中国足球的赛事。中国足球唯一的一次冲出亚洲是在 2001 年，当时笔者很关心"十强赛"的赛事。因此，测算了中国国家队的大部分比赛。下面就是其中几个卦例。）

卦例二

2001 年 8 月 25 日 18：00，用时间起卦的方法占问中国队主场（沈阳）VS 阿联酋队的胜负。（比赛从 19：30 开始。）

辛巳年七月初七酉时，月建丙申，日辰庚申。

占得雷水解卦，上爻动，变卦为火水未济卦。

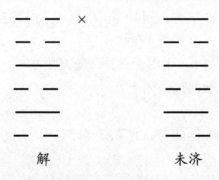

解　　　　未济

断：

中国队胜，赢 3 个球。

分析：

中国队为体卦，阿联酋为用卦。体卦为坎卦，属水。用卦为震卦，属木。月建为申金、日辰亦为申金，皆来生助体卦，体卦很旺，故中国队强势；月建和日辰克制用卦，用卦衰，故客队弱势。但是，由于水生木，故体卦（坎卦）生助用卦（震卦），所以中国队踢得很辛苦，体力消耗很大，赢得不易。

坎卦先天数为 6，变用为离卦，先天数为 3，6-3 = 3，所以赢 3 个球。这里所以采用变用的先天数，是因为变卦代表终场结果。

应验：

比赛结果显示，果然中国队胜，且赢 3 个球。

卦例三

2001 年 8 月 27 日 8：00，用时间起卦的方法占问阿曼队（主场）VS 中国队之战的胜负。

辛巳年七月初九酉时，月建丙申，日辰壬戌。

占得水火既济卦，三爻动，变卦为水雷屯卦。

既济　　　　　　屯

断：

中国队胜，赢 2 个球。

分析：

中国队为体卦，阿曼为用卦。体卦为坎卦，属水，用卦为离卦，属火。月建丙申生助体卦，故体卦为旺的状态，用卦为囚的状态，且体卦克制用卦。因此推断，主队（阿曼）必输，客队（中国队）胜。

体卦为坎卦，先天数是 6，变用为震卦，先天数是 4，6-4＝2，所以赢 2 个球。这里所以采用变用的先天数的理由同上。

应验：

比赛结果显示，果然中国队胜，且赢 2 个球。

卦例四

2001 年 9 月 1 日午时，用"卡塔尔"三字起卦的方法占问卡塔尔队（主场）VS 中国队之战的胜负。

辛巳年七月十四日午时，月建丙申，日辰丁卯。

占得风雷益卦，初爻动，变卦为风地观卦。

益　　　　　　观

断：

主队和客队双方踢平。

分析：

中国队为体卦，卡塔尔队为用卦。体卦为巽卦，属木，用卦为震卦，亦属木。

体卦和用卦皆被月建克制，为囚的状态，但好在与日辰比和（五行属性相同），有所补救。这里是体用比和，因此可以推断双方踢平。

而且，由于体用比和，因此，上半场双方踢得比较平稳。但由于变用为坤卦，体卦克制变用，所以下半场卡塔尔队无力压制中国队。

应验：

比赛结果显示，双方果然踢平。

［补注：占断之后，笔者担心不准（与笔者很希望中国队赢的心态有关），故又用时间起卦，结果证明后一卦不准确。易经占卜有一个"一事一卦"原则，但是，笔者重复占问违反了这个原则，所以后来起的卦不准确。此卦例的重复占问作为教训，供读者借鉴。］

卦例五

2001年9月8日12：40，用时间起卦的方法占问中国队（主场）VS乌兹别克斯坦队之战的胜负。

辛巳年七月二十一日午时，月建丙申，日辰甲戌。

占得泽天夬卦，五爻动，变卦为雷天大壮卦。

夬　　　　　大壮

断：

中国队胜，上半场踢平，赢在下半场，赢3个球。

分析：

中国队为体卦，乌兹别克斯坦队为用卦。体卦为乾卦，属金，用卦为兑卦亦属金。乾卦为阳金，临月建申金，兑卦为阴金，对应于酉金，所以虽然兑卦与月建的五行属性相同，但不如乾卦（阴阳之分），故客队稍弱。本卦中体用比和，因此上半场双方踢平。由于体卦（乾卦）克制变用（震卦），故下半场中国队胜。且由于乾卦的先天数是1，震卦的先天数是4，4-1＝3，故推断赢3球。

应验：

双方上半场势均力敌，都拼抢很凶，却是胶着状态，故踢成平局，下半场中国队胜出，及至终场，中国队赢2个球。

（补注：按照先天数相减之差推算赢球数，在前面几例中均验证，但在此卦例中却有误差。笔者事后究其原因认为，如果体卦的先天数大于用卦的先天数，则可直接采用相减后得到的差，但当体卦的先天数小于用卦的先天数时，则需要加以调整。至于如何调整，读者可以自行研究，本书不作介绍。）

卦例六

2001 年 10 月 7 日，用时间起卦法占问中国队（主场）VS 阿曼队之战的胜负。

辛巳年八月二十一日，月建丁酉，日辰癸卯。

占得火雷噬嗑卦，二爻动，变卦为火泽睽卦。

噬嗑　　　　　睽

断：

中国队胜，赢 1 个球。

分析：

中国队为体卦，对方为用卦。体卦为离卦，属火，用卦为震卦，属木。时值八月，体卦为囚的状态，用卦被月建克制，为死的状态。又，用卦生助体卦，对体卦有利，对用卦则更加不利。而且，体卦（离卦）又克制变用（兑卦）。故可断为中国队胜。

体卦（离卦）的先天数是 3，变用的先天数是 3 和 2，3-2 ＝ 1，故断为赢 1 个球。

应验：

比赛结果显示，中国队胜出，赢 1 个球。

（笔者注：笔者测算了十强赛的所有场次，除了 2001 年 9 月 15 日 21：55，用时间起卦法占问阿联酋队（主场）VS 中国队之战的胜负不准确之外，其余各场比赛均预测准确，其余各场就不一一列举。）

但是，笔者并不是百分之百准确，除了上面说的那一场不准确，在预测准确的各场之中，有几场的赢球数也不准确。这里除了笔者的水平问题，应该还有其他因素，需要继续解析。遗憾的是，笔者不是职业占卜者，还有其他工作需要占用时间，所以没有继续分析不准确的原因，只能留待以后有闲暇之时进行了。

特别要提醒读者的是，不能因为可以用《易经》进行预测而从事不正当的事情。

当年在笔者预测准确几场比赛之后，有人建议笔者可以去玩赌球，被笔者拒绝了。如果将占卜用来赌博，乃是心术不正，人在做，天在看，凡是有违天理，是不可能预测准确的。这也许正是目前国内许多职业占卜高手们没有去境外的赌场赌博的原因吧。

卦例七

2001 年 9 月 6 日 13：45，笔者女儿来电话说，她所在公司的一名同事（出纳）的手袋在办公室中忽然不见了，要笔者测算情况如何，能否找回来。

辛巳年七月十八日未时，月建丙申，日辰壬申。

用问笔者的时间起卦，占得艮为山卦，三爻动，变卦为山地剥卦。

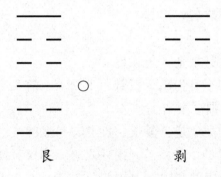

艮　　　　　剥

断：

不见的手袋未曾远去，就在公司内附近处，位于西南方。过一小时左右可以找到，但财物会有损失。

分析：

失物之人（那位出纳）为体卦，失物（手袋）为用卦。体卦为艮卦，属土，用卦亦为艮卦，属土。体用比和，因此失物能找到。艮卦（用卦）的后天方位为东北，坤卦（变用）的后天方位为西南，故断为这个手袋被移动到西南方。

月建为丙申，日辰为壬申，体卦处于休的状态（损耗之患），故断为财物会有损失。

应验：

一小时后，我女儿来电说，手袋已找到，在位于西南方的公司楼房外的楼梯旁，但手袋内的钱财已丢失。

卦例八

2012 年 12 月 28 日，朋友托笔者为其吴姓朋友之女改名。该女是 2006 年 10 月 31 日未时生人，现名吴某。（笔者注：由于涉及个人隐私，故隐去名字中的一个字。）

该女孩的八字为：丙戌、戊戌、癸巳、己未。

根据其名字起卦得山火贲卦，上爻动，变卦为地火明夷卦。

贲　　　　　明夷

断：

该女是个爱美，急性子，易发脾气的人。身体欠佳、学习不理想。2012年身体更加不好。因此有必要改名。

分析：

该女孩的八字显示，其缺金，土太盛。

根据姓名起卦得到的本卦为山火贲卦，上爻动，故变卦为地火明夷卦。体卦为离卦，居内卦，用卦为艮卦，居外卦。

离卦对于人物性格的类象是：爱美，性急，易发脾气。

体卦（离卦）生助用卦（用卦），损耗之患，不仅身体不佳，而且学习上虽然努力亦不理想。又有体卦生助变用，上述情况更甚。

2012年该女犯六冲，所以身体有损耗之患，欠佳。

应验：

后来，朋友告诉笔者，该女的情况确实如笔者所推断一般。笔者认为确有必要改名，于是应朋友之请，为该女孩改了名。

［笔者注：用姓名起卦推断一个人的状况是梅花易数的主要应用领域之一。笔者的另一本书《中华姓氏起源与内涵》（广西民族出版社，2010年版）中介绍了一种根据八字起名的方法。但有许多朋友说，在该书中没有介绍如何根据名字推算一个人的状况的方法。因为分析一个人的名字需要用到《易经》的知识，而那本书只是介绍起名的方法，无法介绍。如果结合本书介绍的方法，则起名和分析名字的内容就相对完整了。在此特作说明，也是对提出问题的朋友们的一个交代。］

卦例九

2013年2月20日中午，与朋友用餐时，有位女性朋友（一家公司的老总）的汤匙无意中跌落地上。此乃不动不占的典型，我起了一卦，但并没有告诉朋友。席间，其他朋友为一个年轻人的婚事让我推算，由于"一个时辰一卦"的原则（当然也可以用前面介绍的"起卦加数"方法），我告诉朋友们，该时辰我已用来起了汤匙跌落的卦，所以让问及婚姻的年轻人报两个字以便起卦。在给年轻人起卦并推断后（那个卦由于涉及个人隐私，这里不作介绍），跌落汤匙的朋友问我为她起的卦如何。

当天是癸巳年正月十一，汤匙跌落的时间是 13：02，根据时间起卦得到兑为泽卦，二爻动，变卦为泽雷随卦。

月建甲寅，日辰丁巳。

兑　　　　　　　　　　随

断：

该朋友上午去与人谈业务，但是没有成功，其对手说话比较冲。如果该朋友没有为此生气，则下午再去谈，能成功。

分析：

占得的大成卦为兑为泽卦，乃六冲卦，体卦和用卦皆为兑卦，比和。兑卦主动口舌之事，因此断言该朋友是为业务之事前去洽谈。但本卦是六冲卦，虽然比和，却没有谈成。好在体卦（兑卦）克制变用（震卦），因此，如果没有生气而放弃，则下午再去谈，则对方能被说服，并且能谈成业务。

变用是震卦，根据八卦的人物性格类象，对方性格比较直，说话较冲。

应验：

该朋友说，她确实在上午去一个单位谈业务，但等了将近两个小时，连对方人都没见到（对方在开会），好在她没有因此而生气、放弃，准备下午再去。至下午四点左右，该朋友来电告知，业务谈成了。

由于许多卦例涉及占问之人的个人隐私，无法很具体地提供出来，尤其是根据姓名起卦占断的卦例，如果将占问占问的姓名完整提供出来，既伤害了当事人，甚至还会引起法律纠纷。这是为什么笔者不提供很多卦例的主要原因。顺便说明的是，在笔者前一本书《命理天机——紫微斗数规则的运用与分析》的命例只有两个，有些读者在网上希望见到更多的命例。当时主要是由于那本书篇幅过大，删去了十几个命例，另一个原因也是担心泄露当事人的个人隐私，敬请读者见谅。如果有可能，笔者打算披露部分卦例以飨读者。

第九章　关于卜筮的思考

前面比较详尽地介绍了易经的渊源、义理派、象数派，以及象数派的流派：六爻法和梅花易数法。对于古代先贤们留下的这门文化遗产，值得我们去学习、研究并传承。但是，根据笔者自己的经验认为，在学习、研究卜筮时应该明确和注意以下几个问题。

一、学习研究易经的目的是什么？（Why）

时常有朋友（特别是年轻人）告诉我想学易经，但不知道如何开始？学些什么？看什么书？我的答复是，你首先要弄明白，你为什么想学习《易经》？如果只是目前"国学热"的跟风者，则大可不必。如果不是，则需要明确想学易经的什么？

如果是想学习易经理论知识，那属于哲学范畴，应该学习义理派的东西。这方面的古籍和资料很多，重点是《易经》原文中的六十四卦的卦辞和三百八十四爻的爻辞，以及《十翼》，包括：《彖上传》《彖下传》《象上传》《象下传》《系辞上传》《系辞下传》《文言传》《序卦传》《说卦传》《杂卦传》等十篇文章。此外，朱熹的《周易本义》等古籍也很有参考价值。当代学者，如南怀瑾先生的《易经杂说》等著作也值得研读。有些媒体也开办了专门讲这些内容的讲坛。

如果是想学习易经后用来推算人、事，搞预测，那属于预测学的范畴，应该学习象数派的东西。还需要分清是想学六爻法还是梅花易数法。六爻法的体系相当庞杂，比较适合以卜筮为职业谋生手段的人士。这个领域的书籍和资料也很多，例如，《黄金策》《增删卜易》《卜筮正宗》《火珠林》《易隐》《易冒》《断易天机》等。梅花易数法的体系比较简洁，比较适合于业余研究学习的人士，而且不分时间场合，随时随地可以起卦、断卦，也不需要六爻法起卦所用到的一些工具，例如蓍草、铜钱等。

笔者就是倾向于梅花易数的，本书也将介绍的重点放在了梅花易数上。

二、学习研究的重点是什么？（What）

学习易经占卜，无论是六爻法或梅花易数法，都需要用到中国传统文化中的一些基本概念。笔者前一本书《命理天机——紫微斗数规则的运用与分析》一书出版后，有朋友说，读起来很难，因为需要许多基础概念。其实该书并不难，只是因为这些朋友以前没有或较少接触和了解中国传统文化中的一些基本概念。下面是无论学习六爻法还是梅花易数法都需要用到的一些基本概念。其实学习义理派以及传统文化的其他领域（如中医）也需要这些知识。

1. 天干地支

包括十个天干、十二个地支，以及它们的五行属性。还需要掌握干支纪年、干支纪月、干支纪日、干支纪时的概念。

2. 五行学说

五行的内容：金、木、水、火、土以及它们之间相生、相克、比和的关系。

3. 旺相休囚

五行在不同时间段的状态分为：旺、相、休、囚。

4. 八卦

（1）八卦

八卦是指伏羲创立的：乾、坤、震、巽、坎、离、艮、兑八个卦，也称为"八经卦"。

（2）八卦的方位和"数"

在易经占卜中的主流采用的是八卦的先天数和后天方位。在第三章第六节中已经给出了"先天数、先天方位、后天数、后天方位表"。

（3）起卦方法

六爻法和梅花易数法都有多种起卦方法，读者可以根据自己的倾向确定主要采用的起卦方法。笔者在初学占卜时，先是学习六爻法中最原始的起卦方法（"蓍草起卦法"）和金钱摇卦法，为此花了不少时间，后来觉得这些起卦方法比较麻烦，不适合业余研究者使用，故而进入梅花易数领域。

5. 六十四卦

要感谢周文王姬昌，他被关在羑里的狱中将伏羲创立的八卦推演出了六十四卦，如果没有六十四卦，只有伏羲创立的八经卦，则无论是义理派或是象数派都不会产生，更谈不上形成完整的体系，也不会像现在这样丰富多彩。

无论用什么方法起卦，结果都会得到一个大成卦，也就是六十四卦之一，它们又分为八个宫。虽然在梅花易数中八宫的概念基本不用，但在六爻法的体系中，八宫的概念很重要。

笔者前面说过，熟记六十四卦有一定的难度，因此建议读者将八卦构成一个8×8的矩阵，会方便许多，这是将数学方法用于传统文化的一个例证。

6. 断卦规则

六爻法和梅花易数法都有各自的一套断卦规则。读者可以根据自己的倾向选择性地学习。笔者先是学习六爻法的一套规则，由于嫌起卦和解卦太麻烦、不方便，因此转入梅花易数法。笔者认为两套方法各有千秋，精通一套足矣。如果有精力，可以将两套规则都学习掌握，但应该有先后，同时学习研究未必妥当。

易源易法——易经的渊源与推算体系分析

笔者特别要强调的是，在上面所说的各种概念之中，最基础性的概念是"五行学说"，离开了五行，其余的许多概念和规则就没有了内在属性，也就无从谈起什么旺相休囚、相生、相克、比和等。所以笔者始终认为，五行学说对中国传统文化的各个领域起的作用最大。

三、如何学习研究？（How）

1. 打好基础

前面所说的学习内容之中，前四点是中国传统文化的基础知识，务必需要掌握。而且这些基础知识不仅对于易经占卜很重要，对于传统文化的其他领域也是不可或缺的。

2. 融会贯通

无论六爻法或者梅花易数法，都构成了一个完整的断卦体系。因此，需要系统地学习掌握。这就需要具备融会贯通的本事。笔者有一个经验是，在学习和运用的过程中经常回头看很有效，就像有些易学家会经常"把玩"曾经推算过的卦例，往往会得到新的感知和收获。

3. 注意积累

笔者在这方面是有教训的，在撰写本书时发现以前许多比较灵验的卦例已经找不到了。好在从20世纪90年代后期开始笔者注意了做笔记，所以留下了一些典型卦例。这也许与笔者主要采用梅花易数法有关，因为许多卦例是在随机场合起卦断卦的，不能像六爻法那样有专门的环境，可以在事后及时记录备案。而笔者采用梅花易数法，加上事后没有及时整理记录下来，因此时间长了就只记住了断卦的结论，却回忆不起来断卦过程，而断卦的过程才是最精华的部分。

积累是提高占断水平必不可少的，仅仅依靠书籍和资料中的内容而没有实践，只是脱离实际的理论而已。而不注意积累，就会像俗话所说的"猴子掰苞谷，掰一个，丢一个"，最后手中只有少得可怜的一个。

4. 尽信书不如无书

许多古籍是历代古人多年的研究成果的总结，很重要。但是在占卜领域没有统一的国家或行业标准。因此，许多断卦的规则只是某个古人自己的经验，验证不足。在六爻法领域不同的古籍中的有些规则甚至是相互矛盾的。所以笔者提倡无论什么知识都应该问一个为什么。否则，往往会出现无所适从的局面，导致"人云亦云，不知所云"。

这一点正是笔者写《中国传统文化的辨析和省悟》的初衷。因此，笔者的前一部关于紫微斗数的书和这本关于占卜的书中都会有笔者对某些规则或案例（命例、卦例）的注释。

四、心术要正

最后想提醒读者的是，易经占卜是古代先贤们留给我们的宝贵财富，值得深入学习研究，也未尝不可将占卜作为一种职业用于谋生。但是，"人在做，天在看"，无论是职业的或是业余的易学者，都需要心术正。

首先，要实事求是，不能为了赚钱，迎合占问之人的心态，报喜不报忧。

其次，不能欺骗占问之人，知之为知之，不知为不知，不能靠蒙。

最后，保护当事人的个人隐私是基本底线，更是从事占卜人士的职业操守。

后 记

在撰写本书的过程中，"温故而知新"，让我又一次认识了易经的博大精深。从伏羲创立八卦，到周文王推演出六十四卦，春秋时代一批学者写下了《十翼》。完成了周易完整的理论体系。自古至今，任何一种有价值的理论体系不会束之高阁，一定会被后人阐述、探讨、延伸，并加以应用。易经在数千年的历史长河中也走过了这样一个历程。

笔者没有妄想用这一本书就能涵盖易经的全部，那是不可能做到的。笔者只有两个愿望：

其一，撰写的过程本身就是通过归纳总结二十余年学习研究易经的心得，进一步得到理论和应用水平的提升。这个目的到现在可以说已经实现了。但是，人生有限，学海无涯。目前笔者的易经水平仅仅是初窥门径，如果不想就此满足并打住，那么前面的路还很长。

其二，与自古以来许多易学者一样，笔者知道自己对易经的研究一定存在一些误区和曲解。为了撰写这本书，就必须严谨，这样可以纠正曲解之处，走出误区。在翻阅以前学习笔记时，确实发现了若干误解之处，有些误解笔者能纠正过来，有些认识不对之处则需要今后继续学习和研究。在书中"卦例五"和"卦例六"就是例证。

由于笔者研究易经走的是象数派之路，因此，本书虽然对《易经》的渊源以及义理派和象数派的形成做了比较详尽的介绍，但全书的重点无疑是放在了象数派一侧，而且在象数派之中，又是放在梅花易数上面。从篇幅上看，六爻法的篇幅远比梅花易数来得多，但笔者自己的实际应用卦都是梅花易数的。需要说明的是，笔者并不是否定六爻法，只是因为六爻法的体系太庞杂，占断时又需要专门的场所和工具，不适合作为业余研究者采用。因此笔者在研究六爻法数年之后，进入了梅花易数领域。

如果有读者对六爻法和梅花易数法都感兴趣，则可以兼修之，但笔者的经验是，务必分清孰先孰后，不可同时展开。这算是对某些读者的忠告吧。

在此要感谢家人和许多友人对笔者的支持和鼓励，更要感谢团结出版社的领导和编辑们的辛勤付出，让笔者能完成此书。

癸巳年夏月于南海之滨